新一代信息技术

主　编　陈国良　肖　甫

副主编　王汝传　孙力娟

编　著　张　伟　黄海平　王化群　李　云
季一木　李　鹏　樊卫北

電子工業出版社
Publishing House of Electronics Industry
北京·BEIJING

内 容 简 介

在数字化的时代浪潮中，新一代信息技术成为推动社会进步的重要力量。本书是一部聚焦于新一代信息技术发展趋势的书籍，涵盖了新一代计算机体系结构、物联网技术、云计算技术、大数据技术、区块链技术、新一代人工智能和新一代网络安全等多个领域，深入浅出地为读者提供有关新一代信息技术的系统化知识，包括基础概念介绍、关键技术剖析、应用案例实践和发展趋势梳理等。

作为一本全面介绍新一代信息技术的书籍，本书兼顾信息专业基础知识学习和其他专业选修课程的需要，适用于信息技术相关专业的本科生、研究生以及科研工作者、企业技术人员等读者群体，可作为新一代信息技术领域的教材和参考书籍。

图书在版编目（CIP）数据

新一代信息技术 / 陈国良，肖甫主编. -- 北京 :
电子工业出版社，2024.6
ISBN 978-7-121-47491-0

Ⅰ. ①新… Ⅱ. ①陈… ②肖… Ⅲ. ①信息技术
Ⅳ. ①TP3

中国国家版本馆 CIP 数据核字(2024)第 053922 号

责任编辑：刘御廷
印　　刷：中国电影出版社印刷厂
装　　订：中国电影出版社印刷厂
出版发行：电子工业出版社
北京市海淀区万寿路 173 信箱　　邮编：100036
开　　本：787×1092　1/16　印张：21.25　字数：503.2 千字
版　　次：2024 年 6 月第 1 版
印　　次：2024 年 6 月第 1 次印刷
定　　价：99.90 元

凡所购买电子工业出版社图书有缺损问题，请向购买书店调换。若书店售缺，请与本社发行部联系，联系及邮购电话：（010）88254888，88258888。
质量投诉请发邮件至 zlts@phei.com.cn，盗版侵权举报请发邮件至 dbqq@phei.com.cn。
本书咨询联系方式：mengyu@phei.com.cn。

前　　言

信息技术是利用电子计算机方法和现代通信手段实现信息获取、传递、存储、处理、显示、分配等相关处理技术,经典的信息技术包括数字计算机、集成电路、光纤通信、互联网等相关技术。本书讲解的新一代信息技术是以新一代计算机体系结构、物联网、云计算、大数据、区块链、新一代人工智能、新一代网络安全为代表的最新的信息技术。

我国“十四五”规划纲要中明确了战略新兴产业是国家未来重点扶持的对象，其中信息技术被确立为七大战略性新兴产业之一，将被重点推进。从 20 世纪 80 年代中期到 21 世纪初，广泛流行的是个人计算机和通过互联网连接的分散的服务器，被认为是第二代信息技术平台。近十年来，以移动互联网、社交网络、云计算、大数据为特征的第三代信息技术得到蓬勃发展。新一代信息技术，“新”在网络互联的移动化和泛在化、信息处理的集中化和大数据化、信息服务的智能化和个性化。新一代信息技术发展的热点不是信息领域各个分支技术的纵向升级，而是信息技术横向渗透融合到制造、金融等其他各个行业，信息技术研究的主要方向将从理论、技术到产品从而转向服务应用技术。以信息化和工业化深度融合为主要目标的“互联网+”是新一代信息技术的集中体现。

党的二十大报告指出:“坚持把发展经济的着力点放在实体经济上,推进新型工业化，加快建设制造强国、质量强国、航天强国、交通强国、网络强国、数字中国。”“加快发展数字经济，促进数字经济和实体经济深度融合，打造具有国际竞争力的数字产业集群。”为响应我国推动战略性新兴产业融合集群发展，构建新一代信息技术、人工智能等一批新的增长引擎的战略规划，贯彻落实党中央关于加强新一代信息技术人才培养特别是教材体系建设需求，编者研究了近十年来与计算机相关新兴技术的发展，对新一代计算机体系结构、物联网、云计算、大数据、区块链和新一代人工智能及新一代网络安全进行深入分析和研究。本书是根据作者多年的教学、科研和实践，参考国内外最新成果和资料而写成的，新一代计算机体系结构突破传统的计算机体系结构，讨论最新型的计算机体系结构，从而推动高性能计算及高性能计算机的发展。物联网作为一种新型网络技术即物物相连的互联网，它得到社会广泛应用。云计算为处理海量数据提供了存储空间和在线处理功能。新一代人工智能是在传统人工智能基础上进一步讨论深度学习、强化学习和联邦学习理论和技术。区块链构建了一个可信的价值安全的交互环境。大数据对人们在日常生产和生活中产生大量的数据进行分析和处理，使其这些海量数据产生有价值的数据。新一代网络安全主要是讨论物联网、云计算和区块链这三种新型的网络安全理论和技术。另外，以二维码的形式在每章相应位置嵌入课程思政内容，为学生传授知识的同时培养学生爱国情怀。

本书是在南京邮电大学陈国良院士、肖甫教授的具体指导下，在王汝传教授和孙力娟教授精心策划下完成的。全书共分为 7 章，第 1 章由樊卫北副教授编写，第 2 章由黄海平教授编写，第 3 章由李鹏教授编写，第 4 章由季一木教授编写，第 5 章由王化群教授编写，

第 6 章由李云教授编写，第 7 章由张伟教授编写，全书由南京邮电大学张玉杰博士统稿，本书取材新颖，内容丰富，基本上包括了与计算机相关新兴技术主要内容。

在本书的编辑过程中，电子工业出版社刘御廷和孟宇编辑提供很多宝贵的指导意见和建议；南京邮电大学的一些博士生也参与了本书的校对等工作；此外在本书的编写过程中，直接或间接的引用了许多专家、学者的文献，在此一并表示衷心的感谢。

由于编写时间仓促，加上作者水平有限，书中错误及不妥之处在所难免，敬请批评指正。

编者

2024 年 2 月

目　　录

第 1 章 新一代计算机体系结构

1.1 概述

新一代计算机体系结构是指在设计计算机系统时，采用了一系列创新技术和理念，以提高计算性能、降低能耗和满足多样化应用需求的一种新型架构。它涵盖了从硬件到软件、从处理器到网络、从传统计算到新型计算技术的各个方面。本章针对新一代计算机体系结构的概念和关键技术给出详细介绍，并结合了实际应用案例进行探讨。

1.1.1 多核处理器时代

多核处理器是指在一个处理器中集成两个或多个完整的计算引擎（内核），此时处理器能支持系统总线上的多个处理器，由总线控制器提供所有总线控制信号和命令信号。多核处理器是单个芯片（也称为硅核），能够直接插入单一的处理器插槽中，但操作系统会利用所有相关资源，将每个执行内核作为分立的逻辑处理器。通过在两个执行内核之间划分任务，多核处理器可在特定的时钟周期内执行更多任务。

为了充分利用多核技术，应用开发人员需要在程序设计中融入更多思路，但设计流程与对称多处理系统的设计流程相同，并且现有的单线程应用也将继续运行。此类软件包括多媒体应用、工程和其他技术计算应用以及诸如应用服务器和数据库等中间层与后层服务器应用。多核技术是处理器发展的必然，推动微处理器性能不断提高的因素主要有两个：半导体工艺技术的飞速发展和体系结构的不断更新。半导体工艺技术的每次发展都为微处理器体系结构的研究提出了新的问题，开辟了新的领域；体系结构的更新又在半导体工艺技术发展的基础上进一步提高了微处理器的性能。这两个因素是相互影响、相互促进的。一般说来，半导体工艺技术的发展使处理器性能提高约 20 倍，体系结构的更新使处理器性能提高约 4 倍，编译技术的发展使处理器性能提高约 1.4 倍。但是今天，这种规律却很难维持，因此，多核处理器的出现是技术发展和应用需求的必然产物。

1.1.2 并行计算机与高性能计算

并行计算机系统是元器件（包括处理器、存储器）之间按照某种模式进行物理连接，相互配合、并行处理，以加快处理速度并提高运算能力。并行计算机中的元器件之间的连接模式称为互连网络（Interconnection Networks），其性能在很大程度上决定并行计算机系统的性能。因为其直接影响到整个系统的硬件消耗、通信性能及路由算法的可行性，因此可以通过构建性能良好的互连网络来提升并行计算机系统的性能。随着并行计算机系统规模的扩大和复杂性的提高，系统中的处理器数量变得愈发庞大。

高性能计算（High Performance Computing，HPC）是指在并行计算机上进行的大量、快速、高效的计算。从普通意义上讲，它等同于并行计算（Parallel Computing）或超级计算（Supercomputing）。相应地，并行计算机又被称为超级计算机或者高性能计算机，根据世界超级计算机 Top500 网站 2018 年 11 月公布的最新数据，排名第三的是我国神威·太湖之光高性能计算机（2017 年度排名第一），它拥有 10649600 个处理器。在拥有如此庞大数量处理器的高性能并行计算机系统中，如何将这些处理器连接起来，使其构成一个性能良好的互连网络，是提高并行计算机系统性能所面临的挑战。

1.1.3 数据中心网络与云计算

作为云计算的核心基础设施，数据中心网络在近年来得到了学术界和工业界的广泛关注，它是连接数据中心大规模服务器进行大型分布式计算的桥梁。随着数据中心网络流量从传统的以“南北流量”为主演变为以“东西流量”为主，对网络带宽和性能提出了更高的挑战。由于传统数据中心网络不能很好地满足云计算大数据处理的带宽要求，因此数据中心网络已经成为现代云计算的瓶颈。设计新型数据中心网络拓扑结构和传输协议，是提高云计算性能和用户体验、推动云计算发展的重要需求。

数据中心网络是支持数据服务的基础设施，体现数据处理的规范化、集中化和专业化的进程，是信息技术发展的重要产物。最早的数据中心网络是在 20 世纪 60 年代诞生的，是数据中心网络发展的最开始阶段。此阶段的数据中心网络主要是一台或若干台大型机器系统，处理数据的能力主要依靠这些大型系统。随着技术的发展，在 20 世纪 70—90 年代中期，数据中心网络发展为几百台服务器，处理数据的能力主要依赖于服务器（客户端）的应用系统。从 20 世纪 90 年代到 21 世纪初期，基于互联网技术的发展，数据中心网络已经发展到承载几千到几万台的服务器，由各大型机构构建以服务器托管的数据中心网络。如今，随着新兴网络的迅猛发展，数据中心网络的服务器规模已增加到几十万甚至几百万台，以满足日益增长的数据处理需求，此阶段的数据中心网络是云计算模式发展的基础，对经济社会发展起到重要的作用。

1.2 微处理器体系结构

片上系统（System on Chip，SoC）代表高复杂性、高价值的半导体产品，这些产品包含多种来源（内部制造或外部供应）的构建块，特别是通用全可编程处理器、协处理器、数字信号处理器、专用硬件加速器、内存块、I/O 块等。将整个系统集成到同一个硅片上，同时将整个系统集成到由深亚微米技术提供的相同集成电路上，以满足多媒体、汽车动力和环境智能领域最具挑战性应用的计算要求。

1.2.1　片上系统

片上系统是将计算机或者其他电子系统的所有部件都集成到一块集成电路（即芯片）上。由于片上系统的起源不同、应用领域不同以及研究者的学术背景不同，因此发展出了不同的技术路线。Intel 公司发布的 Montecito 处理器和 IBM 公司发布的 Cell 处理器就代表了两种最主要的技术路线。一种片上多核系统源于 Symmetric Multi-Processors（SMP）系统，也称为 Chip Multi-Processors（CMP）系统（国内一般翻译为单芯片多处理器），主要用于高性能通用计算领域；另一种片上多核系统则是由片上系统演进而来的，被称为 Multi-Processors System-on-Chip（MPSoC）。这类片上多核系统主要作为一种高端的嵌入式处理器被应用于通信、信号处理、多媒体处理等领域。本章将介绍这两类片上多核系统的演进历史，在后文将分别使用 CMP 和 MPSoC 代称这两类片上多核系统架构。

1.2.1.1　片上系统拓扑结构

在 MPSoC 诞生初期的主要代表是一些集成了多个数字信号处理器（Digital Signal Processor，DSP）和微处理器（Micro Processor Unit，MPU）的专用芯片，主要被应用于数字电视、多媒体播放器等信号处理设备。与追求高性能的通用计算不同，MPSoC 主要应用领域所面临的主要问题是计算的实时性。由于计算任务的确定性更强，使得 MPSoC 的设计者和使用者能够也必须要精确地划分任务并合理地分配任务以应对各种挑战。图 1-1 是 Viper 处理器架构示意图，该处理器是其中最早的一批 MPSoC。

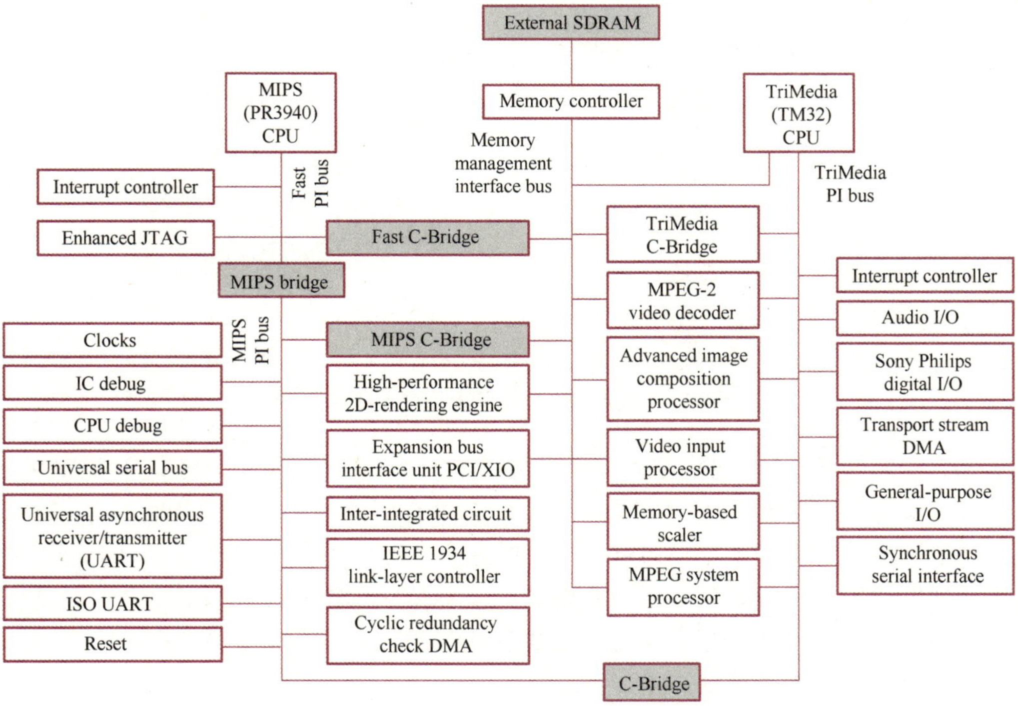

图 1-1　Viper 处理器架构示意图

从图 1-1 中可以看出，整个处理器可以被划分为两个相对独立的子系统，分别以 MIPS（PR3940）CPU 和 TriMedia（TM32）CPU 为核心。图 1-1 的左侧是以 MIPS（PR3940）CPU 为核心的子系统，这部分子系统的架构类似于一个通用的嵌入式 SoC 芯片，集成了如 UART、IEEE1394 协议控制器之类的接口模块。图 1-1 的右侧是以 TriMedia（TM32）CPU 为核心的子系统，在这一子系统中集成了如 MPEG-2 视频解码器、视频输入处理器等多媒体处理单元，实质上构成了一个专用的多媒体处理器。因此可以很清楚地判断 Viper 处理器中以 MIPS（PR3940）CPU 为核心的子系统主要负责通用处理器控制和数据传输方面的功能，而以 TriMedia（TM32）CPU 为核心的子系统则主要负责多媒体信号的处理。两个子系统相对独立，通过 Fast C-Bridge、MIPS C-Bridge 及 C-Bridge 共三条总线桥相互连接。

Viper 处理器的架构很清晰地体现了 MPSoC 的一些典型特点：可按任务需求划分为若干独立的子系统，每个子系统均完成一个专门的功能，子系统之间相对独立等。这种架构设计方法充分体现了嵌入式系统的特性，因而被后来的研究者继承和发扬。与 CMP 架构的片上多核系统类似，随着 MPSoC 架构片上多核系统中核心数量的增加，不同核心之间的互连方式也由总线演进到了片上网络这一过程。其后也有部分研究者提出采用交换矩阵（Crossbar Matrix）或点对点直连的方式来实现片上互连。但这些片上互连方式或受制于带宽无法支持集成太多的核心，或自身复杂程度会随着核心数量的增加而急剧增加。Curcio 等人提出一种“过渡形态”的 MPSoC 架构片上多核系统——ASAP（异步处理器）。在这个处理器中采用了 6×6 阵列的形式来排列 36 个简单的 DSP 处理器核心，其架构示意图如图 1-2 所示。

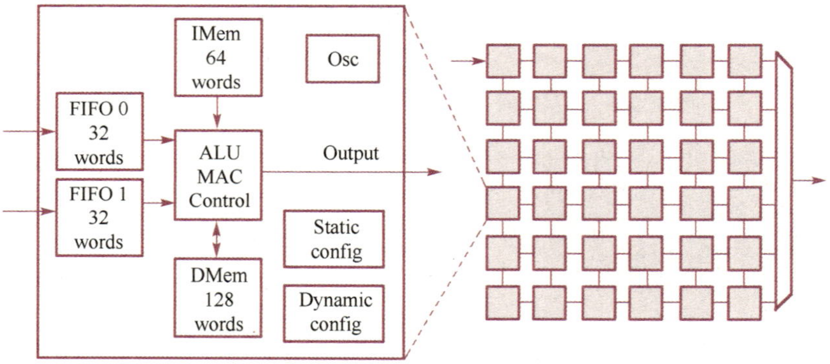

图 1-2　AsAP 异步处理器阵列架构示意图

AsAP 核心内部有一个包含算术运算单元（ALU）、乘累加单元（MAC）及控制逻辑的运算模块。以该模块为核心，并增加 64 字节的指令存储器和 128 字节的数据存储器，共同构成了一个精简的可编程数字信号处理器。通过两个深度为 32 字节的 FIFO 构成了处理器与其他处理器通信的接口。某个 AsAP 核心只能支持和周围相邻的核心通信，而无法做到与更多核心进行通信。由于很多信号处理类应用都可以被抽象成流水线结构，因此 AsAP 的互连方式也可以支持大量的应用。

AsAP 的架构虽然可以支持很多信号处理类的应用，但互连的灵活性确实受到了很大的限制。随着核心数目和应用复杂度的持续增加，后续提出 MPSoC 架构的片上多核系统都普遍采用了片上网络来作为核间互连的方式。除互连方式的演进外，MPSoC 架构的片上多核系统在演进的过程中还出现了同构多核和异构多核两种不同的发展路线。每个独立的处理器都可以运行某个特定的信号处理算法，核心之间按照数据流的方式来组织多核互连。同构多核的优势在于通用性很好，可以被用于实现不同的嵌入式系统。图 1-3 给出了 Tomahawk2 的详细架构。

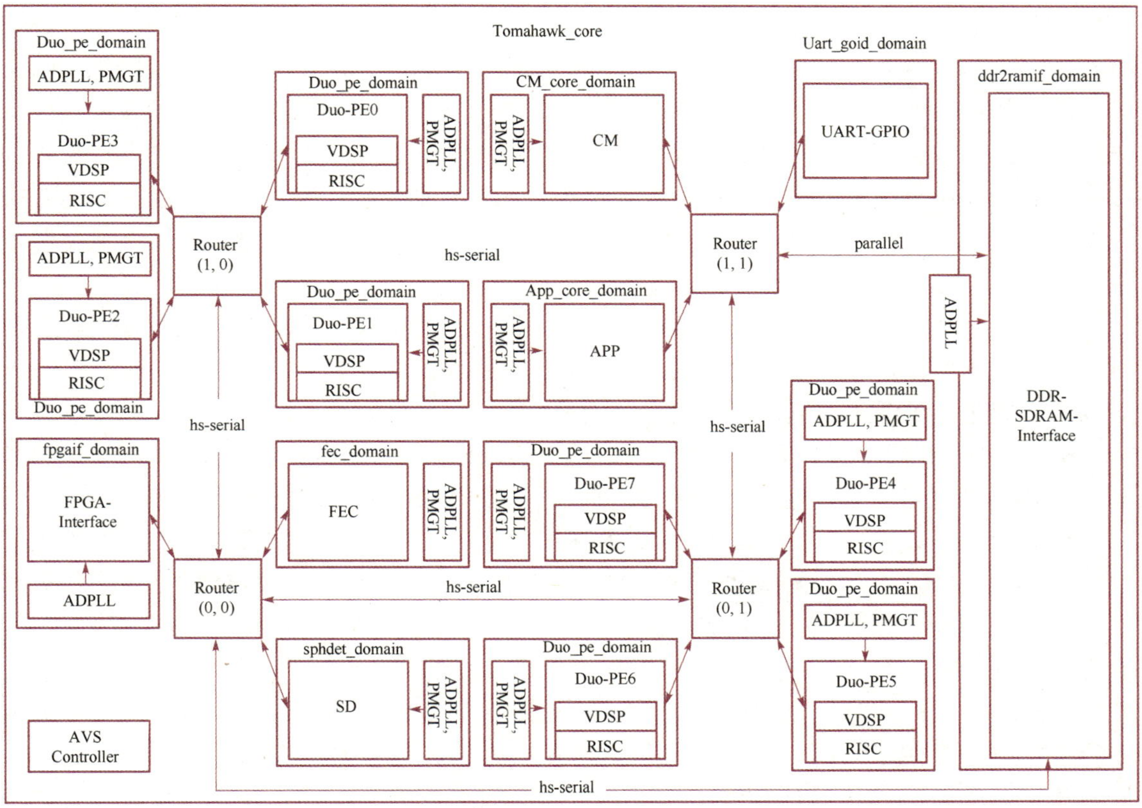

图 1-3 Tomahawk2 详细架构

从图 1-3 可以看出，Tomahawk2 中包含了 Duo-PE0、CM、APP 几种不同类型的处理器核心和 FEC、SD 等专用算法 IP 核以及 FPGA、DDR-SDRAM 等专用接口 IP 核。CM（Core Manager）核用于芯片的管理，主要负责任务的映射和动态调度。APP（Application Processor）为应用处理器，负责运行操作系统与应用程序。Duo-PE 是 Tomahawk2 中的主要运算单元，包含了一个 DSP 处理器和一个 RISC 处理器，可以支持执行各类信号处理及运算任务。每个核心均涉及独立的时钟生成模块 ADPLL 及独立的功耗管理模块 PMGT。因此从宏观上来说，每个核心都可以工作在不同的电压与频率上，整个芯片从全局上来看处于异步工作的状态。为解决不同核心之间异步通信的问题，Tomahawk2 采用了片上网络来互连各个核心。不同的核心通过 NI 与片上网络连接，而 NI 本身包含一个异步 FIFO，从实质上起到了连接两个不同时钟域的作用。Tomahawk2 可以加载/配置不同的程序以及设置不同的连接方式，从而实现不同的应用。除 Tomahawk2 外，后续发布的如 FAUST 等 MPSoC 架构的片上多核系统也都采用了异构集成的方式。随着对芯片能效需求的提升，根据实际的需求设计并集成专用处理器核从而最大化能效成为片上多核系统的主流趋势。因此异构 MPSoC 架构的片上多核系统目前已经为主流。

1.2.1.2 片上系统指令集

指令集可分为复杂指令集（CISC）和精简指令集（RISC）两部分，代表架构分别是 x86、ARM 和 MIPS。ARM RISC 是为了提高处理器运行速度而设计的芯片体系，它的关键技术在于流水线操作，即在一个时钟周期内完成多条指令。相较复杂指令集 CISC 而言，以 RISC 为架构体系的 ARM 指令集的指令格式统一、种类少、寻址方式少，简单的指令意味着相应硬件线路可以尽量做到最优化，从而提高执行速率。因为指令集的精简，所以许多工作必须要组合简单的指令，而针对复杂组合的工作便需要由编译程序来执行。而对于 CISC 体系的 x86 指令集，因为硬件提供的指令集较多，所以许多工作都能以一个或是数个指令来代替，因而编译工作减少了许多。

ARM 指令集架构的主要特点包括体积小、低功耗、低成本、高性能；大量使用寄存器且大多数数据操作都在寄存器中完成，指令执行速度快；寻址方式灵活简单，执行效率高；指令长度固定，可通过多流水线方式提高处理效率。

MIPS 是高效精简指令集计算机体系结构中的一种，与当前商业化最成功的 ARM 架构相比，MIPS 的优势主要体现在以下 5 个方面：①早于 ARM 支持 64bit 指令和操作；②MIPS 有专门的除法器，可以执行除法指令；③MIPS 的内核寄存器比 ARM 的多一倍，在同样的性能下 MIPS 的功耗会比 ARM 的更低，同样功耗下 MIPS 的性能比 ARM 的更高；④MIPS 指令比 ARM 指令稍多一些，执行部分运算更为灵活；⑤MIPS 在架构授权方面更为开放，允许授权商自行更改设计，如更多核的设计。

x86 CISC 是一种为了便于编程和提高记忆体访问效率的芯片设计体系，具有两大主要特点：一是使用微代码，指令集可以直接在微代码记忆体中执行，对于新设计的处理器，只需增加较少的电晶体数量就可以执行同样的指令集，也可以很快地编写新的指令集程式；二是拥有庞大的指令集，x86 CISC 拥有包括双运算元格式、寄存器到寄存器、寄存器到记忆体及记忆体到寄存器的多种指令类型，为实现复杂操作，微处理器除向程序员提供类似各种寄存器和机器指令功能外，还通过存在于只读存储器（ROM）中的微程序来实现极强的功能，微处理器在分析完每条指令后执行一系列初级指令运算来完成所需的功能。

1.2.1.3 片上系统的 FPGA

随着信息技术的不断发展，嵌入式系统在众多领域得到了广泛的应用。片上系统作为一种将处理器、内存、I/O 接口等众多功能模块集成在一块单一的芯片上，以实现完整系统功能的集成电路，已经成为嵌入式系统设计的重要方向。而 FPGA（Field Programmable Gate Array）作为一种现场可编程的门阵列，为片上系统提供了强大的功能和较高灵活性。为了实现 FPGA 与片上系统的有效集成，需要采用软硬件协同设计的方法。首先，在 FPGA 设计中，需要根据片上系统的需求进行逻辑设计和模块划分。然后，在片上系统设计中，需要根据 FPGA 的逻辑功能进行硬件配置和软件编程。通过软硬件协同设计，可以实现 FPGA 与片上系统的高效集成。

在片上系统中，FPGA 可以与处理器核心（如 ARM、RISC-V 等）集成，实现高度定制化的处理器设计。通过 FPGA，可以根据需求实现特定的指令集、缓存架构等。此外，FPGA 还可以实现处理器核心与外部存储器之间的接口和总线控制。FPGA 可以作为内存控制器，实现对内存的访问和管理。在片上系统中，FPGA 可以与 DDR、NAND 等内存控制器集成，实现高速、高效的内存访问。通过 FPGA，可以根据需求实现不同的内存管理策略，如分页、缓存等。FPGA 支持多种标准的接口和总线，如 PCI Express、DDR、Ethernet 等。在片上系统中，FPGA 可以作为接口和总线控制器，实现与其他系统或设备的高速连接。通过 FPGA，可以根据需求实现不同的接口和总线协议，如 PCI Express、SATA 等。FPGA 可以实现各种复杂的数字信号处理任务，如快速傅里叶变换（FFT）、数字滤波器设计等。在片上系统中，FPGA 可以与数字信号处理器（DSP）集成，实现高度定制化的数字信号处理设计。通过 FPGA，可以根据需求实现不同的数字信号处理算法和架构。

以 Xilinx 的 FPGA 为例，它们提供了丰富的 IP 核，如处理器核心（如 MicroBlaze）、内存控制器（如 MPMC）、各种接口等，用户可以利用这些 IP 核构建自己的片上系统，并通过 Xilinx 的 EDK（ Embedded Development Kit）进行开发、调试。

此外，随着技术的发展，FPGA 也在不断融入新的功能和技术，如支持 RISC-V 指令集的处理器核心、更高效的多端口内存控制器等，以满足日益增长的性能和功能需求。FPGA 技术在片上系统中的应用为嵌入式系统设计提供了强大的功能和灵活性，使得开发者能够根据具体需求定制高度优化的片上系统。

1.2.2 片上网络

按照不同的片上互连方式，多核片上系统可分为两大类：传统的基于总线的互连和基于网络的互连。前者是现有片上系统的扩展，通过多总线及层次化总线等技术使片上集成更多的处理器核，从而实现高复杂度和高性能；而后者是近些年提出的新概念，即多处理器核之间采用分组路由的方式进行片内通信，从而克服了由总线互连所带来的各种瓶颈问题，这种片内通信方式称为片上网络。

1.2.2.1 片上网络拓扑架构

片上网络传输消息的能力主要依靠其拓扑结构，该结构除了对网络延迟、吞吐量、面积、容错、功耗有很大影响，还对设计策略和内核到网络节点的映射也起着重要的作用。当网络中产生的通信负载不均衡时，性能好的路由算法能够平衡网络通道的负载。各通道上的负载越平衡，网络带宽就越接近理想带宽。性能好的路由算法能够根据当前的负载情况选择对应的路由方法并且可以使路由路径尽可能短，以减少跳数从而缩短路由延迟。这些要求通常与通道负载平衡的要求是互斥的，路由算法为了追求负载平衡往往不得不增加路由路径长度。因此，选择合适的 NoC 拓扑结构和路由算法是 NoC 设计中非常关键的问题。

拓扑结构体现了 NoC 中的通信节点在芯片中是如何分布和连接的。NoC 拓扑结构的选择对系统性能和芯片面积具有明显的影响。拓扑结构的衡量标准通常是以理论上影响路由成本和性能为基础的，除了要考虑普通网络中的节点数量、边的数量、网络维度、网络直径、平均距离、对分宽度，还要考虑通信模式的嵌入属性，如消息吞吐量、传输延迟、功耗、芯片面积。下面是拓扑结构中经常用到的几个概念。

（1）节点度：一个节点与相邻节点连接通道的数目。

（2）直径：网络中任意两个节点之间的最短路径中的长度最大值。

（3）网络规模：网络中节点的数目。

（4）可扩展性：网络模块化可扩展的能力，扩展必须随着所期望的性能按比例提高。

（5）直接网络：网络内任意一个路由器节点，都与 IP 核直接相连。

（6）间接网络：网络内一部分路由器节点只与其他路由器节点直接相连。

典型的片上网络拓扑结构包括二维网格、二维环绕、一维线性阵列、环网、全连接网络、星形、网树、蝶网、Benes 网、Clos 网等，其中出现最多的是二维网格。常见的规则网络拓扑结构如图 1-4 所示。

二维网格（见图 1-4（a））。在一个 $N \times N$ 的二维网格中，除边界节点外，每个节点都与其上、下、左、右的相邻节点相连，故节点的度为 4，网络直径为 $2(N-1)$。由于二维网格具有结构简单、可扩展性好、便于实现和分析等优点，因此在 NoC 领域得到了广泛的应用，如 Nostrum，AEthereal，SOCIN，SoCBus，Hermes 等。

二维环绕（见图 1-4（b））。在二维网格中，若边界节点与其水平或垂直方向的对称节点连接，则构成了二维环绕，二维环绕的节点度仍为 4，但直径为 $2\lfloor N/2 \rfloor$。Dally 等人提出了一个采用二维环绕拓扑的 NoC，解决了由于过长的环形信道产生额外的延迟，提高了系统的整体性能。但是由于环路与环路之间有交叉的地方，这样在物理实现时不可避免地需要更多的版图布线资源。

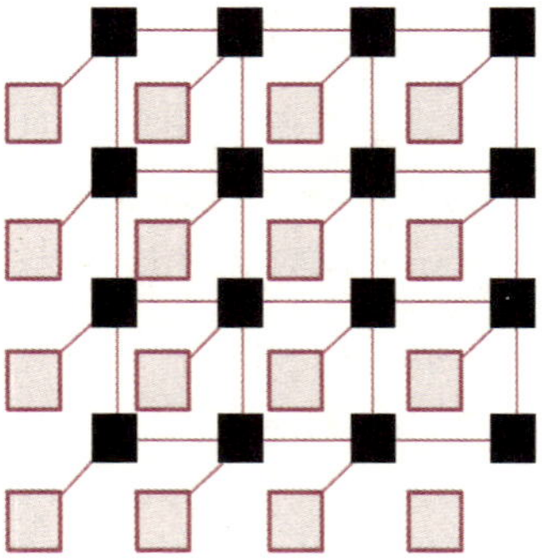

（a）二维网格

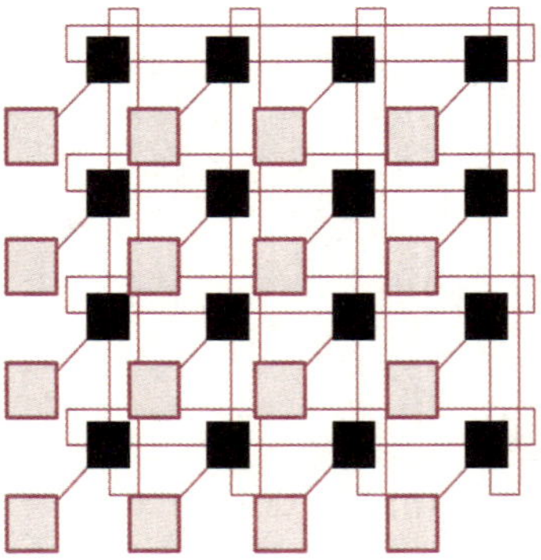

（b）二维环绕

图 1-4　常见的规则网络拓扑结构

Cluster 网格。Saneei 等人提出基于簇的拓扑结构（CM，Cluster 网格）。该结构中一个交换节点连接 4 个 IP 核，改变了传统结构的一个交换节点连接一个 IP 核的方式，进一步缩短 IP 核之间的通信距离，有利于处理局部业务，缩短路由查找的时间和降低复杂度。基于此思想，有一些相似的拓扑结构涌现出来，如 Cluster、Octagon、Cluster 环绕等。

Octagon。为了克服 SoC 中总线结构存在可扩展性差的缺点，El-Ghany 等人提出 Octagon 结构。在该结构中，节点 i（$0 \leqslant i \leqslant 7$）有三个端口连接相邻路由器节点：①顺时针方向，节点 i 到节点$(i+1)$mod8；②逆时针方向，节点 i 到节点$(i-1)$mod8；③对角线方向，节点 i 到节点$(i+4)$mod8。该结构最大的特点是平均距离短，即该结构中任意两个 IP 核间（单个八角子网络中）的通信最多需要通过两跳即可完成。该结构中每个节点又可以扩展成一个基本的 Octagon 结构并且可无限扩展。但该结构很明显会提高布线的复杂性，而且随着该结构的不断扩展，连接两个 Octagon 结构的路由器节点很容易变成通信的瓶颈，当扩展节点失效时，整个拓扑结构将被分割为无联系的两部分。Octagon 与 SPIN 网络如图 1-5 所示。

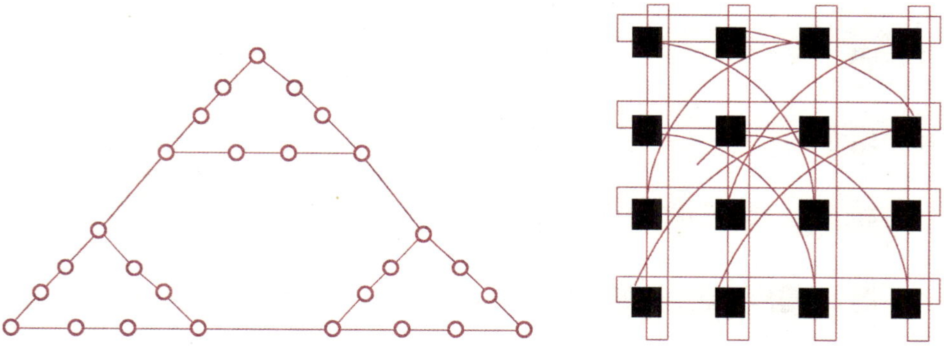

（a）THIN　　（b）RDT

图 1-5　Octagon 与 SPIN 网络

THIN（见图 1-6（a））。THIN 是一种层次化的、可扩展的互连结构，该网络拓扑简单并具有明显的层次性。该网络中最底层节点之间采用全互连结构，较高层次网络之间的连接链路相对较少，进而缩小了芯片的面积，从而降低了物理设计的复杂度。

RDT（见图 1-6（b））。基于 RDT 的拓扑结构网络直径较短，平均距离短，从而降低了功耗。每个路由器节点的度都为 8，具有较好的路径多样性，便于设计容错和负载均衡路由算法。

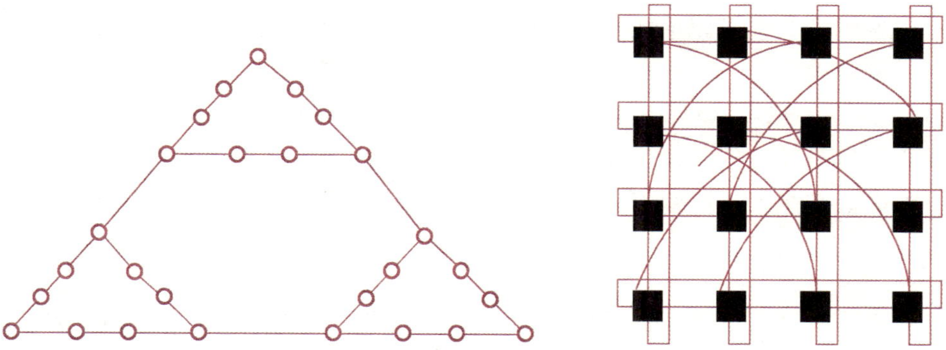

（a）THIN　　（b）RDT

图 1-6　THIN 与 RDT

Spidergon。Spidergon 是一个基于双向环形对称的结构，增加了每个节点与其对角相邻节点的交叉连接。因此分组可以沿顺时针、逆时针或交叉转发到最终的目的地。该网络由 N（$N=2n$，$n=2,3,\cdots$）个路由器节点组成，每个路由器节点都有 4 个端口，其中，一个连接 IP 核，三个连接相邻路由器节点。对于 Spidergon 拓扑结构，路由器节点 i 的相邻节点可以表示为：①顺时针方向：$(i+1)\text{mod}N$；②逆时针方向：$(i-1)\text{mod}N$；③对角线方向：$(i+n)\text{mod}N$。该结构的优点是网络直径较短，链路数量较少，任意两个节点间的通信跳数较少，物理设计复杂度低。Spidergon 与 C 网格网络如图 1-7 所示。

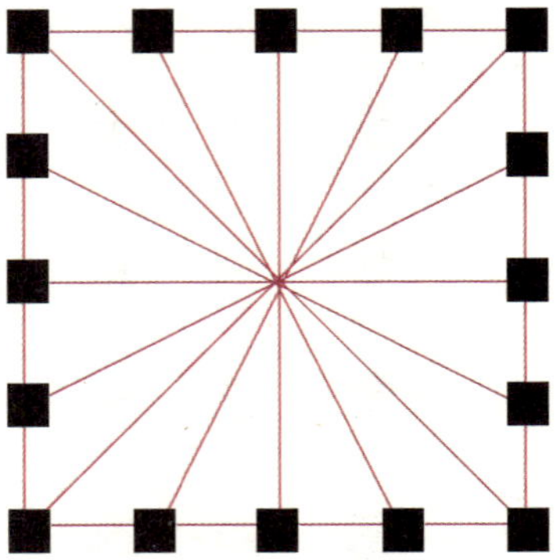

（a）Spidergon

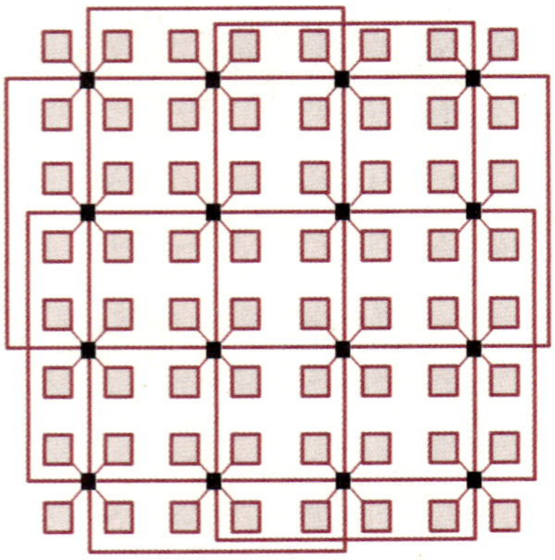

（b）CMesh

图 1-7　Spidergon 与 C 网格网络

树网（见图 1-8（a））。树网的内节点是路由器，叶子是 IP 核。除了根节点，每个内节点只与其父节点和若干个子节点相连。对于包含 $N=2^n$ 个叶子的二叉树，其节点的度为 3，网络直径为 2^n-2，网络的延迟取决于树的深度，即节点数的对数。传统 K 叉树的主要问题是单个父节点（尤其是根节点）容易成为通信瓶颈。SPIN 的拓扑结构是一个 4 叉胖树的 NoC，具有 16 个叶子节点，两层共 8 个路由器节点，节点的度为 4，即一个节点可拥有 4 个父节点，从而可以缓解此问题。

蝶网（见图 1-8（b））。和树网一样，蝶网也是一种对数型网络。对给定的 2×2 交叉开关，线对中各引出一根线简单地交叉就获得了蝶网的基本构造模块。n 维蝶网包括 $N=2n$ 个 IP 核和 $n\times 2n-1$ 个度为 2 的路由器节点，将路由器组织成 n 层，每层有 $N/2$ 个路由器。

Butterfly Fat-Tree（BFT）。与 SPIN 结构相似，在 BFT 结构中，IP 核被放置在叶子节点上，而路由器节点被放置在拓扑结构中的非叶子节点上，在该结构中路由器节点数量和链路数量都大大减少了，从而缩小了芯片的面积，降低了物理设计的复杂度。

1.2.2.2　片上网络路由算法

片上网络路由算法是指使发送数据能够从源节点在各种复杂条件下（网络拥塞、死锁、活锁、故障等），以满足设计要求（最低迟延传输、最小功耗传输等）的方式顺利传输到目标节点的一类算法。

根据目的节点数分类，片上网络路由算法可分为单播路由算法和多播路由算法两种，两者分别应用在目的节点有一个或多个的情况下。根据路由决策方式的不同，单播路由算法又分为无关路由算法、自适应路由算法及无关路由算法和自适应路由算法相结合三种。下面将按照路由决策方式分类介绍两种典型的路由算法。

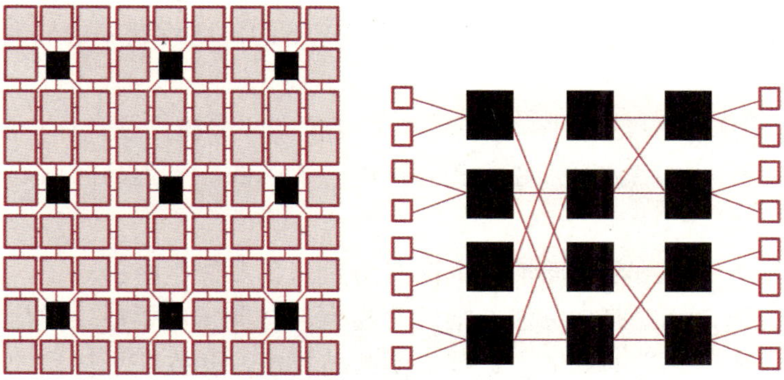

（a）树网　　（b）蝶网

图 1-8　树网与蝶网

1．无关路由算法

无关路由算法是指一类路由决策与网络状态无关的路由算法。无关路由算法可分为确定性路由算法和随机路由算法两种。在使用确定性路由算法时，分组将按照预设的固定路径在网络中传输。其中维序路由算法是典型的确定性路由算法之一。根据维序路由算法思想，分组每次只在片上网络中沿一个维度传输。

与确定性路由算法不同，随机路由算法将分组按照某一概率模型随机发送到链路中进行传输。为了避免由随机路由算法所导致的无法到达目的节点或到达时间过长的问题，在实现时通常会规定最长路由时间。如果超过此时间目的节点仍然没有接收到分组，则分组将被会丢弃。

洪泛路由算法是一种典型的随机路由算法。在洪泛路由算法中，同一分组被复制成多份，并依概率被随机发送到不同链路中。当目的节点接收到第一个到达的复制分组后，其他复制分组将被丢弃。在此思想基础上，洪泛路由算法包含直接洪泛路由算法和概率洪泛路由算法。概率洪泛路由算法是指依概率向所有可能到达目的节点的链路发送复制分组；而直接洪泛路由算法是对概率洪泛路由算法的改进算法，它通过预处理推断出了能够传出到目的节点的大致方向，从而向可能的方向的链路上发送复制分组。洪泛路由算法通过大量复制分组以实现降低传输时延、提高容错性能的目的，其缺点是大量分组在网络中传输会占用大量的网络资源，带来较高的能耗。

由于无关路由算法在实际应用时会在网络中产生不均衡的流量，因此要对分组传输路径做进一步的约束以缓解高负载时网络的拥塞。基于洪泛路由算法，Valiant 路由算法会在源节点和目标节点之间随机选取一个节点作为传输中继节点，即分组先从源节点以无关路由的方式传输到中继节点，在中继节点处做接下来的路径规划并继续以无关路由算法的方式传输到目标节点。这样的路由算法可以在一定程度上平衡网络负载，降低网络的拥塞概率。但是缺点是由于增加了随机的中继节点，传输路径不一定是源节点与目标节点之间的最短路径。这样会导致延迟增加的问题。

基于维序路由算法，IVAL 路由算法对 Valiant 路由算法进行了改进。在使用 IVAL 路由算法时，源节点、目的节点与中继节点之间采用了相反的维序路由算法方式，即从源节点到中继节点使用 XY（YX）路由，从中继节点到目的节点采用 YX（XY）路由。与其他路由算法相比，IVAL 路由算法能够在保证最差情况下的网络吞吐率的同时，提高网络的局部最优。

总之，与确定性路由算法相比，随机路由算法简单、鲁棒性强，有一定的自适应能力，能够在一定程度上缓解网络故障或高负载时路由的效率低、延迟高的问题。

2. 自适应路由算法

自适应路由算法能够结合不同情况下的网络状态自发调整路由路径，具有较高的容错性和鲁棒性。经典的自适应路由算法包括转弯模型、奇偶转弯模型、虚信道路由。基于这些经典路由算法，各种改进的算法在近些年不断被提出，并收获了优秀的性能表现。

为了避免环形死锁，Glass 等人提出了转弯模型（Turn Model）。通过分析路由算法过程中可能的转弯方式，转弯模型可以预测出产生环形死锁的概率，并通过禁止某些转向来阻止环的产生，从而减少死锁发生的概率。尽管奇偶转弯模型在二维网格网络中展现出了高路由性能，然而对于一些异构网络（网络中包含不规则大小的组件，如路由器、处理单元等）或网络中存在故障区域时，转弯模型路由算法无法正常在这些区域进行转弯，进而造成控制程序的失效或后续路由的低效率。几种转弯方式如图 1-9 所示。

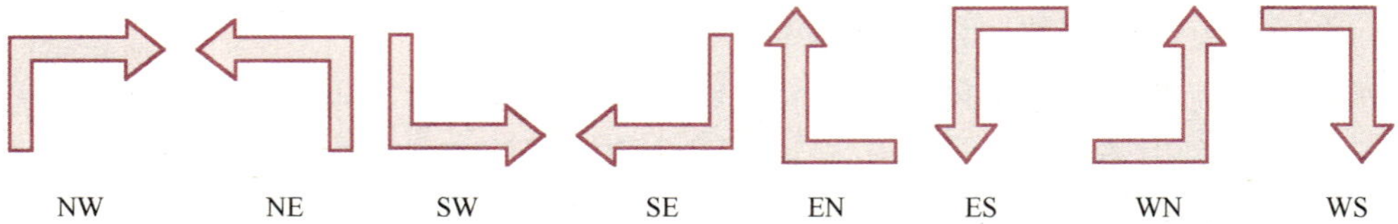

图 1-9　几种转弯方式

为了使路由转向能够避开网络故障或热点区域，提高路由的容错能力，李旺远等人基于转弯模型提出了跳步容错路由算法。在此算法中，每个节点都要维护一张周围链路的实时状态表。该表需要不断更新，以确保经过该节点的分组能够在算法的控制下顺利进行后续的转发操作。当某一方向发生拥塞或故障时，分组能够及时通过状态表获取问题信息，提前进行跳步并使用设置的逃离虚信道避开问题区域。该算法能够有效避免死锁，并且能够在高网络负载的情况下展现出更低的时延和更高的吞吐率。

对于 XY 路由算法，由于该算法的路由路径固定，即先沿 X 轴传播，再沿 Y 轴传播，因此如果大量分组需要同时进行水平（沿 X 轴）或垂直传输（沿 Y 轴），则可能导致片上网络中某些行列的严重阻塞。XY-YX 路由算法是对 XY 无关路由算法的一种适应性改进。在 XY-YX 路由算法中，分组的传输并非严格按照先沿 X 轴后沿 Y 轴，而是依赖于目的节点与当前节点的相对位置。若当前节点的 Y 轴坐标大于目的节点 Y 轴坐标，即当前节点位于目的节点的北面，则分组传输执行 XY 路由算法；若当前节点的 Y 轴坐标小于目的节点 Y 轴坐标，即当前节点位于目的节点的南面，则分组传输执行 YX 路由算法。XY-YX 路由算法相较于 XY 路由算法，在网络中存在热点节点的情况时，具有更低的传输延迟。

在 DyXY 路由（Dynamic X-Y Routing）算法中，网络中的每个节点都存有相邻节点的压力值（Stress Value）。压力值是一个用于表示该路由节点拥塞程度的参数，通常可用节点队列中的分组数目表示。一般情况下，分组沿源节点与目的节点之间的最短路径进行传输。若当前节点某维的坐标与目的节点相同，则分组沿其他维进行转发；否则，在拥塞区域，分组将向压力值最小的相邻节点进行传输。

虚信道路由算法是对虫孔路由算法的改进，它解决了虫孔路由算法的阻塞问题，能够提高物理信道的利用率，显著提高片上网络的性能。通过引入虚信道技术，虚信道路由将一个物理信道分成逻辑上的多个独立的虚信道以对物理信道进行分时复用。通过对虚信道的合理调度，当网络中发生分组阻塞时，若阻塞的分组被缓存在某一条虚信道的缓存中，则其他分组能够使用其他虚信道继续进行传输。虚信道路由算法需要为每条虚信道提供一个独立的缓存空间，虚信道数目每增加一条，路由器的缓存空间就需要相应增加一倍。

Ali 等人将已有的动态网络路由算法应用到了片上网络中，并提出了基于距离向量路由（Distance Vector Routing）算法和链路状态路由（Link State Routing）算法的 NoC-LS 路由算法。该算法的基本原理为考虑到片上网络芯片在出厂后内部硬件结构、数目在正常情况下不会改变，因此该算法的预先计算了节点间的传输成本，并将计算结果维护成表。系统将参照此表使用 Dijkstra 算法计算出两节点间的最短路径，并进行路由转发。当网络中出现故障或人为更新时，系统将会对节点间的传输重新进行评估并更新传输成本表，以此来保证路由传输的最小成本开销。NoC-LS 路由算法能够显著提高片上网络的路由效率。

生物算法是指通过对大自然中生物行为的观测及分析所总结出的一系列可应用于其他科学领域的优化方法。常见的生物算法包括遗传算法（从生物的进化角度）、蚁群算法（从蚂蚁群体觅食的角度）及神经网络（从动物大脑中神经元之间传递信息的角度）。通过与其他学科知识的融合，研究人员将多种生物算法应用到了片上网络的路由算法中。

蚁群算法被应用到了片上网络中。在自然界蚂蚁觅食的过程中，蚂蚁会分泌一种被称为信息素的物质并将这种物质留在所经过的路径上，而这种信息素也会随着时间逐渐消散。路径上包含的信息素越多代表最近一段时间内越多的蚂蚁曾在觅食时经过这条路径，即这条路径更有可能以最短的距离通向食物。

遗传算法是基于生物遗传和进化机制的适合于复杂系统优化的自适应概率优化算法。该算法的核心是将问题的解抽象成染色体（数组），然后经过一系列操作使最初的染色体集收敛至一个或多个环境适应度最高的染色体，这些剩余的染色体对应数组所代表的解在一定程度上很可能是此问题的最优解。

通过引入生物算法，片上网络路由算法的鲁棒性和容错性能够极大地提高。此外，由于不同生物算法具有其独特的优点，因此将其与路由算法融合还可以得到其他方面效果的提升。例如，将蚁群算法与路由算法融合能够极大地降低时延。

3. 无关路由算法与自适应路由算法相结合

考虑到传统的 XY 路由算法无法很好地在网络高负载情况下合理的分布负载，Dehyadgari 等人提出了伪自适应 XY 路由算法（Pseudo Adaptive XY Routing Algorithm）。此算法包含两种工作模式：无关路由模式和自适应路由模式。当网络拥塞程度降低时，分组将采用 XY 路由（无关路由模式）算法进行传输。而当拥塞度较高时，分组将会选择节点周围拥塞度相对较低的链路并通过。在网络拥塞程度相同时，伪自适应 XY 路由算法能有效降低分组传输延迟；而当网络负载较高时，伪自适应 XY 路由算法能够使负载在网络上的分布更加均匀、合理。

在低负载情况下，XY 路由算法比奇偶路由算法的平均时延更低；而在高负载条件下，奇偶路由算法则有着更高的吞吐量。因此为了能够结合二者在不同负载条件下各自的优势，同时尽量消除其劣势，Hu 等人提出了 DyAD（Dynamic Adaptive Deterministic）路由算法。在 DyAD 路由算法中，网络中的每个路由器都能时刻监视其所在的局部区域的网络状况。在非拥塞区域，网络将采用 XY 路由算法以保证最短路径传输；而在拥塞区域，网络将采用奇偶路由算法以尽量降低拥塞程度。

1.2.2.3 片上路由器的微结构

在 NoC 中，路由节点是其中一个重要的组成部分，是搭建整个片上网络的基本单元，作为 NoC 的关键部分，其内部结构的设计对 NOC 功耗和延时有巨大的影响，决定整个 NoC 的性能。在 NoC 路由节点中，缓存与路由节点的性能有着密切的关系，根据缓存位置的不同可以将 NoC 路由节点分为以下 4 类。

（1）输入缓存队列（IQ）。

（2）输出缓存队列（OQ）。

（3）虚拟输出缓存队列（VOQ）。

（4）结合的输入/输出缓存队列（CIOQ）。

输入缓存队列是指在路由节点的每个输入端口处，进入路由节点的数据即刻送入 FIFO 缓存中进行存储，当转发传输数据时，再从缓存 FIFO 中将数据读出并进行转发。输入缓存方式存在一个问题，就是当缓存中某一个数据包发生阻塞而无法传输时，缓存中其他数据包都将会被该数据包阻塞在缓存中，无法进行进一步传输，从而发生头部阻塞（Head Of Line，HOL）问题。输入缓存队列路由节点如图 1-10 所示。

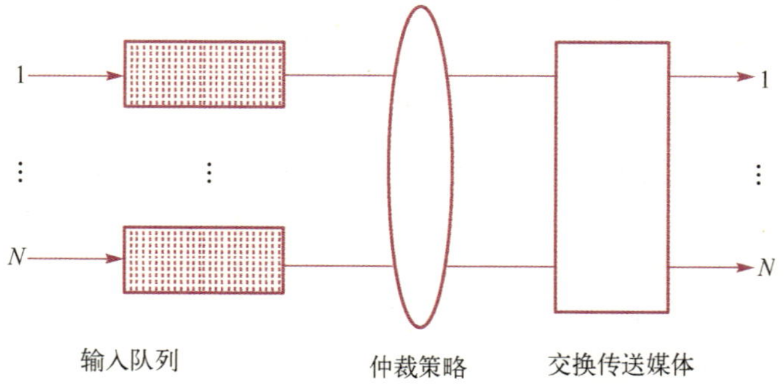

图 1-10　输入缓存队列路由节点

输出缓存队列路由节点的其数据在进入路由节点后，并不直接被缓存，而是在仲裁之后送到相应输出端口的 FIFO 中进行缓存。采用输出缓存队列的结构允许多个输入端口的数据包同时向同一个输出端口的输出 FIFO 进行转发请求，等待被输出端口调度输出，从而增加了路由节点内部的有效互连带宽。然而，由于需要在输出 FIFO 存储数据包之前对数据包进行仲裁及头部译码，其仲裁机制比较复杂，实现难度较大。

虚拟输出队列缓存是一种用于解决头部阻塞的方法，其实质上是在总线的每个输入端为每个输出端口专门开辟一个队列。若输出端口处不存在来自于输入端口虚拟输出队列缓存的竞争请求，则当从虚拟输出队列缓存中输出数据时，输出端口的输出控制逻辑只需要按照规定的时序，从相应的虚拟输出队列缓存中读取数据包向下一个路由节点进行输出即可；若存在竞争，则根据相应的仲裁策略选择适当的虚拟输出队列缓存数据包进行输出。由于中央仲裁器可以看到每个队列的头部，因此可以使头部阻塞的问题迎刃而解。虽然虚拟输出队列很好地解决了头部阻塞的问题，但输入阻塞和输出阻塞的问题依然存在，它们使数据包经过路由节点的时延具有不确定性。虚拟输出队列缓存结构如图 1-11 所示。

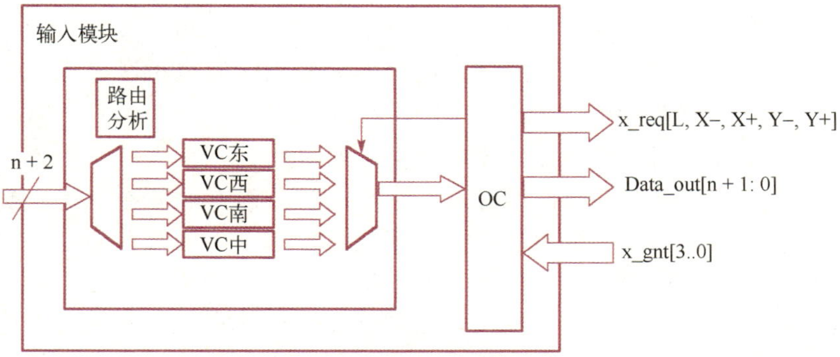

图 1-11 虚拟输出队列缓存结构

将既在输入端口处采用输入缓存，又在输出端口处采用输出缓存的路由节点称为结合的输入/输出缓存队列，该方式兼具有输入缓存的易实现性和输出缓存的优越性。在此需要特别说明的是，输入缓存和输出缓存的名称定义并不是根据其物理位置来决定的，而是在逻辑关系上，根据其相对仲裁器的逻辑先后关系来确定的，若数据包在进行仲裁之前就被缓存，则这种缓存方式称为输入缓存；若数据包在进行仲裁后才被缓存，则称为输出缓存。

一个完整的 NoC 还应该包括 NI 接口（Network Interface），通过 NI 将片上网络与 IP 资源链接在一起。在目前 NoC 的实际应用中，NI 的主要作用是将本地 IP 资源准备发送的数据包按照相应的协议，封装成适合在 NoC 中传输的特定格式，并将来自 NoC 中的数据包，通过解包转换为本地 IP 需要接收的数据格式。针对不同的 IP 资源核，可能会使用到不同的 NI 结构，因此迄今为止，国际上仍然没有通用的 NI 结构，在具体应用中，大多 NI 结构都是针对自身的应用需求来设计的。

1.2.3 量子计算与量子芯片

量子计算与量子通信、量子测量被认为是量子科技的重要方向，成为全球主要国家争相布局的前沿科技领域。量子芯片作为量子计算机最核心的部分，是执行量子计算和量子信息处理的硬件装置。但由于量子计算遵循量子力学的规律和属性，对于传统的经典集成电路芯片而言，量子芯片在材料、工艺、设计、制造、封测等方面的要求和实现路径上都存在一定差异。

1.2.3.1 量子计算的基本原理

量子计算是一种遵循量子力学规律调控量子信息单元进行计算的新型计算模式。

量子叠加态：在理解量子计算概念时，通常把它和经典计算相比较。经典计算使用二进制的数字电子方式进行运算，而二进制总是处于 0 和 1 的确定状态。量子计算和现有的计算模式完全不同，它借助量子力学的叠加特征，能够实现计算状态的叠加，不仅包含 0 和 1，还包含 0 和 1 同时存在的叠加态（Superposition）。从可计算的问题来看，量子计算只能解决经典计算机所能解决的问题，但是从计算的效率上，由于量子力学叠加性的存在，某些已知的量子计算在处理问题时速度要快于经典计算。

量子系统中的叠加：在经典计算中，信息被编码为位链（bit），1bit 信息状态可能是 0 或 1 中的一种，即假或真，对或错。例如，电容器的板极间的电压可以代表 1bit 信息，带电的电容表示 1，而放电的电容表示 0。不同于经典计算，在量子世界中，微观粒子的状态是不可确定的，系统以不同的概率处于不同状态的叠加中。

量子比特：经典计算机中的两位寄存器在某一时间仅能存储 4 个二进制数（00、01、10、11）中的一个，而量子计算机中的两位量子比特寄存器可同时存储这 4 种状态的叠加状态。随着量子比特数目的递增，对于 n 个量子比特而言，量子信息可以处在两种可能状态的叠加，配合量子力学演化的并行性，可以展现比经典计算机更快的处理速度；加上量子纠缠等特性，理论上，量子计算机相较于当前使用最强算法的经典计算机，在一些问题上，有更快的处理速度和更强的处理能力。

量子力学第二假设（波函数 ψ 满足薛定谔方程）在信息学中的应用，直接的效果首先就是量子比特概念的出现。在经典的世界里，一个比特（bit）简单地说就是可以用一位二进制数表示的信息。因此它只有两个取值，可以记为 0 或 1。经典比特的一个最浅显特征就是 0 和 1 这两种状态是正交的，即 0 就是 0，1 就是 1，写在纸上的 0 不可能被看成 1，1 也不可能被看成 0。

所以，与以经典比特为处理单位的经典计算机不同，如果量子计算机以量子比特为处理单位，那么一个存储单元就可以存储无穷多个值。这是导致量子计算机超越经典计算机的一个首要条件。

1.2.3.2 量子芯片的物理实现

众所周知，摩尔定律的技术基础是不断提高电子芯片的集成度（单位芯片的晶体管数）。集成度越高运行速度就越快。

经典集成电路芯片通过一个个晶体管构建经典比特，二进制信息单元（即经典比特）基于半导体制造工艺，采用硅、砷化镓、锗等半导体作为材料。而量子芯片采用两个量子状态来叠加、纠缠，用以执行以量子比特为基础的运算，因此只要物质的物理性质具有两个易于操作的量子态，都有可能成为量子比特的制作基础，类似经典集成电路芯片中高低电平代表的 1 与 0。

根据构建量子比特所采用的不同物理体系，量子比特在物理实现方式上包括超导量子电路、半导体量子点、离子阱、金刚石空位、拓扑量子、光子等。开发与现代半导体工艺兼容的电控量子芯片是量子计算机研制的重要方向之一，半导体量子点技术和超导量子电路技术被视为最有可能实现大规模集成量子信息处理器的物理方案之一。

经典集成电路芯片包括数字芯片和模拟芯片，量子芯片可以视为一种模拟芯片，主要采用的制程在 100nm 左右，但与经典集成电路芯片最大的不同在于制造的工艺与材料不同。其中，超导量子芯片利用约瑟夫森结构构成的超导电路来实现二能级系统，主流材料是铝，通过在铝膜上刻蚀电路形状，用微波信号实现对其控制。半导体量子芯片在传统的半导体微电子制造工艺基础上，寻找到能够实现控制的电子，通过控制电子的多个自由度实现二能级系统。

半导体量子芯片可以很好地结合和利用现代成熟的半导体微电子制造工艺，通过纯电控的方式制备、操控与读取量子比特更具灵活性。与现代大规模集成电路类似，半导体量子芯片具有良好的可扩展、可集成特性，被认为是未来实现大规模实用化量子计算的最佳候选体系之一。

超导量子芯片具有如下优势：①操作次数多，超导量子比特相干时间长，操作速度快，保真度高，总体能够实现上千次操作；②工艺成熟，相对其他固态量子芯片体系，超导量子比特受材料缺陷的影响更小，利用成熟的纳米加工技术，可以实现大批量生产；③可扩展性好，超导量子比特结构简单、调控方便、极易扩展。

现在，不断地将更先进的芯片工艺应用到高性能计算机和智能手机中，制程精度从几十纳米逐步降到 7nm，未来甚至更低，逼近原子尺寸。传统芯片能够容纳的集成电路最终将趋向经典物理上的临界点，计算能力提升举步维艰。如果摩尔定律终结，在后摩尔时代，提高运算速度的途径是什么呢？

量子芯片集成有大量的量子逻辑单元，可以执行量子信息处理过程，在诸如量子化学模拟、量子人工智能等诸多领域具有巨大的潜力，有望突破传统计算机的算力极限。量子计算机的原理图如图 1-12 所示。

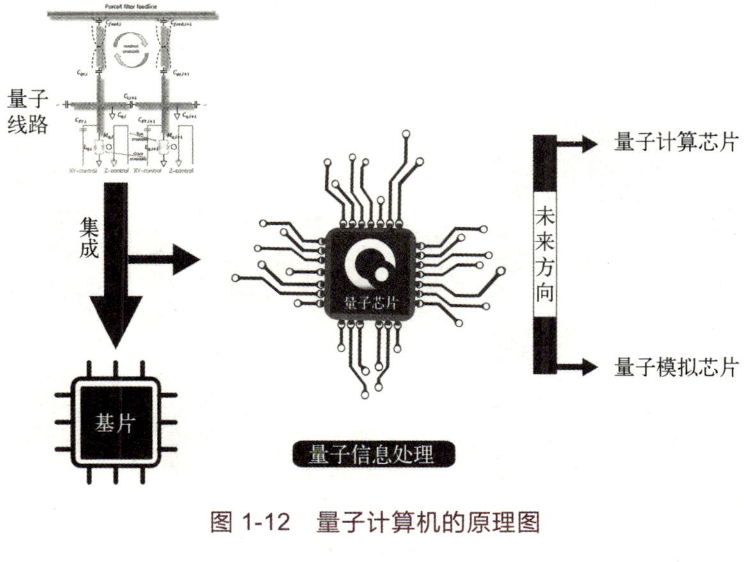

图 1-12　量子计算机的原理图

目前，超导系统、半导体系统、离子阱系统等，都有相应的量子芯片研究，并正在向大规模集成的方向摸索。目前，基于超导约瑟夫森结体系的技术路线在当前阶段走在了前面，但近年来基于半导体的门控量子点技术发展迅速，未来的量子计算机究竟采取哪种技术路线尚未定论。

我国量子计算领军企业本源量子目前开发出第一代半导体 2 比特量子处理器——玄微 XW B2-100（见图 1-13（a））、第一代超导 6 比特夸父量子处理器——KF C6-130（见图 1-13（b））。目前，玄微 XWB2-100 采用半导体量子点系统可以很好地结合和利用现代半导体微电子制造工艺，通过纯电控的方式制备、操控与读取量子比特更具稳定性，可以实现超快精确控制和长相干快操控编码。夸父 KF C6-130 具备高达 99.7%的单量子逻辑门保真度，与当前国际同类水平（99.94%）相差甚微。

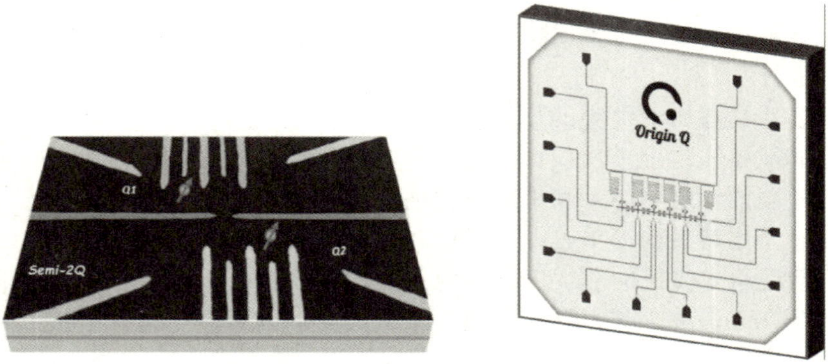

（a）玄微 XW B2-100　　（b）夸父 KF C6-130

图 1-13　第一代半导体与第一代超导体

为了提高对量子芯片信息的读取效率，本源量子自主研发了多种量子参量放大器。其中量子阻抗匹配参量放大器 OriginQ-IMPA-6650 能达到 15～30dB 的增益，在高带宽模式下能达到 20dB 的增益及高于 400MHz 的增益带宽，噪声低至标准量子极限，是国内最好的同类型量子参量放大器。两种量子参量放大器如图 1-14 所示。

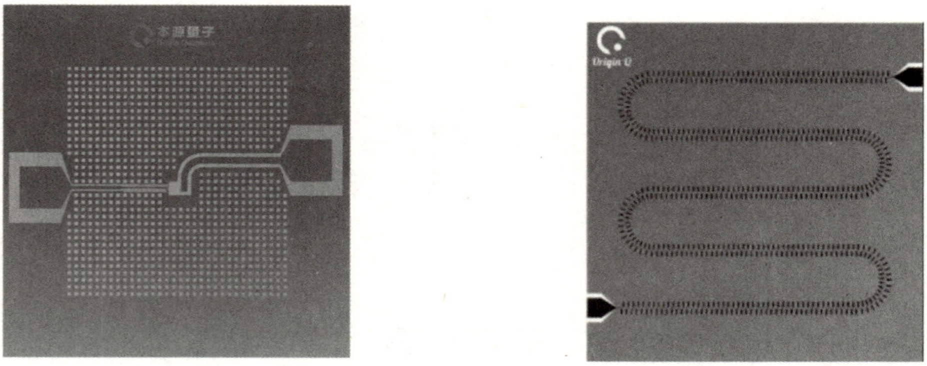

（a）量子阻抗匹配参量放大器 OriginQ-IMPA-6650　　（b）量子行波参量放大器

图 1-14　两种量子参量放大器

同时，本源量子正在研制具备更高增益带宽、性能更稳定的量子行波参量放大器，它预计能用于至少 20 个量子比特的并行读取。传统集成电路芯片主要指经典计算机的硅基半导体芯片，它基于半导体制造工艺，采用硅、砷化镓、锗等半导体材料。

若要实现对于量子芯片中的量子比特的精确控制，则对环境要求非常苛刻，不仅要求超低温，还要求超洁净，极其微弱的噪声、振动、电磁波和微小杂质颗粒都会扰乱信号，这对于量子芯片的材料和设计提出了更高的要求。例如，常规硅片中含有大量的硅 28 和少量的硅 29 同位素，由于硅 29 的核自旋可以影响硅基半导体量子芯片中电子的自旋，因此在半导体量子芯片应用中需要在硅材料提纯硅 28，去除其中的硅 29。电磁场对于半导体及超导量子比特的干扰也较大，虽然传统芯片设计中也要考虑电磁场的相互影响，但在量子芯片的设计中会考虑得更加精细。

因此，量子芯片迫切需要发展超导电子学技术和低温电子学技术。因为当芯片集成比特数达到数千个以后，按照现有的模式，用室温电子学控制设备控制每个比特是几乎不可能实现的，需要将比特的控制部分和量子芯片集成，能够达到这个目标的唯一技术是超导电子学。目前超导电子学技术还处在非常基础的阶段，实际应用非常少，如何与量子芯片集成更是有待研究的全新课题。

与此同时，为了实现低温环境，还需要配置大功率极低温制冷机。超导量子芯片只能在 0K 左右的极低温（约零下 273.14℃）下才能工作，而且还要求提供足够的制冷功率，目前能做到的只有稀释制冷机。当前的稀释制冷机技术仅能做到满足数百个比特的需求，支持更大规模的量子芯片的技术仍是一个待研究的课题，目前国内的稀释制冷机主要都是通过进口获得的。

为了提高量子芯片的性能，封装技术必不可少。本源量子基于量子计算芯片及量子参量放大器分别研制了多种立体封装技术，能够大幅降低信号串扰，抑制环境噪声。例如，IMPA 芯片立体封装可用于完成 IMPA 芯片的封装，并提供室温及低温的测试接口。IMPA 芯片立体封装如图 1-15 所示。

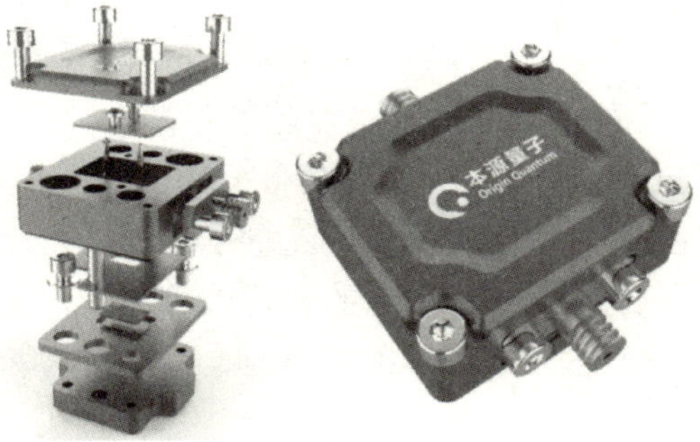

图 1-15　IMPA 芯片立体封装

与传统集成电路芯片设计类似，量子芯片的设计也需要依靠设计和仿真软件。但与半导体芯片电路特性不同，量子芯片电路原理和结构设计遵循完全不同的逻辑，不可能直接使用现有的半导体芯片设计或仿真软件，需要重新开发。目前市场上并没有成熟的量子芯片 EDA 软件，自主研发的量子芯片 EDA 工具，在传统设计和仿真的基础上进行了功能的升级，并且包含自主研发的量子芯片核心仿真程序。通过现有经验和数据工具进行结构和参数指标方面的设计。此外，针对超导量子芯片，还包含微波电路的一些技术，很多结构可以用微波仿真软件来模拟特性，为量子芯片的设计提供指导依据。

1.2.3.3 量子计算发展现状及未来趋势

量子计算机有着当今计算机无法比拟的计算力，欧美等发达国家政府和科技产业巨头大力投入量子计算技术研究，取得一系列重要成果并建立了领先优势。以美国加州大学、马里兰大学、荷兰代尔夫特理工大学和英国牛津大学等为代表的研究机构，基于超导、离子阱和半导体等不同技术路线，展开了量子计算机原理样机试制与实验验证。Google 与加州大学合作布局超导量子计算，2016 年报道了 9 位超导量子比特的高精度操控，并购推出 D-Wave 量子退火机，探索人工智能领域。2018 年 3 月，Google 量子人工智能实验室宣布推出全新的量子计算器 Bristlecone（狐尾松），号称为构建大型量子计算机提供了极具说服力的原理证明。Microsoft 布局基于“任意子”方案的拓扑量子计算，并注重模拟器等软件领域的同步开发。Intel 同时开展半导体和超导方案，2017 年 10 月报道了 17 位量子比特的超导芯片。IBM 在 2016 年上线了全球首例量子计算云平台，目前 IBM Q 处理器已升级至 16 位、17 位量子比特；2017 年 11 月宣布基于超导方案实现了 20 位量子比特的量子计算机。同时，以 D-Wave、IonQ、Rigetti Computing、1QBit 为代表的初创企业迅速发展，各具特色，涵盖硬件、软件、云平台等环节。

我国近年来开始加大重视程度、积极跟进，在科研布局和企业投入方面取得一定成果。以中国科学技术大学、浙江大学和清华大学等为代表的研究机构在量子计算原理实验和样机研制等方面取得一定研究成果。2017 年，中国科学技术大学和浙江大学联合宣布基于超导量子计算方案，实现了 10 位量子比特的纠缠操控。同年，中国科学技术大学还报道了基于波色子采样的光量子计算机研究成果。在产业布局方面，阿里巴巴联合中国科学院在 2015 年设立中国科学院-阿里巴巴量子计算实验室。2018 年 2 月，阿里云联合中国科学院发布量子计算云平台，具备 11 比特的云接入超导量子计算服务。2018 年 5 月，阿里巴巴达摩院量子实验室研发出量子电路模拟器——太章。此外，腾讯也正在筹备建立量子实验室。2017 年 5 月，中国科学院发布世界上第一台超越早期经典计算机的光量子计算机。2017 年 10 月，清华大学、阿里巴巴和本源量子各自发布了基于不同物理体系的量子计算云平台。

就目前我国科技公司的量子计算成果来说，量子计算的发展是有目共睹的。

（1）大数据检索。量子计算机具有极高的并行计算能力，可以解决大数分解、复杂路径搜索等计算难题。随着信息处理技术的推陈出新，量子计算机将有望为密码学、大数据和机器学习、人工智能、化学反应计算、材料设计、药物合成等许多领域的研究，提供前所未有的强力手段，对未来社会在国防、政务、金融甚至银行转款、个人隐私保护方面等产生革命性的影响。

在当前大数据和人工智能时代，量子计算机可以解决海量数据检索问题，以及物流优化问题，达到节省成本和减少碳排放等目的。在海量信息充斥和庞杂的时代，强大的数据分析和梳理工具无疑对人们的生活和工作有着很大帮助。

（2）量子模拟。在量子模拟方面，特别是在生化制药中，量子模拟有望利用相应的量子算法在更长的时间范围内准确地进行分子模拟，从而实现当前技术水平无法做到的精确建模。

（3）金融服务。量子计算可以解决复杂的金融优化问题，如投资组合风险和欺诈检测。

（4）人工智能。在人工智能方面，量子计算能有效提高机器学习的深度和速度，突破人工智能发展的瓶颈。量子机器学习可以帮助人工智能以类似人类的方式更有效地执行复杂任务。在量子计算机上训练人工智能可以提高计算机视觉识别、模式识别、语音识别等性能。

（5）现代农业。改进制造或替代氨的工艺方面发展缓慢，在 1900 年代，有一种被称为 Haber-Bosch Process（哈柏法）的工业技术，通过氮气及氢气产生氨气（NH_3），但它需要极高的热量和压力将氮气、氢气和铁转化成氨。如果用今天的超级计算机进行数字测试，找出合适的催化剂组合来制造氨，那么则需要几个世纪的时间；但是，量子计算机能够快速分析化学催化过程，并提出最佳的催化剂组合来产生氨。

（6）云计算。量子云计算正在成为富有前景的领域。量子云平台可以简化编程，并提供对量子计算机的低成本访问。

（7）网络安全。量子计算机可以用来破解保护敏感数据和电子通信安全的密码，同时，量子计算机也可以用来保护数据免受量子黑客攻击，这需要一种被称为量子加密的技术。量子加密是一种将纠缠光子通过量子密钥分配进行远距离传输的技术，目的是保护敏感的通信。最重要的一点是，如果量子加密通信被人截获，加密方案立即显示中断迹象，并显示通信不安全。

1.3　多处理器系统体系结构

随着硬件技术的进步，并行处理技术得到了迅猛的发展，计算机系统不再局限于单处理器和单数据流，各种各样的并行结构得到了应用，多处理器系统随之诞生。多处理器系统是指包含两台或多台功能相近的处理器，处理器之间彼此可以交换数据，所有处理器共享内存，I/O 设备、控制器及外部设备，整个硬件系统由统一的操作系统控制，在处理器和程序之间实现作业、任务、程序、数组及其元素各级的全面并行。相比于先前的计算机系统，多处理器系统具有增加吞吐量、经济规模小和提高可靠性的优点。接下来我们将从多处理器的互连网络、一致性问题、程序并行化这三个方面来讲述多处理器系统。

1.3.1　多处理器系统的互连网络

多处理器系统由多台独立的处理器组成，每台处理器都能够独立执行自己的程序和指令流，相互之间通过专门的网络连接以实现数据的交换和通信，共同完成某项大的计算或处理任务。系统中的这些处理器由操作系统进行统一的管理，实现指令级以上并行，这种并行性一般是建立在程序段的基础上。在多处理器系统中，处理器与处理器之间通过互连网络进行连接，从而实现程序之间的数据交换和同步。接下来将通过多处理器系统拓扑结构和容错性这两个方面来讲述多处理器系统的互连网络。

1.3.1.1 多处理器系统拓扑结构

多处理器系统有多种分类方法。按多处理器各机器之间物理连接的紧密程度与交互作用能力的强弱来分，多处理器可分为紧耦合多处理器系统和松耦合多处理器系统两大类。在紧耦合多处理器系统中，处理器间物理连接的频带较高，一般是通过总线或高速开关实现互连的，处理器可以共享主存储器，由于具有较高的信息传输速率，因此可以快速并行处理作业或任务。

在多处理器系统中，包含多个处理器以及完成处理器间通信、协调所需的多个功能部件，势必涉及处理器之间、处理器和功能部件间的相互连接问题。互连网络是多处理器系统的重要组成部分，它对系统的性能指标有决定性的影响。互连网络是指由开关元器件按照一定的拓扑结构和控制方式构成的网络，用以实现多处理器系统内部多个处理器与多个功能部件之间的相互连接。

互连网络具有节点间互连拓扑（包含连接通路）、开关元器件和控制方式这三大要素。不同多处理器系统的开关元器件具有不同的物理位置。在采用集中式结构的多处理器系统中，互连网络可以是一个独立的部件，由一组开关元器件构成，位于被连接的处理器或功能部件节点之间，在一定控制方式作用下，按照互连拓扑的要求建立节点间的各条连接通路，以实现各个节点间的相互通信，互连网络拓扑结构如图 1-16 所示。

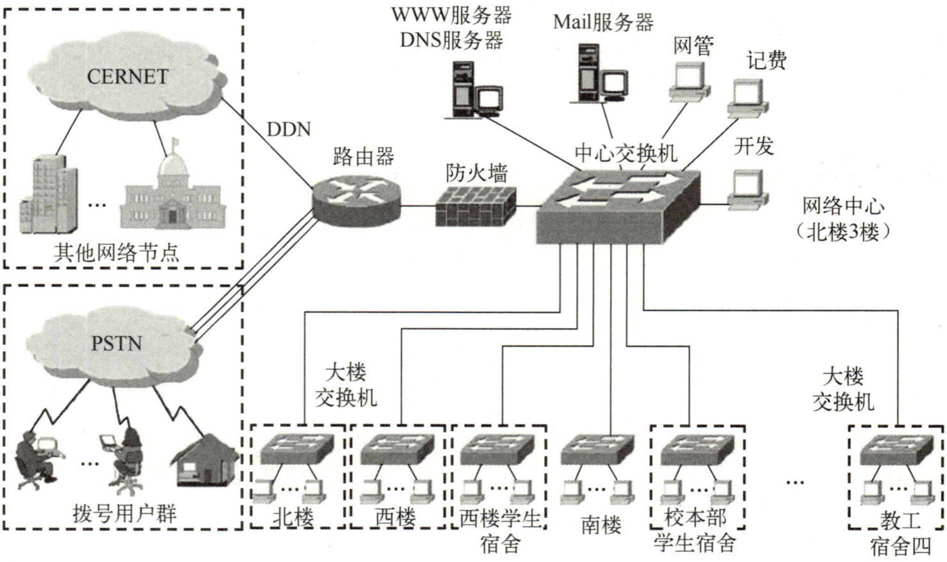

图 1-16 互连网络拓扑结构

作为多处理器系统核心，互连网络是接下来要重点讲的对象，对互连网络的研究可以看成对多处理器系统的研究。多处理器系统互连网络的目标是为多处理器相互连接提供很强的灵活性，满足算法对处理机数据传送的要求，以提高并行处理的效率。不同连接方式的互连网络如图 1-17 所示。

互连网络可以看成一个图，其中，图中的顶点对应网络中的各个元器件。图中的边对应元器件之间的物理连线。这样的图称为互连网络拓扑结构（Network Topological

Structure），简称网络拓扑（Network Topology）。从拓扑上讲，图和互连网络是等价的，在本书中我们不区分“图”和“互连网络”的概念，“顶点”和“元器件”的概念，“边”和“物理连线”的概念。

图 1-17　不同连接方式的互连网络

根据互连网络的拓扑结构在程序运行过程中是否可变，可将互连网络分为静态网络和动态网络。

静态互连网络的每个开关元器件固定地与一个节点相连，以建立该节点与邻近节点之间的被动连接通路。静态互连网络这类网络若用节点和边组成的图来表示，则需要满足下列要求。

（1）网络每个节点的相连边数（称为度）要少，且在各节点处最好都相等，而与网络的大小无关。

（2）在任意两个节点间循最短路径通信所经过边数的最大值（称为直径）要小，且随节点数增多而缓慢增大。

（3）对称性要好，以达到信息流量分布均匀。

（4）通过对各节点的合理编址，能实现高效路径算法。

（5）有较高的路径冗余度，以满足坚固性要求。

（6）增量扩展性要好，即每次只扩展一个或少数几个节点，仍能保持原有互连拓扑特性。

静态互连网络有多种形式，但基本图形为立方体形、树形（含星形）、二维网络等几种（见图 1-18）。

常见的静态互连网络有超立方体、网格、环绕、星图（Star Graph）、交叉立方体（Crossed Cube）和莫比乌斯立方体（M¨obius Cube）等。其中超立方体是比较典型的一种结构，它具有很多优点，如点对称、边对称、正则性、低节点度数等，并且它还是许多网络的基础网络。

动态互连网络的节点只与互连网络边界上的开关元器件连接，在所有开关元器件共同参与下，建立节点间主动可控的通信路径。一般用于多处理器系统实现并行进程间的相互通信。这类网络可按不同方面的特性分为以下多种形式。基本动态互连网络拓扑如图 1-19 所示。

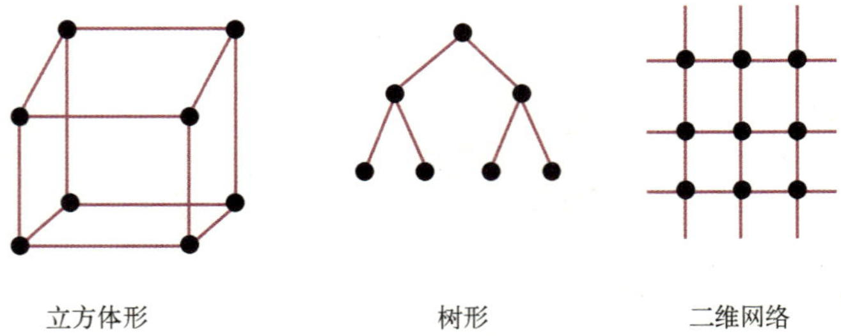

图 1-18　基本的静态互连网络拓扑

（1）按输入端和输出互连网络端的布置划分，有双边、单边和折叠网络。

（2）按连接能力划分，有阻塞、重安排和无阻塞网络。

（3）按互连类型划分，有连接器、集中器、扩展器和分组器。

（4）按开关元器件类型划分，有交叉开关、交换开关和细胞开关。

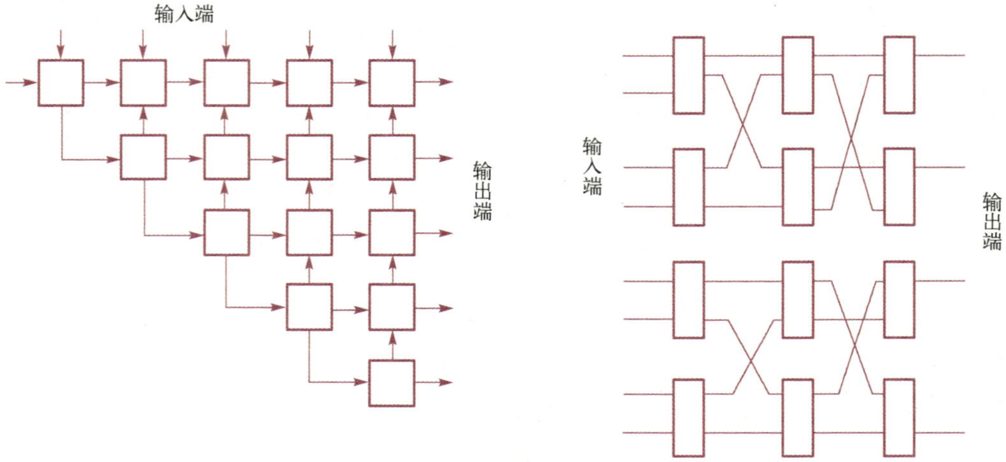

图 1-19　基本动态互连网络拓扑

典型的动态互连网络有多级互连网络（Multistage Interconnection Network）、交叉开关（Cross Switching）和总线（Bus）等。

互连网络拓扑结构定义了并行计算机系统顶点之间的连接方式，它在很大程度上决定了互连网络的带宽、延迟、可靠性、可扩展性和对算法的适应性等。

1.3.1.2　多处理器系统容错性

由于超大规模集成电路（VLSI）技术的发展，目前一个多处理器系统可以具有数十万个处理器。随着多处理器系统尺寸的不断增大，处理器发生故障的概率大大增加，多处理器系统也变得非常复杂，这些都可能对网络的性能产生不利影响。决定网络性能的因素有很多，其中容错性是比较重要的一个因素。所谓多处理器系统容错是指在多处理器系统发生故障的情况下仍然能进行正常通信。容错是衡量网络发生故障时仍能正常通信的能力。

若网络出现故障后发生瘫痪，则可能带来重大甚至是灾难性问题。例如，2012 年，印度的主电网发生故障带来了史上最大规模的停电，该事件给企业造成了约 10 亿美元的损失，并让 12 亿人陷入黑暗中。2015 年，携程网发生瘫痪，造成了超过 1000 万美元的损失。2016 年，Google、腾讯、苹果等知名互联网企业的服务器发生故障，导致了企业无法正常运行，甚至影响了人们的正常生活。2019 年，阿里云服务器发生故障，导致许多企业的系统、APP 和网站发生了瘫痪，造成了很大经济的损失。因此，考虑网络的容错性是一个非常重要的课题。需要注意的是，容错确切地说是容故障（Fault），而并非容错误（Error）。

连通度是衡量网络容错性的一个重要指标，所以往往是通过研究一个网络的连通度来刻画网络的容错性。一个网络的连通度是指使该网络不连通或变成平凡图所需要删除的最少节点数。连通度越高，其容错能力越强，即网络越可靠。但是在实际网络运行中，在真实的运行环境中某个节点的所有邻近节点同时发生故障概率是非常低的，这种情形不能很好地反映网络现实场景，大大低估了网络的容错性能。为了更准确地刻画互连网络的容错性，提出了许多对传统连通度进行改进的连通度，以此来更加准确地对网络的容错性进行评估。例如，g-限制连通度、h-额外连通度、r-分支连通度、结构连通度和子结构连通度都是衡量网络容错性的重要指标。在某些限制条件下，研究网络的容错性更符合网络的真实性能，这在网络中具有重要的理论与实际意义。

不相交路径也是衡量一个多处理器系统容错性的另一个指标。不相交路径可分为一对一的不相交路径、一对多的不相交路径和多对多的不相交路径。无论哪种不相交路径都可应用于网络中数据的并行传输。当网络中需要传输一个较大文件时，利用不相交路径可将该文件分解成许多个子文件进行传输，从而缩短了网络的通信时延。当某条路径中的节点或边发生故障时，该路径上的任务可转换到其他与其不相交路径上进行传输，从而保证网络中数据的可靠性和稳定性。显然，不相交路径越多，网络并行处理问题的能力越强，容错性也就越强。

诊断是指识别一个网络中故障节点的过程。当网络中某些节点发生故障时，整个网络会发生瘫痪。因此，需要诊断出网络中的故障节点，并用无故障的节点替换故障节点，使得网络可以正常工作。因此，故障诊断能力是衡量网络容错性的一个重要指标。故障诊断能力越强，网络越可靠。

故障诊断能力是评估网络存在故障服务器情况下运行情况的重要指标，其中诊断算法能够快速定位故障服务器，从而进一步修复或替换故障服务器。因此，数据中心网络的故障诊断能力的评估是衡量数据中心网络可靠性的重要研究内容。目前，故障诊断能力的评估主要是基于系统级诊断的，它是利用系统中多个处理器协调诊断来实现故障定位的，不影响系统的正常运行，这种诊断效率高且不易出错，已被广泛应用。

在对系统实施诊断时，将系统中每个处理器刻画为一个节点，将这些处理器之间的连接刻画为测试边，相应的处理器之间产生的输出称为测试结果。在多处理器系统中识别所有故障处理器称为系统级诊断（System-level Diagnosis）。如果一个多处理器系统中给定数量不超过 t 的故障处理器可以被诊断，则称系统为 t-可诊断的（t-Diagnosable）。多处理器系统中可诊断处理器的最大数目称为其诊断度（Diagnosability）。在系统级诊断中，不同的诊断模型已经被提出。其中，最早被提出的模型是 PMC 模型（由 Preparate、Metze 和 Chien 提出），它是一种基于测试的诊断模型。另一个重要的模型是：MM 模型（由 Maeng 和 Malek 提出），它是一种基于比较的诊断模型。Sengupta 和 Dahbura 提出一种改进的 MM 模型，称为 MM*模型，该模型假设任何两个处理器的公共邻接处理器都可以作为比较处理器。系统级诊断有两种基本策略：精确诊断（Precise Diagnosis）策略与悲观诊断（Pessimistic Diagnosis）策略。

系统级故障诊断技术已应用于多个领域，如无线传感器、Ad Hoc 网络、无线网格网络、卫星网络、芯片测试和社交网络等。在互连网络中，容错性是提高计算机系统可靠性的有效手段，它以冗余为基础，采用故障检测、故障定位、故障隔离和故障恢复等方法来避免、减小或消除故障对系统的影响，使系统在出现故障的情况下仍能提供正确的服务。

1.3.2 多处理器系统的一致性问题

在多处理器系统中，为了提高可靠性，通常会对重要内容进行多次备份。用户所看到的多个副本的内容应该是一致的，自然而言就想到如何保证多个副本的一致性。我们平时在使用多处理器编程时基本不会注意一致性问题，那是因为系统为我们做好了基本一致性，当存在一致性问题时上层编程语言也会提供具备一致性语义的接口，只是我们在编程中并没有意识到这些接口与一致性的关系。

接下来将通过以下两个方面来详细叙述多处理器系统的一致性问题。

1.3.2.1 一致性问题概述

处理器一致性（Processor Consistency）是一种内存一致性模型，是指在多处理器中，多个处理器同时进行写操作的执行结果与单个处理器进行写操作的执行结果相同，即任何一次执行结果都相同，就像所有处理器的操作都按照某个顺序执行，各个微处理器的操作按照其程序指定的顺序进行。换句话说，所有处理器以相同顺序看到所有的修改。读操作未必能及时得到此前其他处理器对同一数据的写更新。但是各处理器读到的该数据的不同值的顺序是一致的。

在多处理器系统中必然会涉及共享对象的操作。一旦出现共享，就会存在正确性的问题，那么如何定义在并发中操作共享对象的正确性，这就是一致性协议的任务了。本节主要针对多处理器系统中的一致性问题进行了一些总结，在多处理器系统中，只要有并发、共享就会有一致性的问题。对于共享内存并发操作下的正确性保证是硬件设计者需要提供给上层开发人员最重要的保证。对于上层开发人员来说，系统内部的一致性是透明的，但是去了解系统内部一致性的设计及原理有利于我们更好地面向机器编程，写出正确的代码。一致性的任务就是保证并发操作共享内存的正确性，数据一致性在任何领域都是极其重要的。处理器一致性问题一般发生并行处理和并行计算中。

1.3.2.2 缓存一致性协议

现代处理器为了提高访问数据的效率，在每个 CPU 核心上都会有多级容量小、速度快的缓存（分别称为 L1 缓存，L2 缓存，多核心共享 L3 缓存等），用于缓存常用数据。由于内存的速度要比 CPU 慢近 100 倍，因此当数据被修改时也只是先更新缓存，并不是直接写回到主存中（CPU 是不能直接与内存进行通信的，CPU 只对接缓存，然后由缓存对接主存），这样一来就造成了缓存中的数据与内存不一致。如果系统是单核处理器，那么所有线程看到的都是缓存中的最新数据，当然没有问题；但如果系统是多核处理器，那么同一份主存数据可能会被缓存到多个核心缓存中，在运行中只要有其中一个核心修改了缓存中的值，而其他 CPU 核心没有得到及时通知，就会造成缓存不一致的情况，影响系统的运行结果。造成缓存一致性问题还有很多，如进程迁移和某些 I/O 操作等。

为了解决这个问题我们很容易想到的方法是直接在总线上加锁，如果 CPU1 的整个操作还没有完成，就不允许 CPU2 再执行操作，也就是说，只有 CPU1 将计算后的 a 值写回内存后，才允许 CPU2 再读取 a，这就是总线锁。总线锁的作用是将共享内存变为独享内存，以保证数据的正确性。虽然加锁简单，但是效率上将会大打折扣。所以为了提高效率就有了缓存一致性协议。

缓存一致性协议的出现是为了解决多核及多处理器的多个缓存之间的数据不一致问题。目前，缓存一致性协议主要分为两种：一种是基于窥探的协议（Snoop-Based），另一种是基于目录（Directory-Based）的协议（简称目录协议），基于窥探的协议在共享总线上广播一致信息，基于目录的协议能更好地扩展。日常处理的大多数计算机设备使用的都属于窥探协议。

在目录协议中必须要进行处理读缺失和处理共享未修改缓存块的写操作。此间缓存块出现三种状态共享：一个或者多个处理器拥有缓存的数据块、未缓存；没有任何一个处理器含有该数据块、修改；只有一个处理器拥有该缓存块的副本并已经进行写操作，除了缓存中的块，还需要跟踪拥有共享数据块副本的处理器，因为执行写操作后这些处理器的副本要设置成无效状态。目录协议是通过目录控制器有选择地发送数据获取和无效操作来完成，任何缓存块在执行写操作时都必须处于独占的状态，并且共享数据在存储器中的副本必须被替换。

“窥探”背后的基本思想是，所有内存传输都发生在一条共享的总线上，而所有的处理器都能看到这条总线。缓存本身是独立的，但是内存是共享资源，所有的内存访问都要经过仲裁（Arbitrate），即在同一个指令周期中，只有一个缓存可以读/写内存。窥探协议的思想是，缓存不仅在进行内存传输时才与总线“打交道”，而是不停地在窥探总线上发生的数据交换，跟踪其他缓存在做什么。所以当一个缓存代表它所属的处理器去读/写内存时，其他处理器都会得到通知，它们以此来使自己的缓存保持同步。只要某个处理器开始写内存，其他处理器马上就知道这块内存在它们自己的缓存中对应的段已经失效。

通过在缓存和后端存储之间保持通信可以维护这些一致性状态。缓存在读取块或写入块，或从其他缓存读取或写入一个块时，其充当的角色不同。这些一致性状态通过高速缓存和后备存储之间的通信进行维护。当缓存中的某个块被读或写时，或者当缓存通过总线接收到其他缓存发出的读/写信号时，它需要根据此做出动作并调整自己的状态。

当缓存收到读请求时，若块处于 M 或者 S 状态，则它会直接提供数据。但若块尚未被装入缓存（处于 I 状态），则在装入该块前，必须先要保证该地址的数据不会在其他缓存块中处于 M 状态。若另一个缓存中有处于 M 状态的块，则它必须将数据写回后备存储，并回到 S 或 I 状态。在数据写回之后，缓存可以通过后备存储或者其他缓存中处于 S 状态对应的块获取内容。之后缓存会答复读取请求。在提供数据后，缓存块处于 S 状态。

当缓存收到写请求时，若块处于 M 状态，则缓存只需要修改本地的数据；若块处于 S 状态，则缓存必须通知其他具有处于 S 状态的块的高速缓存将其换出（置为 I 状态）。若块处于 I 状态，则缓存必须通知其他的具有处于 S 或 M 状态的同样的高速缓存将其换出（置为 I 状态）。若块在另一个缓存中处于 M 状态，则它必须先将数据写回到后备存储或者将其提供给请求数据的缓存。若此时缓存尚未装载该块的数据，则修改前要先从其将后备存储读入。在数据被修改后，缓存处于 M 状态。

MESI 协议属于窥探协议。MESI 中每个缓存行都有 4 个状态，分别是 E（Exclusive）、M（Modified）、S（Shared）、I（Invalid）。下面详细讲解这 4 个状态。

M：表示该缓存行中的内容被修改了，并且该缓存行只被缓存在该 CPU 中。这个状态的缓存行中的数据与内存中的不一样，在未来的某个时刻它会被写入到内存中，即当其他 CPU 要读取该缓存行的内容时，或者其他 CPU 要修改该缓存对应的内存中的内容时。

E：表示该缓存行对应内存中的内容只被该 CPU 缓存，其他 CPU 没有缓存该缓存对应内存行中的内容。这个状态的缓存行中的内容与内存中的内容一致。该缓存可以在任何其他 CPU 读取该缓存对应内存中的内容时变成 S 状态。或者在本地处理器写该缓存就会变成 M 状态。

S：表示数据不仅存在本地 CPU 缓存中，还存在其他 CPU 缓存中。这个状态的数据与内存中的数据是一致的。当有一个 CPU 修改该缓存行对应的内存的内容时会使该缓存行变成 I 状态。

I：表示该缓存行中的内容无效。

图 1-20 是 MESI 状态转换图，其中 Local Read 和 Local Write 分别表示本地 CPU 读与写。Remote Read 和 Remote Write 分别表示其他 CPU 读与写。

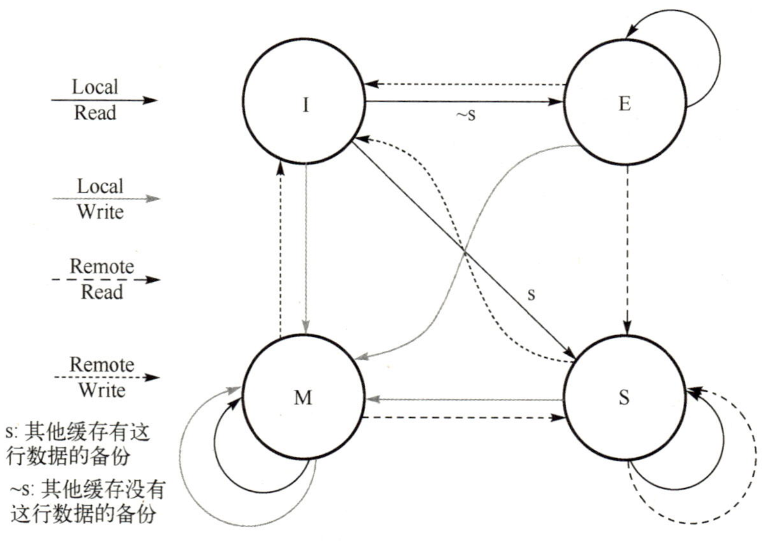

图 1-20　MESI 状态转换图

MESI 协议保证了每个缓存中使用的共享变量的副本是一致的，其核心的思想是，当 CPU 写数据时，若发现操作的变量是共享变量，即在其他 CPU 中也存在该变量的副本，则会发出信号通知其他 CPU 将该变量的缓存行置为无效状态，因此当其他 CPU 需要读取这个变量时，发现自己缓存中缓存该变量的缓存行是无效的，那么它就会从内存中重新读取。

我们通过一个例子来说明 MESI 协议的工作过程。假设主内存中有一个变量 x = 1，当 CPU1 读取了该变量后，CPU1 中就会有个缓存变量 x(E)，此时会有一个时刻监听机制（总线嗅探机制）去监听主内存，这时加入 CPU2，CPU2 也读取了该变量，那么 CPU1 中就会变成 x(S)，而 CPU2 中也会存在 x(S)，CPU2 也会对主内存监听，这时，当 CPU1 对 x 做了修改，那么 CPU1 中就变成了 X(M)，当 CPU 通知了主内存之后，CPU1 中就变成了 X(E)，而 CPU2 中则变成了 X(I)，于是 CPU2 中的 x 就被抛弃，这时会重新获取变量，重新获取之后，CPU1 和 CPU2 中都会变成 X(S)。

假如两个线程同时修改变量会怎么办？若加入同时修改，在一个指令周期内，会进行裁决，裁决胜利的就可以修改，若失败，怎么处理取决于 CPU，不同的 CPU 指令不一样，取决于指令（如在 Java 中，就用指令 unsafe 来处理）。从主内存中，读取锁的最小单位是缓存行，加入一个数据的长度大于一个缓存行，这时就会出现缓存行失效的问题，当缓存行失效时，就会利用走总线加锁。

1.3.3　多处理器的系统程序并行化

并行处理是提高计算机速度和性能最有效的方法之一。并行处理技术是 40 年来在微电子、印刷电路、高密度封装技术、高性能处理器、存储系统、外围设备、通信通道、语言开发、编译技术、操作系统、程序设计环境和应用问题等研究和工业发展的产物，并行计算机具有代表性的应用领域有天气预报建模、VLSI 电路的计算机辅助设计、大型数据库管理、人工智能、犯罪控制和国防战略研究等，而且它的应用范围还在不断扩大。

多处理器系统是并行处理发展的必然结果，为了充分开发多处理器系统的潜力，必须识别出用户问题的并行因素，把该问题的求解过程分为多个任务并用并行算法描述，然后分配到不同的处理器去执行。

1.3.3.1　并行计算与处理技术

对于服务器而言，单纯地提高单个处理器的运算能力和处理能力正在变得越来越难，而研发多个 CPU（多核）的并行处理技术，才是真正提高现代服务器处理能力和运算速度的有效途径。

目前支持多核处理器平台的实时操作系统体系结构有对称多处理 SMP（Symmetric Multi-Processing）构架和非对称多处理 AMP（Asymmetric Multi-Processing）构架两种。这两种操作系统的结构、代码和数据区的分配方面差别很大。SMP 构架的系统中所有 CPU 共享系统内存和外设资源，由操作系统负责处理器间的协作，并保持数据结构的一致性，而在 AMP 构架的系统中，用户需要对各个操作系统使用的硬件资源进行划分，CPU 间的合作仅限于使用共享存储器的情况。

SMP 架构采用十分广泛的并行技术，在这种架构中，多个处理器运行操作系统的单一副本，并共享内存和一台计算机的其他资源。所有处理器都可以平等地访问内存、I/O 和外部中断。在 AMP 架构中，任务和资源由不同处理器进行管理，部分 CPU 只处理 I/O，部分 CPU 只处理操作系统的提交任务，显然 AMP 架构是不能实现负载均衡的。对于服务器而言，性能是第一位，其次就是功耗和散热问题，如果单一 CPU 的性能有限而功耗和散热都已经成为物理上不可克服的难点，那么单一 CPU 的方案是不可能实现性能无限提升的。人们之所以使用多个处理器，最根本的原因是，它们能够比单个处理器提供更强的处理能力。在选择单处理器体系结构还是多处理器体系结构时，需要考虑的一些性能因素包括实时算法的处理量，处理外部事件所需的响应时间、所需的数学密集处理量及所需的并行运作的能力。

在使用多个处理器时，任务分割允许把高速的突发性线程的处理权分配给某个处理器来完成，并在它不工作期间禁用该处理器或转做其他的线程处理，而另一个处理器则处理连续性操作，这样就进一步提高了系统的性能。系统可以动态地将处理负载分配到一个紧密耦合的“共享一切”的多个处理器网络中。在这样的系统中，操作系统一般都了解每个处理器并管理任务的分配。这些系统保持着与高速缓存一致的子系统，并能够在处理器之间移植包括操作系统内核在内的各种进程，以平衡负载。例如，有时工作中的服务器会同时面对数千个数据库调用的请求线程，单个处理器很可能出现过载现象。而增加处理器数量并采用 SMP 技术就可以很有效地减少请求等待的情况。SMP 技术可以通过多线程并行来提高性能，通过采用并行多线程技术，服务器可以通过 SMP 技术同时处理多个应用请求，使这些程序获得更好的运行效果。

上面内容涉及并行处理（Parallel Processing），并行处理是指在计算机系统中能同时执行两个或多个处理的一种计算方法。并行处理可同时工作于同一程序的不同方面。并行处理的主要目的是缩短解决大型和复杂问题的时间。为使用并行处理，首先需要对程序进行并行处理，也就是说将工作各部分分配到不同处理进程（线程）中。由于并行处理存在相互关联的问题，因此不能自动实现。另外，并行也不能保证加速。从理论上讲，n 个并行处理的执行速度可能是在单一处理器上执行处理速度的 n 倍。

计算机系统中的并行性可从不同的层次上实现，从低到高大致可分为如下几类。

（1）指令内部的并行：是指指令执行中的各个微操作尽可能实现并行操作。

（2）指令间的并行：是指两条或多条指令的执行是并行进行的。

（3）任务处理的并行：是指将程序分解成可以并行处理的多个处理任务，而使两个或多个任务并行处理。

（4）作业处理的并行：是指并行处理两个或多个作业，如多道程序设计、分时系统等。另外，从数据处理上，也有从低到高的并行层次。

（5）字串位并：同时对一个二进制数的所有位进行操作。

（6）字并位串：同时对多个字的同一位进行操作。

（7）全并行：同时对许多字的所有位进行操作

并行处理技术主要是以算法为核心，以并行语言为描述，软硬件作为实现工具的相互联系而又相互制约的一种结构技术。

并行处理技术主要有三种形式：时间并行、空间并行和时间加空间并行，接下来分别介绍这三种形式。

（1）时间并行。时间并行是指时间重叠，在并行性概念中引入时间因素，让多个处理过程在时间上相互错开，轮流重叠地使用同一套硬件设备的各个部分，以加快硬件周转而赢得速度。时间并行的实现方式就是流水处理部件。这是一种非常经济而实用的并行技术，能保证计算机系统具有较高的性价比。目前的高性能微型机几乎无一例外地使用了流水技术。

（2）空间并行。空间并行是指资源重复，在并行性概念中引入空间因素，以“数量取胜”为原则来大幅度提高计算机的处理速度。大规模和超大规模集成电路的迅速发展为空间并行技术带来了巨大生机，因而成为实现并行处理的一个主要途径。空间并行主要体现在多处理器系统和多计算机系统，但是在单处理器系统中也得到了广泛应用。

（3）时间加空间并行。时间加空间并行是指时间重叠和资源重复的综合应用，既采用时间并行，又采用空间并行。显然，这种并行技术带来的高速效益是最好的。

1.3.3.2　多处理器系统的并行算法

并行算法就是利用多台处理器联合求解问题的方法和步骤，其运行过程是将给定的问题首先分解成若干个尽量相互独立的子问题，然后使用多台计算机同时求解该问题，从而最终求得原问题的解。为了利用并行计算求解一个计算问题，通常基于以下三个方面考虑。

（1）将计算任务分解成多个子任务，有助于同时解决。

（2）在同一时间内，由不同的执行部件可同时执行多个子任务。

（3）多计算资源下解决问题的耗时要少于单个计算资源下的耗时。

任何一个并行算法都可以利用性能评测来体现并行算法的好坏。评价一个算法的好坏主要从机器级的性能测评和算法级的性能测评这两个方面来说明。

（1）机器级的性能测评。主要包括 CPU 和存储器的某些基本性能指标，并行通信开销及机器的成本、价格和性能价格比等。

CPU 和存储器的某些基本性能指标如下。

① 工作负载：是指计算操作的数目，通常可用执行时间、所执行的指令数目和所完成的浮点运算数三个物理量来度量。

② 并行执行时间：$T_n = T_{comput}+T_{paro}+T_{comm}$。其中 T_{comput} 为计算时间，T_{paro} 为并行开销时间，包括进程管理（生成、切换和结束等）、组操作（进程组的生成与消亡等）时间和进程查询（询问进程的标志、等级和组大小等）时间，T_{comm} 为相互通信时间，包括同步（如路障、临界区、事件等）时间、通信（如点到点通信、整体通信、读/写共享变量等）时间和聚操作（如归约和前缀运算等）时间。

③ 存储器的层次结构：各层存储器的容量、延迟和带宽，存储器带宽的估算。

（2）算法级的性能测评。包括加速、效率和可扩放性等。

① 并行系统的加速：是指对于一个给定的应用，并行算法（或并行程序）的执行速度相对于串行算法（或串行程序）的执行速度快了多少倍。

加速比性能定律包括 Amdahl 加速定律（固定计算负载）、Gustafson 定律（适用于可扩放问题）、Sun&Ni 定律（受限于存储器）。

② 可扩放性：是指在确定的应用背景下，计算机系统（或算法或编程等）性能随处理器数的增加而按比例提高的能力，被广泛用来描述并行算法能否有效利用可扩充的处理器的能力。

在并行处理技术中所使用的算法主要遵循以下三种策略。

- 分而治之法：是指把多个任务分解到多个处理器或多个计算机中，然后再按照一定的拓扑结构进行求解。
- 重新排序法：是指分别采用静态或动态的指令调度方式。
- 显式/隐式并行性结合：显式是指并行语言通过编译形成并行程序，隐式是指串行语言通过编译形成并行程序，显式/隐式并行性结合的关键在于并行编译，而并行编译涉及语句、程序段、进程及各级程序的并行性。

并行算法的分类有很多种，根据基本运算对象的不同划分为数值并行算法和非数值并行算法，数值并行算法如矩阵运算、解线性方程组等，非数值并行算法如排序、选择、搜索等基于关系运算的问题；根据并行进程之间执行顺序的不同划分为同步并行算法、异步并行算法和独立并行算法；根据各个计算节点机上任务的不同划分为细粒度并行算法、中粒度并行算法和粗粒度并行算法，其中粗粒度并行算法是现在并行算法设计主要采用的设计方法，粗粒度并行算法是指在多个处理器上分别运行多个进程，由多台处理器合作完成一个程序，一般用算法实现。

并行算法有以下常用的设计技术：划分设计技术、分治设计技术、平衡树设计技术、倍增设计技术和流水线设计技术。在这里我们对分治设计技术和平衡树设计技术进行详细介绍，对其他技术感兴趣的读者可以阅读《并行计算——结构・算法・编程》。

分治设计技术将输入划分成若干个规模相等的子问题；同时（并行地）递归求解这些子问题；并行地归并子问题的解，直至得到原问题的解。分治设计技术的一般算法设计模式如下。

```
Divide-and-Conquer(P)
if|P|≤n0
thenreturn(ADHOC(P))
将 P 分解为较小的子问题 P1， P2， …， Pk
fori←-1tok
doyi←Divide-and-Conquer(Pi)c 递归解决 Pi
T←MERE(y1， y2， …， yk)。合并子问题
return(T)
```

另外，双调归并网络、凸壳问题都很好体现了分治设计技术。

平衡树设计技术的设计思想以树的叶节点为输入，中间节点为处理节点，由叶向根或由根向叶逐层进行并行处理。求最大值、计算前缀可以很好地体现分治设计技术。

到目前为止，有很多学者对并行处理算法进行了研究。李明分析了在多处理器环境下并行处理算法的发展情况和特点，提出了一种显式并行处理算法，并举例说明了其运行的正确性。巫小婷等人研究了基于 OpenMP 的压缩感知并行处理算法。

1.4 数据中心集群体系结构

随着基于互联网服务呈指数级增长，数据中心依然是一个不可替代的关键基础体系结构。大型互联网机构为了向客户提供业务及支持应用，迫切地需要稳定、安全的方式来对信息进行存储和读取。数据中心作为数据传输、计算及存储的中心，是各种软件资源与硬件资源及关键业务系统的集中。例如，人们熟悉的网络游戏、在线购物及搜索引擎等大规模的集群计算。数据中心集群体系结构是指将一些服务器集中在一起，通过交换机等网络设备的连接来实现同一业务。数据中心网络便是按照这种方法搭建起来的。下面我们将分别从互连结构、资源管理和容错性能三个方面对数据中心网络展开详细介绍。

1.4.1 数据中心网络的拓扑结构

随着创新的超级计算平台和下一代网络基础设施技术的发展，学术界和工业界有越来越多的人关注到数据中心网络的重要性。传统的树形结构数据中心网络普遍采用多根树结构，它一般包含两到三层的交换机，分别为核心层交换机、聚合层交换机和边缘层交换机。服务器与底层的边缘层交换机连接，边缘层交换机与聚合层交换机连接，聚合层交换机再与核心层交换机连接。两层的多根树结构仅包含核心层交换机和边缘层交换机。边缘层交换机一般是数十或数百个接口的千兆以太网交换机，并有数个万兆带宽的上行接口用于与聚合层交换机连接。聚合层交换机一般使用数十个万兆接口，负责发送报文并送往上层交换机，同时转发边缘层交换机发来的报文。核心层交换机可包含数百个万兆接口，负责转发聚合层交换机发来的报文。

虽然多根树结构具有结构简单、直观、易于操作和实现，以及扩展方式便捷等优点。基于树的三层数据中心网络结构已经不能适应当前云计算数据中心的需求了，具体表现如下：首先，随着网络规模越来越大，顶层设备的负载也随之增多，很容易发生过载的现象；其次，基于树的三层数据中心网络结构中出现了带宽严重不足的现象，无法支持以“东西流量”的分布式计算；最后，这种结构的数据中心网络的容错性较差，存在单点失效的问题。为了解决这些问题，学术界提出了许多新型数据中心网络拓扑方案以解决此类问题。为了便于研究，我们基于数据中心网络的不同转发机制，将其大致分为两类：以交换机为中心的数据中心网络和以服务器为中心的数据中心网络。

1.4.1.1 以交换机为中心的数据中心网络

以交换机为中心的数据中心网络通常由连接服务器的多层交换机树组成。在以交换机为中心的设计中，互连智能取决于交换机，而无须为互连目的而修改服务器。在此类别的数据中心网络中，数据的转发任务完全由交换机来承担，网络中的服务器只负责计算和存储网络中的数据包。在常见的数据中心网络中，Fat-Tree、VL2、FireFly 和 Quartz 都属于这一类别。接下来，我们以 Fat-Tree 为例，对以交换机为中心的数据中心网络进行简单介绍。

传统的树形互连结构使用三层交换机进行级连，分别是接入层、汇聚层及核心层交换机。但是，传统的互连结构存在顶层交换机的性能瓶颈和单点失效等问题。因此，Fat-Tree 被设计用来保证整个互连结构无阻塞传输的同时解决原有的单点失效问题。

Fat-Tree 是一种基于级别的体系架构，它在 2008 年被首次提出。Fat-Tree 中的交换机分为三层，包括边缘层、聚合层以及核心层。如图 1-21 所示的是 4 维 Fat-Tree 示意图。其中，聚合层通过引入更多的交换设备来实现更大的带宽和更大规模的网络互连，缓解了多根树形结构在聚合层的带宽瓶颈问题和单点失效问题，使得聚合层网络的顶点之间具有更高的数据传输性能和容错性，并支持更大规模顶点之间的互连。Fat-Tree 体系架构中的互连商用交换机，使用统一的廉价交换机替代价格昂贵的核心层交换机，特别是 Fat-Tree 结构中任意层次之间的聚合带宽是相等的，这解决了多根树结构中聚合带宽不平衡而导致的带宽瓶颈问题，可以实现由成千上万个节点组成的集群的完整二等分宽度。具体来说，Fat-Tree 架构的一个实例采用了 48 端口的以太网交换机，能够为多达 27648 台主机提供全带宽。但是，由于 Fat-Tree 的可伸缩性受交换机端口的限制，因此，如果需要扩展 Fat-Tree 并且充分利用现有的交换机，则必须使用更多端口的交换机代替原有的交换机。

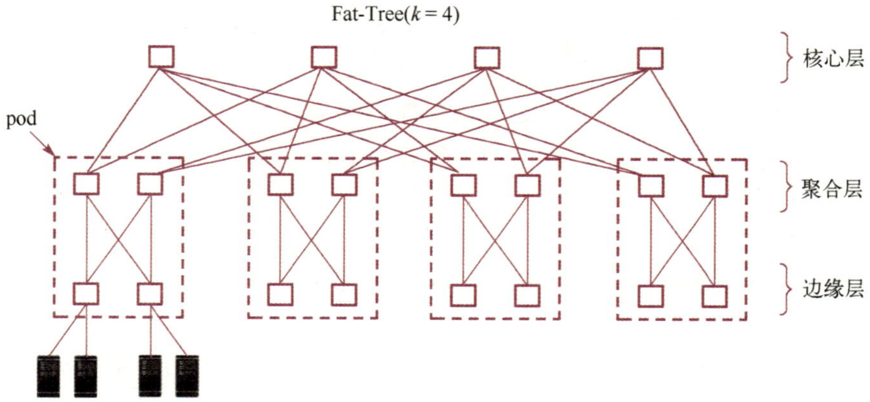

图 1-21　4 维 Fat-Tree 示意图

Fat-Tree 结构解决了传统多根树结构的可扩展性不足、带宽瓶颈、成本高的问题，但是这类数据中心网络不能很好地支持一对多和多对多的通信，因此网络的规模受限于所部署交换机的可用端口数量。

为了改进树形结构的扩展性和提升网络资源分配的灵活性，Greenberg 等人提出了一种新的数据中心网络——VL2。该网络的物理拓扑为三层，逻辑拓扑为两层。逻辑上，汇聚层交换机与核心层交换机组成完全互连的二部图网络，所有机架交换机和相应的服务器组成服务器集群。VL2 结构避免了 Fat-Tree 所需的昂贵且复杂的优化方案，但是 VL2 不能提供对网络造成压力的通信密集型操作（如数据洗牌），且需要特殊的硬件。因此，VL2 结构在灵活性上有所欠缺且不支持性能隔离。

综上所述，以多根树和 Fat-Tree 为代表的树形数据中心网络虽然结构简单，易于实现，但这类网络本身的树形结构特性使得其容错性差、带宽分布不均衡、可扩展性不足且成本高，不能很好地支持一对多和多对多的网络通信服务。

1.4.1.2　以服务器为中心的数据中心网络

在以服务器为中心的数据中心网络架构中，如路由之类的计算密集型任务被放置在服务器上，而交换机只提供简单的纵横式交换功能，其中服务器不仅充当服务器而且充当网络转发器。以服务器为中心的数据中心网络的一个显著优势是：鉴于大多数复杂的网络任务已经转移到计算资源丰富的服务器上，因此廉价的商用交换机就能够满足用户的需求，从而可以大大降低网络硬件的成本。此外，由于服务器比交换机具有更多的可编程性，因此以服务器为中心的数据中心网络架构可以加快网络创新的过程。常见的属于此类的数据中心网络包括 DCell，BCube，DPillar，FiConn，GBC3，HSDC 等。

在以服务器为中心的数据中心网络中，大多是由迭代方式构建的，它们有一些共同的特点，如都是由一台交换机连接若干服务器来开始第 0 层的网络构建，再通过高层向低层连接的方式扩展网络层数。在这些架构中，服务器的数量随着级别的增加而显著增加。这意味着采用迭代方式定义的数据中心网络架构无法实现细粒度的扩展，因此可以根据应用程序的需求将服务器逐渐添加到系统中。目前，已知有两种连接底层网络最直接的方法：一种是通过交换机进行直接的连接，其中代表拓扑方案有 BCube 和 GBC3 等；另一种是通过服务器端口进行连接，其中代表拓扑方案有 DCell 和 FiConn。

为了解决树形结构数据中心网络扩展性差的问题，Guo 等人提出了一种基于层次化全连接的 DCell 网络。DCell 网络采用递归的方式进行定义，高层次的 DCell 网络由多个低层次 DCell 网络组成，如果将第 k 维的 DCell 网络看作一个虚拟节点，那么同一层的所有节点之间是全连接的（全连接是指每对虚拟节点之间都有一条链接）。在相同节点规模下，DCell 网络需要的交换机数目比 Fat-Tree 结构需要的交换机数目少很多，且这一特性使得它具有较小的网络直径。DCell 网络的去中心化、递归定义的特征解决了多根树结构中上层交换机的带宽瓶颈问题，并且在节点数相同的情况下，DCell 网络需要的交换机数目比多根树结构需要的交换机数目少很多。此外，DCell 网络具有很好的路由性能，在一对多和多对多通信方面，与树形结构和 Fat-Tree 结构相比，DCell 网络具有更高的聚合带宽，并且由于其自上而下的递归构造方式，使其具有高扩展性的特点。下面以图例的方法让读者更了解 DCell 网络的构造方式，如图 1-22 所示的是 DCell 网络结构图（其中交换机采用 4 端口，服务器采用 2 端口）。

与 DCell 网络相似但不同的是，FiConn 网络只使用服务器的两个端口。其中，用于连接底层链路网络的端口叫作主端口，连接高层链路网络的端口叫作备用端口。与 DCell 网络类似的递归方式，是由若干低层次 FiConn 网络构成高层次网络，每次递归的结构均相同，形成一个完全图。在连接时，当网络中有低层网络的备用端口空闲时，这部分服务器会与同一层次的不同集群的备用端口空闲的服务器按照一定规则进行连接，从而完成高层的 FiConn 网络的构建。FiConn 网络唯一的优点是它不需要对硬件做出任何修改就能够完成网络的构建工作。

为了满足数据中心网络模块化的设计需求，Guo 等人又提出了 BCube 数据中心网络，这种网络也是递归定义的，能支持数百万量级的服务器。它的构建方式如下：首先，把 n 个服务器连接在一个 n 端口的交换机上，构成了一个 $BCube_0$；再将 n 个 $BCube_0$ 按照一定

的连接方式连接到 n 个 n 端口的交换机上，形成 $BCube_1$；依此类推。$BCube_k$ 由 n 个 $BCube_{k-1}$ 连接到 n^k 个 n 端口的交换机上。如图 1-23 所示的是当 $n = 4$ 时的 $BCube_1$ 结构。BCube 网络能够高效地执行单播、多播、广播等通信。在 BCube 网络规模比较小（如 4096 个服务器）时具有较小的直径和服务器度数。BCube 与 TCP/IP 协议栈完全融合，它的转发包可以同时在硬件和软件上快速转发。此外，BCube 具有小直径和高容错性的特征，通过自适应的路由算法就可以构造出路径长度较短的多条不相交路径。

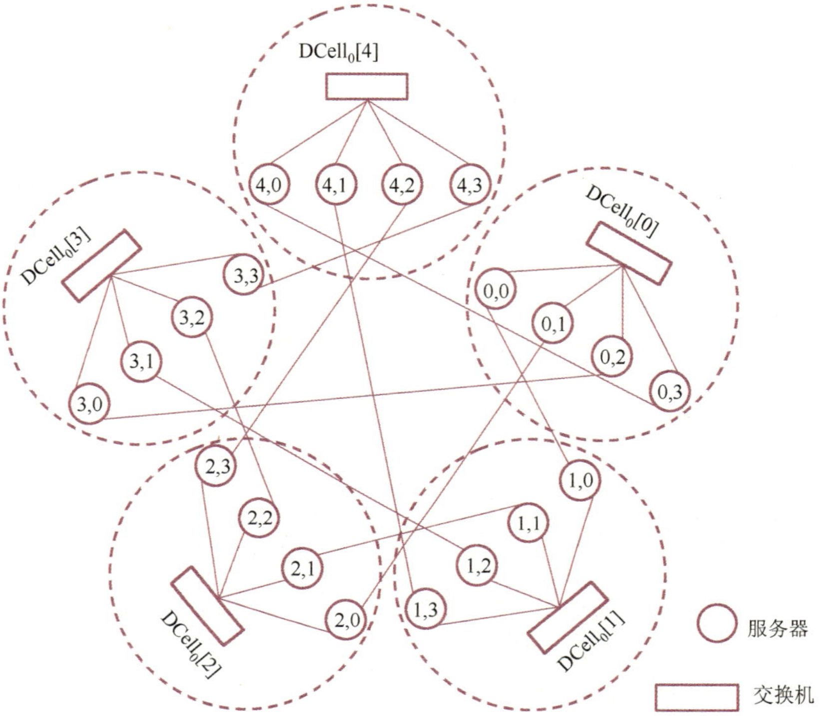

图 1-22　DCell 网络结构图

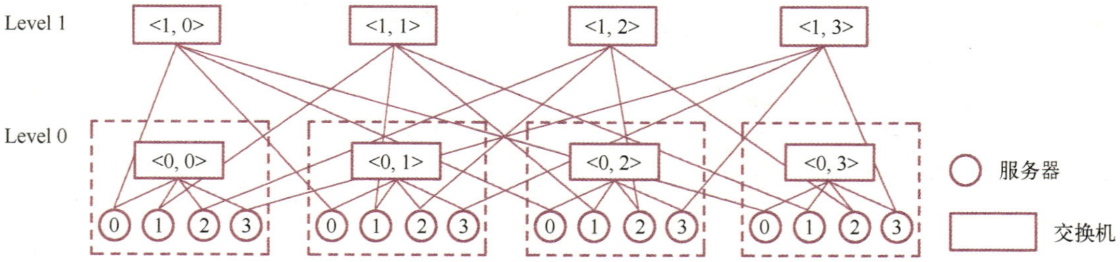

图 1-23　当 $n = 4$ 时的 $BCube_1$ 结构

GBC3 是一种基于通用立方体的 DCN 网络拓扑结构。与其他现有的网络结构相比，GBC3 的优点是可以由具有任意固定数量 NIC 端口的服务器构建。例如，如果现有一个 3 个 NIC 端口的服务器可用，那么选择 BCube 网络框架，三端口的服务器仅能够构建一个 k 为 2 的网络顺序。如果需要创建更高层次的 BCube 网络，那么其中的每个服务器都必须配备至少一个额外的 NIC 端口，这样会增加成本。此外，由于每个服务器中的流量会随着 NIC 端口数量的增多而增加，这必然也会增加服务器中 CPU 的负载量，加重服务器的负担。相反，GBC3 可以充分利用每个服务器中的所有 3 个 NIC 端口，并且它可以扩展到任何更高的层次，同时每个服务器中的 NIC 端口数仍然保持为 3 个。因此 GBC3 中的每个服务器具有相对稳定的流量负载。同时，GBC3 也具有连接直径短的特点，直径随着网络层数线性增加。因此，在 GBC3 网络中的服务器通信具有低延迟的特点。这些优良特性都使得 GBC3 成为未来数据中心网络的下一位“候选者”。

除了采用迭代方式构建数据中心网络，还有采用其他方法构建的数据中心网络。例如，Zhang 等人提出的一种基于超立方体网络的数据中心网络架构——HSDC 网络架构（Highly Scalable Data Center Network Architecture），该网络通过其高度可扩展性架构实现了更大的增量可扩展性。HSDC 网络是由 *m* 端口的交换机和双端口的服务器组成的，将 HSDC 网络的交换机透明化之后得到的网络可以抽象为同样维数的超立方体和完全图的复合图。通过模拟实验表明，HSDC 网络的吞吐量与 Fat-Tree、BCube 和 DCell 的相当，且与最先进的 DCNs 体系结构相比，HSDC 网络在直径、平分宽度、增量可伸缩性、成本和能耗等方面也得到了良好的平衡。三维 HSDC 结构如图 1-24 所示。

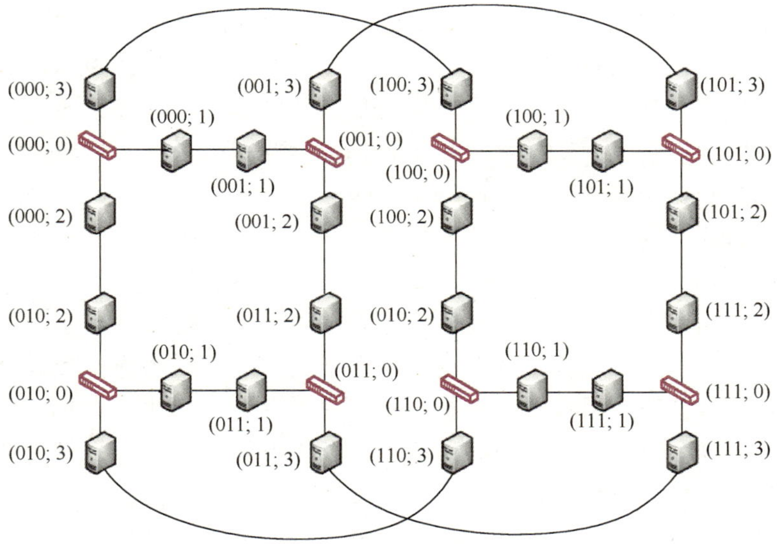

图 1-24　三维 HSDC 结构

1.4.2　数据中心网络资源管理

目前，我国的经济正在飞速发展，各行各业都发生着深刻的变革，计算机网络技术同样也在不断发展与进步。伴随着网络技术的进步，现代数据中心网络也在不断革新，技术和系统正处于不断完善中。虽然数据中心产业已经开始呈现出规模化、集中化、绿色化等发展的趋势，但是数据中心仍然存在“重建轻用”的现象，如何对数据中的资源进行管理，尤其是对网络资源的管理，是数据中心网络发展过程中的首要问题。

互联网数据中心网络资源管理技术主要以虚拟化技术为主，这是未来发展的方向。我国现代数据中心发展的必然趋势为虚拟化，网络资源管理通过逻辑方式实现，以此进行自动化资源分配，虚拟化技术的应用是实现网络资源自动化管理的技术手段。就目前而言，我国企业中基本实现了服务器虚拟化管理，而整个数据中心实现各方面的虚拟化管理还需要时间。

接下来，我们从数据中心网络的带宽分配技术、数据传输调度技术和资源请求技术三个不同的角度对数据中心网络资源管理展开深入介绍。

1.4.2.1 数据中心网络带宽分配技术

云数据中心的性能在本质上是由连接数据中心内部所有服务器的网络性能所决定的，因此随着云计算和数据中心网络的不断发展，数据中心网络的带宽分配问题一直是研究的热点。为了实现规模经济，当前的云数据中心基本上都是利用虚拟化技术复用资源提供按需使用的计算和存储资源的。然而如何对网络带宽资源进行有效合理的按需分配还缺乏完善的方案。我们认为数据中心网络的带宽分配机制必须满足以下三个关键目标。

首先，最小带宽保证。为了保证应用在最差的情况下也能正常运行，数据中心网络应该满足每个应用的最小带宽需求。这也是最低限度必须被满足的用户服务水平协定。如果一个应用的需求不能被满足，那么它应该被访问控制代理拒绝。其次，细粒度的服务区分。数据中的使用者租借服务器以运行各种各样的应用，应用的差异性为数据中的提供者根据不同应用的需求提供差异化的服务等级提供了机会。结果是不仅可以通过差异化的网络带宽提供可保证的应用性能，也能提高数据中提供者的收益。最后，自适应性。带宽分配机制必须适应于任意拓扑结构的数据中网络，方案的部署独立于特定的网络拓扑。

根据以往的研究，我们可以将带宽分配分为静态带宽分配和动态带宽分配两类。

（1）静态带宽分配。首先，介绍静态带宽分配。在静态带宽分配方式中，数据中心是以资源预留的方式向数据中心的租赁者提供带宽的，不管其他租赁者部署的应用具有何种行为，都不会对当前租赁者可使用的带宽产生影响。因此，采用静态带宽分配方式的数据中心网络一般都需要向租赁者提供一个接口以供租赁者明确表达他们的带宽使用需求。

SecondNet 针对不同虚拟机间对端到端的带宽需求提供了具有三种优先级区分的带宽分配方式，包括类型 0、类型 1 和尽最大努力类型。类型 0 提供虚拟机间静态预留的带宽保证，类似于服务质量（Quality of Service，QoS）中的综合服务模型。类型 1 提供虚拟机对第一跳和最后一跳的带宽保证。而尽最大努力类型不提供任何的保证。

Oktopus 通过提供两种不同类型的虚拟网络抽象（Virtual Network Abstraction，VNA）来满足不同的应用需求，将数据敏感型的应用和其他类型的应用分别抽象为虚拟集群（Virtual Cluster，VC）和虚拟超额认购集群（Virtual Oversubscription Cluster，VOC）。这两种类型都可以提供静态预留的交换机到虚拟机的带宽，不同点在于后者允许一定的超额认购比。

然而即使是优先级最高的应用，也就是说，类型 1 应用或者 VC 应用，每台虚拟机都只能获得固定的带宽值。因此，如果有虚拟机没有完全使用自己预留的带宽，那么这部分剩余的带宽也不能被其他租赁者使用，造成数据中网络带宽资源的闲置与浪费。

由于数据业务的带宽具有不确定性，因此如果按照最高速率分配静态带宽，则整个系统的带宽会很快被耗尽，带宽的利用率会变得很低。

（2）动态带宽分配。相比静态带宽分配方式中带宽利用率低的现象，动态带宽分配方式会大幅度提高带宽利用率。动态带宽分配是指根据业务量的需求，动态地调整上行接入带宽，因此可使带宽利用率大大提高。由于更有效的带宽使用，网络操作者可以增加更多的用户到网络上，并且用户可以要求得到超过固定带宽分配的最大带宽，以享受更好的服务。

Netshare 和 Seawall 分别通过集中式和分布式的方式根据应用的权重来分配带宽。纯粹的基于权重的分配方式不能为应用提供在最差情况下的可预测性能。设想这样一个场景，大量的应用竞争使用一条拥塞链路。在这样的场景下，即使拥有最大权重的应用也有可能不能获得起码的最小带宽保证。Radhakrishan 等人对 Netshare 进行扩展，通过引入接纳控制策略来弥补上述缺点，确保应用可以获得最小的带宽保证。然而即使如此，我们强调基于权重的方法仍然不能针对应用的不同类型提供细粒度的服务区分，因为这些方法都只能根据应用对带宽大小的需求来进行分配。正如我们先前所述，数据中心内运行着各种各样的应用，既有对吞吐量敏感的应用，也有对时延敏感的应用。对时延敏感的应用来说，它们更愿意使用最不拥塞的链路而不是给它们分配更大的带宽。

1.4.2.2　数据传输调度技术

云计算技术和互联网在线服务的迅猛发展促使互联网巨头如 Google、Microsoft、Amazon 等在世界各地新建了许多大规模的数据中心，其目的是想将数据存放在不同的地理位置以提高用户的服务质量。不仅是互联网巨头，一些数据分发网络提供商如 Akamai，蓝讯等也在不同位置建立数据中心以加快用户请求的响应速度。大量的数据需要在数据中心之间进行传输调度。测量研究显示，数据中心到数据中心的业务流量几乎占用了数据中心一半的出口带宽。

云服务提供商在进行跨数据中心的数据传输调度时，不仅需要考虑数据中心的接入带宽利用率，同时对接入带宽的成本以及链路的服务质量也有所要求；又或者对其中的某一项属性要求较高，而对其他属性要求较低。如果数据中心的接入链路不仅用来提供跨数据中心的应用需求，同时需要响应终端用户的请求，那么就不得不考虑数据中心的可用接入带宽随时间变化的特性。此外，由于数据中心地理位置分散，使得数据中心的可用接入带宽在空间上也存在差异。因此，许多研究提出根据数据中心接入带宽时空变化的特点，采用存储转发机制进行跨数据中心数据传输调度，以提高数据中心接入带宽的利用率，降低数据中心间数据传输成本和减少域间流量等。

Laoutaris 等人通过研究发现，用户对数据中心的请求量呈现强昼夜模式（峰值和低谷时分别对应的请求量差距很大），这导致数据中心中的接入带宽平均利用率很低。针对这一问题，设计提出了一个 NetSticher 系统，对系统内的剩余带宽资源信息进行检测，通过存储转发机制调度跨数据中心的数据传输来提高数据中心接入带宽的利用率。Postcard 提出数据中心的接入链路由不同的 ISP 提供，在不同的链路上这些 ISP 收取的带宽费用是不同的，因而可以通过路由和流量调度的形式使用合适的链路来降低数据中心的带宽使用成本。

在基于百分比的带宽定价模型下，如果一条链路在同样的计价周期内已经被用于传输数据，那么就可以继续使用该条链路以减少带宽成本的浪费。基于同样的带宽价格计费模型，Nandagopal 等人提出一种算法，减小数据中心间链路峰值带宽的消耗，其基本思想是将那些延时不敏感的数据传输调度到非带宽使用峰值时期传输，带宽使用峰值时期只服务实时业务和关键数据传输。

1.4.2.3　资源请求技术

如何降低大规模互联网系统的电力成本一直是学术研究的热点。为了缩短用户请求响应延时，提供按需付费的基础设施服务，云服务提供商正在全球各地兴建大规模数据中心。目前，能源成本作为数据中心运维的重要开销，越来越得到数据中心管理者和科学研究者的重视。他们纷纷提出降低数据中心能源使用成本的方法。然而，运维成本的另外一项重要构成——互联网带宽成本，却没有引起人们足够的重视。此外，因为带宽的价格和电力的价格存在时间或地理上的差异，因此很难在满足用户请求响应时间要求的前提下，同时对带宽成本和电力成本进行优化，以降低数据中心的运维成本。

针对用户的请求分配，当前主要工作集中在多数据中心之间合理地将用户的请求分配。由于数据中心能耗巨大，因此越来越多的工作从节省数据中心能耗方面展开研究。降低能耗被认为是数据中心和云计算的主要问题。节能方法通常可分为两类：地理分布数据中心的请求分配和资源分配。特别是，将请求调度到适当的位置能够实现良好的消耗性能。同时，资源分配方法尝试以节能的方式安排虚拟机实例。然而，现有的解决方案只注重通过请求调度或资源分配优化资源利用率和能源效率，并没有将节能与网络性能结合的研究。请求分配方法通过将请求分配到适当的位置来提高数据中心提供者的服务性能。

1.4.3　数据中心网络容错性能

数据中心网络可能包含数百甚至数千个服务器（节点），但是其中一些服务器可能时常会有故障出现，这会导致某些关键节点失去连接，甚至整个网络都瘫痪。这促使人们致力于解决数据中心网络的容错可靠性这一具有挑战性的问题。因此，数据中心网络的可靠性研究是至关重要的，因为它决定了一个网络是否可以正常运行。

已知一个数据中心网络是由服务器、交换机和它们之间的链接组成的，将交换机透明化后，可以用一个图 G 来刻画数据中心网络的逻辑结构，其中服务器构成了其节点集合，服务器之间的链接构成了其边集合。数据中心网络的容错性是衡量其可靠性的一个重要指标，容错性是指网络中节点或边发生故障时仍能正常通信的能力。

当用一个图来表示数据中心网络的拓扑结构时，通常通过连通度来度量其容错能力并通过故障诊断来判断故障节点的位置。在求得一个网络的连通度后，人们通过设计容错路由算法来实现网络中任意两个节点之间的通信路线。接下来，将分别针对数据中心网络的连通性、容错路由和故障诊断来分别讲解。

1.4.3.1　数据中心网络的连通性

在数据中心网络中，连通性是决定其可靠性和容错性的重要因素，因此，可以用连通性（又称连通度，记作 k）来衡量一个数据中心网络的容错能力。在图论知识中，连通度的定义是使得图 G 不连通或变成平凡图所需要删除的最少节点数。如果一个数据中心网络的连通性为 n，那么只要当网络中的故障节点数量不超过 $n-1$ 时，网络中的任意两个无故障节点之间必存在一条无故障的路径（即不包含故障节点的路径），即网络中的节点之间仍然可以保持正常通信。连通性越强，其容错能力越强，即网络越可靠。

目前，研究的数据中心网络的连通度主要是针对其逻辑结构，在连通度的定义中，网络中的任何节点都可能发生故障，例如，某个节点的所有邻接节点同时发生故障，但这种情形发生的可能性很小。经典的连通度对度量网络的可靠性有明显的缺陷，因为它不考虑每个连通分支大小的情况。为了克服传统连通度的缺点，Harary 等人对故障节点的数目或剩余图加以限制提出了条件连通度（Conditional Connectivity）的概念。人们最关心的性质是每个连通分支必须满足给定点的点数或者最小度。Latifi 等人将条件连通度推广到 h 限制连通度的概念，它是指使得图 G 变得不连通且使得该不连通图的每个连通分支内的节点都至少有 h 个邻接点所需删除的最少节点数。Fàbrega 和 Fiol 引入了额外连通度 g 的概念，它是指使得图 G 变得不连通且该不连通图的每个连通分支中的节点数都至少为 $g+1$ 所需删除的最少节点数。这些参数更能准确地反映各种网络的可靠性。从而使得研究数据中心网络的逻辑图的连通度问题变得更具有现实意义。

1.4.3.2 数据中心网络的容错路由

目前，路由选择作为数据传输的必经之路，它是决定数据中心网络性能的重要结构。随着数据中心网络的规模不断扩大，网络中出现故障是不可避免的，因此设计一个好的容错路由算法变得越来越重要。数据中心网络必须具有容错性以应对服务器故障。当诊断出故障服务器后，若剩余网络中任意两个无故障节点之间仍存在无故障路径，则在较短的时间内求得任意两个无故障节点间的一条尽可能短的无故障路径，即为数据中心网络的容错路由问题。国内外对于数据中心网络的容错路由研究，已经进行了很多年，也出现了很多有价值的成果。研究方法大致可以分为两类：一类是在网络拓扑结构上通过添加额外节点和（或者）连接来完成容错。虽然可以达到容错的目的，但是这类方法会使得投入的硬件成本增加，另外对于那些已经投入市场的网络而言，再去改变它们的拓扑结构使其容错性能增强将是不可行的；另一类是利用网络拓扑结构本身内在的大量节点来进行容错，不需要添加额外的链路和链接，这类方法不会改变其自身的拓扑结构。在这类方法中，根据路由算法在传递消息时所使用的故障信息，又可以把它们分成基于局部故障信息、基于全局故障信息和基于有限全局故障信息的三类容错路由算法。

基于局部故障信息的路由算法在为消息选择后继邻接节点时，只根据它的邻接节点或者链路是否有故障来选择，一般这种方法都允许消息回溯。因此，这种方法可以保证，只要源节点和目的节点是连通的，就可以把消息传递到目的节点。而由于不知道故障部件的分布，它所选择的通路有可能会比实际存在的最短通路长的多，也就是说，通信延迟会比较长。

基于全局故障信息的路由算法，又称为非分布式（Non-Distributed）算法或离线（Off-Line）算法，这类算法要求网络中每个顶点了解网络中所有的故障信息，一般可以得到源节点和目的节点之间的最短通信路径，但需要使用大量的存储空间及通信开销。Gu 和 Peng 提出的算法是其典型代表。基于全局故障信息的路由算法可以为每个消息找到最短通路，但这种方法最大的困难是在各节点上维护全局的故障信息。而且还要有一个基于全局故障信息的算法把故障信息传递到每个节点。

由于性能和实现复杂度的限制，一种比较现实的方法是基于有限全局故障信息来指导消息的传递，称之为基于有限全局故障信息的算法，又称为分布式（Distributed）算法，这类算法要求每个节点了解其邻居的故障信息，因此只需要较少的存储空间和通信开销，相应的，该算法不能保证得到的通信路径是最优的。Li 等人提出的 Hypercube-Routing 算法就属于这一类。在基于有限全局故障信息的算法中，一种简单的方法是每个节点记录与它距离为 k 的所有节点和链路的状态，但是这种方法传递消息的延迟可能会很大，因为消息有可能会被传递到这样的节点，即它们到目的节点的最短通路都被故障部件所阻塞，而记录所有这些信息所需的空间开销也是非常大的。另一种方法是对系统中的故障信息进行压缩，使得每个节点都可以非常方便地得到系统中故障分布的近似表示，而这些信息又能够保证有效地指导信息的传递。这类方法的有效性可以从以下三个方面来衡量。

（1）节点收集故障信息的复杂度。

（2）路由算法的复杂度。

（3）信息指导消息沿最优通路或者次最优通路传递的能力。

还有一些算法介于两者之间，即每个节点只了解自己附近节点的故障信息，这类算法需要的存储空间和通信开销也介于上述两类算法之间，其典型的算法是 Wu 提出的一种算法。

1.4.3.3 数据中心网络的故障诊断

通常人们将计算机系统的故障诊断分为两个大类：系统级故障诊断和逻辑电路级故障诊断。由于数据中心网络是由交换机和服务器按照一定的互连规则构建的，该系统内含有众多的互连结构单元，因此更倾向于将系统级的故障诊断作为新型网络架构的故障诊断方法，而非逻辑电路级。

良好的诊断性是数据中心网络架构必不可少的性质之一，随着数据量的增多而出现的由大批量服务器构建的数据中心网络，难以保证网络中所有的服务器都在无故障运行。当网络中某些服务器发生故障而无法正常工作时，往往会导致信息传递的滞后延迟，导致数据发生意想不到的错误，丢失重要信息等突发事故出现，从而带来巨大经济损失，甚至会造成人身安全等问题。如何高效而又精准地在数量庞大的网络中找出故障的服务器，进而能够及时替换维护故障服务器，对于一个优秀的数据中心网络来说，良好的诊断性是必不可少的。

将数据中心网络中存在故障的元器件进行识别定位并替换是达到维护和构建可靠数据中心网络的一种有效方法。当数据中心网络达到一定规模后，确定故障所在的位置就变成一件很困难的事情。因此，确定一个网络可以在多少个故障出现后依然可以定位故障对于维护网络的可用性来讲是非常重要的。当系统中出现故障时，准确识别它们的过程称为故障诊断。系统能够识别出的最大故障节点数称为该系统的诊断度（常记作 t），它能够在很大程度上反映系统的有效性，是衡量系统可靠性的重要指标。诊断能力越强，网络中的故障节点被发现的速度越快，网络也越能稳定地运行。因此，故障的诊断能力是衡量网络可靠性的重要指标之一。

传统的 t-可诊断具有精确、全面的特点，也被称为精确故障诊断，但受到网络最小度的限制往往比较低。实际上，在传统诊断条件下，任意一个节点的所有相邻节点可以同时发生故障。t-可诊断又可以细分为一步 t-可诊断和顺序 t-可诊断两种。一步 t-可诊断是指当系统的故障节点数不超过 t 时，可以一步找出所有的故障节点，点连通度是决定一步 t-可诊断的诊断能力的重要因素。但是一步 t-可诊断的诊断能力相较于整体网络节点总数来说太小，在实际操作中很难发挥作用。

然而，在大型分布式系统中，一个节点的所有相邻节点同时发生故障的概率一般是很低的。为了进一步提高网络的可诊断性，人们对传统诊断度的概念增加了一些限制条件，相继提出了 t/k-诊断度、条件诊断度、g-额外条件诊断度及 h-好邻居条件诊断度。条件诊断度是在增加任意节点的所有相邻节点不同时发生故障的条件下，系统可以识别故障节点的最大数目。条件诊断度可以根据具体使用需求改变限制条件。具体地，h-好邻居条件诊断度要求将网络中的故障节点删除后的剩余图中每个节点的最小度至少为 h，g-额外条件诊断度限制剩余分支中节点的个数不小于 $g+1$，t/k-诊断度在限制至多有 k 个无故障节点被误诊的条件。一般情形下，三者与条件诊断度相比，都提高了网络的诊断度。

系统级故障诊断还需要依赖特定的诊断模型来执行，最初的诊断模型是由 Preparete、Metze 及 Chien 提出的系统诊断模型——PMC 模型。此外，Preparete、Metze 和 Chien 也进一步证明了：若在 PMC 模型下可以完全识别出所有故障节点，则该网络是 t-可诊断的。PMC 模型是传统型诊断模型，在基于 PMC 模型的可诊断系统中，假定故障节点总数不超过给定数值，通过对每个节点服务器的相邻节点进行反复测试，并对相应的测试结果进行判断，然后根据所有测试结果确定故障节点集合。但实验中发现，处理器的故障情况有时会使评价结果出现误差。因而，直接通过相邻节点来进行相互比较，从而直接得出测试结果的方法要简单得多。其后的几十年陆续有不同的诊断模型和诊断策略。另一类经典的诊断模型是基于比较模型，Maeng 和 Malek 提出了 MM 模型。该模型通过一个中间节点（称作比较器）向与之相邻的两个节点发送同一个测试任务并完成测试，然后将得到的测试结果进行比较，进而进行对应的诊断工作。1992 年，Sengupta 与 Dahbura 在 MM 模型基础上提出一种独特的 MM 模型，也就是现在使用广泛的 MM*模型。该模型要求每个节点都必须对其任意两个相邻节点进行测试。

可以为一个数据中心网络系统建立一个无向图模型 $G=(V(G), E(G))$，将其节点表示为服务器，图的边表示为网络间的通信链路。在 PMC 模型下，相邻节点之间可以相互进行测试。对于相邻节点 $u, v\in V(G)$，用有序对 $<u, v>$ 表示由 u 对 v 执行的测试。在这种情况下，u 被称为测试节点，而 v 被称为被测试节点。此外，通常使用 (u, v) 来表示测试结果，其中 u 和 v 都是彼此的测试节点。如果 u 测试 v 的结果为故障（反之为无故障），则测试结果 (u, v) 为 1（反之为 0）。如果测试点本身是故障的，那么测试结果不准确，即随机为 0 或者 1。在 MM 模型下，通过给一对节点 u 与 v 发送相同的测试任务然后比较它们的响应，进而进行故障判断。这种比较需要使用与 u、v 都相连的第三个节点 w（称为比较器）来判断。只

有在被测试节点 u、v 和比较器 w 均为无故障的情况下，测试结果才为 0；当比较器 w 无故障，而被测试节点 u 和 v 至少有一个为故障时，测试结果为 1；当比较器 w 为故障时，无论被测试节点是什么状态，测试结果都不准确，即随机为 0 或者 1。

目前，基于数据中心网络的故障诊断的研究主要如下：Li 等人确定了 DCell 在精确诊断策略、悲观诊断策略下的诊断度和在 PMC 模型和 MM^*模型下的 g-好邻居条件诊断度。陈雨昊对 BCube 网络进行 t-诊断研究，证明了 BCube 网络的 t 诊断度为$(n-1)(k+1)-1$（当 $n \geqslant 2$, $k > 0$ 时）。随后在 t-诊断的基础上，尝试使用一种更加高效的容错诊断方式——t/t-诊断，对 BCube 网络的容错诊断性进行研究和证明，经研究，得出了 BCube 网络的 t/t-诊断度为$(2k+1)(n-1)-1$，(其中 $k \geqslant 3$, $n \geqslant 2$。最后还对网络本身添加了规则限制，对 BCube 网络的条件可诊断性进行了研究，得到了 BCube 网络的条件可诊断度大于$\lfloor((n-1)(5k+1)-4)/2\rfloor$ $((n \geqslant 2, k>0)$。除此以外，提出了基于 PMC 模型的 t/t-诊断算法，并进行了仿真实验，进一步确定了研究的准确性。

本节分别从外部结构、内部资源管理和容错性能三个方面对数据中心网络进行了简要介绍。随着虚拟技术的不断发展，云计算平台下的各种服务和应用都迁移到数据中心，数据中心网络的规模会越来越大，数据中心网络的结构也会随之不断发展与成熟。按照目前的发展趋势，数据中心网络结构正朝着虚拟化、可扩展性和容错性更强的趋势发展。

1.5 应用案例

"从 0 到 1"，中国集成电路的破晓时刻

1.5.1 国产处理器——龙芯

作为国产通用处理器的代表产品——龙芯于 2001 年被开发，龙芯 1 号、2 号、3 号三个处理器系列也先后被开发，并且龙芯处理器在党政军办公、工业控制、军事、航天等很多领域已经得到了广泛的应用。但与主流的×86、ARM 处理器相比，龙芯仍然不为人所熟悉。

龙芯处理器按照结构可分为 4 类，分别是单发射 32 位（132）、双发射 32 位（232）、四发射 64 位（464）及双发射 64 位（264）。按照处理器的性能、核数等分为龙芯 1 号小 CPU、龙芯 2 号中 CPU 及龙芯 3 号大 CPU。

1.5.1.1 龙芯 1 号系列

龙芯 1 号处理器可以大致分为两类：一类是单发射的 32 位 CPU，采用单发射顺序执行的 GS132 系列处理器核，主频在 10MHz 左右，主要当作单片机使用；一类是双发射 32 位 CPU，采用双发射乱序执行的 GS232 系列处理器核，主频为数百 MHz，可以用作更高性能的嵌入式处理器，替代同等主频的 ARM 处理器。

龙芯 1 号采用 0.18μm CMOS 工艺进行流片，主频为 266MHz，单发射为 32 位，片内有 400 万晶体管。采用类 MIPSⅢ的 RISC 指令集，具有 7 级动态流水线、32 位整数单元和 64 位浮点单元。龙芯 1 号的整体性能低于 Intel PentiumⅡ。龙芯 1 号被命名为"夏 50"。龙芯 1 号如图 1-25（a）所示。

龙芯 1A 的主频为 266MHz，采用 32 位超标量 GS232 处理器核，双发射乱序执行，与

MIPS 32 指令集兼容；一级指令缓存为 16KB，一级数据缓存为 16KB。龙芯 1A 采用 130nm CMOS 工艺制造，采用 23mm×23mm BGA 封装，有 448 个引脚，功耗小于 1W。可以作为其他龙芯处理器的桥片。龙芯 1A 如图 1-25（b）所示。

（a）龙芯 1 号

（b）龙芯 1A

图 1-25　龙芯 1 号与龙芯 1A

龙芯 1B 可以被视为龙芯 1A 的简化版，是龙芯在嵌入式处理器研发上继续做减法的产物。龙芯 1B 于 2011 年流片成功，先于龙芯 1A。龙芯 1B 的主频为 200MHz，集成 32 位超标量处理器核（GS232），双发射乱序执行结构，支持 MIPS 32 指令集，5 级流水线，具有一级指令缓存 8KB 和一级数据缓存 8KB。采用 130nm CMOS 工艺制造，采用 17mm×17mm BGA 封装，有 256 个引脚，功耗小于 0.5W。龙芯 1B 最大的特点之一是具有 12 个 UART（串口）接口，它是龙芯历史上第一次从全系统的角度来考虑降低成本的芯片。龙芯 1B 如图 1-26（a）所示。

龙芯 1C 用于指纹生物识别。龙芯 1C101 的主频为 8MHz，采用单发射按序执行 32 位处理器核（GS132R），采用 130nm 工艺制造，封装大小为 12mm×12mm，引脚数为 64，封装方式为 QFP64。功耗为 16.5mW/16.5μW。

龙芯 1C300 的主频为 300MHz，采用双发射乱序执行 32 位超标量处理器核（GS232），与 MIPS 32 指令集兼容具有一级指令缓存 16KB 和一级数据缓存 16KB。采用 130nm CMOS 工艺制造，封装方式 20mm×20mm QFP176，功耗小于 0.5W。龙芯 1C300 如图 1-26（b）所示。

龙芯 1C 的代号为 XPS90。搭载龙芯 1C300B 的智龙开发板如图 1-27 所示。

1.5.1.2　龙芯 2 号系列

龙芯 2 号系列都是 64 位处理器，早期的型号是 4 发射乱序执行的 64 位 GS464 系列处理器核，后来新出的处理器升级为采用 GS464E 处理器核。龙芯 2K 是双发射乱序执行的 GS264 处理器核的 64 位双核处理器。龙芯 2GQ 则是一款 4 核处理器。

龙芯 2 号采用 4 发射和乱序执行结构的设计，64 位设计，支持 7～10 级流水线。龙芯

2 号的寄存器堆设计有两个方案：方案一是采用商用寄存器堆，在台积电流片；方案二是采用微电子中心设计的寄存器堆。其中方案一采用的商用寄存器堆设计出错，导致流片失败。方案二流片成功，成功启动操作系统，最高频率为 300MHz，功耗为 1W～2W。龙芯 2B 代号 MZD110。龙芯 2 号的性能是龙芯 1 号性能的 3 倍，超过了相同主频的奔腾Ⅱ的性能。龙芯 2B 如图 1-28（a）所示。

（a）龙芯 1B　　（b）龙芯 1C300A

图 1-26　龙芯 1C300A 与龙芯 1B

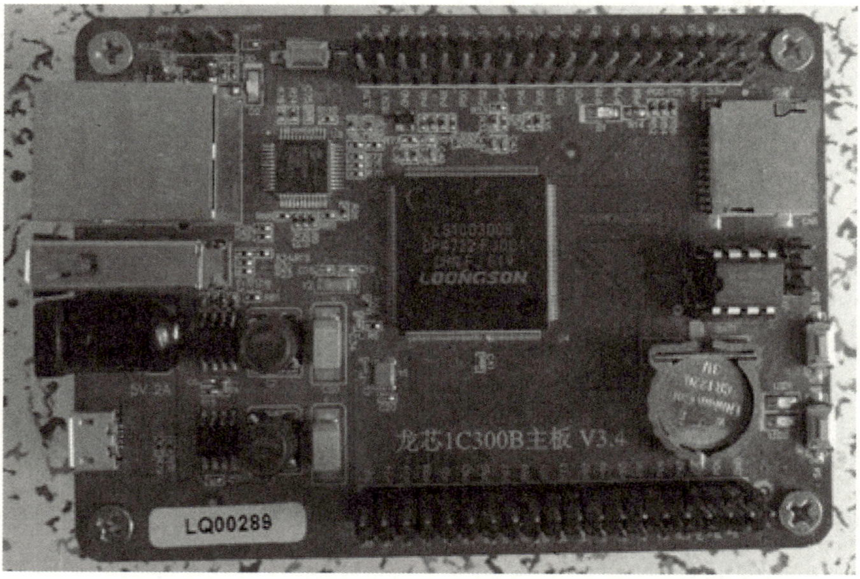

图 1-27　搭载龙芯 1C300B 的智龙开发板

龙芯 2C 是龙芯 2B 的优化版本。龙芯 2C 的性能是之前研制成功的龙芯 2B 性能的 3 倍，达到了相同主频的奔腾Ⅲ的性能。龙芯 2C 的代号为 DXP-100，龙芯 2C 如图 1-28（b）所示。

（a）龙芯 2B　　　　（b）龙芯 2C

图 1-28　龙芯 2B 与龙芯 2C

1.5.1.3　龙芯 3 号系列

龙芯 3 号均为 4 发射 64 位多核处理器。目前，除了龙芯 3B1500 为 8 核处理器，其他的龙芯 3 号均为 4 核处理器。龙芯 3C5000 会将处理器核数提高到 16。龙芯 3 号的微结构分为 GS464、GS464E、GS464V 及 GS464EV。

龙芯 3A1000 集成了 4 个四发射乱序执行的 GS464 核，支持 9 级流水线，具有 64KB 一级数据缓存、64KB 一级指令缓存及 4MB 共享二级缓存，最高主频为 1GHz，功耗为 15W（支持动态降频），芯片面积为 174mm^2，晶体管数目为 4.25 亿个。每个 CPU 核包含两个浮点乘加部件，双精度浮点性能峰值为 16GFlops。在龙芯 3A1000 中，实现了×86 二进制翻译加速指令。龙芯 3A1000 集成 HT1.0×2、PCI 控制器、LPC、SPI、UART、GPIO，并且集成 72 位 DDR2/3 控制器，引脚为 1121 个，封装方式 40mm×40mm FCBGA。龙芯 3A1000 01 版本与龙芯 3A1000 02 版本如图 1-29 所示。

（a）龙芯 3A1000 01 版本　　　　（b）龙芯 3A1000 02 版本

图 1-29　龙芯 3A1000 01 版本与龙芯 3A1000 02 版本

龙芯 3B 由采用意法半导体 65nm 工艺设计，主频为 1GHz，功耗为 25W，片内集成 8 个 64 位四发射乱序执行龙芯向量处理器核 GS464V，具有 4MB 二级缓存，每个核包含两个 256 位向量部件，峰值浮点性能达到 128GFlops。龙芯 3B 的最大特点是龙芯向量处理器核的设计，该处理器核将 GS464 核的浮点部件和浮点寄存器堆替换为 2 个 256 位的向量处理部件和 1 个 128×256 位的向量寄存器堆，使龙芯 3B 在 1GHz 下的峰值双精度浮点计算能力达到 128GFlops。在龙芯 3B 处理器中，实现了 300 多条专用的向量处理指令。龙芯 3B 的芯片面积为 $300mm^2$，晶体管数目接近 6 亿个。

综上所述，龙芯在发展历程中，形成了一个相对完整的处理器家族，龙芯处理器可以应用于智能水表、智能门锁、航天应用、石油钻探、工业控制、网络安全、桌面办公等各个领域，为我国军工、航天、石油勘探等领域提供了重要的技术支持。

1.5.2 寒武纪智能芯片

2016 年 3 月成立的寒武纪，专注于各类人工智能芯片产品的开发业务。从寒武纪官网来看，公司目前有四大业务矩阵：终端智能处理器 IP、智能加速卡、边缘计算模组和软件开发平台。

从产品矩阵中不难看出，寒武纪具备较高的产品迭代速度和研发能力。4 年期间，寒武纪每年都会推出和迭代新产品，相较于其他芯片设计公司以平均约每 1～3 年的迭代周期推出系列新产品，寒武纪的研发能力表现突出。寒武纪产品的应用场景如表 1-1 所示。

表 1-1　寒武纪产品的应用场景

应用场景	芯片需求	典型计算能力	典型功耗	典型应用领域
终端	低功耗、高能效、以推理任务为主、成本敏感、硬件产品形态众多	<8Tops	<5w	各类消费类电子、物联网产品等
云端	高性能、高计算密度、兼有推理和训练任务、单价高、硬件产品形态少	＞30Tops	>50W	云计算数据中心、企业私有云等
边缘端	对功耗、性能、尺寸的要求常介于终端与云端之间，推理任务为主、多用于插电设备，硬件产品形态相对较少	5Tops～30Tops	4W～15W	智能制造、智能家居、智能零售、智慧交通、智慧金融、智慧医疗、智能驾驶等众多应用领域

寒武纪主要产品如表 1-2 所示。

表 1-2　寒武纪主要产品

产品类型	寒武纪主要产品	推出时间
终端智能处理器 IP	寒武纪 1A 处理器	2016 年
	寒武纪 1H 处理器	2017 年
	寒武纪 1M 处理器	2018 年
云端智能芯片及加速卡	思元 100（MLU100）芯片及云端智能加速卡	2018 年
	思元 270（MLU270）芯片及云端智能加速卡	2019 年
	思元 290（MLU290）芯片及云端智能加速卡	芯片样品测试中
边缘智能芯片及加速卡	思元 220（MLU220）芯片及边缘智能加速卡	2019 年
基础系统软件平台	Cambricon Neuware 软件开发平台（适用于公司所有芯片与处理器产品）	持续研发和升级，以适配新的芯片

（1）终端智能处理器 IP。IP 授权在集成电路行业是较为常见的业务模式，众多主流集成电路厂商都会购买 IP 授权或对外提供 IP 授权。公司将已完成逻辑设计或物理设计的芯片功能模块，以商业授权的形式交付给客户使用，允许客户将其集成在自己的芯片设计版图中，并通过流片形成最终芯片产品。

IP 授权的收费模式一般分为两部分：一部分是固定（License）费用，在 IP 授权时支付一定费用；另一部分是提成（Royalty）费用，一般是每片使用其 IP 的芯片实现销售按一定金额或者单价比例收取一定费用。寒武纪 1H/1M 如图 1-30 所示。

图 1-30　寒武纪 1H/1M

（2）云端智能芯片及加速卡。云端智能芯片主要以实体芯片或加速卡的形式应用于各类云服务器或数据中心。公司在完成芯片设计的一系列复杂流程后，将最终的芯片版图交付给台积电进行晶圆代工，然后委托日月光或 Amkor 等厂商完成芯片的封装测试，再由电路板厂商使用芯片生产出加速卡（即包含智能芯片的电路板），最后将加速卡销售给客户，这也是全球各大芯片设计企业常用的运营模式。寒武纪智能加速卡如图 1-31 所示。

（3）边缘智能芯片及加速卡。边缘计算是近年来兴起的一种新型计算范式，在终端和云端之间的设备上配备适度计算能力，一方面可有效弥补终端设备计算能力不足的劣势；另一方面可缓解云计算场景下数据安全、隐私保护、带宽与延时等潜在问题。边缘计算范式和人工智能技术的结合将推动智能制造、智能零售、智能教育、智能家居、智能电网、智能交通等众多领域的高速发展。寒武纪思元 220 如图 1-32 所示。

图 1-31　寒武纪智能加速卡

图 1-32　寒武纪思元 220

（4）基础系统软件平台。Cambricon Neuware 是为云边端全系列智能芯片与处理器产品提供统一的平台级基础系统软件，程序员可实现跨云边端硬件平台的人工智能应用开发，兼具高性能、灵活性和可扩展性的优势，无须烦琐地移植即可让同一人工智能应用程序便捷、高效地运行在公司云边端系列化芯片与处理器产品上。

总结来看，智能处理器核是公司所有智能芯片产品的基础，其在公司主营业务中实现的功能主要体现在以下两个方面。

一方面是根据智能终端应用需求形成终端智能处理器 IP 产品，通过集成于终端设备的 SoC 芯片中以 IP 授权的形式获得收入。

另一方面是作为底层核心模块支撑公司所有的云端智能芯片及加速卡、边缘智能芯片及加速卡研发。

智能计算集群系统则是基于寒武纪云端智能芯片及加速卡产品，把整机服务器和公司自研的集群管理软件整合到一起，直接形成计算集群的方式，向最终客户提供一站式服务。

1.5.3 超算与高性能计算机

超级计算机被称为“大国重器”，属于国家战略技术领域。它主要用于需要大量运算的工作，如数值天气预报、地震预测、天体物理、分子模型、仿真分析等许多领域。超级计算机速度以每秒浮点运算次数 Flops（Floating-point operations per second）当作度量单位。世界上运算速度最快的超级计算机是美国研制的 Summit。

目前世界上排名前十的超级计算机如下：①Summit（美国），速度为 148600TFlops，Summit 是 IBM 和美国能源部橡树岭国家实验室（ORNL）推出的新超级计算机。②Sierra（美国），速度为 94640TFlops，美国国家能源局橡树岭国家实验室已经给 Sierra 确定工作内容，即助力科学家在高能物理、材料发现、医疗保健等领域的研究探索。其中在癌症研究方面将用于名为“CANcer 分布式学习环境（CANDLE）”的项目。③神威 •太湖之光 Sunway TaihuLight（中国），速度为 93015TFlops，2017—2018 四届 Top500 排名中，神威 • 太湖之光超级计算机都是冠军，全部使用中国自主知识产权的芯片，神威部署在江苏无锡的国家超级计算无锡中心，太湖的名字由此而来。④TH-2 天河二号（中国），速度为 61445TFlops。天河二号曾经 6 次蝉联冠军，采用麒麟操作系统，目前使用英特尔处理器，将来计划用国产处理器替换，不仅应用于助力探月工程、载人航天等政府科研项目，还在石油勘探、汽车飞机设计制造、基因测序等民用方面大展身手。⑤Frontera（美国），速度为 23516TFlops，Frontera 由 DELL EMC 公司为德克萨斯高级计算中心（TACC）打造，将用于多领域科研计算。⑥Piz Daint（瑞士），速度为 21230TFlops，Piz Daint 由 Cray 公司为瑞士的国家超算中心打造，也是 Green500 的第一名，可见其节能效果非常明显。⑦Trinity（美国），速度为 20159TFlops，Trinity 由 Cray 公司打造，是由美国能源部洛斯阿拉莫斯国家实验室和桑迪亚国家实验室部联合部署的。⑧ABCI（日本），速度为 19880TFlops 主要用于 AI 应用的大型云平台，由 1088 个富士通服务器 Primergy CX2570 M4 ×86 组成，每台服务器配备两个 Intel Xeon Scalable 家族处理器和 4 个 Nvidia Tesla V100 加速器。⑨Super MUC-NG（德国），速度为 19477TFlops，Super MUC-NG 由联想公司打造，使用联想的 Think System SD530 服务器，该服务器在 SPEC power_ssj 2008 2 插槽（4 节点）测试中获取性能世界纪录。⑩Lassen（美国），速度为 18200TFlops，Lassen 位于德克萨斯高级计算中心（TACC），具有异构的 IBM /NVIDIA 系统，并且具有与 Sierra 相同的架构。

Top500 在每年的 6 月与 11 月进行更新，这个排名是 2019 年 11 月的第 54 届排名。在这届排名中，中国与美国占有量最多，中国在 Top500 中占有量为 228 台，占比为 45.6%，美国 117 台，占比为 23.4%，但是美国 Top500 的超级计算机的计算能力是超过中国的。目前国内研究超级计算机的机构主要有国防科技大学、曙光、联想、浪潮。

神威·太湖之光（见图 1-33）采用国产申威处理器，其实超算 CPU 与通用 CPU 并不能一起比较。简单来说，神威这么强的运算能力实际是“堆”出来的，神威使用的是 SW26010 处理器，整套系统使用了 40960 个处理器，总计拥有 10649600 个核心，1.31PB 内存，理论峰值性能为 125PFlops，实际最大性能为 93PFlops。神威使用的 SW26010 处理器的众核架构并不适合计算机的 CPU，主要原因在于单核性能较弱，而一般普通的计算机的应用大多数使用单核性能。

图 1-33　神威 · 太湖之光

在超级计算机领域，神威·太湖之光没有辜负国人寄予的厚望，已经广泛用于装备制造、生物医药、能源开发、天气气候等高科技领域。

习题 1

1. 高速缓冲存储器和虚拟存储器的相同与不同之处分别有哪些。
2. 提高主存储器性能有哪些技术措施？
3. 什么是地址映像和地址变换？高速缓冲存储器有哪几种地址映像方法？各有什么优缺点？
4. 虚拟存储器三种存储管理方法各有什么特点？
5. 在高速缓冲存储器中什么情况下使用替换算法？有哪几种替换算法？含义各是什么？
6. 半导体存储器可分为哪几类？各有什么特点？
7. 多处理器互连网络分为静态网络和动态网络的分类依据是什么？
8. 为什么要有缓存一致性协议？
9. 缓存一致性协议有哪几种分类？分别有哪些协议？
10. 并行算法可分为几类？
11. 为什么要研究多处理器系统的容错性？
12. 在静态带宽分配方式中，数据中心是以_______的方式向数据中心的租赁者提供带宽的；而动态带宽分配是指根据_______的需求，动态地调整它们的上行接入带宽。
13. 简述传统的树形结构数据中心网络所普遍采用的多根树结构的优缺点。
14. 在以交换机为中心的数据中心网络和以服务器为中心的数据中心网络中，服务器分别提供什么功能？
15. 在基于局部信息的算法中，有一种方法是对系统中的故障信息进行压缩，使得每个节点可以非常方便地得到系统中故障分布的近似表示，而这些信息又能够保证有效地指导信息的传递。这类方法的有效性可以从哪几个方面来衡量？

“神威 · 太湖之光”首次实现千万核并行第一性原理计算模拟

第 2 章 物联网技术

2.1 概述

物联网技术是信息科技产业的第三次革命，通过射频识别、红外感应器、全球定位系统、激光扫描器等信息传感设备，按约定的协议将任何物品与互联网相连接，进行信息交换和通信，以实现智能化识别、定位、追踪、监控和管理。它是在互联网技术基础上的延伸和扩展的一种网络技术，其用户端延伸和扩展到了任何物品与物品之间，进行信息交换和通信。物联网技术的出现为人们的生活带来了极大的便利，同时也为企业提供了更多的商业机会。本章对物联网的概念相关核心技术进行了较为完整的介绍，并结合具体案例分析了物联网技术在无源物联网领域和车联网领域中的应用。

2.1.1 基本概念

物联网（Internet of Things，IoT）的概念最初来源于美国麻省理工学院（MIT）建立的自动识别中心（Auto-ID Labs）提出的网络无线射频识别（Radio Frequency Identification，RFID）技术，利用射频识别技术替代条码，实现对物流系统智能化识别和管理。物联网将任何时间、任何地点连接任何人，扩展到连接的物品，让人与物之间变得更加亲近、协同、创新，为人类社会的可持续发展创造更多的机遇和可能。狭义上的物联网指的是物品之间通过网络连接起来的局域网，不论该局域网是否接入互联网，只要具有感、联、知、控（用）四个环节，都属于物联网的范畴。广义上的物联网则可以看成信息空间与物理空间的融合，将一切事物数字化、网络化，在物品之间、物品与人之间、人与现实环境之间实现高效信息交互方式，并通过新的服务模式使各种信息技术融入社会行为，使信息化技术在人类社会综合应用中达到更高境界。

国际电信联盟（International Telecommunication Union，ITU）（2005）指出物联网是将各种信息传感设备，如射频识别装置、红外感应器、全球定位系统、激光扫描器等各种装置与互联网结合起来而形成的一个巨大网络。物联网是一个基于互联网、传统电信网等的信息承载体，实时采集任何需要监控、连接、互动的物体或过程，采集其声、光、热、电、力学、化学、生物、位置等各种需要的信息，通过各类网络的接入，实现物与物、物与人的泛在连接，实现对物品和过程的智能化识别、定位、追踪、监控并触发相应事件。

2.1.2　体系架构

物联网的体系架构如图 2-1 所示，一般由感知层、网络层和应用层和共性技术组成。

（1）感知层：主要分为两类，自动感知设备：能够自动感知外部物理信息，包括射频识别装置、传感器、智能家电、摄像头、GPS 等感知终端。人工生成信息设备：包括智能手机，个人数字助理（PDA）、计算机等。数据感知技术主要用于采集包括各类物理量、标识、音频和视频数据等在内的物理世界中发生的事件和数据。根据应用层不同的应用服务，感知层可能采用不同的感知设备。例如，对于环境检测的应用中，感知节点应该是在特定地点放置的温度感知节点、湿度感知节点及其他环境监测所需指标的响应感知节点；对于远程医疗的应用，就会使用血氧感知节点、血压感知节点等；而对于智能交通的应用，就需要给高速公路上的汽车配置相应的射频识别标签。感知层是物联网信息的起点，它的作用相当于人的眼、耳、鼻、喉和皮肤等神经末梢，它是物联网识别物体、采集信息的来源，其主要功能是识别物体、采集信息，采集后的数据则通过短距离传输、自组织组网进行局域传递，并通常使用多个传感器对数据采集过程进行协同处理。

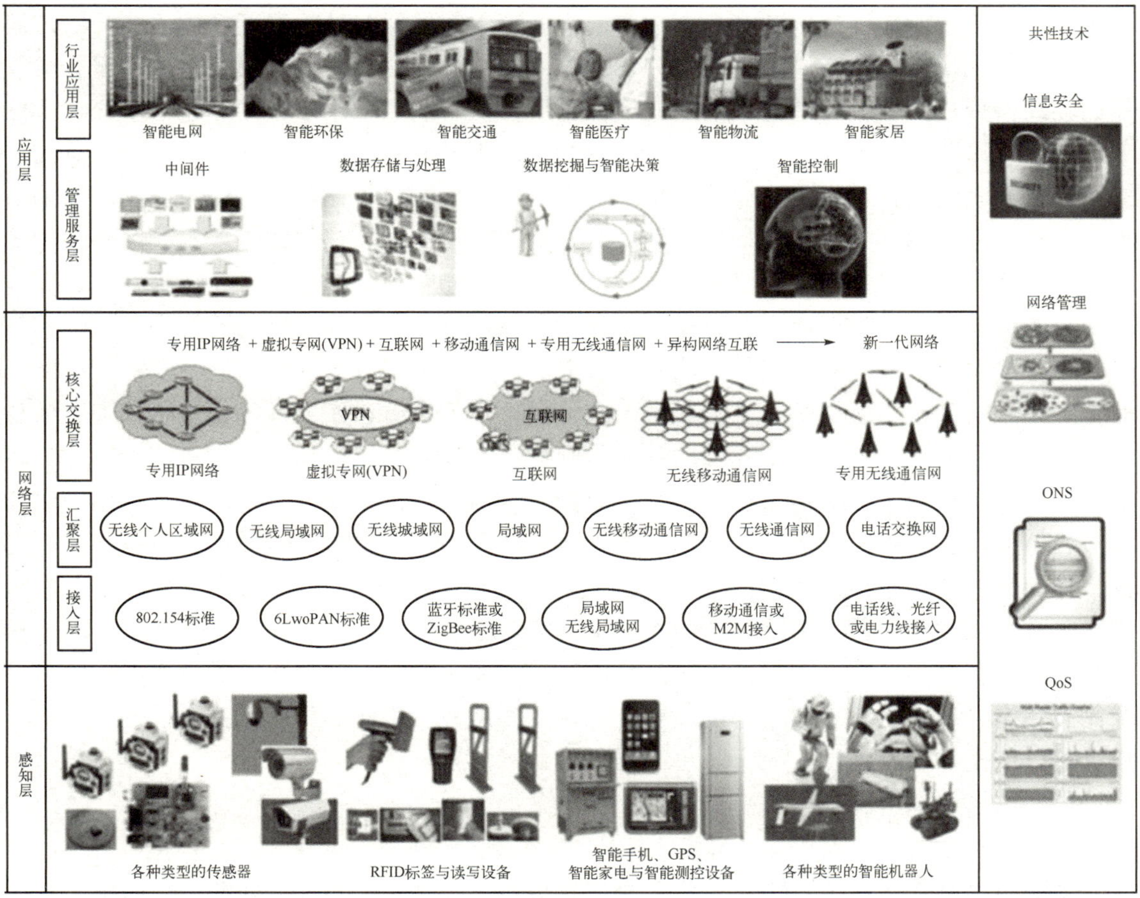

图 2-1　物联网的体系架构

（2）网络层：网络层相当于人的神经中枢和大脑，实现信息的传递、路由和控制，负责实现更加广泛的信息互联和传递功能。网络层主要以因特网、移动通信网、卫星网等为主，包括接入层、汇聚层和核心交换层，为信息的传输提供载体，能够把感知到的信息无障碍、高可靠性、高安全性地进行广域传送。接入层相当于计算机网络的物理层和数据链路层，射频识别标签、传感器与接入层设备构成了物联网感知网络的基本单元。在网络层，物联网用到的网络技术需要把传感器网络与移动通信技术和互联网技术相融合，分为有线接入和无线接入。有线接入包括电力线接入、电视电缆和电话线等；无线接入包括无线局域网、通信中 M2M 通信（移动通信）。汇聚层位于接入层和核心交换层之间，进行数据分组汇聚，交换和转发，以及过滤、负载均衡等。汇聚层技术也分为有线和无线，有线汇聚包括局域网、现场总线等；无线汇聚包括无线局域网、无线城域网、移动通信等。核心交换层为物联网提供高速、安全和具有服务质量保障能力的数据传输。网络层能把感知层采集的数据信息进行高效、可靠、安全的传递，进而实现网络层与感知层的融合。目前，广泛使用的移动通信和互联网等技术基本上已经能够满足物联网数据传输的需要，相应的网络技术及信息安全技术已发展得较为成熟。但是，为了支持未来物联网新的业务特征，现在的因特网、移动通信网、卫星网还需要做进一步的改进和优化。

（3）应用层：应用层包括各种应用基础设施、中间件和各种物联网应用，分为管理服务层和行业应用层，相当于人的社会分工。物联网的最终目的是要提供各种适用于社会需要的物联网应用，根据功能需求的不同，应用层提供不同的应用服务，如智能交通、智能家居、远程医疗、智能物流、环境监测等。此外，不同的应用服务对应的网络层及感知层的不同功能。例如，在智能家居的应用中，户主可以通过设置在家中的温度、湿度感知节点实时查询家里的各项环境指标，然后结合查询的数据结果和户主的需要控制家中的智能电器（如装有智能控制系统的空调、冰箱、电视、灯光等），这些都发生在户主不在家时，户主只需通过智能手机发出一些查询、操作指令就可以控制家中电器的各种功能。

（4）共性技术：在物联网整个体系结构中，共性技术不属于物联网的某个特定层面，而是与物联网架构的三层都有密切联系，它包括标识与解析、安全管理、网络管理和信息管理等具有普遍意义的技术，并被同时应用到物联网其他三层。其中，信息管理中心负责存储感知层采集的感知数据，包括物联网数据的查询、分析、挖掘及基于感知数据做出的决策。例如，在远程医疗应用服务中，病人通过携带医疗传感节点向异地的信息存储中心实时传递身体各项指标的数据信息，信息管理中心可以把获得的数据信息分类后上传至医疗专家系统，并实时做出决策，给病人提出相应的建议。由此可知，信息管理中心不仅提供对数据的存储服务，更重要的是还对数据进行智能化分析，并给服务对象提出有价值的意见。网络管理中心负责网络稳定、安全地运行，需要对服务对象进行身份认证，具有鉴权机制，以及计费等功能。

2.1.3 技术特征

物联网主要有三大技术特征，分别为全面感知、可靠传送和智能处理。全面感知利用射频识别设备、传感器、二维码及未来可能的其他类型传感器，能够随时随地进行信息采集和获取，信息的种类涵盖人类生活、工作、健康和社会活动等的全面需要，用于后期信息处理和信息溯源与高效应用。可靠传递通过各种电信网络与互联网的融合，将物体的信息实时、准确地传递出去。虽然，无线网络已经覆盖了大部分区域，但是与万物互联的信息接入要求还有一段距离。同时，应用环境的巨大差异也使得单一技术难以完成“无缝到达”的目标，因而融合多种传送技术为任意一个用户提供传送服务成为网络多模化发展的基本形态。未来的物联网需要远程操作和信息共享都达到较高的水平，对信息共享的安全机制和访问信息的权限管理也需要更高层次的监管和技术保障。智能处理利用云计算、模式识别、深度学习、强化学习、大模型等各种智能计算技术，对海量数据和信息进行分析和处理，对物体实现智能化决策和控制。未来的物联网信息处理能力更强大，计算能力、存储和模型等进一步优化，能够更好地整合和分析收集到的海量数据，以更加全面且系统的方法来处理和解决问题，使人类能够更加智慧地与周围世界相处。

综上所述，物联网最显著区别于传统网络的三个基本特征如下。

（1）接入对象更为广泛，获取信息更加丰富。物联网接入对象包含了更丰富的物理世界，不仅包括现在的计算机、手机、智能卡，轮胎、牙刷、手表、工业原材料、工业中间产品等物体，还包括嵌入微型感知设备，所获取的信息不仅包括人类社会的信息，还包括更为丰富的物理世界信息，如压力、温度、湿度等。

（2）网络可用性更高，互联互通更为广泛。不仅物联网基础设施较为完善，而且随时随地可获得性也大为增强，接入网络的关于人的信息系统互联互通性也更高，并且人与物、物与物的信息系统也达到了广泛的互联互通，信息共享和互操作性达到了很高的水平。

（3）信息实时处理能力更强，人类与周围世界的相处更加智慧。物联网通过使用普适计算技术使人们可以随时随地、透明地获得信息服务；云计算、边缘计算使物联网有了更强的信息处理能力，更容易处理采集到的海量数据。

2.2 无线传感器网络

无线传感器网络是当前国内外备受关注的新兴研究热点领域，它由多学科高度交叉而成，综合了传感器技术、嵌入式计算技术、现代网络及无线通信技术、分布式信息处理技术等多种技术，能够通过各类集成化的微型传感器节点协作完成监测、感知和采集各种环境信息或被监测对象的信息，通过随机自组织无线通信网络以多跳中继方式将所感知的信息传送到用户终端，并对信息进行处理。本节对无线传感器网络进行基本介绍，主要介绍无线传感器网络的基本概念、功能结构、操作系统及技术特性和应用领域。

2.2.1 无线传感器网络的基本概念

2.2.1.1 无线传感器网络的发展现状

无线传感器网络（Wireless Sensor Network，WSN）的研究最初起源于美国军方，其研究的项目包括 CEC、REMBASS、TRSS、Sensor IT、WINS、Smart Dust、SeaWeb、μAMPS、NEST 等。美国国家自然基金委员会（NSF）也设立了大量与其相关的项目，NSF 于 2003

年制定了无线传感器网络研究计划，每年拨款 3400 万美元支持相关项目的研究，并在加州大学洛杉矶分校成立了无线传感器网络研究中心；2005 年，在对网络技术和系统的研究计划中，主要研究下一代高可靠、安全的可扩展的网络、可编程的无线网络及传感器系统的网络特性，资助金额达 4000 万美元。欧盟第 6 个框架计划将信息社会技术作为优先发展的领域之一，其中多处涉及对无线传感器网络的研究。企业界中欧盟的 Philips、Siemens、Ericsson、ZMD、France Telecom、Chipcon 等公司，日本的 NEC、OKI、Skyleynetworks、世康、欧姆龙等公司都开展了对无线传感器网络的研究。

我国对无线传感器网络的研究起步较晚，首次正式启动出现于 1999 年中国科学院《知识创新工程试点领域方向研究》的信息与自动化领域研究报告中，是该领域的五大重点项目之一。2001 年，中国科学院依托上海微系统所成立微系统研究与发展中心，旨在引领中国科学院无线传感器网络的相关工作。在我国未来 20 年预见技术的调查报告中，信息领域 157 项技术课题中有 7 项与无线传感器网络直接相关。2006 年初，国务院发布的《国家中长期科学与技术发展规划纲要》为信息技术定义了三个前沿方向，其中两个与无线传感器网络的研究直接相关，即智能感知技术和自组织网络技术。2010 年我国远景规划和“十五”计划中，也将无线传感器网络列为重点发展的产业之一。2020 年我国“十四五规划”指出，将推动物联网全面发展，包括无线传感器网络在内。政府将加大对物联网技术研发和产业发展的支持力度，推动物联网在各个领域的应用。

2.2.1.2　无线传感器网络的基本特点

无线传感器网络是由具有感知、处理和无线通信能力的微型节点通过自组织方式形成的网络，是一种全新的信息获取方式，能够实时监测和采集网络分布区域内的各种检测对象的信息，并将这些信息发送到网关节点，以实现复杂的指定范围内目标的检测与跟踪，具有快速展开、抗毁性强等特点，有着广阔的应用前景。

正如因特网使得计算机能够访问各种数字信息而可以不管其数据保存在什么地方，无线传感器网络将扩展人们与现实世界进行远程交互的能力。由于无线传感器网络具有可到处散布的特点及集体分析能力，因此它被称为一种全新类型的计算机网络。无线传感器网络具有众多类型的传感器节点，可用来探测包括地震、电磁、温度、湿度、噪声、光强度、压力、土壤成分、移动物体的大小、速度和方向，以及周边环境中多种多样的现象。美国商业周刊和 MIT 技术评论在预测未来技术发展的报告中，分别将无线传感器网络列为 21 世纪最有影响的 21 项技术之一和改变世界的 10 大技术之一。传感器网络、塑料电子学和仿生人体器官又被称为全球未来的三大高科技产业。

2.2.1.3　无线传感器网络的体系结构

无线传感器网络是一个由大量传感器节点组成的无线自组织网络。每个传感器节点都由传感单元、处理单元、无线通信单元和能量供应单元等构成。无线传感器网络的任务是利用传感器节点来监测节点周围的环境，收集相关数据，然后通过无线收发装置采用多跳路由的方式将数据发送给汇聚节点，再通过汇聚节点将数据传送到用户端，从而达到对目标区域的监测。一个典型的无线传感器网络结构如图 2-2 所示，其中包括传感器节点（Sensor

节点)、汇聚节点（Sink 节点）以及互联网或通信卫星和管理节点等。

传感器节点通常是一个微型嵌入式系统，具有感知物理环境数据和处理数据的能力，但其处理能力、存储能力和通信能力都相对较弱。目前常见的传感器节点一般通过能量有限的电池供电，所以通常传感器节点的电源能量有限。从网络功能上看，每个传感器节点既具有传统网络节点的终端功能，又具有路由器功能，除了进行本地信息收集和数据处理，还要对其他节点转发来的数据进行存储、管理和融合等处理，同时与其他节点协作完成一些特定任务。网络中各传感器节点的地位相同，各个节点之间可独立采集相关信息，并可通过传感器节点间的相互通信共享彼此之间的信息。

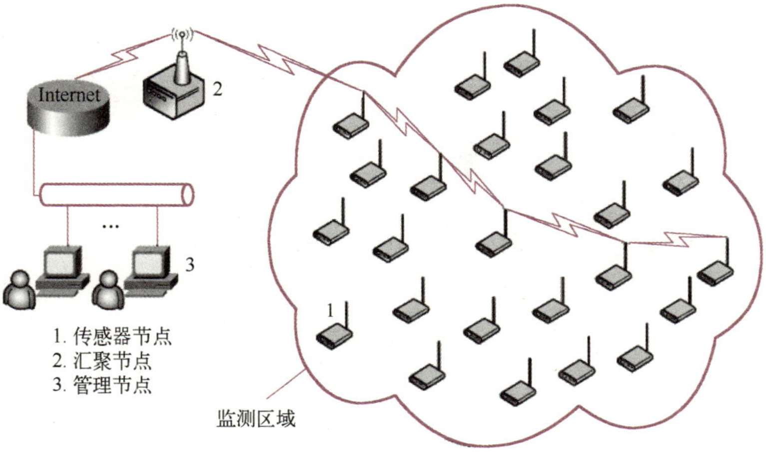

图 2-2　一个典型的无线传感器网络结构

汇聚节点是传感器网络中的网关设备，其处理能力、存储能力和通信能力比传感器节点强，但它没有感知能力，一般有充足、稳定的固定电源为其供电。汇聚节点通过无线方式连接传感器网络，通过有线或具有可靠通信质量的无线接入网络与 Internet 等外部网络通信，可以实现两种通信协议栈之间的通信协议转换，充当基站管理设备和传感器网络之间的通信员，也可以发布基站管理设备的检测任务，并把收集的传感数据转发到外部网络中。

管理节点一般即为普通的计算机系统，充当无线传感器网络服务器的角色，通过与传感器汇聚节点的信息传递来监控整个网络的数据和状态。

2.2.1.4　无线传感器网络的发展趋势

无线传感器网络在当今社会中有着十分广泛的应用前景，其应用可以涉及人类日常生活和社会生产活动的所有领域，未来无线传感器网络将完全融入我们的生活。根据无线传感器网络的研究现状，无线传感器网络技术的发展趋势主要有以下 5 个方面。

（1）灵活、自适应的网络协议体系。无线传感器网络广泛地应用于军事、环境、医疗、家庭、工业等领域。其网络协议、算法设计和实现与具体的应用场景有着紧密的联系。环境监测中需要使用静止、低速的无线传感器网络；军事应用中需要使用移动的、实时性强的无线传感器网络；智能交通中需要将射频识别技术和无线传感器网络技术融合起来使用。这些面向不同应用背景的无线传感器网络所使用的路由机制、数据传输模式、实时性要求及组网机制等都有着很大的差异，因而网络性能各有不同。目前无线传感器网络研究中所提出的各种网络协议都是基于某种特定的应用而提出的，这给无线传感器网络的通用化设计和使用带来了巨大的困难。如何设计功能可裁减、自主灵活、可重构和适应于不同应用需求的无线传感器网络协议体系结构，将是未来无线传感器网络发展的一个重要方向。

（2）跨层设计。无线传感器网络有着分层的体系结构，因此在设计时也大都是分层进行的。各层的设计相互独立且具有一定的局限性，因而各层的优化设计并不能保证整个网络的设计最优。针对此问题，一些研究者提出了跨层设计的概念。跨层设计的目标就是实现逻辑上并不相邻的协议层之间的设计互动与性能平衡。对于无线传感器网络，能量管理机制和低功耗设计等在各层设计中都有所体现，因此若要使整个网络的节能效果达到最优，则还应采用跨层设计的思想。

（3）能耗管理策略。当无线传感器网络应用于特殊场合时，不可更换电源，因此功耗问题显得至关重要。现在国内外在节点的低功耗问题上已经取得了很大的研究成果，提出了一些低功耗的无线传感器网络协议，未来将会取得更大的进步。

（4）节点的容错性能。未来将着重于研究如何将大量节点按照一定的规则组成一个网络。当其中某些节点出现错误时，网络能够迅速找到这些节点，并且不影响网络的正常运行。

（5）多网融合。无线传感器网络和现有网络的融合将带来新的应用。例如，无线传感器网络与互联网、移动通信网的融合，一方面使无线传感器网络得以借助这两种传统网络传递信息；另一方面这两种网络可以利用传感信息实现应用的创新。

2.2.1.5 无线传感器网络面临的挑战

基于无线传感器网络不同于传统数据网络的特点，对无线传感器网络的设计与实现提出了新的挑战，无线传感器网络的发展在基础理论和实现技术两个层面提出了大量的富有挑战性的研究课题，主要体现在 5 个方面：低能耗、实时性、低成本、安全和抗干扰、协作性。

（1）低能耗。无线传感器网络节点的电源极为有限，又因为它通常工作在危险或人们无法到达的环境中，所以在大多数情况下无法及时补充电源能量，网络中的传感器节点会因电源能量耗尽而失效或废弃，这就要求在无线传感器网络运行过程中，每个节点都要最小化自身的能量消耗，以获得最长的工作时间，因此无线传感器网络中的各项技术和协议的使用一般都以节能为前提。

（2）实时性。无线传感器网络的应用大多要求有较好的实时性。例如，目标在进入监测区域后，无线传感器网络需要在很短的时间内对这一事件做出响应，若其反应的时间过慢，则可能目标已离开监测区域，从而使得到的数据失效。又如，车载监控系统需要在很短时间内读一次加速度仪的测量值，否则无法正确估计速度，导致交通事故，这些应用都对无线传感器网络的实时性设计提出了很大的挑战。

（3）低成本。由于无线传感器网络是由大量传感器节点组成的，因此单个传感器节点的价格会极大程度地影响系统的成本。为了达到降低单个传感器节点成本的目的，需要设计出对计算、通信和存储能力均要求较低的简单网络系统和通信协议。此外，还可以通过减少系统管理与维护的开销来降低系统的成本，这需要无线传感器网络系统具有自配置和自修复的能力。

（4）安全和抗干扰。无线传感器网络系统具有严格的资源限制，需要设计低开销的通信协议，同时无线传感器网络的设置会影响整个系统安全性。由于有些传感器节点设置在屋内，也有许多传感器节点设置在户外，会在不同环境下部署传感器节点，因此节点必须具备良好的抗干扰能力，现场环境可能极寒冷、极炎热、极干燥或极湿润等恶劣条件，这些都不能对节点的感知产生影响，也不能对节点内的电路运作产生影响，同时也不能对节点间的信息传递产生影响。关于这些就相当考验节点的设计，不仅要考虑节点的外壳设计，还要考虑内部电路的设计。因此，如何使用较少的节点完成数据加密、身份认证、入侵检测及在破坏或受干扰的情况下可靠地完成任务，也是无线传感器网络研究与设计面临的一个重要挑战。

（5）协作性。由于单个传感器节点的能力有限，往往不能单独完成对目标的测量、跟踪和识别工作，而需要多个传感器节点采用一定的算法通过交换信息，对所获得的数据进行加工、汇总和过滤，并以事件的形式得到最终结果。在数据的协作传递过程中，涉及网络协议的设计和节点的能量消耗问题，也是目前的研究热点之一。

2.2.2　无线传感器的功能结构

无线传感器网络硬件设备是无线传感器网络的基础和主要构成部分，要满足轻量化、可扩展性、灵活性、稳定性、安全性及低成本等要求。无线传感器网络硬件节点分为 4 种模块，分别为传感模块、计算和存储模块（又称中央处理模块）、通信模块和用户界面接口模块。各个模块之间并非独立存在，而是互相联系、共同协作完成整个数据采集存储与转发的过程，其调用关系图如图 2-3 所示。

（1）计算和存储模块。计算和存储模块是整个节点的核心模块，用于进行系统全局调度及与用户交互。该模块通过 SPI 与子模块通信，与高频无线通信模块进行数据通信与信号传输。同时，利用 A/D 转换子模块，将信息传感模块采集到的传感信息转化为电信号，并通过异步串行子模块传输到作为主控处理的用户界面，从而实现定量定性的传感信息显示。

（2）用户界面接口模块。用户界面接口模块为用户提供了选择、控制、传感信息采集，以及信号传输方式的选取等诸多服务。通过与计算和存储模块的交互，实现用户的多种功能需要。并可以将传感信息以图形界面方式在用户终端显现出来。

（3）通信模块。通信模块包括低噪声放大、混频、滤波、调制解调等多个操作步骤，将传感信息以无线频谱的方式在相应的频段上进行传输，同时，接收来自自组网络内其他节点的传感信息传递，并实时与基站节点进行沟通。

（4）传感模块。传感模块采用了可插拔的部件设计技术，将各种不同的传感应用设计为可灵活组合的传感模块。在系统运行过程中，对应着特定应用的传感模块即可实现相应信息的采集与处理。

电源模块为上述所有模块提供能源，针对传感器节点的不同工作模式，提供相应的能源供给。在用户切换节点的工作模式时，系统将自动调用相应的能源供给方式，使节点工作在相应的工作模式下。

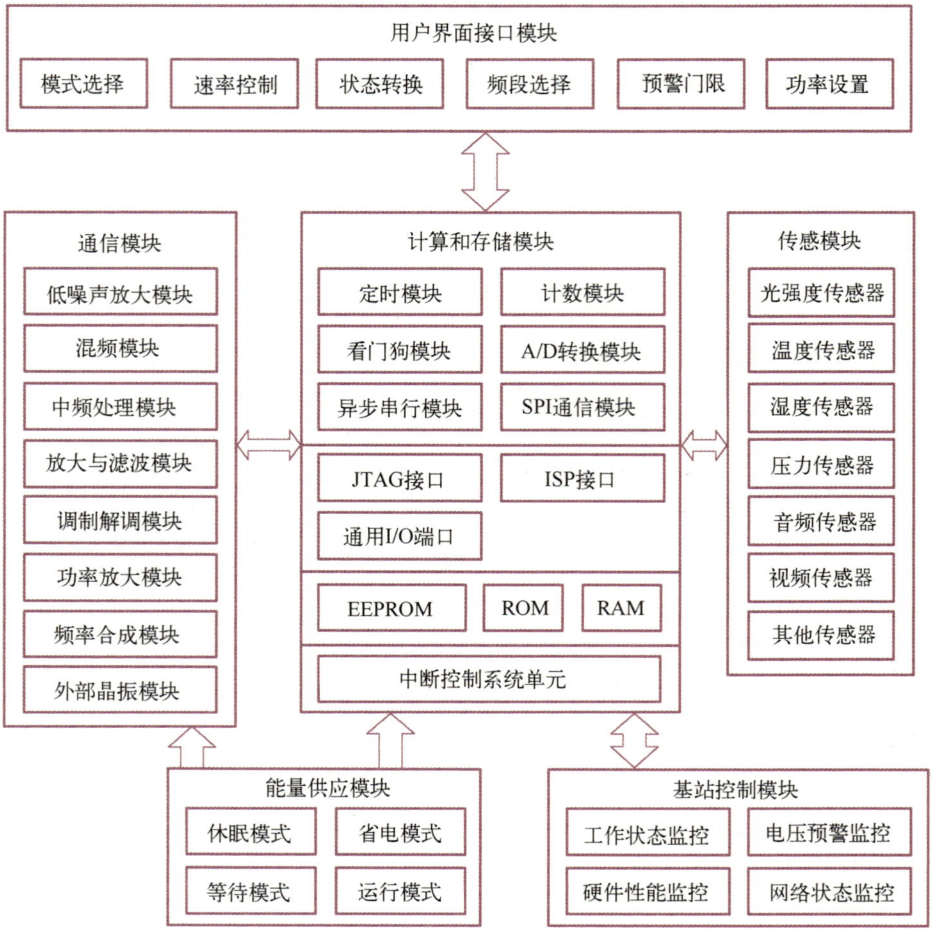

图 2-3　无线传感器网络硬件模块的调用关系图

2.2.2.1　传感模块

传统意义上的传感器一般包括传感器探头和变送系统两部分。传感器探头是传感器的核心部分，它负责感知和检测外部环境或物体的参数，如温度、压力、位移、速度等。传感器探头通常具有敏感元器件和测量电路，敏感元器件用于感受被测量参数的变化，测量电路则用于将感受到的参数转换为电信号。变送系统则是将传感器探头输出的电信号进行放大、转换和处理，以便于后续的显示、记录或控制。变送系统通常包括放大器、滤波器、模数转换器等电路，以实现对电信号的调理和处理。不同种类、不同精度要求的传感器其自身体积和对变送系统的要求也各不相同。传感器的工作原理一般是：首先，将测到物理量的变化通过各种机制转换成电阻、电容或者电感变化；随后，这些电子特性变化通过转换电路（如阻桥电路）转换成电压信号；接着，电压信号经过积分电路、放大电路进行整形处理；最后，采集电路（ADC）将模拟电压信号转换成数字信号。

目前，节点的传感模块大体上有两种实现模式：一种是直接将传感器集成在节点上，这类设计方案主要针对体积较小、应用电路简单的传感器。节点上可以集成温度、湿度、加速度、磁力等传感器，并可根据应用需求完成多种传感功能。但集成型传感器不易于系统的扩展，灵活性也不强。另一种是将传感器以插件的方式与节点连接，主要用于规模较大的传感模块，如南京邮电大学的 UbiCell 节点就是采用这种结构。UbiCell 节点上的温度传感器、光强度传感器和湿度传感器分别采用 DS18B20、LX1970 和 HS1101，它们并不直接连接在节点上，而是集成在一个带有数码管的传感面板上，通过传感面板与节点之间的标准 I/O 接口实现数据传输。UbiCell 节点的传感面板实物如图 2-4 所示。

图 2-4　UbiCell 节点的传感面板实物

DS18B20 是一种新型数字温度传感器，仅占用一根 I/O 数据线传输数据，其测量范围为−55℃～125℃，在−10℃～85℃之间的精度为±0.5℃，测量数据准确可靠。图 2-5（a）和图 2-5（b）分别为 DS18B20 的电路原理图和实物图。LX1970 是美国微型半导体（Microsemi）公司推出的一种能实现人眼仿真的集成化可见光亮度传感器。内含 PIN 型光电二极管、高增益放大器和两个互补式电流输出端，该光电二极管阵列的光谱特性及灵敏度都与人眼十分相似，因而能代替人眼去感受环境亮度的明暗程度，并将接收到的可见光转换成电流信号，进而对背光源的亮度进行控制。外围电路简单，具有微功耗，低压供电的特性。当采用 2～5.5V 供电时，电源电流可低至 85μA（典型值），其工作温度范围为−40℃～+85℃。图 2-6（a）和图 2-6（b）分别为 LX1970 的电路原理图和实物图。HS1101 是电容式湿度传感器，精度为 2%，具有良好的线性输出特性。HS1101 的响应时间比较短，只有 5s 左右，其湿度输出受温度的影响较小，量程为 1%～99%，可以满足绝大部分应用。图 2-7（a）和图 2-7（b）分别为 HS1101 的电路原理图和实物图。

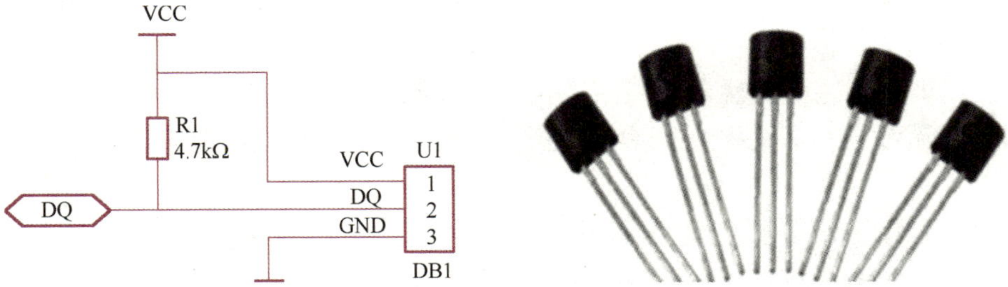

（a）　　　　（b）

图 2-5　DS18B20 的电路原理图和实物图

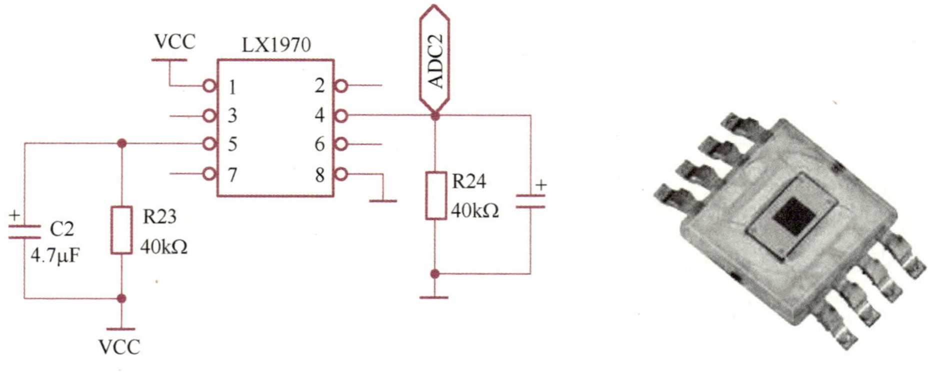

（a）　　（b）

图 2-6　LX1970 的电路原理图和实物图

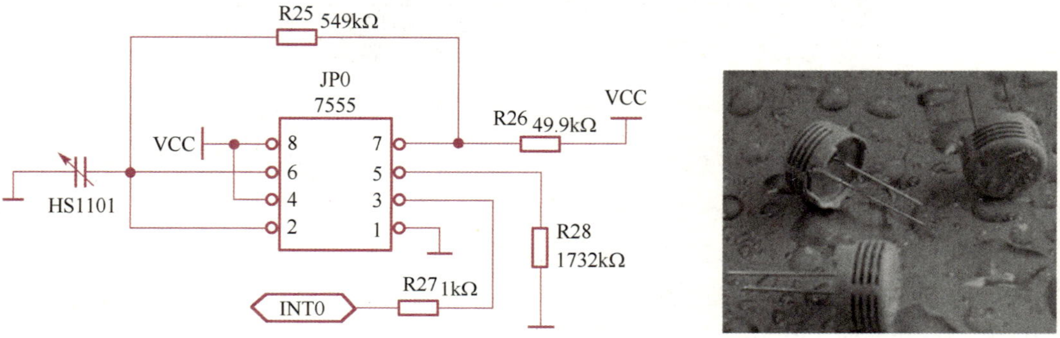

（a）　　（b）

图 2-7　HS1101 的电路原理图和实物图

2.2.2.2　计算和存储模块

1．功能概述

计算和存储模块又称为中央处理模块，是节点的数据处理和计算的中心。节点的任务调度、设备控制、通信协议的实现、功能协调、数据融合、数据存储、能耗管理等功能都将在这个模块的支持下完成。具体来说，无线传感器网络的计算和处理模块主要完成以下三个方面的工作。

（1）接收来自各类型传感器的测量数据，完成数据处理，交由无线通信模块发送。

（2）读取无线通信模块接收到的数据和控制信息，进行数据处理并实现对其他模块的控制。

（3）实现无线传感器网络中的各种算法和协议，如 MAC 协议、路由协议、定位算法等。

因此，处理器的选择和处理模块的设计在传感器节点设计中是至关重要的，该模块设计的好坏将直接决定节点及整个无线传感器网络的性能。

2．设计需求

无线传感器网络的独特要求使得绝大多数的处理器并不适合作为节点的处理器，一般认为无线传感器网络节点使用的处理器应该满足如下要求。

（1）体积尽量小。节点的微型化是无线传感器网络的发展趋势，而处理器的尺寸往往决定了整个节点的尺寸。因此，所选择的处理器体积越小，传感器节点的体积一般也会越小。

（2）集成度尽量高。一般选择片上系统作为传感器节点的处理器。各种传感器节点通常选择的是程序存储器、静态存储器、ADC（模拟信号与数字信号转换器）、定时器和计数器等多功能于一身的处理器。选择这样的处理器，会使这个系统的处理器外围电路简单、整洁，基本上不需要扩展任何外围的元器件。

（3）要有足够的外部通用 I/O（Input/Output）端口和通信接口。目前可供选择的处理器虽然集成度较高，但是仍然不能包含传感器节点所需要的全部功能，处理器还必须与其他功能模块进行连接通信，如无线通信模块、传感模块及外部存储器模块等。此外，各种模块的控制电路也需要大量的 I/O 端口来完成。

（4）成本尽量低。由于无线传感器网络是由大量传感器节点构成的，因此低成本是网络化的必要前提。尤其对于环境监测、自动化农业种植等需要大量传感器节点的应用，节点的成本问题更加关键。

（5）低功耗且支持睡眠模式。处理器的功耗主要由工作电压、工作电流、运行时钟的频率、内部逻辑复杂度及制作工艺决定。工作电压和运行时钟频率越高，其功耗也就越大。睡眠模式直接关系到节点生命周期的长短。目前，使用两节 5 号电池为基于 AVR 系列单片机的无线传感器网络供电，满负荷工作只能延续十几个小时。为了让这样的系统能工作一年以上的时间，系统需要在绝大多数时间内处在待机或者睡眠状态。因此，要求处理器必须支持超低功耗的睡眠状态。

（6）运行速度要尽量快。运行速度是衡量处理器性能的主要因素之一，在嵌入式设备中，更是如此。拥有较快运行速度的处理器可以保证节点及整个网络系统在最短的时间内完成各种任务，从而能够快速进入睡眠状态，节省系统资源。另外，较快的运行速度也可以保障无线传感器网络的实时性。但是，随着运行速度的加快，处理器的功耗也会相应增大，因此需要根据实际应用情况进行权衡。

3．计算和存储模块的内核

为了最大程度地满足节点性能，实现分布式并行处理，计算和存储模块内核一般采用哈佛（Harvard）结构，是指将程序指令存储和数据存储分开的存储器结构。这种结构的主要特点是将程序和数据存储在不同的存储空间中，即程序存储器和数据存储器是两个独立的存储器，每个存储器独立编址、独立访问。程序存储器的指令通过一级流水线运行。计算和存储模块在执行一条指令的同时读取下一条指令，即预取。这样，便实现了指令的单时钟周期运行。内核中的程序存储器一般采用可在线编程的闪存（Flash）存储器。而内核中的通用工作寄存器可以在一个时钟周期内访问，从而实现单时钟周期的 ALU 操作，提高了节点的运行效率。如图 2-8 所示的是典型的无线传感器网络计算和存储模块的内核结构。

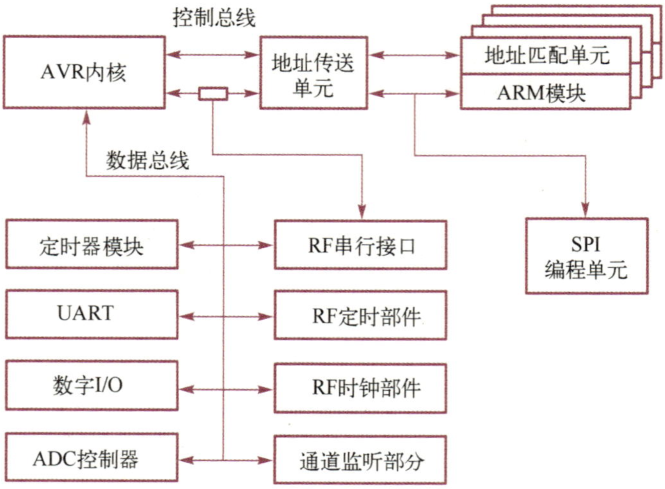

图 2-8 典型的无线传感器网络计算和存储模块的内核结构

一般来说，无线传感器网络节点内部的 Flash 存储空间都不大，以 CrossBow 公司的 Mica2 节点为例，其 Flash 大小为 128KB。由于无线传感器网络操作系统（如 TinyOS、MantisOS 等）和协议栈等所需要的存储空间都比较小，并且目前大多数类型的节点仍然以传感信息量较小的环境数据和控制数据为主，因此这样的存储空间是可以满足基本应用需求的。在 Mica2 节点中，由于所有的指令都是 16 位或 32 位，所以将 Flash 组织成 64KB×16 的形式。考虑到软件安全性，Mica2 的 Flash 程序存储器分为两个区：引导程序区和应用程序区，程序计数器 PC 为 16 位，因此可以寻址 64KB 的程序存储器，其程序存储区映像如图 2-9 所示。一般来说，无线传感器网络节点的 Flash 存储器可以擦写 10000 次以上。

Mica2 同样支持外部扩展存储器。在普通模式下，前 4352 个数据地址包含寄存器、I/O 存储器、扩展的 I/O 存储器及内部数据静态随机存取存储器（Static Random Access Memory，SRAM）。起始的 32 个地址为寄存器文件，然后是 64 个 I/O 存储器，接着是 160 个扩展的 I/O 存储器，最后是 4096B 的内部数据 SRAM。64kB 的外部数据 SRAM 可以紧跟在内部 SRAM 之后。带有外部扩展 SRAM 的数据存储区映像如图 2-10 所示。

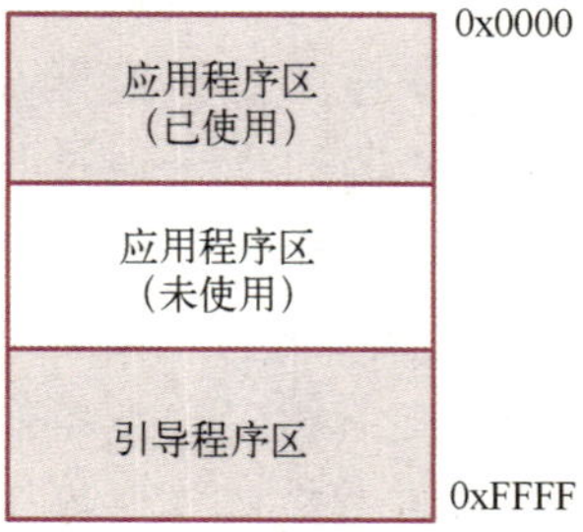

图 2-9 Mica2 节点的程序存储区映像

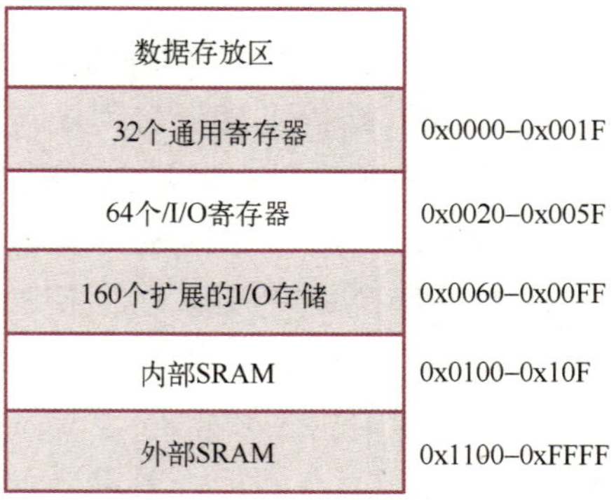

图 2-10 带有外部扩展 SRAM 的数据存储区映像

4. 典型的计算和存储模块

当前的无线传感器网络中使用较多的处理器有 ATMEL 公司的 AVR 系列单片机，由加州大学伯克利分校研发并由 Crossbow 公司包装生产，Mica 系列节点使用的就是这种处理器；而 TI 公司的 MSP430 超低功耗系列处理器，不仅功能完整、集成度高，而且能够根据存储容量的大小提供多种引脚兼容，使开发者很容易根据应用对象平滑升级系统。在新一代无线传感器网络 Telos 中使用的就是这种处理器。表 2-1 所示为 TI 公司的 MSP430F149 处理器和 ATMEL 公司的 ATmega128L 处理器的主要性能比较。

表 2-1　TI 公司的 MSP430F149 处理器和 ATMEL 公司的 ATmega128L 处理器的主要性能比较

性 能 指 标	MSP430F149	ATmega128L
内核	16bit RISC	8bit RISC
CPU 时钟/MHz	8	7.3728
程序空间/kB	60	128
内存/kB	2	4
UART 数量/个	2	2
SPI 通信接口数量/个	0	1
定时器数量/个	2	4
睡眠模式	5	6
工作电压范围/V	1.8～3.6	2.7～5.5
环境工作温度范围/℃	–40～85	–40～85

2.2.2.3　通信模块

一般而言，无线传感器网络的通信模块包括发送、接收、空闲和睡眠 4 种工作状态。其中，空闲状态时需要节点监听无线信道，检查信道中是否有自己要接收的数据；睡眠状态时需要关闭通信模块。对于这 4 种工作状态下节点的能耗情况，Deborah Estrin 在 MOBICOM 2002 会议的特邀报告（*Wireless Sensor Networks*，*PartIV*：*Sensor Network Protocols*）中进行了详细描述，无线传感器网络节点各部分能耗如图 2-11 所示。从图 2-11 中可以看出，无线传感器网络节点的绝大部分能量消耗在通信模块，且在节点处于发送状态时消耗的能量最多；空闲状态和接收状态的能耗接近，略少于发送状态的能量消耗；在睡眠状态的能量消耗最少。

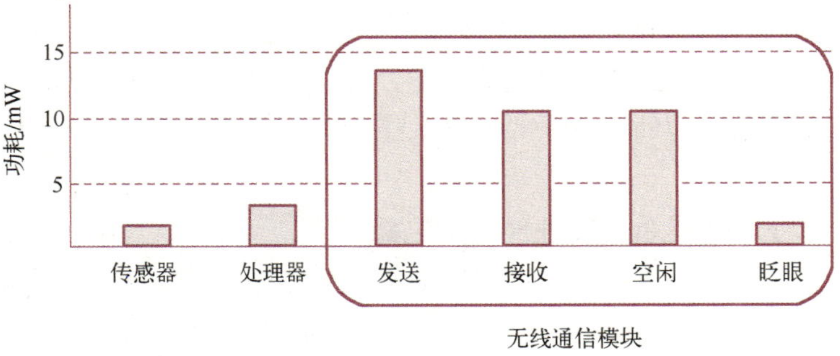

图 2-11　无线传感器网络节点各部分能耗

1．通信芯片的选择

随着集成电路技术的飞速发展，无线通信芯片的体积越来越小，价格也越来越低，这也更符合无线传感器网络微型化和低成本的要求。目前，真正用于节点中的无线通信芯片并不多，主要有RFM公司的TR1000芯片，以及Chipcon公司的CC1000、CC1020、CC2420等芯片。这些芯片从性能上看各有千秋，都有各自的优势和应用领域。如表2-2所示的是TR1000和CC1000两种芯片性能的比较。

表2-2　TR1000和CC1000两种芯片性能的比较

性能指标	TR1000	CC1000	比较说明
载波技术	开关键控（OOK） 幅移键控（ASK）	频移键控（FSK）	CC1000 在每个基本调制频率附近，还可以通过程序微调频率，从而支持调频应用
载波频段	916MHz固定频点	300～1000MHz。支持315MHz、433MHz、868MHz和915MHz基本调制频率。不同的调制率通过外部电感和电容调节	
信道数量	单信道方式	433MHz频点有3个信道 868MHz频点有3个信道 915MHz频点有4个信道	CC1000可以支持调频应用
最大数据传输速率	OOK方式：30kbit/s ASK方式：115kbit/s	FSK方式：76.8kbit/s 曼彻斯特编码：38.4kbit/s	数据传输速率并不代表实际有效的数据传输速率
接收模式工作电流	一般模式：3.0mA 低电流模式：1.8mA	10dB：26.7mA –20dB：5.3maA/8.6mA	“/”左侧的是CC1000低电流模式下的电流
接收灵敏度	最高接收灵敏度为–106dB 传输速率越高，灵敏度越低，在115kbit/s时只有–91dB	最高接收灵敏度为–110dB 传输速率越高，灵敏度越低，76.8kbit/s时只有–94dB	CC1000的灵敏度比TR1000的略高
发送功率	1.5dB（峰值电流12mA）	–20～–10dB可变输出功率 868MHz频段最高5dB	CC1000的发送功率比TR1000的略高
传输距离	100～300m	500～1000m	CC1000输出功率大，灵敏度高，传输距离远
编码方式	透明编码	支持UART、NRZ和曼彻斯特编码	采用编码的效果远好于透明编码
工作电压范围	2.2～3.7V	2.1～3.6V	
环境工作温度范围	–40～85℃	–40～85℃	

综合比较结果来看，CC1000芯片的性能要略优于TR1000的，且CC1000芯片本身支持多信道调频，扩展了传感器节点的通信功能，为应用系统设计提供了新的处理手段。如图2-12所示的是CC1000的简单模块结构图，图中只画出了芯片中的一些主要处理模块及主要外部引脚。

2．CC1000无线通信模块及其外部驱动电路

因为无线通信模块设计的好坏直接影响到节点的质量，包括通信质量和能量利用效率。如图2-13所示的是一种基于CC1000的传感器节点的无线通信模块电路原理图。

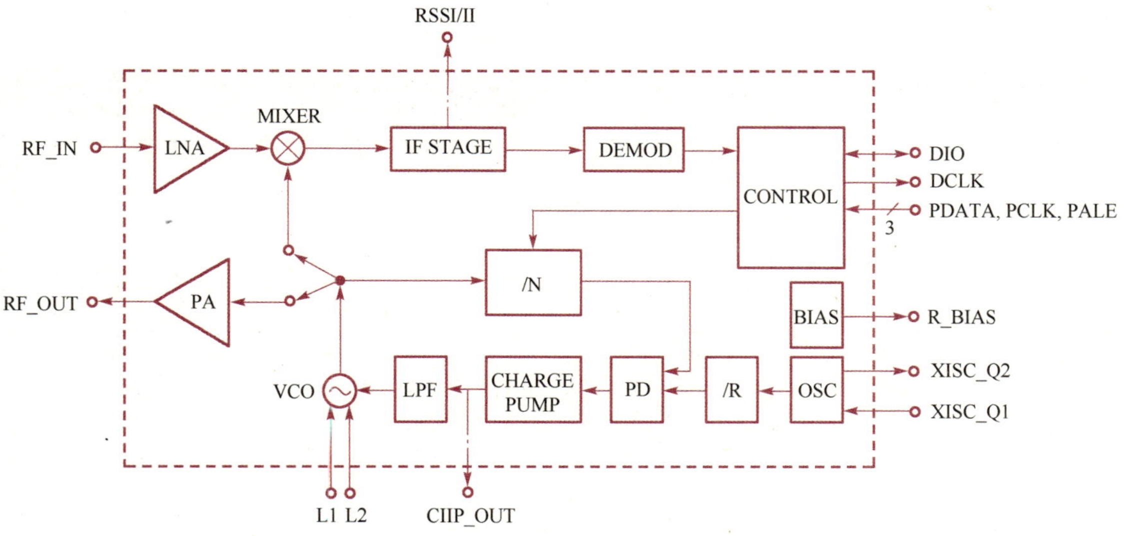

图 2-12 CC1000 的简单模块结构图

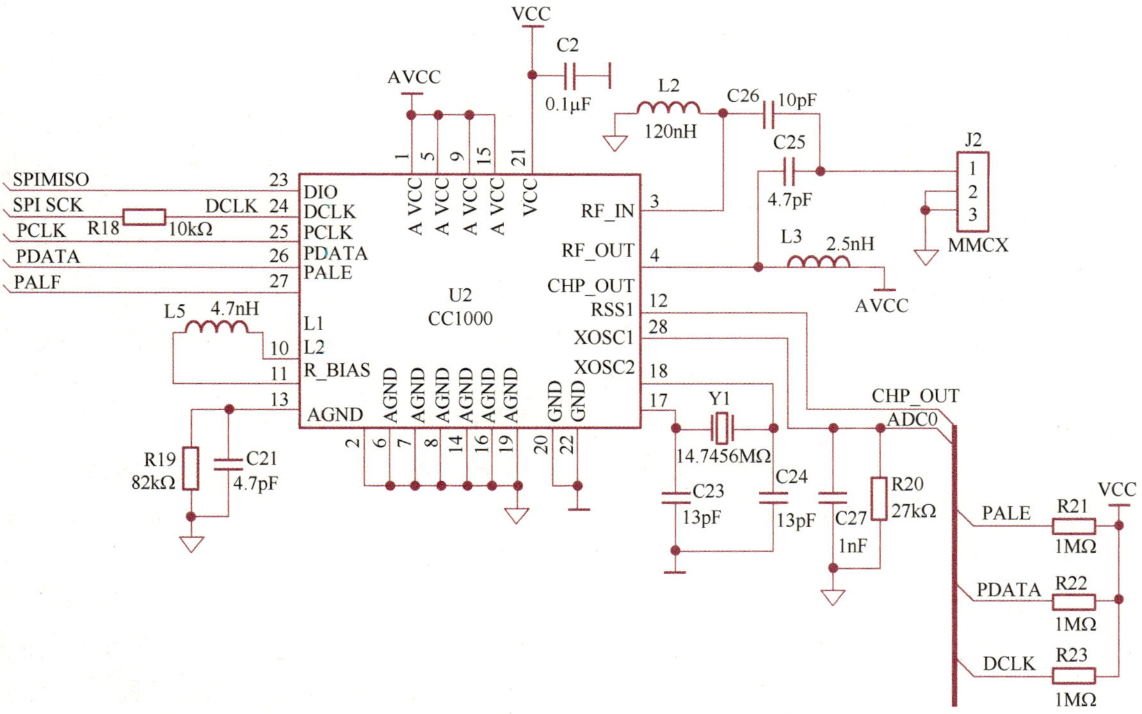

图 2-13 一种基于 CC1000 的传感器节点的无线通信模块电路原理图

另外，对 CC1000 通信模块外围收发电路的电容、电感的取值非常关键，对于工作在不同频段的节点，取值也有很大不同。CC1000 的数据手册中对所有的元器件的值和封装做了推荐，这里仅提供 Chipcon 公司对各种电阻、电容和电感的要求，如表 2-3 所示。

表 2-3　CC1000 外围元器件参考表

元器件	315MHz	433MHz	868MHz	915MHz
C31	8.2pF, 5%, C0G, 0603	15pF, 5%, C0G, 0603	10pF, 5%, C0G, 0603	10pF, 5%, C0G, 0603
C41	2.2pF, 5%, C0G, 0603	8.2pF, 5%, C0G, 0603	未使用	未使用
C42	5.6pF, 5%, C0G, 0603	5.6pF, 5%, C0G, 0603	4.7pF, 5%, C0G, 0603	4.7pF, 5%, C0G, 0603
C171	18pF, 5%, C0G, 0603	18pF, 5%, C0G, 0603	18pF, 5%, C0G, 0603	18pF, 5%, C0G, 0603
C181	18pF, 5%, C0G, 0603	18pF, 5%, C0G, 0603	18pF, 5%, C0G, 0603	18pF, 5%, C0G, 0603
L32	39nH, 10%, 0805 (Colicraft 0805CS-390XKBC)	68nH, 10%, 0805 (Colicraft 0805CS-680XKBC)	120nH, 10%, 0805 (Colicraft 0805CS-121XKBC)	120nH, 10%, 0805 (Colicraft 0805CS-121XKBC)
L41	20nH, 10%, 0805 (Colicraft 0805HQ-20NXKBC)	6.2nH, 10%, 0805 (Colicraft 0805HQ-6N2XKBC)	2.5nH, 10%, 0805 (Colicraft 0805HQ-2N5XKBC)	2.5nH, 10%, 0805 (Colicraft 0805CS-2N5XKBC)
L101	56nH, 5%, 0805 (Koa KL732ATE56NJ)	33nH, 5%, 0805 (Koa KL732ATE33NJ)	4.7nH, 5%, 0805 (Koa KL732ATE4N7C)	4.7nH, 5%, 0805 (Koa KL732ATE4N7C)
R131	82kΩ, 1%, 0603	82kΩ, 1%, 0603	82kΩ, 1%, 0603	82kΩ, 1%, 0603

表 2-3 中的阴影部分元器件对于不同频点取值是不同的。这些元器件的值与实际设计的电路板相关，所以不能完全照搬。为了让设计的电路板能够在比较准确的频点工作，需要不断调整一些元器件的值。在调试 CC1000 芯片过程中，一些敏感元器件在质量上和准确度上需要特别关注。

① L101 是压控振荡器（VCO）电感，决定收发频率的中心频点。这个电感值在任何设计中都是不变的。

② C41、L41 和 C31、L32 是发送和接收电路的匹配电路，需要根据不同的印刷电路板（Printed Circuit Board，PCB）调整参数值。

③ C42 要将发送信号耦合到天线上，其值与发送信号的频率相关。

④ C171、C181、L9 组成的电路是一个简易的滤波器，主要目的是在信号耦合前做最后一次滤波，提高信号发射质量。这部分电路的元器件选取与电路板的制作工艺相关，在实际的电路调试时也需要进行调整。

3．通信协议

在无线传感器网络中，无线信道的使用方式是由通信协议也就是媒体访问控制（Media Access Control，MAC））协议决定的。为了能够使传感器节点合理分配通信资源，避免众多节点在同一时间发射信号时产生碰撞冲突，对于信道接入技术的研究也越来越多。目前，对大多数传感器硬件平台而言，无线通信模块是传感器节点能量的主要消耗者，而 MAC 子层直接与物理层连接，即 MAC 协议直接控制着无线射频收发器的活动，决定何时发送数据或接收数据，所以 MAC 协议节能效率的好坏将严重影响整个网络的生命周期。

传感器节点的能量、存储、计算和通信带宽等资源有限，因而单个传感器节点的处理能力通常比较弱。无线传感器网络的强大功能需要众多节点密切协作才能实现。局部范围内的多点通信需要 MAC 协议协调节点间的无线信道分配，以高效地支持在整个网络范围内的路由选择与通信路径的正确连通。在设计MAC协议时，需要着重考虑以下5个方面。

（1）能源有效性。无线传感器网络的基本特征就是能量的局限性。在无线传感器网络中，无线通信是传感器能量的主要消耗。MAC协议要尽可能地节约能源，如减少冲突和串音、最小化控制开销、降低占空比和尽量避免长距离通信。MAC协议中还应包括折中机制，使用户可以在节能和提高吞吐量、降低延迟之间做出选择。另外，可利用多个频率段来缩短传输时间，在节点处于空闲或完成阶段把无线电转为低功耗睡眠模式，避免在活跃和睡眠状态的额外转变以节省无线传输能量。由于目前节点的能量供应问题并没有得到很好的解决，因此传感器节点本身能量不能自动补充或补充不足，节约能量成为设计MAC协议首要考虑的因素。

（2）可扩展性。通常大部分处于无人照看模式的无线传感器网络应用都部署大量的节点，并且在生存期中存在的节点数目和分布密度是不断变化的，节点位置的移动以及新节点的加入等问题，所以无线传感器网络的拓扑结构具有动态性。因此，需要MAC协议具有可扩展性，以适应这种动态变化的拓扑结构。

（3）性能的综合测评。MAC协议的设计需要在多种性能间取得平衡。各项性能包括网络的公平性、实时性、网络吞吐量及带宽利用率等方面。各性能间的平衡往往比单个性能更重要。因为一个不平衡的协议即使在某一环境中表现好，但很可能在另一环境中表现很差。例如，如果一个协议太频繁地关闭无线收发装置来节能，那么不仅使实时性和可靠性受到影响，包丢失引起的重传也会反过来影响节能的效果。

（4）分布式算法。由于传感器节点计算能力和存储能力受限，需要众多节点协同来完成某项应用任务，所以MAC协议运行分布式的算法可以更有效地避免由某些节点的失效造成网络瘫痪等现象的发生。

（5）可靠性。可靠性包括无错误链路的选择、对数据包的检测和修复等。在无线传感器网络中，包丢失主要是由缓冲器溢出和信号干扰造成的。避免缓冲器溢出是由路由和MAC协议共同担负的责任。可利用路由间均衡负载以减少达到转寄节点流量缓冲器的最大容量可能性，并利用MAC协议保证缓冲器管理机制的发送数据流的服务速率。因信号干扰而导致的包丢失可以通过使用高传输功率和阻止节点间媒介接入的竞争来减少。

综上所述，针对用户不同的应用需求将传感器网络的MAC协议分为以下三大类。

（1）基于竞争的MAC协议。节点在需要发送数据时采用某种机制随机地使用无线信道，这就要求在设计时必须要考虑如果发送的数据发生冲突，那么要采用何种冲突避免策略来重发，直到所有重要的数据都能成功发送出去。

（2）基于固定分配的MAC协议。节点发送数据的时刻和持续时间是按照协议规定的标准来执行的，这样就避免了冲突，不需要担心数据在信道中发生碰撞所造成的丢包问题。目前比较成熟的机制是时分复用（TDMA）。

（3）基于按需分配的MAC协议。根据节点在网络中所承担数据量的大小来决定其占用信道的时间，目前主要有点协调（PCF）和无线令牌环控制协议（WTRP）两种方式。

基于竞争的MAC协议尝试通过使各传感器节点以最小复杂度、独立地进行运算的策略来保存能量。其基本思想是：在与传感器节点发送数据时，以某种竞争机制访问无线信道。如果发送的数据产生了碰撞，那么就按照某种策略重新发送数据，直到数据发送成功或放弃发送。最典型的基于竞争的随机访问 MAC 协议是载波侦听多路访问（Carrier Sense Multiple Access，CSMA）。IEEE 802.11 MAC 协议的分布式协调工作模式采用带冲突避免的载波侦听多路访问（CSMA/CA）协议，目前大部分的基于竞争的 MAC 协议都是在此基础上改进的。

基于固定分配的信道接入技术又称为基于预约的信道接入技术，最常见的有 TDMA、FDMA、CDMA 和 SDMA，以及一些组合形式的接入技术。由于无线传感器网络的局限性，传统的无线网络的信道接入技术都需要加以改进才能应用到无线传感器网络中。基于固定分配的 MAC 协议其实是基于预留和规划的。与基于竞争的 MAC 协议相比，基于固定分配的 MAC 协议在能量节省上有天然的优势，这是因为基于固定分配的协议没有因为竞争的 MAC 所带来的控制开销，也不会产生冲突。但是，使用基于固定分配的 MAC 协议并不能动态改变帧的长度和时隙/频率的分配。所以，基于固定分配的 MAC 协议的可扩展性就远远不如基于竞争的 MAC 协议。

在无线局域网中还有一种很重要的信道接入方式，即按需分配类型。这种方法的原则是网络按某种循环顺序询问每个终端是否有数据发送，如果有则立即发送，否则网络立即转向下一个终端。轮询的特点是使各分站可以公平地获取信道访问控制权，适用于通信业务量随时间变化，且这种变化又是难以预测的情况。这种多址方式操作简单易于实现，在一般的实时分布式测控系统中得到了广泛应用。

2.2.2.4 电源模块

电源模块是任何电子系统的必备模块。对无线传感器网络节点来说，电源模块的设计好坏更为重要，它决定着无线传感器网络的寿命。由于无线传感器网络经常会布置在人烟稀少或者人类无法到达的区域，所以其能源不可能来自于现在普遍使用的工业电能，而只能依赖于自身的存储和自然界的给予。由于目前仍有许多无线传感器网络的应用集中于室内，所以一个典型的做法是提供“双模式”的供电方式：第一，通过两节 5 号电池供电，适合于布置在室外的节点；第二，使用 8～12V 的稳压直流电源供电，经 N21117-ADJ 转换为 3.3V 电压，其电路原理图如图 2-14 所示。

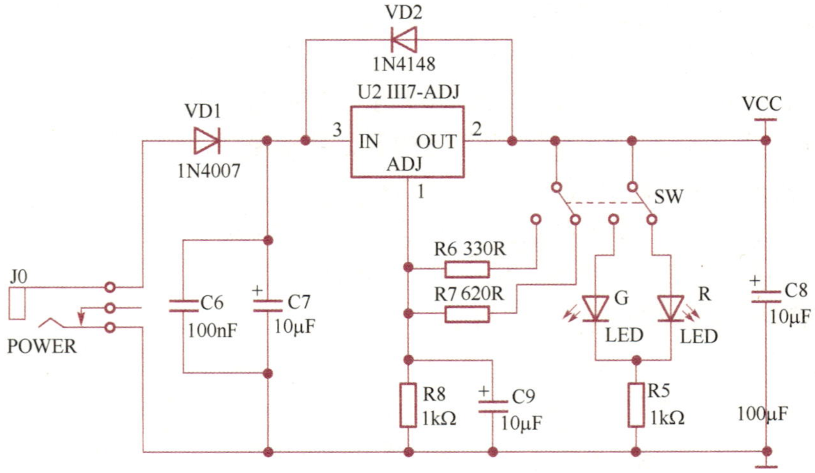

图 2-14　典型的无线传感器网络电路原理图

为了尽可能降低节点的能耗，延长其使用寿命，在设计过程中，可以为无线传感器网络节点选择多种灵活的工作模式，配置各种可选的电源管理方案。具体包括如下 5 种模式。

（1）空闲模式。在此模式下，CPU 停止运行，而 SPI、USART、模拟比较器、ADC、两线接口、定时器/计数器、看门狗和中断系统继续工作。这个睡眠模式只停止了 CPU 时钟和 Flash 时钟，其他时钟则继续工作。

（2）噪声抑制模式。在此模式下，CPU 停止运行，而 ADC、外部中断、两线接口地址配置、定时器/计数器 0 和看门狗保持工作。这个睡眠模式停止了 I/O 时钟、CPU 时钟和 Flash 时钟，其他时钟则继续工作。该模式提高了 ADC 的噪声环境，使得转换精度更高。当 ADC 使能时，进入该模式将自动启动一次 A/D 转换。

（3）掉电模式。在此模式下，外部晶体停振，而外部中断、两线接口地址匹配及看门狗（如果使能的话）继续工作。只有外部复位、看门狗复位、BOD 复位、两线接口地址匹配中断、外部电平中断 INT7:4，或外部中断 INT3:0 可以使 MCU 脱离掉电模式。这个模式停止了所有时钟，只有异步模块可以继续工作。

（4）省电模式。这一模式与掉电模式只有一点不同：如果定时器/计数器 0 为异步驱动，则定时器/计数器 0 在睡眠时继续运行。除了掉电模式的唤醒方式，定时器/计数器 0 的溢出中断和比较匹配中断也可以将中央处理器从休眠方式唤醒，只要使能了这些中断即可。

（5）等待模式。等待模式与掉电模式很相似，唯一不同之处在于该模式下的振荡器继续工作，该模式的唤醒时间只需要 6 个时钟周期。

节点在不同工作模式下各个部件的运行情况如表 2-4 所示，其中×表示未工作，√表示工作。

表 2-4　节点在不同工作模式下各个部件的运行情况

工作模式	CPU	SRAM	T/C	SPI	中断	晶振	异步定时	I/O
空闲状态	×	√	√	√	√	√	√	√
掉电状态	×	×	×	×		×	×	×
噪声抑制状态	×	×	×	×	×	×	√	×
等待状态	×	×	×	×	×	×	√	×
省电模式	√	×	×	×	×	√	√	×

2.2.3　无线传感器网络的操作系统

2.2.3.1　无线传感器网络的操作系统概述

针对无线传感器网络应用的多样性、硬件功能有限、资源有限、节点微型化和分布式多协作等特点，研究和设计新的基于无线传感器网络的操作系统成为当前提高无线传感器网络性能的一个重要课题。当前，有些研究人员认为无线传感器网络的硬件简单，没有必要设计专门的操作系统，可以直接面向硬件设计应用程序。这种观点在实际应用中会遇到很多问题：首先，面向无线传感器网络的应用开发难度会加大，应用开发人员不得不直接面向硬件进行编程，无法获得类似传统操作系统提供的丰富服务；其次，软件的重用性差，开发人员无法继承已有的软件成果，降低了开发效率，增加了开发成本。

由于无线传感器网络的特殊性，因此需要操作系统能够高效地使用传感器节点有限的系统资源，且能够对各种特定应用提供最大的支持。在面向无线传感器网络操作系统的支持下，多个应用可以并发地使用各类系统资源，如计算、存储和通信等。因此需要设计针对无线传感器网络的操作系统。

随着无线传感器网络的深入发展，目前已经出现了多种适合于无线传感器网络应用的操作系统，如 TinyOS、MantisOS、SOS。下面对其中两种经典的无线传感器网络操作系统进行介绍。

2.2.3.2 TinyOS

TinyOS 是一个典型的无线传感器网络操作系统，是由美国加州大学伯克利分校开发的开源嵌入式操作系统。它采用一种基于组件（Component-Based）的开发方式，能够快速实现各种应用。TinyOS 的程序核心往往都很小（核心代码和数据为 400Bytes 左右），能够有效缓解传感器存储资源少的问题，使其有效地运行在无线传感器网络上。TinyOS 还提供一系列可重用的组件，可以简单、方便地编制程序，用来获取和处理传感器的数据并通过无线电来传输信息。每个应用程序都可以使用这些组件，其方法是通过连接配置文件（Configuration）将各种组件连接（Wiring）起来，以完成它所需要的功能。TinyOS 采用事件驱动的工作模式，即通过事件触发去唤醒传感器工作。

TinyOS、库程序和应用服务程序均由 nesC 语言编写，TinyOS 的很多特性，如并发模型、组件结构等都是通过 nesC 语言体现的。nesC 是一种开发组件式结构程序的语言，采用 C 语法风格，其语法是对标准 C 语法的扩展。nesC 支持 TinyOS 的并发模型，也支持组织、命名和连接组件成为健壮的嵌入式网络系统的机制。在设计 nesC 时，强调组件化的编程思想，提高开发的方便性和代码的有效性，其基本特性如下。

（1）结构和内容的分离。程序由组件构成，它们装配在一起，共同构成完整程序。

（2）根据接口（Interface）的设置说明组件功能。接口可以由组件提供或使用，接口有双向性，接口实际上是提供者组件（Provider）和使用者组件（User）之间的一个多功能交互通道。

（3）组件通过接口彼此静态地相连。这样提高了运行效率，使设计更健壮，而且可以进行更好的程序静态分析。

在 TinyOS 应用程序中，每个组件都需要指明其使用的接口及提供的接口。使用接口的组件（上层组件）可以连接到提供该接口的组件（下层组件），上层组件可以调用该接口的命令（Command）处理程序，而下层组件必须提供该接口的命令处理程序的实现代码；下层组件可以触发该接口的事件（Event）处理程序，而上层组件必须提供该接口的事件处理程序的实现代码。

2.2.3.3　MantisOS

MantisOS 是一种无线传感器网络操作系统，它的内核和 API 均采用标准 C 语言，提供 Linux 和 Windows 开发环境，易于用户使用。MantisOS 提供抢占式任务调度器，采用节点循环休眠策略来提高能量利用率，目前支持的硬件平台有 Mica2、Micaz 及 Telos 等，其对 RAM 的最小需求可到 500B，对 Flash 的需求可小于 14KB。MantisOS 提供集成的硬件和软件平台，适合广泛的无线传感器网络应用程序，它是一个多模型系统，可以进行多频率通信，适合多任务传感器节点，可动态重新编程。

MantisOS 的体系结构分为三个部分，即核心层、系统 API 层、网络栈和命令行服务器。其中核心层包括进程调度和管理、通信层及设备驱动层，系统 API 层与核心层进行交互，向上层提供应用程序接口，其体系结构如图 2-15 所示。MantisOS 为上层应用程序的设计提供了丰富的 API，如线程创建、设备管理、网络传输等。利用这些 API，可以组织成功能强大的应用程序。

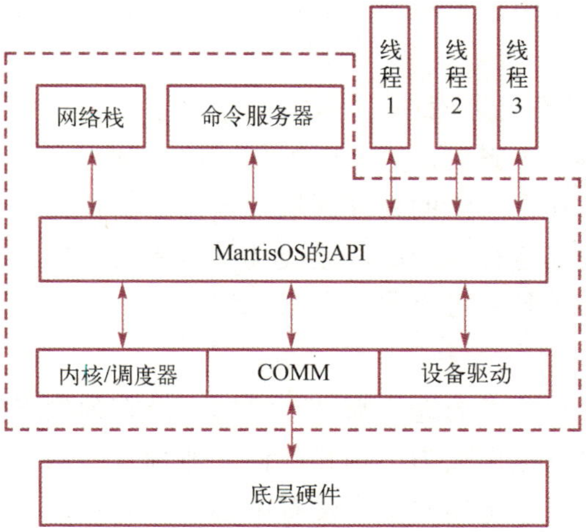

图 2-15　系统 API 层体系结构

2.2.4　无线传感器网络的技术特性和应用领域

2.2.4.1　技术特性

无线传感器网络是一种独立出现的计算机网络，是由大量传感器节点通过无线通信技术自组织构成的网络。无线传感器网络可实现数据的采集量化、处理融合和传输应用，它是信息技术中的一个新领域，在军事和民用领域均有着非常广阔的应用前景。无线传感器网络的技术特点如下。

1．传感器节点体积小，能量有限

无线传感器网络是在微电机系统技术、数字电路技术基础上发展起来的，传感器节点各部分集成度很高，因此具有体积小的优点，通常携带能量十分有限的电池，由于传感器节点数目庞大、分布区域广，部署环境复杂，有些区域甚至人员不能到达，无法通过更换电池的方式来补充能量，所以在考虑无线传感器网络体系结构及各层协议设计时，节能是设计的主要考虑目标之一。

2．传感器节点计算、存储能力有限

由于无线传感器网络应用的特殊性，要求传感器节点的价格低、功耗小，必然导致其携带的处理器能力较弱，存储器容量较小，因此，如何利用有限的计算和存储资源完成诸多协同任务也是无线传感器网络技术面临的挑战之一。事实上，随着低功耗电路和系统设计技术的提高，目前已经开发出很多超低功耗微处理器，同时，一般传感器节点还会配上一些外部存储器，目前的 Flash 存储器是一种可以低电压操作、多次写、无限次读的非易失存储介质。

3．通信半径小、带宽低

无线传感器网络利用“多跳”来实现低功耗下的数据传输，因此其设计的通信覆盖范围只有几十米。与传统无线网络不同，无线传感器网络中传输的数据大部分是经过节点处理过的数据，因此流量较小。根据目前观察到的现象特性来看，传感数据所需的带宽将会很低（1～100kbit/s）。

4．传感器节点数量大且具有自适应性

无线传感器网络中传感器节点密集，数量巨大，可能达到几百、几千，甚至更多。此外，无线传感器网络可以分布在很广泛的地理区域，该网络的拓扑结构变化很快，而且该网络一旦形成，很少人为干预其运行。因此，无线传感器网络的软硬件必须具有高建壮性和容错性，相应的通信协议必须具有可重构和自适应性。

5．无中心和自组织

在无线传感器网络中，所有节点的地位都是平等的，没有预先指定的中心，各节点通过分布式算法来相互协调，可以在无人为干预和任何其他预置的网络设施的情况下，节点自动组织成网络。正是由于无线传感器网络中没有中心，因此网络不会因为单个节点的损坏而损毁，使得网络具有较好的鲁棒性和抗毁性。

6．网络动态性强

无线传感器网络中的传感器、感知对象和观察者这三要素都可能具有一定的移动性，并且经常有新节点加入或已有节点失效。该网络的拓扑结构动态变化，传感器、感知对象和观察者三者之间的路径也随之变化，该网络必须具有可重构和自调整性。因此，无线传感器网络具有很强的动态性。

7．以数据为中心的网络

以数据为中心的特点要求无线传感器网络的设计必须以感知数据管理和处理为中心，把数据库技术和网络技术紧密结合，从逻辑概念和软硬件技术两个方面实现一个高性能的、以数据为中心的网络系统，使用户如同使用通常的数据库管理系统和数据处理系统一样自如地在无线传感器网络上进行感知数据的管理和处理。

2.2.4.2　应用领域

无线传感器网络是由大量价格低廉的传感器节点组成的无线网络，它具有分布式处理带来的高监测精度、高容错性、大覆盖区域、可远程监控等众多优点，这使得它在军事、智能农业和环境监测、医疗健康、紧急和临时场合、家庭应用、空间探索等领域具有广阔的应用前景。

1. 军事应用

在战场上，指挥员往往需要及时、准确地了解部队、武器装备和军用物资供给的情况，铺设的无线传感器网络将采集相应的信息，并通过汇聚节点将数据送至指挥所，再转发到指挥部，最后融合来自各战场的数据形成军队完备的战区态势图。在战争中，对冲突区和军事要地的监视也是至关重要的，通过铺设无线传感器网络，以更隐蔽的方式近距离地观察敌方的布防。当然，也可以直接将传感器节点撒向敌方阵地，在敌方还未来得及反应时迅速收集利于作战的信息。

无线传感器网络也可以为火控和制导系统提供准确的目标定位信息，还可应用在生物和化学战中。无线传感器网络已成为美国网络中心战体系中面向武器装备的网络系统，是C4ISRT 的重要组成部分。后期目标是利用先进的高科技技术，为未来的现代化战争设计一个集命令、控制、通信、计算、智能、监视、侦察和定位于一体的战场指挥系统，因此受到了军事发达国家的普遍重视。

2. 智能农业和环境监测

无线传感器网络在农业中的应用主要体现在及时获取农民种庄稼时所需的各种信息。首先将大量的传感器节点撒布到要监测的区域构成监控网络，通过各种传感器采集信息，以帮助农民及时发现问题，并且准确地确定发生问题的位置，这样农业将有可能逐渐地从以人力为中心、依赖于孤立机械的生产模式转向以信息和软件为中心的生产模式，从而大量使用各种自动化、智能化、远程控制的生产设备。

无线传感器网络还能为环境监测提供便利。随着人们对环境的日益关注，通过传统方法采集环境数据是一项困难的工作，如将传感器节点撒布到森林中，及时地获取森林中的温度信息，在有可能达到着火点时及时地做好预防工作，从而有效地预防森林火灾的发生。无线传感器网络在环境监测方面的应用包括动物运动跟踪、环境条件监测、水源质量检测、气象和地理研究等。

3. 医疗健康

无线传感器网络在医疗卫生和健康护理等方面具有广阔的应用前景。包括对人体生理数据的无线监测、对医护人员和患者进行追踪和监控、对医院的药品管理、对贵重医疗设备放置场所的监测等，被看护对象也可以通过随身装置向医护人员发出求救信号。

无线传感器网络也可应用于对住院患者的护理中，而且还为未来的远程医疗提供了更加方便、快捷的技术手段。

4. 紧急和临时场合

在发生了地震、水灾、强热带风暴或遭受其他灾难打击后，固定的通信网络设施（如有线通信网络、蜂窝移动通信网络的基站等网络设施、卫星通信地球站及微波接收站等）可能被全部摧毁或无法正常工作，这时就可以通过部署不依赖任何固定网络设施并能快速布设的无线传感器网络来帮助抢险救灾，从而达到减少人员伤亡及财产损失的目的。在边远或偏僻野外地区、植被不能破坏的自然保护区等无法采用固定或预设的网络设施进行通信，也可以采用部署无线传感器网络来进行信号采集与处理，无线传感器网络的快速展开和自组织的特点，正是这些场合通信的最佳选择。

5. 家庭应用

现代化居住格局使家庭生活的封闭性越来越强，安全问题显得尤为重要。当前安全防范及报警系统是确保住宅、住户安全的极为重要的手段之一，同时也是数字化家庭的重要组成部分。无线传感器网络在家庭中有着广阔的应用空间，如通过分布在各个房间的传感器，获取每个房间的温度，实现智能控制平衡居室温度。同时，还可以通过在家电、家具及门窗上安装相应的传感器节点，利用这些节点来构建一个智能家居系统。如当燃气探测器探测到燃气泄漏时或烟雾探测器探测到烟雾浓度过高时，会同时向主控器和窗门驱动器发出信号，窗门驱动器自动开窗，主控器报警循环拨打预先设置的电话号码进行警情通报，燃气探测器还会启动通风装置进行通风。当小孩靠近窗户欲爬窗而出时或当遇到风雨天气时，窗门将自动关闭。无线传感器网络在家庭中的应用，能给人们的家居生活带来革命性的影响。

6. 空间探索

人类对空间的探索和研究走过了漫长的道路，并取得了丰硕的成果。在过去半个世纪中，人类通过空间科学探测活动，了解地球空间环境，探索太阳系中的行星和卫星，对宇宙起源和星系演化做出了更加科学的解释。随着人类对空间探索的不断深入，要获取的数据越来越多，成本较低的传感器节点将在其中发挥更重要的作用。

美国哥伦比亚号悲剧的发生就证实了传感系统的重要作用。最早发出的运载火箭故障报警信号说明是左翼附近的温度/压力信号出现异常而导致的。因此，性能更佳、寿命更长的传感器与电子部件从一定程度上可为避免这样的悲剧，并提供必要的帮助。

随着对无线传感器网络的深入研究，无线传感器网络将逐步深入到人类生活的各个领域中，微型、智能、高效、廉价的传感器节点将必然走进我们的生活，使我们感受到一个无线传感器网络无处不在的世界。

2.3 RFID 技术

2.3.1 RFID 技术的基本概念

无线射频识别（Radio Frequency Identification，RFID）技术是一种非接触的自动识别技术，其基本原理是利用射频信号或空间耦合（电感或电磁耦合）的传输特性，实现对物体或商品的自动识别。RFID 技术同其他的自动识别技术（条形码技术、光学识别和生物识别技术，包括虹膜、面部、声音和指纹）相比，具有抗干扰能力强、信息量大、非视觉范围读/写和寿命长等特优点。RFID 技术是物联网核心技术之一，作为其感知层的重要基础网络。RFID 技术通过射频信号自动识别目标对象并获取相关数据，识别工作无须人工干预，该技术作为条形码的无线版本存在，其应用给零售、物流等产业带来了革命性变化。

2.3.2　RFID 系统的组成部分

RFID 通过无线射频识别特定的目标，利用无线射频传输技术来存储数据和检索数据。RFID 不需要识别系统与这个目标有机械或者是光学接触，识别工作无须人工干预，可工作于各种恶劣环境中。RFID 系统的核心部件是读/写器和电子标签，通过相距从几厘米到几米距离内读/写器发射的无线电波来读取电子标签内存储的信息，以识别电子标签代表的物品、人和器具的种类。一个典型的 RFID 系统一般由电子标签、读/写器及计算机系统三个部分组成，如图 2-16 所示。

图 2-16　典型 RFID 系统组成示意图

（1）电子标签（Tag）。由耦合元器件及芯片组成，每个标签具有唯一的电子编码，附着在物体上以标识目标对象。主要是由具有模拟、数字记忆功能的芯片，以及依不同频率、应用环境而设计的天线组成。标签分为无源标签（Passive Tag）和有源标签（Active Tag）两种，无源标签由感应到的电磁波反馈电能，有源标签需要电池供电，用来存储被识别对象的数据信息。

（2）读/写器（Reader）。又称为 RFID 阅读器，通过天线与电子标签进行无线通信，主要是由无线电发送和接收模块、模/数控制模块、中央处理单元及读/写天线组成。天线在标签和读/写器间传递射频信号，一般情况下被安装在读/写器内部。读/写器有手持式和固定式两种，负责对标签进行识别、读取和写入等操作。

（3）计算机系统。计算机系统可作为后台控制系统，通过有线或无线方式与读/写器相连，获取电子标签内部信息，对读取的数据进行筛选和对处理后的数据进行后台控制。其中，通常将电子标签、读/写器和天线三者称为前端数据采集系统。

2.3.2.1　RFID 系统的分类

根据标准的不同，RFID 系统的分类方式有很多种，主要是根据 RFID 射频标签的工作方式进行分类的，主要常见的分类方式有以下 4 种。

（1）按照能量的供给方式，RFID 系统可以分为有源、无源和半有源。所谓有源 RFID 系统，就是通过 RFID 标签内部的电池来供电，不需要读/写器提供能量来启动，标签能够主动发射电磁信号，具有很长的识别距离，通常可达几十米甚至上百米，缺点是成本高、寿命有限，而且体积难以控制，不易制成卡片式的方式。然而无源 RFID 系统的标签内部并没有电池，其工作能量是由读/写器发射的电磁场来提供的，这种 RFID 系统具有重量轻、体积小、寿命长、成本低的优点，可制成各种卡片，是目前最流行的 RFID 系统形式。但是其识别距离比有源 RFID 系统要小，一般为几米到十几米，而且需要读/写器具有较大的发射功率。半有源 RFID 系统性能介于前两者之间，也带有电池，但电池只对标签内部电路供电，并不主动发射信号，其能量传递方式与无源系统类似，因此其工作寿命比一般有源 RFID 系统要长许多。

（2）按照 RFID 标签信息的传播方式可以分成主动式、被动式和半主动式，分别能够对应前面能量供给方式分类中的有源、无源和半有源。主动式 RFID 系统在进行通信时使用 RFID 标签自身的能量，在有障碍物的情况下电磁波只需穿越一次，适合用在环境复杂、距离较远且多障碍的场合；被动式 RFID 系统的能量来自于外界，当其天线接收到阅读器发出的特定电磁波时，线圈上就会产生感应电流，经整流后为标签电路供电。被动式 RFID 系统在通信时需要两次穿越障碍物，且系统本身能量又较小，一般只适合无障碍近距离场合，但这种系统结构最简单，具有几乎永久的使用期，特别适用于需要频繁读/写信息之处；半主动式 RFID 系统性能介于前两者之间。

（3）按照 RFID 标签的工作频率（一般是指读/写器发送无线信号时所使用的频率），基本上可以划分为 5 个范围：低频（30～300kHz）、高频（3～30MHz）、超高频（300MHz～3GHz）和微波（2145GHz 以上）。对 RFID 系统来说，最主要的频率是 0～135kHz，以及 ISM 频段中的 6178MHz、13156MHz、271125MHz、40168MHz、433192MHz、86910MHz、91510MHz、2145GHz、518GHz 及 241125GHz。低频系统主要用于短距离、低成本的应用中，如多数的门禁控制、宠物监管和防盗追踪等，高频 RFID 系统用于需传送大量数据的应用系统，如会员卡、识别证、飞机机票和门禁控制等；超高频 RFID 系统和微波 RFID 系统则应用于需要较长的读/写距离和对读/写速度要求较高的场合，如火车监控、高速公路收费等。

（4）根据 RFID 标签的存储器类型，以及 RFID 标签中的用户数据部分可以分为三类：只读型、读/写型、一次可写型。只读型存储器在出厂时已经写入固定数据，用户不得修改；读/写型存储器允许用户进行多次擦写，方便数据更新；一次可写型存储器允许用户写入一次数据，但写入后不得再修改。

2.3.2.2 读/写器

读/写器是读取或擦写标签数据和信息的设备，是整个系统中重要的组成部分，其性能直接决定整个系统的性能。读/写器又称为阅读器，内部包含数字处理模块、高频模块、控制模块，可外接天线用于发送和接收射频信号。读/写器分为手持式（便携式）和固定式两种，其功能包括发送命令信号，接收和处理标签信号。读/写器可以是单独的整体，也可以作为部件的形式嵌入到其他系统中。读/写器可以单独具有读/写、显示和数据处理等功能，也可与计算机或其他系统进行互连，完成对射频标签的相关操作。读/写器一般通过 RS232 接口、以太网接口与上位机相连。

读/写器由收发链路组成，读/写器一般为单天线收发共用结构，收发通路利用环形器进行隔离。其标签为无源标签，采用超低功耗芯片设计方法，其能量来源为读/写器电磁波对标签芯片外接天线馈电。在多标签与多读/写器环境中，读/写器通过跳频方式避免在密集读/写器环境中相互之间的信号干扰，同时读/写器通过防碰撞算法避免多标签对读/写器同时应答造成的信号叠加和通信干扰。在通信过程中，读/写器是通信发起端，因此一般情况下，读/写器需要通过程序接口与上位机相连，操作人员通过软件的 GUI 对读/

写器实施具体操作，从而完成操作人员希望对目标标签的一系列操作，包括盘存、信息读取与擦写等。

读/写器由两个基本的功能块组成，控制系统和发送器及接收器组成的射频接口。射频接口的功能包括产生高频的发射功率，为无源标签提供能量，对发射信号进行调制，用于将数据传送给标签。读/写器控制模块的功能包括控制与标签的通信过程并与应用软件进行通信，同时并执行应用系统软件发来的指令信号的编码与解码、加密与解密在一些复杂的系统应用中，控制单元还要实现反碰撞算法和安全认证功能。读/写器将要发送的信号，经编码后加载在特定频率的载波信号上经天线向外发送。在进入读/写器工作区域的标签接收此脉冲信号后，标签芯片中的有关电路对此信号进行解调、解码、解密，然后对命令进行请求、密码、权限等。若为读取命令，则控制逻辑电路从存储器中读取有关信息，经加密、编码后经标签内的天线发送给读/写器，读/写器对接收到的信号进行解调、解码、解密后送至数据库处理；若是修改信息的写入命令，有关控制逻辑引起的内部电荷泵提升工作电压，对标签中的数据进行改写。

读/写器一般包含天线或可外接天线以增大发射功率，一般 RFID 系统至少应包含一根天线，不管是内置还是外置，主要用于发射和接收射频信号。有些 RFID 系统是由一根天线来同时完成发射和接收任务的；而另一些 RFID 系统则是由两根天线分别承担发送和接收任务的，所采用天线的形式及数量应视具体应用而定。有些读/写器还具备其他功能，如在 ETC（电子收费）应用中，包含采集和处理车辆检测器、驱动道闸和交通灯等外围设备的输入/输出信息。读/写器中的硬件部分还控制着读/写器的工作，用户可以通过相关控制主机或本地终端发布命令以改变或设置读/写器的工作模式以满足具体应用的需求。射频收发器产生射频信号及射频能量，激活并提供能量给被动式的无线射频标签。射频收发器可以集成封装于在读/写器内，也可以作为独立设备存在。当作为独立设备时，一般被称为射频模块，如 CC1010、CC1100、NRF9E5 和 NRF2401 等射频模块已被广泛应用于各种系统中。

2.3.2.3　RFID 的工作原理

绝大多数 RFID 系统是根据电感耦合的原理进行工作的，读/写器在数据管理系统的控制下发送出一定频率的射频信号，当标签进入磁场时产生感应电流从而获得能量，并使用这些能量向读/写器发送出自身的数据和信息，该信息被读/写器接收并解码后送至中央信息管理系统进行相关处理，这一信息的收集和处理过程都是以无线射频通信方式进行的。

电磁反向散射耦合，即雷达原理模型。由读/写器天线辐射电磁波遇到并激活目标后，目标通过改变自身的阻抗特性来调制散射回读/写器天线的电磁波。这样，散射回的信号中就带有标签的信息。该系统作用距离相对较远，并且工作频率较高。典型的工作频率有 433MHz、868MHz、915MHz、2.45GHz、5.8GHz，其作用距离通常大于 1m。反向散射 RFID 系统采用的频率主要位于 ISM 频段，基于 ISO18000—6 标准的 RFID 系统的频率主要位于 915MHz 附近，在超高频识别系统中，波长越长，路径损耗越小，在相同的发射功率下，915MHz 频率附近的识别系统具有比 2.45GHz 频率附近更远的工作距离。目前研究最多的、开发射频识别产品种类最多的是 915MHz 频段。

标签到读/写器的数据传递方式一般分为负载调制和电磁反向散射调制两种。

负载调制：其电感耦合属于一种变压器耦合，即作为初级线圈的读/写器和作为次级线圈的标签之间的耦合。只要两者线圈之间的距离不大于 0.16 λ（波长），并且标签处于发送天线的近场内，变压器耦合就是有效的。如果把谐振（标签的固有谐振频率与读/写器的发送频率相等）的标签放入读/写器天线的交变磁场中，那么该标签就从磁场中获得能量。标签天线上负载电阻的接通和断开促使读/写器天线上的电压发生变化，实现远距离标签对天线电压的振幅调制。如果人们通过数据控制负载电压的接通和断开，那么这些数据就能从标签传输到读/写器，这种数据传输方式称为负载调制。但是读/写器天线与标签天线之间的耦合很弱，读/写器天线输入有用信号的电压波动在数量级上比读/写器的输出电压小，因此很难检测出来。此时如果标签的附加电阻以很高的频率接通或者断开，那么在读/写器的发送频率上会产生两条谱线，很容易被检测到，这种新的基本频率称为副载波，这种调制称为负载波调制。

电磁反向散射调制：其耦合方式一般应用于高频系统，对高频系统来说，随着频率的上升，信号的穿透性越来越差，而反射性却越来越明显。在高频电磁耦合系统中，当读/写器发射的载频信号辐射到标签时，标签中的调制电路通过待传输的信号来控制电路是否与天线相匹配，以实现信号的幅度调制，若匹配，则读/写器发射的信号被吸收；否则，信号被反射。

2.3.3 RFID 技术特性和应用领域

RFID 技术最大的特点就是无须接触，即可自动完成。通常来说，RFID 技术具有如下特性。

（1）识别精度高，可快速、准确地识别物体。

（2）采用无线电射频，可以绕开障碍物，并透过外部材料读取数据，可工作于恶劣的环境中。

（3）可以同时对多个物体进行识读。

（4）储存的信息量大且信息可加密保存，是一般条形码存储信息量的几十倍，甚至上百倍。

目前 RFID 技术的典型应用主要在以下几个方面。

（1）物流和供应管理环节。物流仓储是 RFID 技术最具有潜力的应用领域之一，将 RFID 系统用于智能仓库货物管理，可以有效解决仓库与货物流动相关的信息管理，监控货物信息，实时了解库存情况，自动识别货物，确定货物的位置。在物流中对货物进行跟踪，RFID 技术在物流信息化中的应用将对其产生重大影响。提高供应链的可视性，降低库存水平，加快企业信息化进程，有效提高客户服务水平。

（2）超市零售业。沃尔玛已经开始了对 RFID 标签项目的实施，要求其供应商于 2005 年前完成将其产品包装均贴上此类标签。沃尔玛正将这种电子标签试用于 8 家供应商的产品中，其中包括吉列、宝洁、卡夫食品和联合利华等品牌。超市采用 RFID 技术可以进行实时数据统计，及时补充货物，也可以防止货物过量积累。

（3）高速公路收费系统。高速公路自动收费系统是 RFID 技术最成功的应用之一。目前，我国高速公路发展非常快，而高速公路收费却存在交通堵塞、收取的过路费不易控制等缺点。RFID 技术应用在高速公路自动收费中能够充分体现其优势，在车辆高速通过收费站的同时自动完成缴费，提高了车行速度，避免了拥堵，解决了交通的瓶颈问题，同时又可以解决过路费的管理问题。

（4）生产的自动化及过程控制。RFID 技术因其具有抗恶劣环境能力强、非接触识别等特点，所以该技术在生产过程控制中有很多应用，通过在大型工厂的自动化流水作业线上使用 RFID 技术，实现了物料跟踪和生产过程自动控制，提高了生产效率，改进了生产方式，降低了成本。如德国 BMW 公司为保证汽车在流水线各位置准确地完成装配任务，将 RFID 系统应用在汽车装配线上，而 Motorola 公司则采用 RFID 技术的自动识别工序控制系统，满足了半导体生产对环境的特殊要求，同时提高了生产效率。

（5）智能门禁安保。RFID 技术可用于智能门禁安保系统，采用大容量的 IC 卡实现一卡通系统，使用电子标签可以有效识别人员身份，进行安全管理及高效收费提高了工作效率，有效进行安全保护，以实现快速计数、快速验证、快速通过。在安全级别要求高的地方，可以结合指纹特征存入标签卡。

（6）电子票证。使用电子标签来代替各种卡，实现了非现金结算，解决了现金交易不方便也不安全，以及各种 IC 卡容易损坏等问题。1996 年，韩国在首尔的 600 辆公共汽车上安装 RFID 系统用于电子月票，实现了非现金结算，方便了市民出行。德国汉莎航空公司采用射频卡（电子标签）作为飞机票，改变了传统的机票购销方式，简化了机场入关手续。手机、钱包、业务是指中国移动开发的基于 RFID 的小额电子钱包业务，即可利用手机在中国移动合作的商户进行 POS 机刷卡消费。

（7）动物跟踪和管理。RFID 技术可以用于动物跟踪与管理，为牧场的管理现代化提供了可靠的技术手段，达到高效、自动化管理动物的目的。在动物的跟踪及管理方面，许多发达国家采用 RFID 技术，通过对牲畜个体识别，保证牲畜在大规模疾病暴发期间对感染者的有效跟踪以及对未感染者进行隔离控制。RFID 技术的其他应用领域还包括医疗、食品、图书馆等。随着 RFID 技术应用的普及，RFID 系统在性能等各方面会有很大的提高，表现在系统的高频化、系统网络化和更强的兼容性，这也为物联网技术的进一步发展奠定了基础。

此外，可以通过 IEEE802.15.4 标准将无线传感器网络和 RFID 技术相结合，形成一种各方面有所改善和提高的新型无线传感器网络——RFSN。下面将介绍这种网络的体系结构，以及物理层通信链路技术、介质访问控制方法、网络层路由协议。

（1）基于 ZigBee 技术的 RFSN 网络结构。ZigBee 规范定义了三种类型的设备：ZigBee 协调器、路由器和终端设备。在 RFSN 网络中，传感器标签作为终端设备，而读/写器实现协调器和路由器的功能。标签传感器通过各种方法感知检测对象的状态，而由读/写器构成的中心节点负责与标签传感器进行通信、汇集数据和发布控制通信路由，可以实现对任意地点、任意时间的数据采集、处理和分析。这样构成的网络，通过中心节点将数据传回基站。网关节点除了向网内传输数据和命令，还可以借助 Internet 或通信卫星传送到控制中心集中进行处理。

（2）基于 IEEE802.15.4 标准的 RFSN 网络物理层。RFSN 网络的物理层要求尽可能地减少能量消耗，但能够获得较大的链路容量。IEEE802.15.4 工作在 ISM 频段，它定义了两个物理层，即 2.4GHz 频段和 868/915MHz 频段物理层。在 IEEE802.15.4 中，总共分配了 27 个具有三种速率的信道：在 2.4GHz 频段有 16 个速率为 250kbit/s 的信道，在 915MHz 频段有 10 个 40kbit/s 的信道，在 868MHz 频段有 1 个 20kbit/s 的信道。RFID 根据不同的场合使用不同的频段，有频段处在 IEEE802.15.4 标准中，为无线传感器网络和 RFID 在物理层的通信融合奠定了基础，并且 RFSN 网络可以根据网络的状况选择不同的工作信道。IEEE802.15.4 定义的不同数据速率为不同的 RFSN 网络提供了更多的选择，能有效地控制能量消耗和运行成本。

（3）IEEE802.15.4 标准下的 RFSN 网络数据链路层。数据链路层主要负责设备之间安全可靠的单跳通信机制。在 IEEE802 系列标准中，把数据链路层分为逻辑链路层（LLC）和介质接入层（MAC）两层。LLC 主要负责传输可靠性保证，MAC 为高层访问物理通信提供点到点通信的接口。在 RFSN 网络中，需要考虑多个传感器标签的数据相互碰撞而不能读出，为了保证数据传输的可靠性，可以采用空分多路法、频分多路法或时分多路法来克服碰撞。IEEE802.15.4 的 MAC 层采用 CSMA/CA 接入，降低功耗，有效避免冲突。

（4）RFSN 的网络层。网络层的功能包括网络拓扑结构的组成、维护和路由等，最大程度减少组网开销和维护成本。由于 RFSN 网络中的节点资源受限，节点不能保存过多的状态信息，并且不能交换较多的路由信息，也不能进行太复杂的路由计算，因此网络层的协议设计变得尤为困难。ZigBee 协议的网络层除了包含通用的网络层功能，还充分考虑到能量消耗。在 RFSN 网络中，存在两个层次的网络通信，一个是由感知标签节点与读/写器组成的通信网络，另一个是传感器标签节点与读/写器之间的通信，因此只需简单的协议支持即可。而在大型 RFSN 网络中，往往在监视区域进行分簇，中心节点具有中心管理或控制簇内节点的作用。中心节点互相通信组成高层网络，并通过多跳中继方式将监测数据传到基站。

（5）RFSN 的应用层。应用层的主要功能是保障数据的安全传输和高层应用规范。在 ZigBee 技术确定的高层应用规范中，定义了抽象接口，为供应商提供编程接口。应用汇聚层负责将应用映射到 ZigBee 网络中。

RFID 技术与无线传感器网络两者高效地结合，具备了传统无线通信网络无法比拟的优势，为物联网的发展提供了强大的技术保证，具有广阔的应用前景。

2.4 拓扑控制和路由协议

在物联网中，大部分硬件节点都是体积微小的嵌入式设备，一般采用能量有限的电池供电，其计算能力和通信能力往往十分有限，所以对物联网的应用除了需要高效的 MAC 协议，还要设计能够保障 QoS 的机制，包括路由和拓扑控制协议。良好的 QoS 保障机制，为数据融合、时间同步及目标定位和跟踪等很多方面提供基础，有利于延长网络的生存时间。本节主要介绍无线传感器网络典型的路由协议和拓扑控制技术。

2.4.1　拓扑结构简介

目前，减少传感器节点能量消耗，延长网络生存时间的关键技术可大致分成两类：第一类是数据传输控制技术，即在无线传感器网络的各层分别采取相应的节能措施，包括 MAC 协议中的冲突避免机制、网络层能量优先的路由协议的设计及数据传输过程中的融合处理技术等。第二类是拓扑控制技术，即在保证网络连通性和覆盖度的前提下，通过一定的功率控制或骨干网节点的选择算法，剔除节点间不必要的无线通信链路，生成一个能量高效的数据转发的优化网络拓扑结构。对于自组织的无线传感器网络而言，拓扑控制对网络性能影响很大，良好的拓扑结构能够提高路由协议和 MAC 协议的效率，为数据融合、时间同步和目标定位等很多方面提供基础，有利于延长整个网络的生存时间。

拓扑控制技术是物联网中的基本技术。动态变化的拓扑结构是无线传感器网络的最大特点之一，因此拓扑控制策略在物联网中有着重要的意义，它为路由协议、MAC 协议、数据融合、时间同步和目标定位等很多方面奠定了基础。目前，在网络协议分层中没有明确的层次对应拓扑控制机制，但大多数的拓扑控制算法是部署于介质访问控制（MAC）层和路由层的，它为路由层提供足够的路由更新信息，反之，路由层的变化也反作用于拓扑控制机制，MAC 层可以提供给拓扑控制算法邻居发现等消息，拓扑控制与网络分层关系示意图如图 2-17 所示。

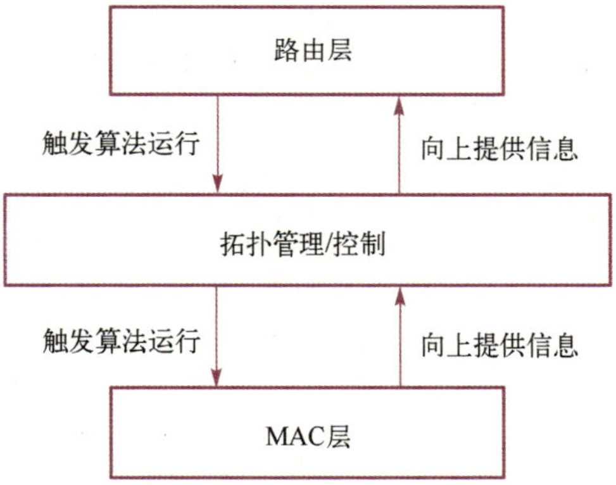

图 2-17　拓扑控制与网络分层关系示意图

物联网的拓扑控制问题是在网络相关资源普遍受限情况下，对于固定或具有移动特征的物联网通过控制传感器节点与无线通信链路组成网络的拓扑属性来减少网络能量消耗与无线干扰，并有效改善整体网络的连通性、吞吐量与传播延时等性能指标。给定一个无线传感器网络，物联网的拓扑控制也可以一般性地总结为：在全网协作式地进行各个传感器节点功率控制（传输半径调节），从而达到网络能量消耗与无线干扰的减少。

2.4.1.1　拓扑结构控制与优化

在无线传感器网络中，网络的拓扑结构控制与优化具有十分重要的意义，主要表现在以下几个方面。

1. 延长网络寿命

通过合理的拓扑结构控制，可以降低节点间的通信干扰，提高数据传输效率，从而延长整个网络的寿命。

2. 提高数据传输可靠性

优化拓扑结构可以减少数据传输过程中的丢失和错误，提高数据传输的可靠性。

3. 降低能耗

通过合理的拓扑结构控制，可以降低节点的通信距离和通信频率，从而减小节点的能耗，延长节点的使用寿命。

4. 提高网络覆盖范围

优化拓扑结构可以扩大网络的覆盖范围，提高网络的覆盖效率。

5. 便于网络扩展和维护

通过合理的拓扑结构控制，可以方便地扩展网络规模和维护网络设备，提高网络的可用性和可维护性。

因此，在无线传感器网络中，网络的拓扑结构控制与优化是十分重要的，它不仅可以提高网络的性能和可靠性，还可以延长网络寿命、降低能耗、提高网络覆盖范围，同时在便于网络扩展和维护等方面具有重要意义。

2.4.1.2 拓扑控制设计目标

物联网与应用密切相关，不同的应用对应有不同的拓扑控制设计目标要求。在拓扑控制中一般需要考虑的设计目标如下。

1. 能量消耗

如何合理利用传感器节点的能量问题一直都是无线传感器网络研究的热点之一，因此，能量优化也必然成为无线多跳网络拓扑控制研究的一个重要目标。Chandrakasan 等人指出，设计能量消耗最小化的网络协议是无线传感器网络成功应用的关键。

2. 覆盖度

覆盖度可以看成对无线传感器网络服务的度量。在覆盖问题中，最重要的因素是网络对物理世界的感知能力。生成的拓扑必须保证足够大的覆盖度，即覆盖面积足够大的监视区域。

3. 连通性

为了实现传感器节点间的相互通信，生成的拓扑必须保证连通性，即从任何一个节点都可以发送消息到另外一个节点。连通性是任何无线传感器网络拓扑控制算法都必须保证的一个重要性质。

4. 算法的分布式程度

在无线传感器网络中，一般情况下是不设置认证中心的，传感器节点只能依据自身从网络中收集的信息做出决策。另外，任何一种涉及节点间同步的通信协议都有建立通信的开销。显然，若传感器节点能够了解全局拓扑和无线传感器网络中所有传感器节点的能量，就能做出最优的决策。若不计同步消息的开销，则得到的就是最优的性能。但是，若所有传感器节点都要了解全局信息，则同步消息产生的开销要多于数据消息，这将导致网络系统开销大大增加，从而使得网络的生存期缩短。

5．网络延迟

当网络负载较高时，低发射功率会带来较小的端到端延迟；当网络负载较低时，低发射功率会带来较大的端到端延迟。

6．干扰和竞争

减少通信干扰、减少 MAC 层的竞争和延长网络的生存时间基本上是一致的。功率控制可以调节发射范围，层簇式网络可以调节工作节点的数量。这些都能改变一跳邻居节点的个数，即与它竞争信道的节点数。

7．对称性

无线传感器网络拓扑结构的对称性是指若从节点 m 到 n 有一条边，则一定存在从节点 n 到 m 的边。由于非对称链路在目前的 MAC 协议中没有得到很好的支持，而且非对称链路通信的开销很大，因此对于无线传感器网络能量小的特点而言是一个瓶颈，因此一般都要求生成的拓扑中的链路是对称的。

8．鲁棒性和可扩展性

传感器节点一般采用干电池来储备能量，其能量很有限，节点易造成因能量耗尽而失效，无线通信链路易受环境影响而无法保证通信质量。另外，新节点的加入、部分传感器节点的可移动性等均会造成网络拓扑结构的变化。这就要求拓扑控制具有鲁棒性和可扩展性，以适应变化，从而保证网络的连通性和覆盖度。

此外，拓扑控制还要考虑负载均衡、简单性、可靠性、节点度数等其他方面。

2.4.2　拓扑控制算法

2.4.2.1　覆盖算法

覆盖作为无线传感器网络中的一个基本问题，反映了网络所能提供的“感知”服务质量，可以使无线传感器网络的空间资源得到优化分配，进而更好地完成环境感知、信息获取和有效传输的任务，即如何部署传感器节点，在保证一定服务质量条件下，达到网络覆盖范围最大化。因此，研究无线传感器网络覆盖技术的目的如下。

（1）使待监测区域中的每点都至少在一个传感器节点的覆盖范围内。

（2）在保证覆盖要求的基础上，同时减少网络节点能量消耗、延长网络寿命。

与覆盖问题直接相关的是传感器节点的感知模型。目前，无线传感器网络主要有以下两种基本感知模型。

1．布尔感知模型

节点的感知范围是一个以节点为圆心，以感知距离为半径（由节点硬件特性决定）的圆形区域，只有落在该圆形区域内的点才能被该节点覆盖，其数学表达为

$$p_{ij}=\begin{cases}1, & d(i,j)\leqslant r\\0, & d(i,j)>r\end{cases} \tag{2-1}$$

式中，p_{ij} 为节点 i 对监测区域内目标 j 的感知概率，$d(i,j)$ 为节点 i 与目标 j 之间的欧式距离，r 为感知半径。这个模型也称为 0-1 感知模型，即当监控对象处在节点的感应区域内时，它被节点监控到的概率恒为 1；而当监控对象处在节点的感应区域外时，它被节点监控到的概率恒为 0。

2．概率感知模型

在节点的圆形感知范围内，目标被感知到的概率并不是一个常量，而是一个由目标到节点间的距离、节点物理特性等诸多因素决定的变量。

在节点 i 不存在邻居节点的前提下，节点 i 对监测区域内目标 j 的感知概率有如下三种定义形式

$$p_{ij} = \mathrm{e}^{-\alpha d(i,j)} \tag{2-2}$$

$$p_{ij} = \begin{cases} 1, & d(i,j) \leqslant r_1 \\ \mathrm{e}^{-\alpha[d(i,j)-r_1]}, & r_1 < d(i,j) \leqslant r_2 \\ 0, & d(i,j) > r_2 \end{cases} \tag{2-3}$$

$$p_{ij} = \begin{cases} \dfrac{1}{[1+\alpha d(i,j)]^{\beta}}, & d(i,j) \leqslant r \\ 0, & d(i,j) > r \end{cases} \tag{2-4}$$

式中，$d(i, j)$是节点 i 与目标 j 之间的欧式距离，α 和 β 是与传感器物理特性有关的类型参数。通常 β 取值为区间[1, 4]内的整数，而 α 是一个可调参数。如果监测区域内有障碍物，那么将产生信号阻塞，从而降低节点探测效率。若障碍物出现在从节点 i 到目标 j 的视线上，即障碍物坐标满足连接 i、j 的线段方程，则令 p_{ij} 等于零。

根据无线传感器网络不同的应用，覆盖需求也通常不同。根据覆盖目标不同，目前覆盖算法可以分为点覆盖、面覆盖及栅栏覆盖。

（1）点覆盖。与面覆盖算法的目标不同，点覆盖算法要覆盖的目标是一些离散的目标点。在点覆盖算法中，每个目标点都要能够被至少一个传感器节点所覆盖。现有的算法，通常将传感器节点划分为若干个不相交的节点集，每个节点集都能够覆盖所有目标点。通过周期性地调度这些节点集合，在任何时刻只有一个节点集合处于活跃工作状态，其他节点全部处于睡眠状态，故用此方式可以有效延长整个网络生存周期。

（2）面覆盖。在面覆盖问题中，传感器节点随机散布在指定的监测区域，每个传感器节点的监测范围是以其自身为中心的圆形区域。面覆盖算法的目标是在大量冗余的节点中寻找能够覆盖同样区域大小并保证网络连通的节点集合。同时获取最长的网络生存周期及能量高效性也是面覆盖算法在设计时需要兼顾的目标。面覆盖又可以进一步分为单覆盖和多覆盖。在单覆盖中，监测区域内的每个点都至少被一个传感器节点所覆盖；在多覆盖中，每个点需要被传感器节点覆盖多次，通常又称为 k 覆盖，即每个点至少被 k 个传感器节点所覆盖。

（3）栅栏覆盖。无线传感器网络覆盖密切相关的特殊问题是栅栏覆盖，它考察了目标

在穿越网络时被检测或是没有被检测的情况，反映了给定的无线传感器网络所能提供的传感、监视能力。这类覆盖问题的目标是找出连接出发位置（记为 S）和离开位置（记为 D）的一条或多条路径，并且使得这样的路径能够在不同模型定义下提供对目标的不同传感/监视质量。根据目标在穿越网络时所采用模型的不同，栅栏覆盖又可以具体分为最坏与最好覆盖和暴露穿越两种类型。

基于网格的覆盖定位传感器配置算法传感器节点采用布尔覆盖模型，并使用能量矢量来表示格点的覆盖。区域完全覆盖示意图如图 2-18 所示，网络中的各个格点都可至少被一个传感器节点所覆盖（即该点能量矢量中至少有一位为 1），此时区域达到了完全覆盖。例如，格点位置 8 的能量矢量为(0, 0, 1, 1, 0, 0)。在网络资源受限而无法达到格点完全识别时，就需要考虑如何提高定位精度的问题。而错误距离是衡量位置精度的一个最直接的标准，错误距离越小，覆盖识别结果越好。

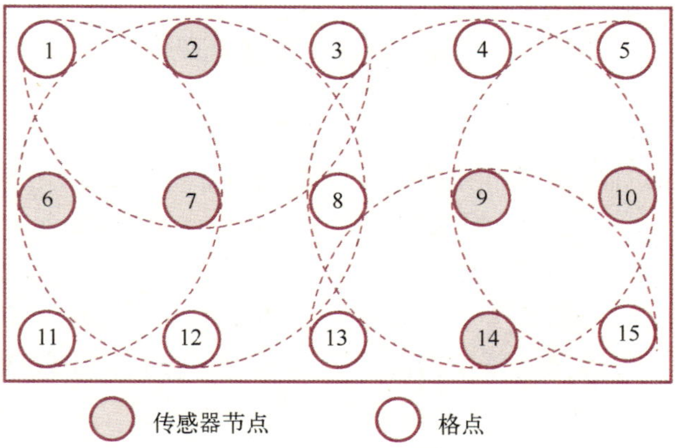

图 2-18　区域完全覆盖示意图

基于网格的覆盖定位传感器配置算法设计了一种模拟退火算法来最小化错误距离。假设初始时刻的每个格点都配置有传感器，若配置代价没有达到上限就循环执行以下过程：首先试图删除一个传感器节点，然后进行配置代价评价。如果评价不通过，那么就将该节点移动到另外一个随机选择的位置，然后再进行配置代价评价。循环得到优化值后同时保存新的节点配置情况。最后，改进算法停止执行的准则。在达到模拟退火算法的冷却温度 t_f 时，同时也达到优化覆盖识别的网络配置方案。

Huang 等人将随机节点覆盖类型的圆周覆盖归纳为决策问题，即在目标区域中配置一组传感器节点，查看该区域能否满足 k 覆盖，即目标区域中每个点都至少被 k 个节点覆盖。考虑每个传感节点覆盖区域的圆周重叠情况，进而根据邻居节点信息来确定一个给定传感器的圆周是否被完全覆盖，传感器节点 S 圆周的覆盖情况如图 2-19 所示。

该算法可以用分布式方式来实现：传感器 S 首先确定圆周被邻居节点覆盖的情况，如图 2-19（a）所示，3 段圆周$[0, a]$、$[b, c]$和$[d, \pi]$分别被 S 的 3 个邻居节点所覆盖。再将结果按照升序顺序记录在区间$[0, 2\pi]$内，如图 2-19（b）所示，这样就可以得到传感器节点 S 的圆周覆盖情况：$[0, b]$段为 1，$[b, a]$段为 2，$[a, d]$段为 1，$[d, c]$段为 2，$[c, \pi]$段为 1。Huang 给出证明：“传感器节点圆周被充分覆盖等价于整个区域被充分覆盖。”每个传感器节点通过收集本地信息来进行本节点圆周覆盖的判断，并且该算法还可以进一步扩展到不规则的传感区域中使用。

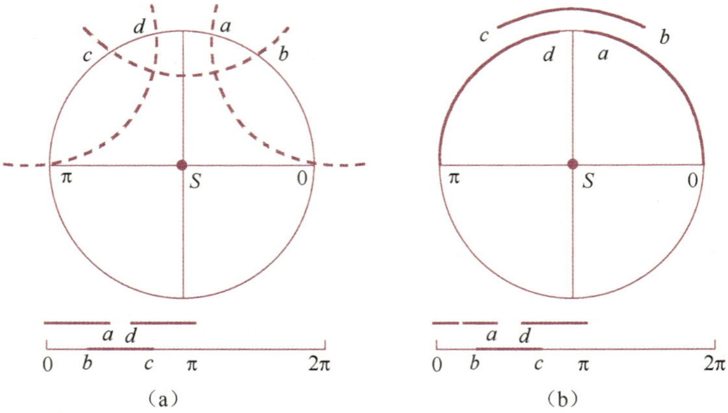

图 2-19 传感器节点 S 圆周的覆盖情况

最坏与最好情况覆盖算法同时属于确定性网络路径/目标覆盖和栅栏覆盖类型，该算法考虑如何对穿越网络的目标或其所在路径上各点进行感应与追踪，体现了一种网络的覆盖性质。Meguerdichian 等人定义了最大突破路径（Maximal Breach Path）和最大支撑路径（Maximal Support Path），分别使得路径上的点到周围最近传感器的最小距离最大化及最大距离最小化。显然，这两种路径分别代表了无线传感器网络最坏（不被发现的概率最小）和最好（被发现的概率最大）的覆盖情况。分别采用计算几何中的 Voronoi 图与 Delaunay 三角形来完成最大突破路径和最大支撑路径的构造和查找。其中，Voronoi 图是由所有 Delaunay 三角形边上的垂直平分线形成的；而 Delaunay 三角形的各顶点为网络的传感器节点，并满足三角形外接圆中不含其他节点。Voronoi 图和 Delaunay 三角形示意图如图 2-20 所示。

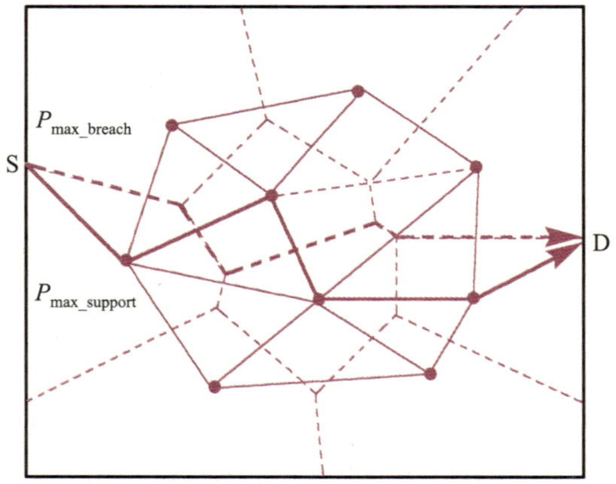

图 2-20 Voronoi 图和 Delaunay 三角形示意图

由于 Voronoi 图中的线段具有到最近传感器节点距离最远的性质，因此最大突破路径一定是由 Voronoi 图中的线段组成的。

2.4.2.2　休眠调度算法

在传感器网络的拓扑控制算法中，除了传统的功率控制和层次型拓扑控制两个方面，还提供了启发式的节点唤醒和休眠机制。该机制能够使节点在没有事件发生时将通信模块设置为睡眠状态，而在有事件发生时自动醒来并唤醒邻居节点，形成数据转发的拓扑结构。这种机制的引入使得无线通信模块大部分时间都处于关闭状态，只有传感器模块处于工作状态。由于无线通信模块消耗的能量远大于传感器模块，所以这样进一步节省了能量开销。这种机制的重点在于解决节点在睡眠状态和活动状态之间的切换问题，不能独立成为一种拓扑结构控制机制，需要与其他拓扑控制算法结合使用。目前，基于启发机制的算法有 STEM 算法、ASCENT 算法、CCP 算法和 SPAN 算法。

1．STEM 算法

STEM 算法是较早提出的节点唤醒算法，其包含两种不同的机制：STEM-B（STEM-Beacon）和 STEM-T（STEM-Tone）。在 STEM-B 算法中，每个睡眠节点都可以周期性地醒来以侦听信道。如果某个节点想要建立通信，那么它会作为主动节点先发送一连串 Beacon 包。目标节点在接收到 Beacon 包后，发送应答信号，并自动进入数据接收状态。主动节点在接收到应答信号后，进入数据发送阶段。为了避免唤醒信号和数据通信的冲突，使用侦听信道和数据传输信道两个分离信道。如果没有数据通信，那么节点大部分时间只保持在侦听信道上的周期性侦听，从而在很大程度上节省了能量消耗。

STEM 算法使节点在整个生命周期中的多数时间内处于睡眠状态，适用于类似环境监测或者突发事件监测等应用。这类应用均由事件触发，不要求节点时刻保持在活动状态。值得注意的是，在 STEM 算法中，节点的睡眠周期、部署密度及网络的传输延迟之间有着密切的关系，所以要针对具体的应用要求进行相应的调整。

2．ASCENT 算法

ASCENT 算法是另一种节点唤醒机制，其重点在于均衡网络中骨干节点的数量，并保证数据通路的畅通。在节点接收数据时，若发现丢包严重，则向数据源方向的邻居节点发出求助消息；若节点探测到周围的通信节点丢包率很高或者接收到邻居节点发出的帮助请求，则它醒来后主动成为活动节点，帮助邻居节点转发数据包。该算法运行包括触发、建立和稳定三个主要阶段。

节点可能处于 4 种状态：①休眠状态，节点关闭通信模块；②侦听状态，只对信息进行侦听，不进行数据包的转发；③测试状态，这是一个暂态，参与数据包的转发，并且能进行一定运算，判断自己是否需要变为活动状态；④活动状态，节点负责数据包的转发，能量消耗最大。从本质上说，ASCENT 算法是一个从汇聚节点向数据源节点回溯建立路由的过程。利用 ASCENT 算法，节点能够根据网络情况动态地改变自身状态，从而动态地改变网络拓扑结构，并且节点只根据本地信息进行计算，不依赖于无线通信模型、节点的地理分布和路由协议。但是 ASCENT 算法需要完善的地方还有很多，如针对更大规模的节点分布进行改进，并加入负载均衡技术。另外，对于多个数据源节点的应用场景也需加以改进。

3. CCP 算法

利用 CCP 算法来达到网络睡眠节点数最大化的休眠调度效果。CCP 算法中的节点有三种基本状态：工作状态、侦听状态和睡眠状态。此外，为了避免由于每个节点根据局部信息独立进行调度而引起的冲突，CCP 算法引入了加入和退出两个过渡状态。初始时，网络中节点都处于工作状态。如果处于工作状态的节点收到一条 HELLO 消息，则它就检查自己是否符合睡眠的条件，如果符合条件，那么就进入退出状态并启动退出计时器。在退出状态，如果计时器溢出，那么就广播一条 WITHDRAW 消息，进入睡眠状态，并启动睡眠计时器；如果在计时器溢出之前接收到来自邻居节点的 WITHDRAW 或 HELLO 消息，那么就撤销计时器并返回活动状态。在睡眠状态，如果计时器溢出，那么就进入侦听状态，并启动侦听计时器。在侦听状态，如果计时器溢出，那么就返回睡眠状态，同时启动睡眠计时器；如果在计时器溢出之前接收到 HELLO、WITHDRAW 或 JOIN 消息，那么就检查自己是否应该工作，若应该工作，则进入加入状态，同时启动加入计时器。在加入状态，如果计时器溢出，那么就进入工作状态并广播 JOIN 消息；在计时器溢出之前，如果收到 JOIN 消息并判断出没有工作的必要，那么该节点就进入睡眠状态。同时，CCP 算法能够根据不同的应用和环境将网络配置到指定的覆盖度与连通度。

4. SPAN 算法

SPAN 算法的基本思想是在不破坏网络原有连通性的前提下，根据节点的剩余能量、邻居节点的个数、节点的效用等多种因素，自适应地决定是成为骨干节点还是进入睡眠状态。睡眠节点被周期性地唤醒，以判断自己是否应该成为骨干节点；骨干节点周期性地判断自己是否应该退出。SPAN 算法对传感器节点没有特殊的要求，这是它的优点。但是，随着节点密度的增加，SPAN 算法的节能效果减弱。这主要是因为 SPAN 算法采用了 IEEE 802.11 的节能特性：睡眠节点必须周期性地被唤醒并侦听，这种方式的代价是相当大的。

2.4.3 路由协议简介

路由协议的作用是寻找一条或多条满足一定条件的、从源节点到目的节点的路径，将数据分组沿着所寻找的路径进行转发，由此可以看出，路由协议的功能主要有两个方面：一是搜索满足条件的从源节点到目的节点的优化路径；二是转发资料分组。传统有线网络的路由协议主要运行在路由器上，采用集中控制的路由寻找方法，即将整个网络拓扑、链路状态，如带宽、时延等信息收集并计算出相应的路由。

路由协议不仅要考虑节点能量、计算能力、链路间带宽限制的问题，更要从整个网络系统的角度，根据具体的应用背景，考虑网络能量的均衡使用，最终延长整个网络的寿命。因此，在设计路由协议时需要考虑以下关键问题。

（1）节点部署。网络节点的部署是根据不同应用并且其对路由协议的性能有着影响。常用的节点部署方案有两种：一是人为手工部署，这种部署方案节点的拓扑已知，数据通过预先定义的路径传播；二是随机部署，节点通过 Ad-Hoc 自组织方式建立网络。若随机部署不均匀，则需要采用分簇优化策略，并且一条路径可能由多跳组成。

（2）数据精确性前提下的能耗。网络中的节点数目较多，在进行精确计算时，由于部分节点可能有大量计算和传输信息，从而使节点的电池能量消耗殆尽，此时，网络拓扑发生变化，从而要求网络进行重新组织和路由发现。

（3）以数据为中心的数据报告模型。网络数据报告依赖于应用与实践响应特性。数据报告模型可分为时间驱动、事件驱动、查询驱动和混合驱动。数据报告模型严重影响路由协议的路由稳定性和能耗。

（4）鲁棒性与容错性。一些节点可能会因为能量耗尽、物理损坏或环境干扰等因素发生故障或失效，而这不能影响整个网络服务。若节点失效，则 MAC 层协议和路由协议必须保证新的链路产生并将数据通过路由传输到基站节点。

（5）网络动态性。在许多研究中，网络的应用都是假定节点为静止的，但仍然存在很多应用需要考虑传感节点或者基站的移动性。因此，具有移动性节点的路由消息更具有挑战性，因为路由的稳定性直接影响路由消息的可靠传输。此外，感应现象也可能是动态的或者静态的，如动态目标跟踪和静态森林火灾预警监测等。对于不同感应现象使用路由协议时，可采用按需或主动模式的事件报告机制。由于监测区域范围或节点密度不同，配置的网络规模大小也不同，路由协议还必须能在大量节点参与的环境条件下正常工作。节点加入或撤出以及节点的移动，都会使网络拓扑发生变化，这就要求路由协议具有扩展性，能够适应网络结构的变化。

（6）数据融合。由于传感节点可能产生许多重复冗余的数据，因此从多个不同节点传输相同的数据分组可以进行数据融合以降低通信量。数据融合对不同传感器节点传送的数据，根据某一融合规则进行整合。这个技术被许多路由协议用来达到能量有效以及传输数据优化。信号处理技术同样可以用来进行数据融合。

2.4.4　路由协议分类

目前，研究人员根据无线传感器网络的结构、路由协议自身特点及应用类型等，将路由协议分为以下几个类型。

（1）以数据为中心的路由协议。在无线传感器网络的应用中，终端用户往往只关心所采集的数据，而不关心这些数据具体是从哪一个节点传送的，用户（查询节点）只需向网络发出一条查询命令，网络就将所查询的数据回馈给用户。

（2）基于层次结构（树结构）的路由协议。基于层次的网络结构致力于解决如何节省网络节点的能量消耗，均摊网络能量，延长网络寿命。将整个网络中的节点划分成多种类型，同类节点间可以交换数据。在路由选择中，低一级节点将数据传输至簇头节点（高一级节点），簇头节点进行数据融合，减少了冗余数据在网络中的传输，并且由于缩小了节点下一跳的选择范围，因此加快了路由算法的收敛速度，并且节省了能量。

（3）基于地理信息路由协议。网络中的节点通过 GPS 设备、三角定位系统等获知自身所在的地理坐标，在进行路由选择时，合理利用这些地理信息，从而将数据分组转发给一个特定区域而不是整个网络，减少网络能耗。

（4）基于多路径的路由协议。在网络数据传输过程中，通过增加传输的路径数量，可以增加网络的等效带宽，并且在相同数据量的前提下，能够缩短传输时延。对于无线传感器网络，多路径路由协议能够提高网络的可靠性，并且可以将传输能耗分摊在更多的节点上。

2.4.4.1 平面（Flooding）路由协议和层簇路由协议

1. Flooding 路由协议

Flooding 路由协议是传统网络中最为经典和简单的路由协议之一，它是基于洪泛机制的路由协议，可以应用到无线传感器网络中。

Flooding 路由协议不要求维护网络的拓扑结构和相关路由计算，仅要求传感器节点在接收到信息后以广播的方式向邻居节点转发数据包，邻居节点重复执行上述过程（转发时除去刚刚发送给它们的节点），直到数据包到达目的地或者该数据包的生命周期结束。特别指出的是，无线传感器网络中数据包的生命周期（TTL），一般用于预先设定这个数据包所转发的最大跳数。假设源节点 *A* 需要将数据包 *p* 发送至汇聚节点 *D*，网络拓扑结构如图 2-21 所示，节点之间的联机表示两者在通信范围内可通信。节点 *A* 首先将 *p* 的副本广播，则其邻居节点 *B*、*E*、*G* 接收到 *p* 副本之后，直接将 *p* 副本通过广播的形式转发（除去节点 *A*），依此类推，直到 *p* 到达汇聚节点 *D* 或到达 TTL。以节点 *B*、*C* 为例，节点 *B* 将 *p* 副本转发至节点 *C*、*E*、*F*，节点 *C* 将 *p* 副本转发至节点 *E*、*F*、*D*。Flooding 洪泛路径如图 2-22 所示。

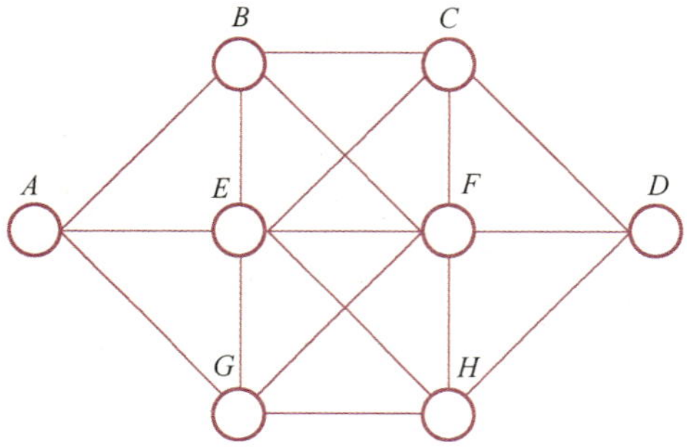

图 2-21 网络拓扑结构

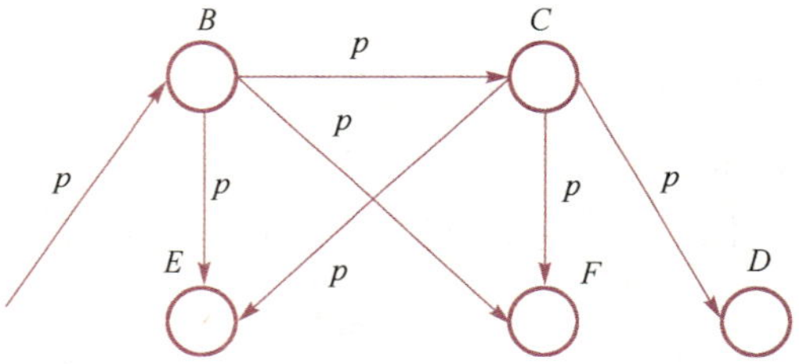

图 2-22 Flooding 洪泛路径

2. SPIN 路由协议

信息协商的传感器（Sensor Protocols for Information via Negotiation，SPIN）路由协议是无线传感器网络中一种基于数据中心的路由协议，其通过节点之间的协议以建立传输路径。SPIN 路由协议的设计目标是能够解决 Flooding 路由协议的内爆、重叠及资源利用不合理等问题。SPIN 路由协议在路由建立时，一共采用了三种类型的数据包：ADV、REQ 与 DATA。ADV 数据包是一个路由请求发起的数据包，当某一节点接收到数据包时，它会向其周围的邻居节点广播这个 ADV 数据包，以通告是否需要接收数据，由于 ADV 数据包的体积很小，因此消耗的能量资源较少。REQ 数据包是请求响应数据包，当邻居节点接收到来自传输请求节点发起的 ADV 数据包后，若其需要接收，则向请求发起节点发送 REQ 资料包。DATA 数据包即为传感器采集的数据内容。SPIN 路由协议的路由建立和数据传输过程如图 2-23 所示，可分为 4 个阶段，①0 号节点向 1 号节点发送传感数据。②当 1 号节点接收到数据后，向其周边邻居节点广播 ADV 数据包，通知邻居节点自己有传感数据需要转发。③当 1 号节点的邻居节点接收到 ADV 数据包后，根据自己的情况，自主选择是否接收 DATA 数据包，节点 3 与节点 5 选择接收 DATA 数据包，因此其向 1 号节点发送

REQ 数据包。④当 1 号节点接收到节点 3、节点 5 发送的 REQ 数据包，即立刻将 DATA 数据包发送至这两个节点。

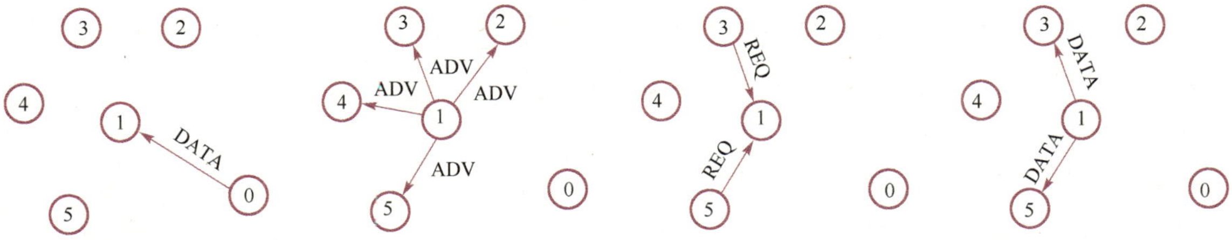

(a) 接收到数据包 (b) 发送ADV数据包 (c) 发送REQ数据包 (d) 发送DATA数据包

图 2-23 SPIN 路由协议的路由建立和数据传输过程

3. SAR 路由协议

SAR（Sequential Assignment Routing）路由协议是第一个在无线传感器网络中保证 QoS 的主动路由协议，也是一种基于多路径的路由协议。通常情况下，计算 k 条不相交的路径所需的开销和复杂度是单路径路由协议的 k 倍。为了能够建立从每个节点到达汇聚节点的多径路由，从汇聚节点每个邻居节点开始，以它们为树根，依次扩展建立树状结构。从汇聚节点开始，每个树都会尽可能地向具有满足 QoS 或者剩余能量较多的邻居节点延伸和扩展。当树构建完成后，大多数节点都将成为所构建树的一部分，并且由于汇聚节点周围的邻居节点都是这些树的树根节点，因此所形成的多条路径针对汇聚节点周围的邻居节点是不相交的。SAR 路由拓扑结构如图 2-24 所示。

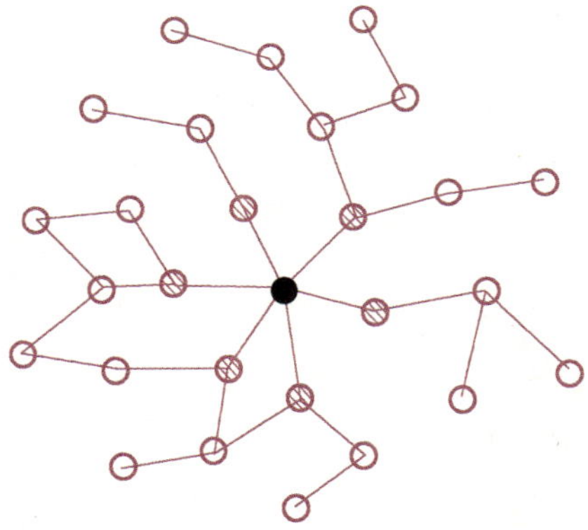

图 2-24 SAR 路由拓扑结构

（1）如果独占一条路径，则能量资源将通过转发的最大数据分组数量进行估计，而无须等到能量资源的耗尽。

（2）额外的 QoS 度量标准。由于每个节点都有多条路径到达汇聚节点，因此采用有序分配路由算法进行路径的选择。在选择路径时，该算法综合考虑了路径上能量资源、QoS（如时延、带宽、丢包率等）与所发送数据分组的优先级。高优先级的数据分组对应着较高的 QoS 路径。SAR 路由协议的设计目标就是要寻找一条满足 QoS 要求的路径并且同时延长网络寿命。

由于 SAR 路由协议通过节点需要大量的冗余路由信息来建立路由，耗费存储资源，因此在路由维护阶段和更新信息开销较大。

2.4.4.2 基于数据融合的路由协议

1. 定向扩散路由协议

定向扩散（Directed Diffusion）路由协议简称 DD 路由协议，是一种典型的以数据为中心，基于查询的路由机制。汇聚节点根据不同的应用需求定义不同的兴趣（Interest）请求消息，并通过洪泛的方式将兴趣请求消息数据包发送至全网或者局部网络的传感器节点。兴趣请求消息用来表示查询内容，反应终端用户希望获得全网不同类型的数据服务。DD 路由协议为了能够适应网络拓扑的动态变化，对网络进行周期性的路由维护与更新，其主要分为三个阶段：兴趣请求消息扩散、数据传输梯度建立、路径加强。图 2-25 表示了这三个阶段的过程。

2．LEACH 路由协议

LEACH（Low Energy Adaptive Clustering Hierarchy）路由协议是 MIT 研究人员 A.Chandrakasan 等人为无线传感器网络设计的低功耗自适应聚类路由协议，是典型的基于分层路由协议的数据融合算法。该路由协议采用本地簇头随机轮循机制将能量负载均匀分布到网络中的所有节点，提升了簇状无线传感器网络的性能。如图 2-26 所示的是 LEACH 路由协议的拓扑。

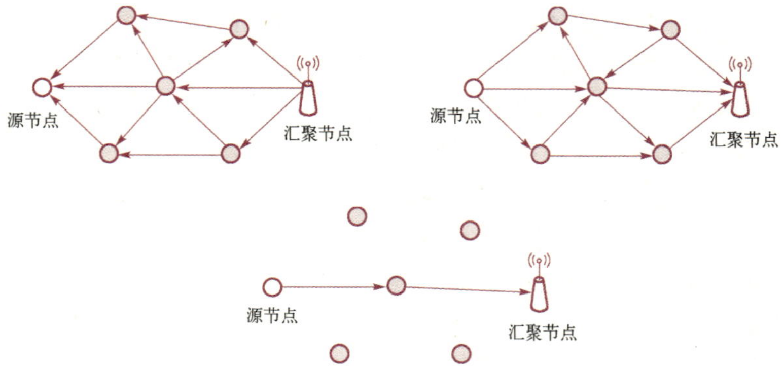

图 2-25　DD 路由协议的建立过程

LEACH 路由协议也可以说是一种自适应分簇拓扑算法，其基本思想是将节点组织成簇结构形式，每个簇都有一个簇头节点（Cluster Head Node），其他节点作为非簇头节点。所有的非簇头节点只与本簇的簇头节点通信，感知的数据由簇头节点传输到 Sink 节点，簇头节点除了传输非簇头节点的数据，还要进行数据融合。因此，簇头节点要比非簇头节点消耗更多能量，为了避免节点长期担当簇头节点而过早耗尽能量，LEACH 路由协议使用轮转的方式选举某节点成为簇头节点，从而让所有节点都有机会成为簇头节点而达到网络中节点能量消耗均匀的目的。

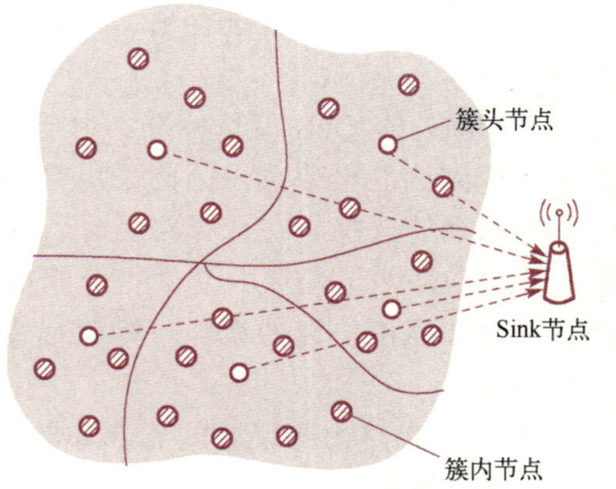

图 2-26　LEACH 路由协议的拓扑

2.5 无源感知技术

物联网作为信息系统向物理世界延伸，极大地拓展了人类认知和控制物理世界的能力。无源感知系统作为物联网的连接引擎，也正在深刻地改变着人们的生存环境与生活方式。当物联网微型设备嵌入的数量逐渐增多时，无源低功耗设备体积逐步减小，无源感知系统所面临的挑战将更为严峻。无源感知系统最大的特点就是利用反向散射技术实现了无线能量收集与无源感知通信。在实际应用中，无源感知系统会受到能量限制、链路损耗及复杂环境信号等因素影响，其数据传输速率直接影响整个系统的吞吐性能。因此，在无源及低功耗模式下，如何改善物联网设备之间的通信状况，提高系统整体数据传输效率变得尤为重要。

2.5.1 无源感知技术概述

传统传感器受限于功耗和成本等各方面的因素，一定程度上制约了物联网的全面感知能力，无源感知（Passive Sensing）技术的出现开辟了一片崭新天地，使泛在感知成为可能。无源感知是一种“借用”环境中普遍存在的无线信号对物理空间中的人和物进行感知的技术，其特点在于能从环境中获取能量以支撑其计算、感知和通信，突破了能量供给对传统传感器的限制。无源感知最大的优势在于不需要额外的硬件设备，而是利用手机、Wi-Fi、RFID 等空间中已有通信基础设施收发的电磁波进行感知，非侵扰且透明，使得感知过程融入日常生产生活环境中。以无源感知为代表的泛在感知技术已经成为学界和业界的研究热点。

（1）基于 Wi-Fi 的无源感知。利用 Wi-Fi（Wireless Fidelity）信号能够进行人物身份识别，源于其感知周围环境中细小变化的能力。Wi-Fi 信号作为电磁波信号的一种，不仅可以传输数据，还可以用来感应环境信息。在室内环境下，信号发射器产生的无线电波经由多径传播，在信号接收机处形成多径叠加信号，携带反映环境特征的信息。这里所说的环境是信号传播的物理空间，既包括人的因素（人的位置、特征、姿势、动作等），又包括其他外物的因素。这样在 Wi-Fi 传播过程中相当于“调制”了相应的环境信息，在接收端解调这些信息就能获得环境信息，其中也包含了感知环境内人物的行为特征，这从原理上保证了利用 Wi-Fi 信号实现高精度人物身份识别的科学性。

由于室内环境复杂多变，因此区分不同的室内场景变得尤为重要。随着基于 Wi-Fi 无源目标运动检测技术的发展，根据不同的接收信号类型，可以将其分为两类：基于接收信号强度（Received Signal Strength，RSS）的无源目标运动检测技术和基于信道状态信息（Channel State Information，CSI）的无源目标运动检测技术。

① 基于 RSS 的无源目标运动检测技术。美国马里兰大学的 Moustafa 教授在 2007 年发表了首篇关于室内 Wi-Fi 无源目标运动检测的文章，文章中提出了基于 Wi-Fi 的无源目标运动检测算法，是之后相关研究的基石。文章中首次提出了无源设备被动（Device-Free Passive，DFP）目标检测概念，利用环境中的监测点（Monitor Point，MP）接收信号强度的波动情况。若数据波动超过一定阈值，则认定当前环境中存在无源目标活动。通过自适

应选取环境阈值，实现有效的无源目标运动检测。

Kosba 等人提出了 RASID 系统，利用标准 Wi-Fi 硬件，在动态环境中依旧保持良好鲁棒性和检测成功率。RASID 系统还实现了阈值更新，通过赋予最新接收到的 RSS 数据更大权重，更新当前环境的概率密度函数，同时利用指数平滑方式保留当前环境中的历史 RSS 数据，在降低系统误报率的同时提高了系统在动态环境中的鲁棒性。Sabek 等人提出了 ACE 系统，该系统使用概率能量最小化框架，该框架将条件随机场与马尔可夫模型相结合，以捕获无源目标的时间和空间关系，同时，ACE 系统引入了一种新颖的交叉校准技术，当环境中存在多个无源目标时，能将多个无源目标检测开销降低到线性。

② 基于 CSI 的无源目标运动检测技术。由于 CSI 信号相较于 RSS 信号包含更多的数据信息，因此，基于 CSI 的无源目标运动检测技术也受到了更多学者的青睐。Xiao 等人提出了 FIMD 系统，该系统首先连续收集一段时间的 CSI 数据，计算 CSI 数据的相关系数矩阵，将相关系数矩阵的最大值作为该段数据的特征值，通过特征值变化判断当前环境中是否存在无源目标运动。特征值越大，当前环境越可能是静默状态；特征值越小，当前环境中越可能存在无源运动目标。FIMD 系统采用基于阈值的方式，当一段数据的特征值小于阈值时，判定当前环境中存在无源目标活动干扰，从而实现无源目标运动检测。

Qian 等人中提出了 PADS 系统，利用 CSI 信号中包含的幅值和相位信息实现无源目标运动检测，同时，PADS 系统具有较强的检测准确率和系统鲁棒性。在选取特征信号方面，PADS 系统选取幅值信号和经过预处理的相位信号，将幅值数据和相位数据归一化，计算归一化后幅值数据和相位数据的协方差，选取协方差矩阵最大特征值作为特征信号的特征值，特征值越大，此时环境越可能是静默状态，通过联合幅值特征值和相位特征值判断当前环境是否存在无源目标运动，从而实现无源目标运动检测。

当环境中存在人员活动时，幅值和相位信息均会产生不同程度的波动，通过数据信息波动程度，实现无源目标运动检测。实验的检测成功率表明，利用上述方法均可以得到较好的检测结果。但是，室内信号传播存在多径效应和信号衰减，多径效应会影响接收信号，信号通过不同传输介质会发生不同程度的信号衰减。因此，测试数据场景变化后，信号传播路径也会发生较大变化，此时多径效应和信号衰减会严重影响检测成功率和系统鲁棒性。当场景为复杂场景时，上述算法系统不具有较强的鲁棒性。

2.5.2 基于 RFID 的无源感知技术

（1）基于 RFID 的位置感知技术。早期基于 RFID 的位置感知技术主要利用获取的 RSS 配合信号传播模型或 RFID 标签阵列估算绝对位置和相对位置。然而 RSS 的可靠性受到多径失真和动态环境的制约，同时标签阵列在实际部署中极为不便。随着技术的发展，RFID 相位信息在时间域、频率域和空间域的差分都可以用来估算位置。RF-Compass 利用软件无线电（Software Defined Radio，SDR）模拟的 RFID 读/写器和多个参考 RFID 标签迭代追踪带有单个/多个标签的目标。RF-Dial 利用两个正交天线估算贴附有标签阵列物体的平移和旋转。OmniTrack 结合标签自身方向变化对相位的影响采用双曲线的方法定位标签。但读/写器报告的相位来自所有信号传播路径的叠加，这会导致在直接进行距离估计时出现偏差，而且在工业环境或单个 RFID 标签读取率较低的场景下，这些系统性能会进一步衰减。

（2）基于 RFID 的生命体征监测系统。基于 RFID 的生命体征监测系统不仅易于部署，而且其自动识别能力可以方便地监测不同用户的呼吸和心跳信号。但在现有的基于 RFID 的生命体征监测研究中，TagBreathe 只监测呼吸率，RF-ECG 在监测心跳信号的同时把呼吸作为主要干扰滤除，而且这两种方法都依赖于贴附在身体上的标签阵列。另外，还有一些生命体征监测方案仅仅把 RFID 标签作为通信的手段和能量采集的工具，将标签与温度、脉搏等传感器相集成，利用 RFID 读/写器获取生命体征数据，这显然是一种高度定制化的 RFID 标签，而且其数据采集速率也严重受限。

2.6　空间物联网

2.6.1　基本概念

空间物联网是基于低轨卫星网、无人机、地面传感网、传输交换等技术，实现多维空间数据的感知、采集、传输和处理，针对空间物联网在多源数据收集、传输与安全等方面的问题。空间物联网与传统卫星物联网不同，不仅是利用卫星中继解决远程的机器通信问题，而是在天地一体化信息网络架构下的一种泛在物联网体系，是地面物联网在全球立体空间层面的拓展，是多种信息技术融合而成的综合性应用服务平台。

2.6.2　体系架构和关键技术

卫星物联网（Satellite IoT）以通信卫星与物联网相连的方式，利用卫星的中继转发功能解决远程物联网覆盖范围内的机器通信（Machine-to-Machine，M2M）问题，研究内容主要集中在卫星通信系统与传感器系统之间的互操作性、卫星 IPv6 协议的适用性以及卫星频谱资源管理等单一化问题上。卫星物联网的概念如图 2-27 所示。

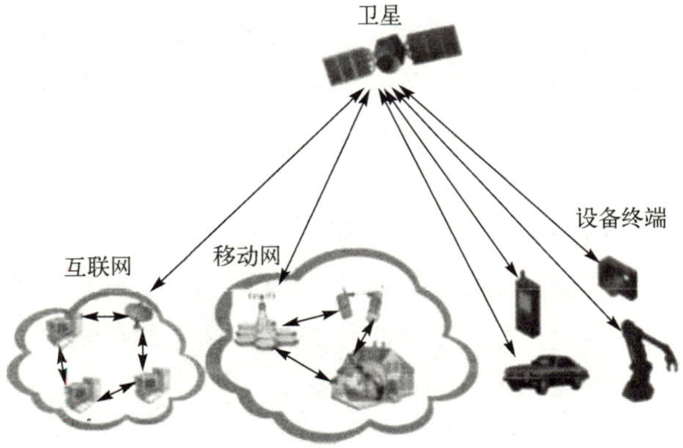

图 2-27　卫星物联网的概念

我国航天科技和航天科工集团提出了 300 颗小卫星和全球数据业务处理中心组成的“鸿雁星座”系统，考虑了与地面物联网发展相结合的建设思路，构建全天候、全时段、强实时和低能耗的卫星物联网体系结构。另一方面，我国科技创新 2030 中首个启动的重大项目——天地一体化信息网络，其概念和内涵远超过低轨通信星座系统，其构成包括由高轨卫星组成的天基骨干网、低轨和飞行器组成的天基接入网及地面关口站和终端组成的地基节点网，并且与地面移动网和互联网紧密相连。

在卫星物联网及低轨通信星座系统的基础上，结合我国天地一体化信息网络建设的战略部署，伴随着大数据业务、智能化终端的增长趋势，提出以卫星平台、浮空平台和地面网络设施为基础的天地一体化空间物联网的概念。空间物联网是空间通信与多领域技术的有机融合，利用天基（高、中、低轨卫星）和空基（无人机、飞艇、飞机）的骨干网络和接入网络，与地面物联网、互联网、移动网等子网进行跨域互联和数据调度，形成覆盖全球、无缝连接的泛在物联网体系。空间物联网是传统物联网在应用空间上的物理拓展和在应用技术上的融合创新，形成综合化的应用服务平台

基于卫星物联网及低轨通信星座系统的空间物联网具有以下特点与优势。

（1）覆盖范围广、覆盖深度大。由于空间物联网中的传感器网络与通信节点部署到地面、近空、太空等多层次立体空间，突破了传统物联网仅限于地面互联的物理范围，上万公里的跨地域数据调度和信息交互将很容易实现。

（2）网络高度智能化。空间物联网融合了大量物联网智能终端和传感器等设备作为广域范围下的海量通信节点，在大数据的网络体系下容易实现边缘节点计算、云网一体化、在轨信息处理等复杂操作。

（3）系统稳定性强。空间物联网的网络节点大部分并不固定，同类型网络节点可相互替换，网络拓扑具有可重构属性，网络路径和传输模式选择方案多，在系统稳定性和可塑性上有所增强。

（4）应用服务类型多。空间物联网将天基节点、浮空平台与地面传感器网络融合，突破传统物联网简单识别、监测等以窄带物联网（NB-IoT）为基础的服务功能范畴，对多种数据业务（遥感、气象、地理环境等）类型进行了相应支撑。

为提升空间物联网的容错、容灾能力和快速响应能力，必须将天地一体化信息网络系统的存储和传输功能进行重新调整，通过星载存储资源和地面存储资源的综合调配，星间节点与星地节点之间的高效协同，构建及时修复、快速遍历、高效交互的空间分布式存储/传输系统。重点考虑星地一体化网络中连接图、信道条件和传输业务等因素的约束条件，系统关键技术包括分布式存储和分布式传输两大类，如图 2-28 所示。分布式存储技术包括备份复制、一致性协议、容错编码、数据更新、存储资源分配和数据重构等；分布式传输技术包括功率分配、机会式通信、路径选择、信道编码、中继转发和协作通信等。

分布式存储技术的首要目标是提升空间分布式存储系统的容错、容灾能力，需要考虑如下问题。

（1）需要考虑在空间尺度范围内的数据遍历过程，结合空间信道特性和业务特征。为了满足在读取时更灵活、更便利的需求，设计不同种类数据存储的部署方案，将重要数据分配在固定节点，将次要数据分配在移动节点。

（2）需要考虑数据丢失后的可靠修复过程。利用备份复制、纠删码、再生码及局部修复码等进行数据快速重构，在帮助节点数量、节点修复带宽、数据修复时延等指标约束下，尽量减小数据修复开销，保证系统稳健性和可用性。

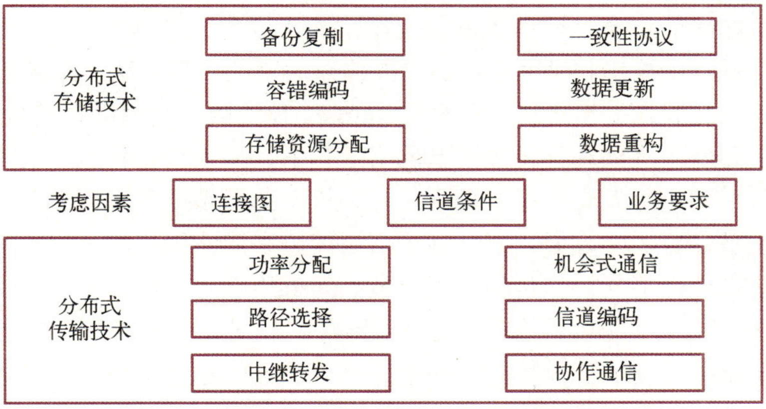

图 2-28 空间分布式存储、传输的关键技术

（3）需要考虑数据更新后的一致性同步问题，利用 CAP（一致性 Consistency、可用性 Availability、分区容错性 Partition Tolerance）理论设计分布式存储的一致性协议和数据更新策略，增强星上数据对多个地面异构网络内数据的关联性，缩短冲突响应和系统请求时延，完善空间信息网络中的分布式存储功能。

针对分布式系统数据容错性的问题，常用的两种数据容错策略为复制和纠删码，空间分布式存储系统的数据修复理论与方法如图 2-29 所示。复制策略实施简单，但存储效率和系统可靠性低。纠删码策略将数据划分成 k 块，编码后产生 m 个校验块，将 $k+m$ 个文件分别存入 n 个节点。在修复单个节点时，只需从任意 k 个节点接收数据即可完成修复，降低了存储开销，但由于要恢复整个文件，修复带宽的开销较大。再生码（ReGenerating Code，RGC）则是基于网络信息流最小分割定理，通过对不同分块数据进行最小存储开销和最小带宽开销的编码线性组合，可以显著减小恢复单个节点数据的修复开销。局部修复码（Local Repairable Code，LRC）针对如何减少修复单个数据节点时需要访问的帮助节点数，降低系统节点的 I/O 开销。考虑空间物联网中的节点在损毁或数据丢失等情况发生时，通过不等优先级策略及多节点协作修复策略，设计具有全局最优存储带宽效率的编码容错策略。

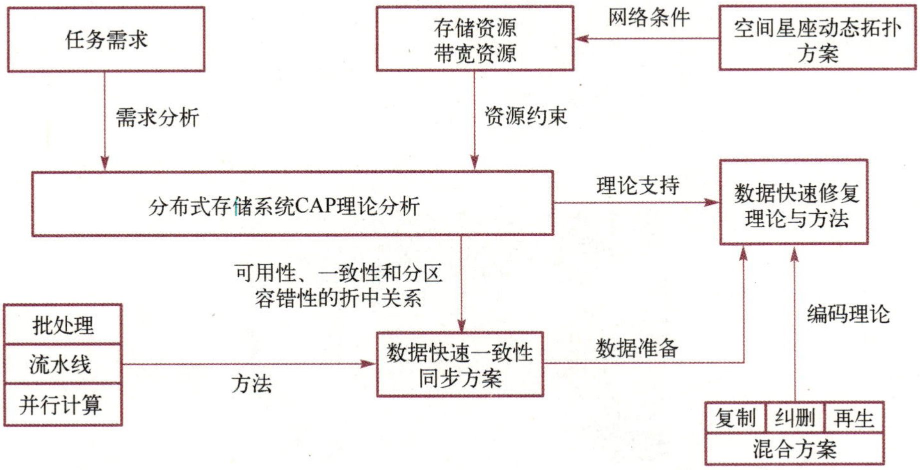

图 2-29 空间分布式存储系统的数据修复理论与方法

分布式传输技术的首要目标是实现低能耗、低开销的快速响应。一方面，建立基于空间路径传输机会的理论模型，研究面向机会式传输的路径选择算法，探索基于时延/中断容忍网络的机会式传输机制。建立基于有限集 Markov 理论的空间网络传输机会的理论模型，对链路可见性、传输节点间在不同频段上的信道状态、节点运行状态、节点间可用带宽及节点存储资源等信息进行综合考虑，分别从传输机理刻画精度和运算复杂度两方面分析不同建模方法的有效性。另一方面，研究基于信道编码和网络编码的多节点联合传输技术，实现对多节点数据的低能耗协作传输，克服节点间链路不稳定、功率资源受限以及节点间可见时间有限等缺点。设计具有非等差错保护和非等恢复时间特性的分布式喷泉码（Distributed Fountain Code），通过信源和中继编码算法的相互协调，构建多路信道并行的可靠汇聚和分发策略。

2.7 物联网应用案例

2.7.1 无源物联网应用

无源物联网的显著特征是利用无源反向散射技术的传感器通过内部无线采集模块，将周围可利用的无线信号转化为可供自身工作的能量，同时利用反向散射技术手段实现目标节点的信息传递。接下来介绍无源感知技术在油田中的实际应用。

一体化油田油井数据采集装置就是应用无源感知的新型油田装置。一体化油田油井数据采集装置系统架构现场实物图如图 2-30 所示，其由无源无线仪表解析模块、Wi-Fi 本地查询数据模块、低功耗广域网数据远传模块以及作为资产管理模块入口的户外特种 RFID 组成。该装置的电源采用 12V 直流供电，可以方便地布置在井口任意位置。

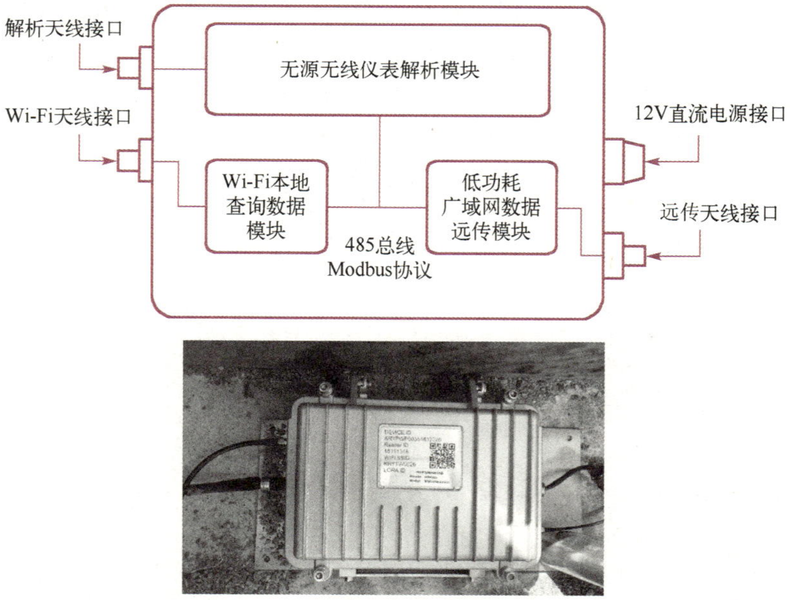

图 2-30　一体化油田油井数据采集装置系统架构和现场实物图

通过装置中不同的模块可以完成如下功能：传感器数据采集、井口现场数据记录、数据远传和定期采集、资产管理和巡检。

无源无线仪表解析模块是该装置的核心，此模块完成所有的井口仪表数据的采集和解析。该模块由可重构的射频模块和数字处理模块构成，不仅可以读取无源无线仪表的信息，还可以读取其他无线传感器的信息，具备采集多种无线传感器的能力。无源无线仪表解析模块通过 485 总线以 Modbus 协议与 Wi-Fi 本地查询数据模块和低功耗广域网远传模块通信，可兼容多种近距和远传通信方式。Wi-Fi 本地查询数据模块与配套的手持终端配合，可以完成对仪表数据的本地查询和数据记录，既照顾了油田原有的生产巡检习惯，在远传通路出现故障时，也能保障监测工作的正常进行。低功耗广域网数据远传模块通过以 LoRa 为代表的远距离传输技术，将采集得到的信息按照设定的采集周期传输至远端的数据平台，完成数据的自动采集、记录和分析。

在新疆油田公司某油田选取了 25 口生产井进行了无源无线传感器和一体化数据采集装置。图 2-31 是现场安装情况。

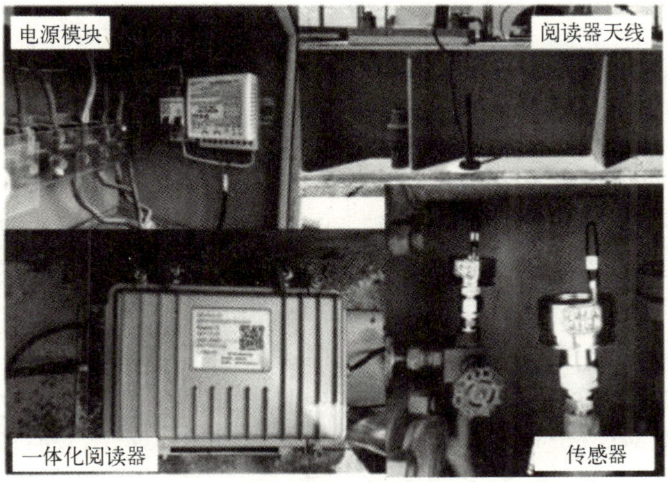

图 2-31　现场安装情况

2.7.2　车联网应用

车联网组成的智能交通系统为驾驶者提供丰富的服务，这些服务包括交通监管、实时路况分析和自动驾驶技术等。车联网技术利用无线通信技术、全球定位技术、5G 和边缘计算等新兴技术，融合驾驶员、汽车、道路三大元素，将服务器、路边单元和车载单元等设备连接，实现车与车、车与服务器智能互联，进而实现交通信息、车辆运行信息和实时网络信息的存储、处理和共享，达到交通监管和满足用户需求的目的。

2.7.2.1　基于 5G 的车联网

第五代移动通信技术（5th-Generation Mobile Networks，5G）定义了三大技术场景，包括增强型移动互联网（Enhanced Mobile Broadband，eMBB）、海量机器类通信（Massive

Machine Type of Communication，mMTC）以及高可靠低时延通信（Ultra Reliable & Low Latency Communication，uRLLC）。其中 uRLLC 表现为满足端到端毫秒级的低时延性能，车载自组织网络（Vehicular Ad-hoc Networks，VANET）简称车联网，是 5G 系统高可靠低时延通信场景的重要应用。如图 2-32 所示，5G 车联网又可以分为三个部分：车内网、车际网及车载移动互联网。

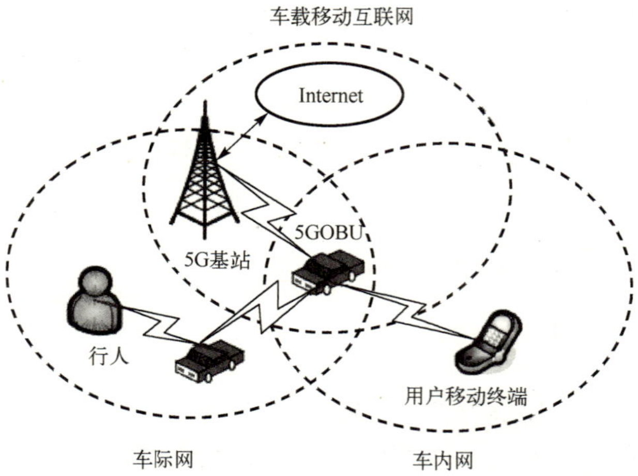

图 2-32　5G 车联网络划分

在车内网中，车辆通过内置的车载单元（On-Board Uunit，OBU）与移动终端进行通信，实现了车辆与驾驶员之间的相互通信；在车际网中，一定范围内的车辆通过设备到设备（Device to Device，D2D）的通信技术进行相互之间的消息传输，实现了车与车之间的信息共享；在车载移动互联网中，5G 基站连通道路系统和互联网充当中继的功能，为车辆与互联网之间的互联互通提供服务。

5G 技术的出现将改变传统车联网通信模式，使得智能车联网体系结构更加灵活。基于 5G 车联网中存在 4G 蜂窝通信、无线局域网和卫星通信等多种不同的通信模式，形成一个互联互通的大型异构网络。如图 2-33 所示，LTE-V 为基于 LTE 技术的车联网，5G 车载单元等系统元素可通过多网络接入与融合，多渠道接入互联网。图 2-34 展示了基于 D2D 通信的 5G 车联网体系结构，D2D 通信是其重要的通信模式。按照对起始、目的和中继终端节点的控制情况和基站对资源的分配方式，可具体将 D2D 通信方式分为 4 类，包括基站辅助的终端直连、基站辅助的车队通信、基站辅助的中继通信及终端间的直接通信。在此基础上，在未来基于 5G 技术的车联网将实现车内网、车际网和车载移动互联网的“三网融合”，具体概述内容如下。

（1）车内网：5G 车载单元和车辆可以实现自行控制链路，进行短距离信息传输，从而降低通信时延。

（2）车际网：车际网中会出现车辆处于通信网络边缘或信号阻塞地带的情况，此时各终端间的通信难以保证。在这种情况下，车辆可基于单跳或多跳的 D2D 通信模式建立 AdHoc 网络，实现相邻车辆间自组网来保障实时信息交换。

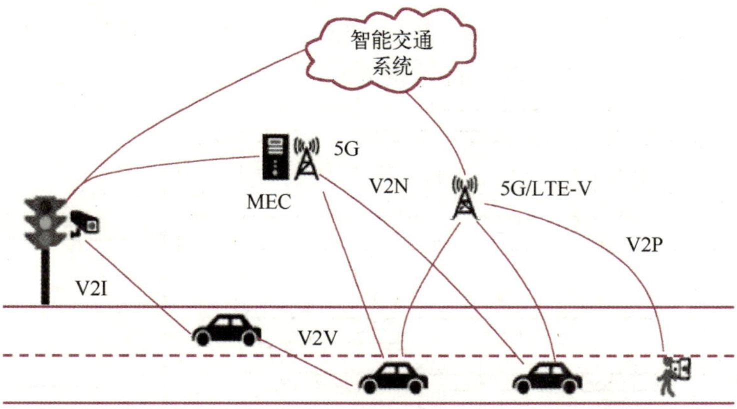

图 2-33　5G 网络下异构车联网示意图

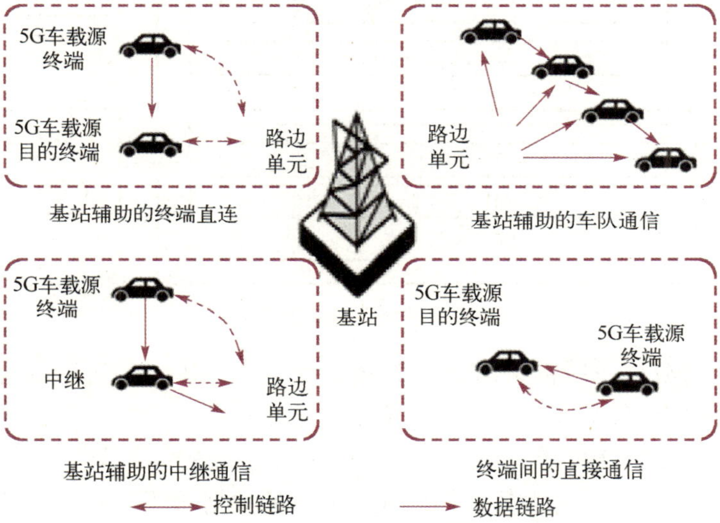

图 2-34　基于 D2D 通信的 5G 车联网体系结构

（3）车载移动互联网：车辆可通过 5G 基站或中继快速接入互联网，实现 V2N 的信息交互。

2.7.2.2　基于边缘计算的车联网

移动边缘计算（Mobile Edge Computing，MEC）将云计算功能和服务扩展到网络边缘，通过将计算任务从移动设备转移到网络边缘来实现实时信息传输和计算。移动边缘计算靠近消费者，同时支持高移动性和开放平台，可以减少延迟和提高 QoS，可以为车联网提供稳定可靠的连接与高质量的网络服务。移动边缘计算服务平台架构层级分明，各自分工协同，其主要由三大部分组合而成。如图 2-35 所示，分别为 MEC 基础设施管理系统、MEC 应用平台管理系统、应用管理系统。

通过利用边缘云的计算存储资源为用户提供数据计算服务，解决了用户计算能力不足的问题。MEC 可以将汽车云分散部署到网络边缘的移动基站（或者汇聚点）中，在靠近网络边缘的基站中为应用程序提供服务器，使数据的处理尽可能靠近车辆和道路传感器，从而减少数据的往返时间。在移动边缘计算系统中，用户利用 MEC 服务器作为媒介，调用距离本地较近的边缘云计算资源对进行数据处理。

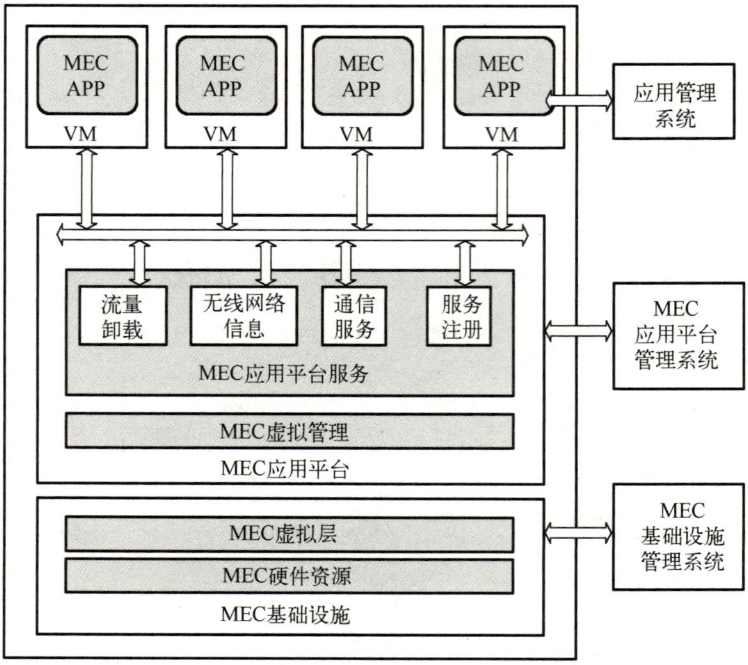

图 2-35　MEC 服务平台架构

车联网环境下 MEC 系统框架图如图 2-36 所示，路边单元（包括道路传感器、交通控制传感器和信息采集设备）和车载单元（车载传感器和车载设备）产生的数据通过基站将数据传输至 MEC 平台，MEC 平台与应用程序和交通部门进行信息交互后再进行数据收集、数据处理和数据存储操作，再由基站将处理完成后的数据返还至移动车辆。

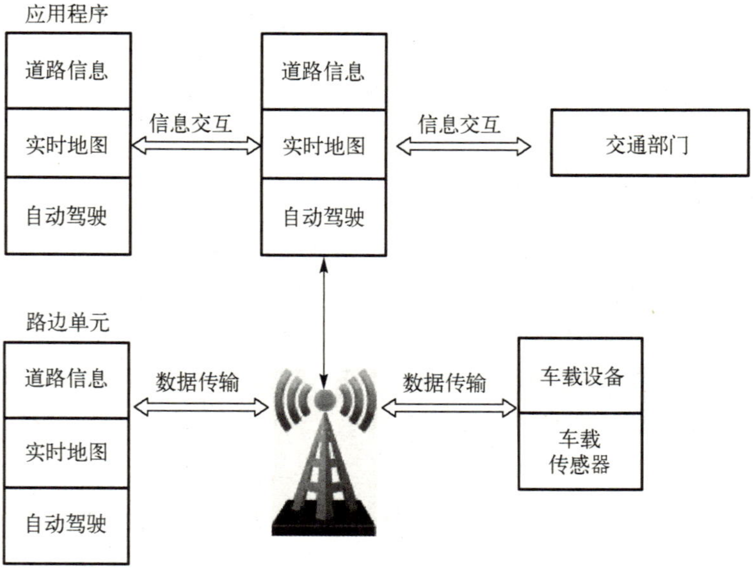

图 2-36　车联网环境下 MEC 系统框架图

习题 2

1．简述物联网的定义和发展历程。
2．物联网的核心技术是什么？请简述它们的作用。
3．什么是传感器？它在物联网中的作用是什么？
4．解释 RFID 技术的基本原理及其在物联网中的应用。
5．物联网中的数据传输主要依靠什么技术？并简述其原理。
6．如何保障物联网的安全性？并列举几种常用的安全措施。
7．分析物联网技术的发展趋势及其对社会和经济的影响。
8．如何提高物联网系统的能效？并提出几种策略。
9．分析物联网技术在企业运营管理中的应用及其优势。
10．物联网在智能制造中的主要应用是什么？并简述其优势。
11．如何保护物联网设备用户的隐私？并提出几种策略。
12．分析物联网在公共安全领域的应用及其优势。
13．如何降低物联网系统的成本？并提出几种策略。
14．结合实际案例，分析物联网技术在实际应用中的挑战和解决方案。
15．一个网络拥有 100 万个物联网设备。假设每个设备每秒产生 1KB 的数据，计算每秒总共产生的数据量（以 MB 为单位）。计算每天产生的数据量（以 GB 为单位）。假设数据需要存储 1 年，计算每年需要的存储容量（以 TB 为单位）。

物联网跑出发展加速度

第 3 章 云计算技术

3.1 云计算概述

3.1.1 云计算起源

3.1.1.1 云计算简史

追根溯源，云计算与并行计算、分布式计算和网格计算都有着千丝万缕的关系，更是虚拟化、效用计算、软件运营服务（SaaS）、面向服务架构（SOA）等技术混合演进的结果。那么，几十年来，云计算是怎样一步步演变而来的呢？我们可以把云计算的发展简史划分为以下三个阶段。

第一阶段：2006 年前属于发展前期，虚拟化技术、并行计算、网格计算等与云计算密切相关的技术各自发展，其商业化和应用也比较单一和零散。

第二阶段：2006—2009 年属于技术发展阶段，云计算、云模式、云服务的概念开始受到各个厂家和各个标准组织的关注，认识逐渐趋同，并结合传统的并行计算、虚拟化及网格计算等业务，使云计算的技术体系日趋完善。

第三阶段：2010 年至今属于技术与应用得到高度重视和飞速发展的阶段。这一阶段非常重要的变化是，云计算得到政府、企业的高度重视和逐步认同，其技术和应用得到了飞速发展。

3.1.1.2 云计算发展现状

2006 年 8 月，Google CEO 埃里克在搜索引擎大会首次提出云计算的概念。到 2020 年，经过 14 年的发展，云计算已经从一个概念发展成庞大的产业，有许多公司活跃的身影。如今，云计算服务是企业最先进的技术之一，市场还将继续加速变化，各个云计算提供商之间的竞争也继续升温。

3.1.1.3 云计算的发展趋势

云计算的发展趋向于私有云将成为大型企业首选，开放数据中心，混合云架构将成为企业 IT 趋势，越来越多的应用迁移到云环境。

混合云融合了公有云和私有云，是近年来云计算的主要模式和发展方向。私有云主要面向企业用户，出于安全考虑，企业更愿意将数据存放在私有云中，但是企业同时又希望可以获得公有云的计算资源，在这种情况下，混合云被越来越多地采用，混合云将公有云和私有云进行混合和匹配，以获得最佳的效果，这种个性化的解决方案，达到了既省钱又安全的目的。

3.1.2　云计算定义与特征

3.1.2.1　云计算定义

本书中给出云计算的定义为：云计算（Cloud Computing）是分布式计算的一种，通过网络“云”将巨大的数据计算处理程序分解成无数个小程序，然后，通过多台服务器组成的系统进行处理和分析这些小程序得到结果并返回给用户。早期云计算，简单地说，就是简单的分布式计算，解决任务分发，并进行计算结果的合并。因此云计算又称为网格计算。通过云计算这项技术，可以在很短的时间内（几秒钟）完成对数以万计的数据的处理，从而支持庞大的网络服务。

3.1.2.2　云计算特征

虚拟化：云计算支持用户在任意位置、使用各种终端获取应用服务。云计算支持广泛的网络访问，用户可以随时随地使用云终端设备接入网络并使用云端的计算资源。常见的云终端设备包括手机、平板、笔记本电脑、掌上电脑和台式电脑等。

规模化整合：云的资源非常庞大，一个企业云可以有几十万甚至上百万台服务器，在一个小型的私有云中也可拥有几百台甚至上千台服务器。

高可靠性：云计算使用了多副本容错技术、计算节点同构可互换等措施来保障服务的高可靠性，使用云计算比使用本地计算机可靠。

高可扩展性：即快速弹性，用户能方便、快捷地按需获取和释放计算资源，也就是说，需要时能快速获取资源从而扩展计算能力，不需要时能迅速释放资源，以便降低计算能耗，从而减少资源的使用费用。对于用户来说，云端的计算资源是无限的，可以随时申请并获取任何数量的计算资源。

可测量使用成本低：计费服务，用户使用云计算资源是要付费的，付费的计量方法有很多，例如，根据某类资源（如存储、CPU、内存、网络带宽等）的使用量和使用时长计费，也可以按照使用次数来计费。

按需服务资源池化：云计算资源需要被池化，以便通过多租户形式共享给多个消费者，也只有池化才能根据用户的需求动态分配或再分配各种物理的、虚拟的资源。用户通常不知道自己正在使用的计算资源的确切位置，但是在用户自助申请时允许指定大概的区域范围（如在哪个国家、哪个省或者哪个数据中心）。

3.1.3　云交付部署模型

云交付模型（Cloud Delivery Model）是指云提供者提供的具体的、事先打包好的 IT 资源组合。公认的、被形式化描述了的三种常见云交付模型是基础设施即服务（Infrastructuve as a Service，Iaas）、平台即服务（Platform as a Service，Paas）、软件即服务（Software as a Service，

Saas）。这三种模型是互相关联的，其中一个模型可以包含另外一个模型。

目前，已经出现了许多这三种基本云交付模型的变种，每种都是由不同的资源组合构成的。例如，存储作为服务（StorageasaService）、数据库作为服务（Database as a Service）、安全作为服务（Security as a Service）、通信作为服务（Communication as a Service 集成作为服务（Integration as a Service）、测试作为服务（Testing as a Service）、处理作为服务（Process as a Service）。

还要注意，云交付模型还可以被称为云服务交付模型，因为每个模型都可以看成种不同类型的云服务提供。

（1）IaaS。该服务提供了计算机体系架构和基础服务，提供了所有云计算资源供用户直接访问使用，如数据存储、虚拟化服务、服务器和网络等。

IaaS 的使用对象是企业管理员。其优点是为云提供基础架构和服务、增强了可扩展性、动态按需扩展；缺点是集群规模增大后会出现安全问题和网络服务延迟。云用户访问 IaaS 环境如图 3-1 所示。

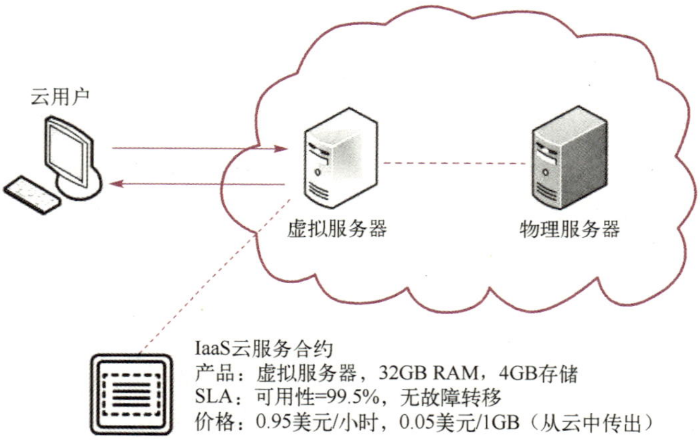

图 3-1　云用户访问 IaaS 环境

（2）PaaS。PaaS 主要由开发环境/平台、编程语言、操作系统、Web 服务器和数据库构成，用户可在其中构建、编译、运行程序，而无须担心其基础架构。当今面对互联网业务量和用户量剧增的现状，PaaS 是企业需要着重建设的部分。很多企业都以 Kubernetes 为基础建设容器云平台。

PaaS 的使用对象是开发人员。其优点是快速开发部署、弹性扩容、持续交付；缺点是开发人员只能使用 PaaS 提供的语言和工具，如果前期使用裸金属服务器部署，那么后期迁移到云，可能会有一定难度和适应期。云用户访问 PaaS 环境如图 3-2 所示。

（3）SaaS。按需使用软件、按需付费。与购买程序无关，该服务运行在云端，与平台无关，无须在计算机上安装软件。云端运行该服务一个或多个实例供多个最终用户使用，云计算大大降低企业软件运行成本，如网盘、网上冲浪服务等。

SaaS 的使用对象是用户。其优点是可以通过任何平台访问而无须关心在什么网络环境中，非常适合协同办公；缺点是云服务面对所有用户，如浏览器兼容性可能导致不能使用某些服务。云用户访问 SaaS 环境如图 3-3 所示。

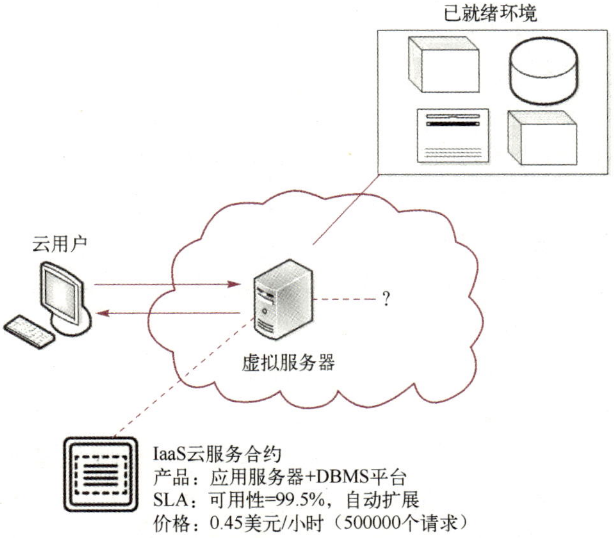

注：图中问号表明云用户被有意识地屏蔽了平台的实现细节

图 3-2　云用户访问 PaaS 环境

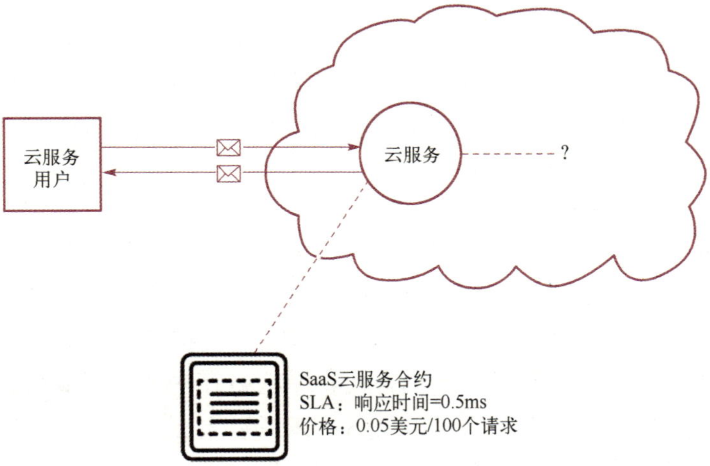

注：图中问号表明云用户被有意识地屏蔽了平台的实现细节

图 3-3　云用户访问 SaaS 环境

3.1.4　云计算标准化

3.1.4.1　云计算国际标准化

目前，全球范围内的云计算标准化工作已经启动，全世界已经有 30 多个标准组织宣布加入云计算标准的制定行列，并且这个数字还在不断增加。这些标准组织大致可分为以下三种类型。

（1）以 DMTF、OGF、SNIA 等为代表的传统 IT 标准组织或产业联盟，在这些标准组织中有一部分原来是专注于网格标准化的，现在转而进行云计算的标准化工作。

（2）以 CSA、OCC、CCIF 等为代表的专门致力于进行云计算标准化的新兴标准组织。

（3）以ITU、ISO、IEEE、IETF为代表的传统电信或互联网领域的标准组织。

国际云计算标准化的特点如下。

（1）私有和开源实现给标准化造成一定的困难。从目前云计算服务提供商的情况来看，对云平台的私有和开源实现仍是主导。一方面，云计算相关的开源实现，如Hadoop、Eucalyptus、KVM等成为构建云计算平台的重要基础，一些具有自主开发能力的企业在这些开源实现的基础上进行开发，以提供具有个性化特点的云计算业务。另一方面，具有先发优势的公司利用其成熟的技术和产品形成了事实标准，如VMware、Citrix的虚拟机管理系统，这些产品主导了云计算解决方案市场。

应该说，云平台基于开源或私有技术与云计算的标准化并不冲突，因为对于标准化来说，重点应该在于系统的外部接口，而不是系统的内部实现。但由于一些开源的实现方式无法提供面向平台间互联与互操作的接口，而一些私有或专用的云平台则由于利益关系，不愿提供开放的接口，因此给标准化造成了一定的困难。

（2）IaaS是标准化的重点。IaaS是基础性的云计算服务，实现了基础IT资源（如存储、内存、CPU、网络等）的虚拟化。从产业角度来看，IaaS具有比较成熟的产业链，是传统企业数据中心向云计算迁移的最现实与最便捷的方式之一，因此，IaaS是目前市场上宣传与关注最多的云计算业务模式之一，在某种程度上，IaaS甚至已经在市场上成为云计算的代名词。从技术角度来看，IaaS的概念和技术实现最为明确，主机虚拟化、分布式存储等技术在形式和目标上比较统一。IaaS的标准化既有技术上的可行性，又存在市场需求，因此成为目前标准化的重点目标。

（3）互操作、业务迁移和安全是标准化的主要方向。NIST将其云计算的标准化的重点定为互操作、可移植性与安全，这可能代表了产业界对云计算标准化方向的一种共识。目前，众多标准组织都把云的互操作、业务迁移和安全列为云计算三个最重要的标准化方向。

标准化是避免垄断的一种技术手段，因此一些云计算的“先行者”最初对于标准化的态度并不积极。作为市场的主导者，他们肯定不希望目前垄断的局面被打破。但市场的发展是无法阻挡的，市场规模的扩大必然需要给后来者以生存的空间，标准化尤其是互操作与业务迁移的标准化正是使市场能够走向开放的重要基础。因此，市场主导者的态度也在逐渐发生着积极的变化，云计算的标准化已经成为业界的共识。

3.1.4.2 云计算国家标准化工作进入新阶段

近年来，国内云计算产业发展迅猛，产业环境日益完善，产业规模保持高速增长，但是在云计算产业“火热”的背后，也存在着诸如信息安全、服务质量、权益保障等多重问题，其中，信息安全最受关注。我国着手建立党政机关云计算服务安全管理制度，作为基础标准之一的《信息安全技术—云计算服务安全能力要求》（GB/T 31168—2014）于2015年4月1日正式颁布实施。这份文件标志着云计算国家标准化工作进入了一个新阶段。

3.1.4.3 云计算国家标准化正式发布

国家市场监督管理总局（国家标准化管理委员会）批准501项国家标准和6项国家

标准修改单，其中由全国信息安全标准化技术委员会云计算标准工作组归口管理的云计算国家标准获批正式发布。

现如今，国家正面临着推动新一代信息技术与传统深度融合的重要时期，促进云计算产业研发和示范应用被看成新一代信息技术发展的重要内容之一。云计算标准的发布将解决云计算产业发展中亟待解决的问题，并推动云计算产业健康发展，满足产业和应用的需求，促进云计算在传统产业中发挥实效。

3.2 云计算架构

3.2.1 云计算体系结构

云计算是一种全新的基于互联网的超级计算理念和模式，主要是将计算机硬件资源（如计算机设备、存储设备、服务器集群、硬件服务等）和软件资源（如应用软件、集成开发环境、软件服务等）放在互联网上，协同工作。

云计算体系结构比较复杂，云计算平台就是一个强大的“云”网络，连接了大量并发的网络计算和服务，每个服务器的能力都可以通过虚拟化技术进行不断扩展，通过云计算平台可以将各自资源有效地结合起来，提供超级计算和存储能力。目前，云计算体系结构主要被划分为 SaaS 层、PaaS 层和 IaaS 层。因此，通用的云计算体系结构如图 3-4 所示。

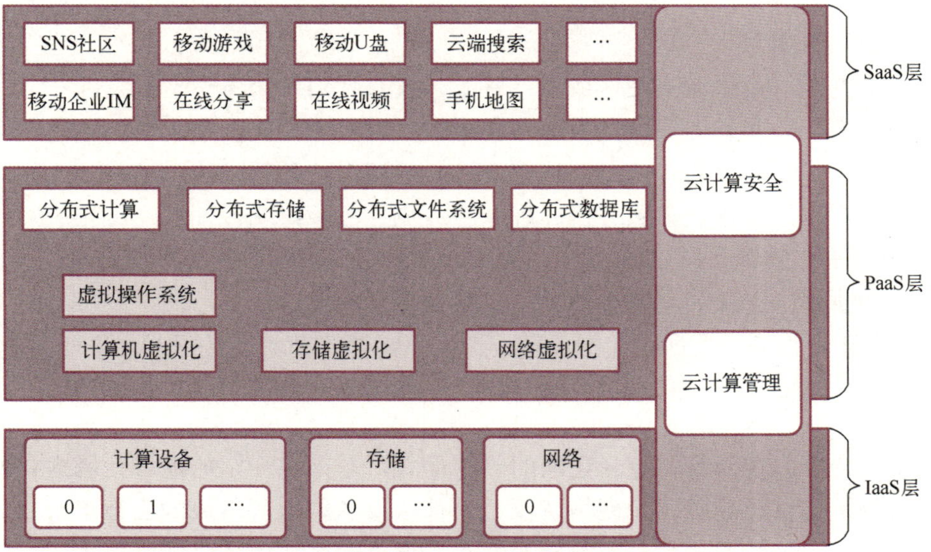

图 3-4　通用的云计算体系结构

IaaS 层主要提供硬件基础设施部署服务，为用户按需提供实体或虚拟的计算能力、存储能力和网络能力等资源。为了优化硬件资源的分配，IaaS 层引入了虚拟化技术。虚拟化技术是 IaaS 层能够获得成熟应用的核心所在，通过虚拟化工具可以将形形色色计算设备统一虚拟化为虚拟资源池中的计算资源，从而提供可靠性高、可定制性强、规模可扩展的 IaaS 层服务。数据中心是 IaaS 层的基础，当用户订购这些资源时，数据中心管理者直接将订购的份额打包提供给用户，从而实现了 IaaS。

PaaS 层主要是通过互联网为用户提供一整套开发、运行和运营应用软件的支撑平台。PaaS 作为中间层，起到了承上启下的作用，向上为云计算应用程序提供运行环境，向下为应用程序提供部署与管理服务。随着信息化进程的加速，海量数据的存储与处理能力成为 PaaS 层目前亟需解决的问题，只有充分利用有效的资源管理与调度策略才能提高数据的处理效率。

SaaS 层就是一种通过互联网提供软件服务的软件应用模式。简单来讲，就是把日常在本地用到的程序、软件放到云上运行。在这种模式下，用户不需要再花费大量投资用于硬件、软件和开发团队的建设，只需要支付一定的租赁费用，就可以通过互联网享受到相应的服务，而且整个系统的维护也由建设方负责。

3.2.2 云服务模式

3.2.2.1 公有云

公有云是云计算的主要形态，是部署云计算的最常见方式之一，主要提供共享资源服务。公有云面向大众用户，通过因特网提供资源，公有云资源（硬件资源、软件资源和其他支持性基础结构）由第三方云服务提供商所拥有和运营管理。云服务使用方在公有云中可以与其他组织共享相同的硬件、存储和网络设备，也可以共同使用 Web 浏览器访问服务和管理账户。

公有云的优点如下。

（1）成本更低：无须购买硬件或软件资源，仅对使用的服务付费。

（2）无需维护：服务提供商负责运营和维护。

（3）近乎无限制的缩放性：提供按需资源，可满足业务需求。

（4）高可靠性：具备众多服务器，确保服务免受故障影响。

公有云的缺点如下。

（1）安全性差：资源共享安全性低，容易发生文件泄露。

（2）数据迁移性差：数据存储在云端，当用户需要移动大量数据时，将增加额外成本。

3.2.2.2 社区云

社区云是介于公有云与私有云之间的一种形式，是指在一定的地域范围内，由云计算服务提供商统一提供计算资源、网络资源、软件和服务能力所形成的云计算形式。即基于社区内的网络互连优势和技术易于整合等特点，通过对区域内各种计算能力进行统一服务形式的整合，结合社区内的用户需求共性，实现面向区域用户需求的云计算服务模式。

社区云的优点如下。

（1）成本较低：无须购买计算、网络资源，仅对使用的服务付费。

（2）满足共性需求：由有着类似需求并且共享基础设施的组织创立。

（3）适用于敏感行业：降低了公有云在政策和管理上的限制和风险。

社区云的缺点如下。

（1）安全性差：资源共享安全性低，较容易发生文件泄露。

（2）成本较高：用户少，且政策遵从度比公有云高。

3.2.2.3　私有云

私有云是为了解决安全问题的一种云计算方案。私有云由专供一个企业或组织使用的云计算资源构成，因而在数据安全性及服务质量上自己可以有效地管控。私有云的基础是首先用户要拥有相关基础设施并可以控制在此设施上部署应用程序的方式，私有云可以由第三方服务提供商托管，也可以在物理意义上位于组织的现场数据中心。在私有云中，服务和基础结构始终在私有网络上进行维护，硬件和软件专供组织使用。

私有云的优点如下。

（1）灵活性更高：用户可自定义云环境以满足特定业务需求。

（2）安全性更高：资源不与其他组织共享，从而可实现更高控制性和安全性级别。

（3）缩放性更高：私有云仍然具有公有云的缩放性和效率。

（4）专有资源：核心属性是专有资源，有利于内部系统的集成管理。

私有云的缺点如下。

（1）安装成本高：高度安全性可能会使部分功能操作存在局限性。

（2）建设周期长：为特定用户建设，只能实现小范围的资源优化，建设周期长。

3.2.2.4　混合云

混合云通常被认为是“两全其美”的解决方案，融合了公有云与私有云的优缺点，使得服务使用方可以将安全性高的文件放置在私有云，普通文件放置在公有云，两者之间可以进行数据和应用的相互移植。混合云综合了数据安全性及资源共享性双重方面的考虑，数据和应用程序可在私有云和公有云之间移动，从而可提供更高灵活性和更多部署选项。

混合云的优点如下。

（1）控制性更高：组织可针对敏感资产维持私有基础结构。

（2）灵活性更高：需要时可利用公有云中的其他资源。

（3）成本效益更高：具备扩展至公有云的能力，因此可仅在需要时支付额外的计算费用。

（4）可移植性更高：无须费时费力即可转换至云，因为可根据时间按工作负荷逐步迁移。

混合云的缺点如下。

（1）要求较高：开发过程中因兼容等问题会变得比较复杂，后期维护也需要花费时间和人力，对于企业的实力要求较高。

（2）数据冗余能力较差：混合云缺乏数据冗余能力。

（3）风险成本：高昂的学习成本或者系统管理员能力不足会带来额外风险成本。

3.2.3　云计算基础架构

3.2.3.1　负载分布架构

一般在网站创立的初期，使用单台服务器对多台服务器提供集中式服务，但随着业务量越来越大，无论性能还是稳定性上都有了更大的挑战。这时就需要通过扩容的方式来提供更好的服务。通常都会把多台服务器组成一个集群对外提供服务。负载均衡就是将用户的请求分发到集群中不同的服务器上，网站对外提供唯一的访问入口 。

当前大多数互联网系统都使用了服务器集群技术，集群即将相同服务部署在多台服务器上构成一个集群整体对外提供服务，这些集群可以是 Web 应用服务器集群，也可以是数据库服务器集群，还可以是分布式缓存服务器集群等。在实际应用中，在 Web 服务器集群前总会有一台负载均衡服务器，负载均衡服务器的任务就是作为 Web 服务器流量的入口，挑选一台最合适的 Web 服务器，将客户端的请求转发给它处理，实现客户端到真实服务端的透明转发。云计算及其分布式架构，本质上也是将后端服务器作为计算资源、存储资源，由某台管理服务器封装成一个服务对外提供，客户端不需要关心真正提供服务的是哪台服务器，在它看来，就好像它面对的是一台拥有近乎无限能力的服务器，而本质上，真正提供服务的是后端集群。

负载均衡是分布式系统架构设计中必须考虑的因素之一，负载均衡建立在现有网络结构上，它提供了一种廉价、有效、透明的方法扩展网络设备和服务器的带宽、增加吞吐量、加强网络数据处理能力、提高网络的灵活性和可用性。当请求发送到系统时，通过某些方式把请求均匀分发到多个节点上，使系统中每个节点都能够均匀处理请求负载，这时可认为系统是负载均衡的。负载均衡的关键在于均匀，负载均衡分布架构示意图如图 3-5 所示。

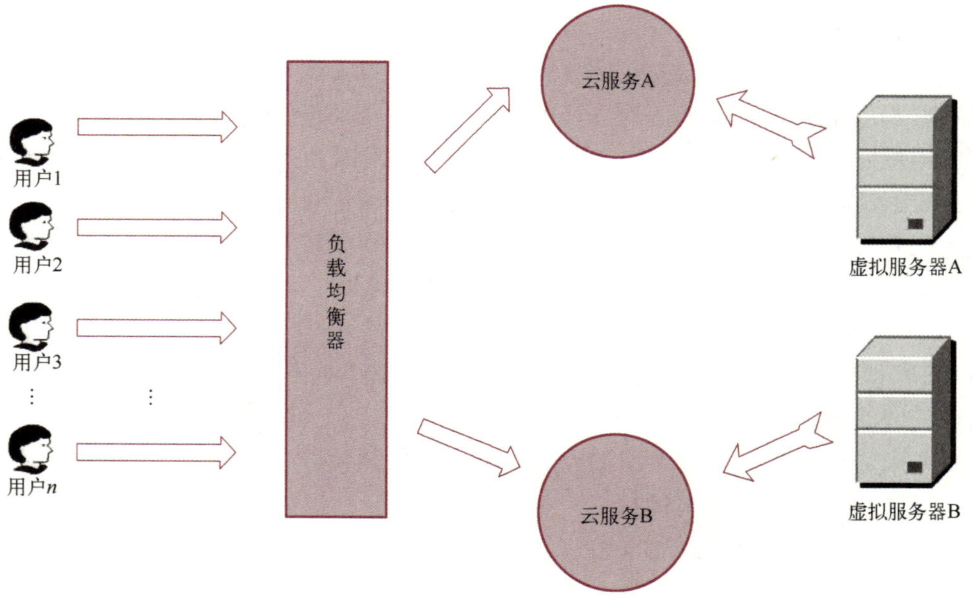

图 3-5　负载均衡分布架构示意图

（1）客户端层到反向代理层的负载均衡。客户端层到反向代理层的负载均衡是通过 DNS 轮询实现的。DNS-server 对于一个域名配置了多个解析 IP 地址，每次 DNS 解析请求来访问 DNS-server，会轮询返回这些 IP 地址，保证每个 IP 地址的解析概率是相同的。这些 IP 地址就是 Nginx 的外网 IP 地址，进而做到每台 Nginx 的请求分配也是均衡的。

（2）反向代理层到站点层的负载均衡。反向代理层到站点层的负载均衡是通过 Nginx 实现的。Nginx 对网络的依赖性比较小，工作在网络的 7 层之上，可以针对 http 应用做一些分流策略，如针对域名、目录结构。Nginx 安装和配置比较简单，测试起来也比较方便，同时可以承担高的负载压力且稳定，一般能支撑超过 10000 万次的并发。Nginx 可以通过端口检测到服务器内部的故障，如根据服务器处理网页返回的状态码、超时等，并且会把返回错误的请求重新提交到另一个节点，不过其缺点是不支持 URL 检测。

（3）站点层到服务层的负载均衡。站点层到服务器的负载均衡是通过服务池连接来实现的。上游连接池会建立与下游服务的多个连接，每次请求会随机地选取连接来访问下游服务。

（4）数据层的负载均衡。这部分主要考虑数据的均衡与请求的均衡两个点，常见的方式有按照范围水平切分与 hash 水平切分。

3.2.3.2　资源池架构

与数据中心中的计算、存储和网络资源相似，各种形态、各种类型的安全产品都能通过控制和数据平面的池化技术，形成一个个具有某种检测或防护能力的安全资源池。引入资源池的主要目的是提高性能。资源池运作机制是由资源池管理器提供一定数目的目标资源，当有请求目标资源时，资源池为其分配一个目标资源，然后给该资源标识为“忙”，标识为“忙”的资源不能再被分配使用。资源池的参数有初始资源的数目和最大资源的数目，初始资源的数目是指在资源池启动时一次建立的资源数目。资源池的资源最少要保证在这个数目上，最大资源数目是当请求的资源超出这个数目时，就需要等待。常见的资源池有数据库连接池、Web 容器中的 request/response 对象池、Web 容器中的线程池。

资源池架构以使用一个或者多个资源池为基础，其中相同的 IT 资源由一个系统进行分组和维护，以自动确保两者保持同步。如物理服务器池、虚拟服务器池、存储池、网络池、CPU 池、内存池，这是将每种类型的 IT 资源创建专有池，也可以将它们集合为更大的池，池里面有子资源池，子资源池可以与大资源池有着相同类型的 IT 资源，也可以选取某部分 IT 资源。在定义资源池后，可以在每个池中创建实例。

3.2.3.3　动态可扩展架构

云计算作为一种资源，它的可扩展性是指关于如何处理可变规模业务的能力。动态可扩展架构可理解为触发某些条件或导致资源再次动态分配 IT 资源，或回收不必要的资源。云计算中，物理或虚拟资源能够快速地水平扩展，具有强大的弹性，通过自动化供应，可以达到快速增减资源的目的。云服务客户可以通过网络随时随地获得无限多的物理或虚拟资源。使用云计算的用户不用担心资源量和容量规划，如果需要，则用户可以方便快捷地获取新的、在服务协议范围内的无限资源。资源的划分、供给仅受制于服务协议，不需要通过扩大存储量或者维持带宽来维持。这样就降低了获取计算资源的成本。

（1）动态水平扩展：当达到阈值时进行资源复制，创建更多的实例。

（2）动态垂直扩展：向上或向下扩展资源实例，如增加 CPU 数量。

（3）动态重定位：将 IT 资源重新放置在更大容量的主机上。

举个实例，亚马逊的EC2产品具有提供弹性伸缩这一云计算的独特功能，为用户的应用程序设置一个负载均衡器和几个Web服务器。在模板AMI的基础上进行设计，用户将不断复用Web服务器。然后设置弹性伸缩并根据预测的流量设置阈值。当超过阈值时，AWS将启动用户的Web服务器的新实例，并自动将其置于负载均衡器池中。一旦流量小于最小阈值，亚马逊将从负载均衡器池中为用户移除一台服务器。

3.2.3.4 弹性资源容量架构

弹性资源容量架构与虚拟服务器的动态供给相关，分配或回收CPU、RAM等资源。与上面的动态垂直扩展相似，不过前面的是基于某虚拟服务器的，而这个是基于资源池的，本质上没有什么不同。弹性磁盘在供给架构时按云用户实际所需进行存储分配和计费。

3.2.3.5 云爆发架构

当资源数量达到阈值时，从企业内部的IT资源扩展“爆发”到云中，其基础是自动扩展监听器和资源复制机制（维护内部和IT资源之间的状态信息同步）。所谓扩展到云中，也是指利用负载均衡的方式，将部分服务请求转移到云中。

例如，如果用户的一个网站流量激增，需要增加服务器集群中的服务器数量，或者需要运行一个负载异乎寻常繁重的服务，并且需要创建该类服务的更多实例，那么用户就可以使用云爆发架构。当然，只要用户有足够的硬件支持额外的虚拟机，那么一个私有云就可以独自处理这些类型的需求。但是，当用户的私有云中基础设施资源用尽时，云爆发架构就可以让用户使用公共云，从而将用户的可用资源扩大。

虽然云爆发架构是混合云模式的一个大利好，但是它却是很难实现的。其结果是，确定云爆发架构是否足以保证应对这些实时挑战就变得非常重要。

当实施云爆发架构时通常都会遇到一个挑战，即私有云和公有云可能会在不同云计算平台上运行。所以，应确定用户的配置脚本程序是如何在公共云和私有云中运行的。例如，用户可能需要为私有云准备一组配置脚本程序，而为在使用云爆发架构时，AWS准备另一组配置脚本程序。然而，避免这一问题的一个方法就是使用一个能够抽象云实施细节的服务。例如，用户可以使用云计算管理服务来实现过程抽象，如创建一台虚拟服务器。或者，用户也可以使用基于硬件的跨云平台负载平衡，如类似F5 BIG-IP本地流量管理器这样的产品。

即便用户建立了一个云爆发架构，还应考虑在多个云环境中运行一个单一服务的影响。例如，网络延迟就可能是一个问题，当然用户也可以把私有云托管至在使用云爆发架构时所用公有云的同一个数据中心。

3.2.3.6 冗余存储架构

冗余存储架构通过复制使辅云存储设备（简称辅设备）与主云存储设备（简称主设备）保持数据同步，当主设备故障时，存储设备网关（连接到云存储设备的外部接口）将请求转向辅设备。冗余可以是异地的，它可以解决服务器架构单点的问题，具体表现为实现架构的高并发多客户场景，实现系统高可用安全场景。一个好的系统设计应该是分布式和集群的结合，先分布式再集群，设置适当的冗余，具体实现就是将业务拆分成很多子业务，然后针对每个子业务进行集群部署，这样如果某个子业务出了问题，那么整个系统完全不会受影响。

冗余设计的原则如下。

（1）平衡主节点故障允许时间 T1 和主备节点切换时间 T2。由对于整个系统而言，需求被定位在节点的故障允许时间 T。当 T1 太长、T2 太短时，系统用来监视主备节点运行状态的消耗就少些，但对主设备节点的切换性能要求高，这只有在主设备节点间数据同步很充分时，才能做到，故提高了对数据同步要求。

（2）减少同步数据量。一方面，对构件信息进行良好归类，分离出静态信息和可以自行获得的信息，不需要对这些信息进行同步。另一方面，增大构件的尺寸，把内部联系紧密的构件聚合成较大的构件，这样就减少了需要跟外部交换的信息，也减少了需要同步的数据量。

被动冗余架构基于失败重试原理，在可用的服务提供者之间重试，直到找到一个可用的提供者。被动式冗余是简单的，但也有很大的局限性，它要求冗余节点只能作为信息的处理者，完全作为 C/S 架构中的接收者，而不可能作为信息的发起者。这类冗余在事务处理系统（MIS）中比较常见，因为这类系统总是响应用户的操作，而很少会有自动收集信息并处理的业务。主动冗余架构是主设备节点间设有交换运行状态的通信通道，由它们自行协商何时进行主设备切换，该方式可以称为自控方式。另一种是基于一个中心的冗余控制器，冗余控制器分别与主设备节点通信，并决定何时进行主设备切换，该方式可以称为集控方式。

3.2.4　移动云计算架构

移动云计算是云计算和无线网络的结合体，是指支持用户通过移动网络以按需、易扩展的方式获得所需的基础设施、平台、软件（或应用）等的一种 IT 资源或（信息）服务的交付与使用模式。移动云计算将云计算集成到移动环境中，通过在移动设备以外和在云中执行数据存储和数据处理来为移动应用和服务提供简单的基础设施。

3.2.4.1　移动云计算特性

移动云计算是云计算的发展与延伸，故移动云计算不仅继承了云计算的优势，还根据自己移动化的特性增加了新的特性和要求。

（1）无时不在、无处不在的服务。依托于便携式终端和无处不在的无线网络，移动云计算可以随时随地地获取相关服务，不受时间和空间限制。

（2）不间断的云服务。如同边走路边拨打电话一样，只要保证无线网络的稳定，移动云服务就不会因位置的改变而中断，用户可以在走路或乘坐交通工具时持续使用服务，而不必每到一处重新接入。移动云计算这一实时的特性，为移动云服务提供了极大的优势，使得用户不必担心因出行或必须移动位置而中断服务，进而错过重要的信息。这意味着用户可以同时进行其他工作，提高效率。

（3）用户对隐私与安全的要求更高。智能设备的发展和普及，在人们的工作和生活中发挥着越来越大的作用，使其成为人们的日常用品，人们对智能终端的信任和依赖也与日俱增，因此智能终端设备积累了大量的用户数据。移动云服务的进入，更是加剧了这一趋势，同时产生了大量的信息交流与共享。因此，在移动云计算环境下，必须更加注重保障用户信息的安全。

（4）复杂网络的适应性。移动云计算的另一大特性是能够在网络环境中实现无缝服务交付。在同一种商业协议下，跨越多个运营商网络提供服务，无缝处理每个运营商的特殊网络策略。因此，移动云计算具备对复杂网络的较强适应性。

3.2.4.2 移动云计算的应用

移动云计算兼具了移动计算和云计算的优势，可以为移动用户提供最佳的服务。移动云应用将计算能力和数据存储从移动手机迁移到云，拓展了云服务的涵盖范围，包括移动学习、移动商务、移动医疗等诸多领域。

1. 计算卸载

新一代移动应用程序更加注重真实世界与计算机虚拟世界的互动。移动应用程序需要复杂的计算能力，如语音识别、自然语言处理、计算机视觉、机器学习和人工智能等，但移动设备本地资源却具有天然的局限性。而云平台则拥有一个几乎无限的计算资源池。因此，将计算卸载到云端，以降低移动设备的能源消耗和弥补本地资源不足，是移动云计算最主要的目的和应用。

2. 提高可靠性

由于云中的数据和应用程序存储和备份在一组分布式计算机上，因此在云端存储数据或运行应用程序时，可以获得额外的冗余，降低了数据和应用发生丢失的机率，从而有效地提高了可靠性。此外，云计算可以用于数字内容的版权保护（如影视、音乐），以防止滥用和未经授权的分发；还可以为移动用户提供远程的安全服务，如病毒扫描、恶意代码检测等。同时，基于云的安全服务可以通过收集不同用户的记录来不断自我改进。

3. 移动商务

移动商务是移动云计算的重要应用之一，因其潜在用户规模巨大、易于推广和技术创新而受到业内关注。服务商借助云服务的强大资源，可以轻易建立丰富、灵活的一站式购物平台，同时由于移动通信的实时性，用户可以在第一时间准确地与对象进行沟通，与商务信息数据中心进行交互，提高用户的使用效率和体验。目前，国内几大知名电商均已推出基于 MCC（MyCnCar 式）的移动商务平台，如手机淘宝、支付宝钱包、大众点评等。移动商务具有不受时空限制、易于确认身份等优势，同时，提供位置相关服务是移动商务的特有价值，如根据位置提供旅游景点信息、查找最近的加油站等。这些都是传统电子商务所无法比拟的。

4. 移动医疗

通过移动云来提供医疗服务和信息，可以有效降低传统医学治疗的局限性。新医改启动以来，我国医疗卫生行业信息化的需求巨大，优质医疗资源整体稀缺和区域间分布不均衡问题普遍存在。不断加剧的老龄化和人力成本上升也对传统的医疗方式提出了新的要求，移动医疗提供的远程实时监控、移动护理和网络呼叫等功能，很好地缓解了这些难题。通过移动服务，用户可以很方便快捷地获取帮助和信息资源，如医疗建议、健康记录及注意事项。此外，病人的整个医疗过程，都可以用移动技术予以优化。通过对医院原有的信息系统的高度共享，使系统具有移动性，从而简化医疗流程，提高医疗效率。

5. 移动游戏

移动游戏又称手游，对服务提供商来说是一个极具潜力的市场。移动游戏将需要大量计算资源（如图形渲染）的游戏引擎卸载到云中的服务器，玩家只是与设备的显示界面进行互动，这为移动设备节约了电能，从而延长了游戏时间。

3.3 云计算核心技术

3.3.1 虚拟化技术

虚拟化是云计算中最主要的支撑技术之一，它能够对硬件资源进行抽象，屏蔽物理设备的复杂性，通过增加一个虚拟管理器将物理的硬件设备转化为逻辑的虚拟资源，为用户提供集中管理、统一共享的资源服务。

3.3.1.1 虚拟化概述

在计算机技术中，虚拟化（Virtualization）的基本思想是将硬件设备和软件系统解耦，实现硬件资源的最大化共享，使得软件系统运行摆脱对硬件环境的依赖。

1. 虚拟机结构

由于虚拟机是在传统物理机上构建的，因此虚拟机的结构比传统物理机的结构复杂。物理机与虚拟机的结构示意图如图 3-6 所示。虚拟化后的物理机包括多个虚拟机和多套操作系统，包括宿主、客户机、主机系统、虚拟化层等多个部分。

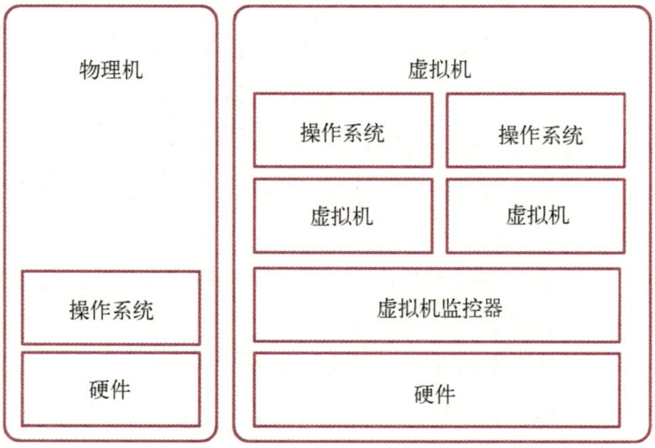

图 3-6　物理机与虚拟机的结构示意图

2. 虚拟化特征

虚拟化技术具有 4 个特征，分别是分区、隔离、封装、相对于硬件独立。

3. 虚拟化分类

虚拟化按架构可分为 4 类：寄居虚拟化、裸金属虚拟化、操作系统虚拟化和混合虚拟化。

（1）寄居虚拟化。寄居虚拟化是指虚拟化管理软件作为底层操作系统（Windows 或 Linux 等）上的一个普通应用程序，通过其创建相应的虚拟机，共享底层服务器资源，如图 3-7 所示。

寄居虚拟化的优点是简单、易于实现；缺点是安装和运行应用程序依赖于主机操作系统对设备的支持，管理开销较大，性能损耗大。

（2）裸金属虚拟化。裸金属虚拟化是指虚拟机监控器（Hypervisor，虚拟化层）直接运行于物理硬件之上，无须宿主操作系统，如图 3-8 所示。该监控器主要实现以下两个基本功能。

① 识别、捕获和响应虚拟机发出的 CPU 特权指令或保护指令。

② 负责处理虚拟机队列和调度，并将物理硬件的处理结果返回给相应的虚拟机。

图 3-7 寄居虚拟化

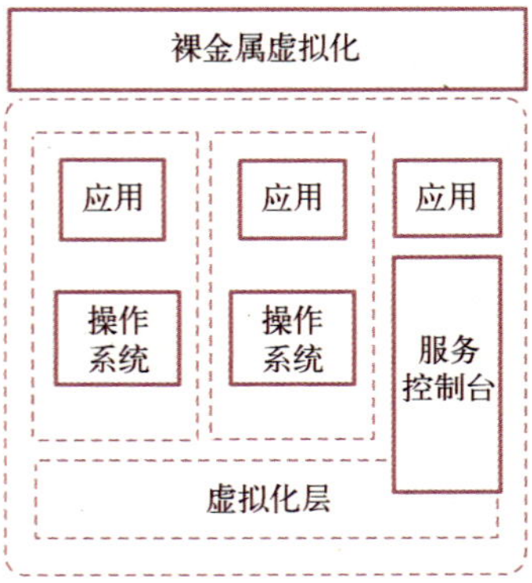

图 3-8 裸金属虚拟化

裸金属虚拟化的优点是虚拟机不依赖于操作系统，支持多种操作系统、多种应用；缺点是虚拟层内核开发难度大。

（3）操作系统虚拟化。操作系统虚拟化是指没有独立的虚拟化层（即没有独立的虚拟机监控器）。相反，主机操作系统本身就负责在多个虚拟服务器之间分配硬件资源，并且让这些服务器彼此独立。该虚拟化的明显特征是如果使用操作系统层虚拟化，则所有虚拟服务器必须运行同一操作系统（不过每个实例有各自的应用程序和用户账户）。操纵系统虚拟化如图 3-9 所示。

操作系统虚拟化的优点是简单、易于实现，而且管理开销非常低；缺点是隔离性差，多容器共享同一操作系统。

（4）混合虚拟化。混合虚拟化与寄居虚拟化一样，也使用主机操作系统，但不是将管理程序放在主机操作系统上，而是将一个内核级驱动器插入主机操作系统内核中。这个驱动器作为虚拟硬件管理器（Virtual Hardware Machine, VHM）协调虚拟机和主机操作系统之间的硬件访问。混合虚拟化模型依赖于内存管理器和现有内核的 CPU 调度工具。就像裸金属虚拟化和操作系统虚拟化一样，没有冗余的内存管理器和 CPU 调度工具，这样使该模式的性能大大提高。混合虚拟化如图 3-10 所示。

图 3-9　操纵系统虚拟化

图 3-10　混合虚拟化

混合虚拟化的优点是相对于寄居虚拟化架构，没有冗余、性能高，而且可支持多种操作系统；缺点是需要底层硬件支持虚拟化扩展功能。

在 4 种虚拟化架构中，裸金属虚拟化架构和混合虚拟化架构都是虚拟化层直接与硬件设备交互的，因此这两种架构都将是未来虚拟化架构发展的趋势。

3.3.1.2　虚拟化技术

在面向不同的硬件设备时采用不同的虚拟化技术，将设备转化为统一管理的虚拟资源。根据硬件设备类型，虚拟化主要包括计算虚拟化、存储虚拟化和网络虚拟化。

1．计算虚拟化

计算虚拟化是面向计算机最基本的组成元素进行的虚拟化，包括 CPU 虚拟化、内存虚拟化和 I/O 虚拟化。

（1）CPU 虚拟化。CPU 虚拟化是指多个虚拟机共享一组 CPU 资源。其主要工作是对虚拟机中的各种指令进行截获并模拟执行。

（2）内存虚拟化。内存虚拟化是多个虚拟机共享同一物理内存，其工作原理是把真实物理内存统一管理，封装成多个虚拟机的内存给若干虚拟机使用，其重点是物理内存的相互隔离。

（3）I/O 虚拟化。I/O 虚拟化是多个虚拟机共享同一个物理设备，如磁盘、网卡等设备。一般采用前后端驱动模型，VMM 对所有客户机划分区域（Domian），以确保客户机之间的资源隔离，并设定一个特权域用于辅助管理其他域，以便提供虚拟的资源服务，该特权域称为 Domian 0，其他域称为 Domian N，如图 3-11 所示。

2．存储虚拟化

存储虚拟化最通俗的理解就是对存储设备资源进行抽象化的表现。通过将一个（或多个）目标（Target）服务或功能与其他附加的功能集成，借助标准接口统一提供有用的全面功能服务。从体系结构上来看，存储虚拟化是存储设备上加入一个逻辑层，系统通过逻辑层访问存储资源。从功能服务角度来看，典型的虚拟化包括如下一些情况：屏蔽存储设备的硬件复杂性，仿真、整合或分解现有的存储服务功能，增加或集成新存储功能服务等。虚拟化是作用在一个或者多个实体上的，而这些实体则是用来提供存储资源或/及服务的。

存储虚拟化的实现技术主要有 3 种：裸设备+逻辑卷、存储设备虚拟化、主机存储虚拟化+文件系统。

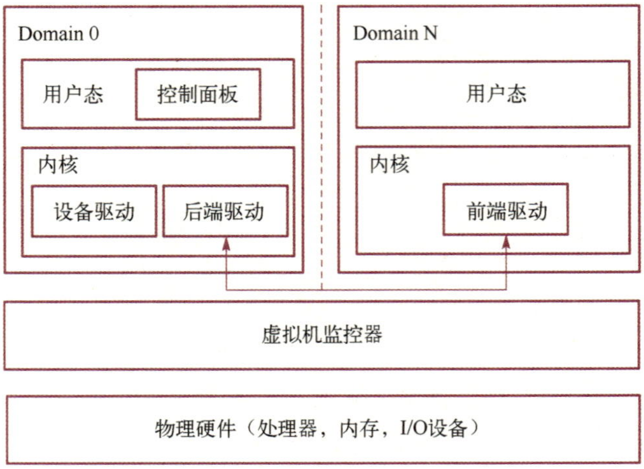

图 3-11　I/O 虚拟化的域划分

3．网络虚拟化

虚拟化网络早在云计算以前就有广泛的应用，其典型代表是虚拟专用网络（Virtual Private Network，VPN），通过采用隧道技术、加解密技术、身份认证技术等，在一个公用网络中建立一个临时安全的网络通信连接。云计算中的网络虚拟化是指基于网络设备的虚拟化实现传统的网络数据通信。

在云计算中，网络虚拟化将从网络路径、网络设备、网络管理与控制等方面进行网络资源的虚拟化。网络虚拟化技术主要包括虚拟交换技术、嵌入交换技术和物理交换机技术。

3.3.2　数据存储技术

3.3.2.1　数据存储概述

数据存储方式可分为 4 类：直连式存储（Direct Attached Storage，DAS）、网络接入存储（Network Attached Storage，NAS）、存储区域网络（Storage Area Network，SAN）、集群存储（Cluster Storage，CS）

3.3.2.2　云数据存储结构

1．DAS（Direct Attached Storage）

DAS 方式与普通的计算机存储架构一样，外部存储设备都是直接挂接在服务器内部总线上的，数据存储设备是整个服务器结构的一部分。DAS 结构下的数据保护流程相对复杂，如果做网络备份，那么每台服务器都必须单独进行备份，而且所有数据流都要通过网络传输；如果不做网络备份，那么就要为每台服务器都配一套备份软件和磁带设备，所以备份流程的复杂度会大大增加。

2．NAS（Network Attached Storage）

NAS 方式全面改进了以前低效的 DAS 存储方式。NAS 采用独立服务器，单独为网络数据存储而开发的一种文件服务器来连接所存储设备，自形成一个网络。这样数据存储就不再是服务器的附属，而是作为独立网络节点而存在于网络之中，可由所有网络用户共享。

3．SAN（Storage Area Network）

SAN 方式创造了存储的网络化。存储网络化顺应了计算机服务器体系结构网络化的趋势。SAN 的支撑技术是光纤通道（Fiber Channel，FC）技术。FC 技术是 ANSI 为网络和通道 I/O 接口建立的一个标准集成。FC 技术支持 HIPPI、IPI、SCSI、IP、ATM 等多种高级协议，其主要特征是将网络和设备的通信协议与传输物理介质隔离开，这样多种协议可在同一个物理连接上同时传送。

4．CS（Cluster Storage）

CS 是将多台存储设备中的存储空间聚合成一个能够给应用服务器提供统一访问接口和管理界面的存储池，应用可以通过该访问接口透明地访问和利用所有存储设备上的磁盘，可以充分发挥存储设备的性能和磁盘利用率。数据将会按照一定规则从多台存储设备上被存储和读取，以获得更高的并发访问性能。

3.3.2.3　云数据存储模式

云数据存储基于分布式文件系统。常见的分布式文件系统有 GFS（Google File System，Google 文件系统）、HDFS（Hadoop Distributed File System，Hadoop 分布式文件系统）、GPFS（General Parallel File System，IBM 通用并行文件系统）以及 FS（Fusion Storage，华为分布式存储）等，也有新兴的基于区块链 IPFS/Filecoin（InterPlanetary File System，星际文件系统）等。分布式文件系统有的已经广泛应用，有的才开始应用，有的是闭源，有的是开源。在不同的领域和不同的计算机发展阶段，分布式文件系统都对数据存储起到了各自的作用。

3.3.3　数据中心技术

3.3.3.1　备份容灾

1．灾备和容灾的定义

灾备实际是指信息系统应对灾难的一整个流程，一般既包含灾难前的备份，又包含灾难后的恢复。容灾比较侧重灾难发生时的系统切换应对能力，备份主要用于灾难发生后的数据恢复。容灾是指为了保证关键业务和应用在经历各种灾难后，仍然能够最大限度地提供正常服务的所进行的一系列系统计划及建设行为。业务连续性是容灾的最终建设目标。容灾是一个宏观的概念，通常大家所说的灾难备份、灾难恢复等只是容灾的一部分，或者说是容灾发展历程中的某一阶段的雏形。

2．备份技术

系统灾难恢复就是在系统崩溃时，能够用非常少的步骤将系统重建，包括系统补丁、应用软件和数据。这样可以提高恢复的准确性、缩短恢复时间和业务中断时间。

3. 容灾系统分类

（1）数据容灾。数据容灾是指建立一个异地的数据系统，该系统是本地关键应用数据的一个可用复制。该数据可以是与本地生产数据的完全实时复制，也可以比本地数据略微落后，但一定是可用的。采用的主要技术是数据备份技术和数据复制技术。

（2）应用容灾。应用容灾是在数据容灾的基础上，在异地建立一套完整的与本地生产系统相当的备份应用系统（可以是互为备份）。在发生灾难情况下，远程系统迅速接管业务运行。数据容灾是抗御灾难的保障，而应用容灾则是容灾系统建设的目标。

4. 容灾备份的技术和指标

（1）远程镜像技术。远程镜像技术是在主数据中心和备援中心之间的数据备份，镜像是在两个或多个磁盘或磁盘子系统上产生同一个数据的镜像视图的信息存储过程，一个被称为主镜像系统，另一个被称为从镜像系统。

（2）快照技术。快照是通过软件对要备份的磁盘子系统的数据快速扫描，建立一个要备份数据的快照逻辑单元号 LUN 和快照 cache。快照 LUN 是一组指针，它指向快照 cache 和磁盘子系统中不变的数据块。

（3）互连技术。早期的主数据中心和备援数据中心之间的数据备份主要是基于 SAN 的远程复制。目前，出现了多种基于 IP 的 SAN 的远程数据容灾备份技术。

（4）衡量容灾备份的两个技术指标如下。

① RPO：即数据恢复点目标，主要是指业务系统所能容忍的数据丢失量。

② RTO：即恢复时间目标，主要是指从灾难发生到业务系统恢复服务功能所需要的最短时间周期。

3.3.3.2 云数据中心的搬迁

云数据中心的搬迁主要有两种方式：物理搬迁和应用搬迁（又称为逻辑搬迁）。应用搬迁方式的优点是业务风险小，有回退余地，适合大规模重要生产系统的搬迁；缺点是需要大量硬件资源，工作繁杂，工作量巨大，而且在一段时间内两个数据中心同时都是生产中心，其维护以及大量搬迁测试工作的工作量为平常工作量的 3～4 倍。而物理搬迁方式的优点是耗用资源少，适用于小规模搬迁；缺点是业务中断时间长，业务风险大，没有备份系统，业务中断时间长，不可控因素多。

根据搬迁的内容和层次不同，云数据中心的数据应用搬迁的类型可以分为 4 种：应用级数据搬迁、文件级数据搬迁、系统级数据搬迁、存储级数据搬迁。

3.3.3.3 云数据中心与 SDN

1. 云数据中心

云计算数据中心除了具有规模化、集中程度更高的特点，其可见的基础设施与传统数据中心差异并不会很大，但是服务会不断升级。云计算数据中心中托管的不再是客户的设备，而是计算能力和 IT 可用性。数据在云端进行传输，云计算数据中心为其调配所需的计算能力，并对整个基础构架的后台进行管理。从软件、硬件两方面运行维护，软件层面不断根据实际的网络使用情况对云平台进行调试，硬件层面保障机房环境和网络资源正常运转调配。数据中心去完成整个 IT 的解决方案，客户可以完全不用操心后台，就有充足的计算能力（像水电供应一样）可以使用。

2．SDN

软件定义网络（Software Defined Network，SDN）是由美国斯坦福大学 Clean Slate 课题研究组提出的一种新型网络创新架构，是网络虚拟化的一种实现方式。其核心技术 OpenFlow 通过将网络设备的控制面与数据面分离开来，从而实现网络流量的灵活控制，使网络作为管道变得更加智能，为核心网络及应用的创新提供了良好的平台。

3.3.4　云监控与云管理

3.3.4.1　资源管理概述

资源管理是云计算系统的核心问题之一。云计算通过资源管理技术对虚拟资源进行统一管理，从逻辑上把各种资源整合在一起，向用户屏蔽了资源调度、分配、使用、维护等方面的复杂性，同时还要处理资源异构性、资源管理策略、资源访问控制等方面的问题。资源管理技术面向逻辑虚拟资源，支持云计算对虚拟资源进行统一管理，并以更灵活、更方便的方式提供给用户使用。

3.3.4.2　资源管理技术

资源管理的目标是实现资源管理自动化以及资源优化，有效整合虚拟资源和物理资源等。云资源管理的对象主要是计算、存储和网络三类资源。

1．计算资源管理

在云计算中，构成主机的 CPU、内存和 I/O 基础设备都属于计算资源，每个主机就是一台物理服务器。通过虚拟化技术将计算资源抽象成虚拟机逻辑资源，突破物理计算资源不可灵活调整的局限。通过资源管理技术可以对物理计算资源进行整合或划分、进行管理和调度，实现在虚拟机之间共享 CPU 和内存、复用 I/O 设备、均衡资源负载、灵活调配。对于计算资源的管理，既有面向主机的资源集群技术，又有面向虚拟机的模板管理和迁移技术。

2．存储资源管理

存储资源管理就是对物理存储设备的管理，是指在物理存储设备安装后，要在云管理平台中进行配置以接入和删除物理存储信息、查看存储设备和配置信息（包括存储设备的名称、管理 IP 地址、型号、状态和磁盘数量等）、监控存储设备的总容量和可用容量。

3．网络资源管理

网络资源管理包括物理网络设备管理和网络资源池管理。物理网络设备管理是指在物理网络设备（主要是交换机）安装后，要在云管理平台中进行配置以接入和删除物理网络设备信息、查看交换机信息、查看交换机端口连接状态，从而实现对物理网络设备的监控。例如，交换机的接入和存储设备的接入类似，在云管理平台中将安装好的交换机对应的资源描述信息（型号、名称、数据中心、资源分区、机房、机柜、机框等）设置好，以便完成接入，就可对该交换机进行监控。在该物理虚拟机被移除后，只需在云管理平台中将其对应的资源描述信息删除，便完成交换机的删除。

云管理平台通过对网络资源池中的虚拟化网络资源进行管理，创建组织网络，为应用虚拟机提供网络资源。网络资源池中的网络资源主要包括分布式虚拟交换机、子网、VLAN、外部网络。所以云管理平台的网络资源管理主要是分布式虚拟交换机管理、端口组管理和子网管理。

3.3.4.3 资源分配调度

云计算环境下的资源分配实际上是根据设定的调度目标将资源分配给云任务。调度目标不同，采取的分配策略也会随之变化。从高性能分布式计算系统的角度看，云计算资源的分配与调度是一种资源管理技术。

1. 资源提供与分配模式

在云计算环境中，在终端用户提交应用程序（云计算任务单元）和 VM 实例资源使用请求后，云服务提供商根据云任务调度算法为任务单元分配 VM 资源，根据 VM 调度算法为 VM 分配主机资源。

I 级调度采用的资源分配策略主要是 VM 调度算法，即以调度目标为导向，寻找满足 VM 需求的主机，再把 VM 创建到这个主机上，还要考虑主机的每个处理器应该为每个 VM 分配多少处理能力。

Ⅱ级调度采用的资源分配策略主要是云任务调度算法，即以调度目标为导向，寻找能满足云任务需求的 VM，将 VM 分配给云任务，VM 在租用运行期间，应该分配多少固定的、可用的处理能力给云任务单元。两个级别具体调度算法的设置应根据资源提供方的具体调度优化目标灵活选择。

2. 资源分配策略

在构建虚拟机时有必要考虑容错性，在进行资源分配时，应尽可能地将此虚拟机构建在几个物理主机上，这样就可以采用复制的方法进行容错。云计算环境下的虚拟机资源分配策略，将容错性作为一个可区分的指标。

3. 负载均衡

负载均衡建立在现有网络结构上，它提供了一种廉价、有效、透明的方法扩展网络设备的带宽、增加吞吐量、加强网络数据处理能力、提高网络的灵活性和可用性。负载均衡的典型应用是架设在内部网络出口处。

4. 调度算法

现有的调度算法大致可以分为基本调度算法和生物智能调度算法两大类。虽然两者的调度目标、调度级别不尽相同，但从时空共享的角度，总能在上述各类基于时空共享资源分配策略中找到与各个算法匹配的模式。若在调度算法执行前需要分配资源的任务单元个数是确定的、已知的，则是静态调度；若调度算法是随着任务的动态到达而被调用执行的，且在执行调度算法之前，需要分配资源的任务单元个数是动态变化的、未知的，则是动态调度。

3.3.4.4　服务质量指标与 SLA

SLA（Service-Level Agreement，服务等级协议）是系统服务提供者（Provider）对客户（Customer）的一个服务承诺，是一个衡量大型分布式系统是否健康的协议。云提供者发布的 SLA 描述了服务质量（Quality of Service，QoS）特性、保证，以及一个或多个基于云的 IT 资源的限制。

SLA 管理系统的两个任务如下：一是通过周期性测量 QoS 指标来验证是否与 SLA 保证相符合；二是收集与 SLA 相关的数据，用于各种类型的统计分析。

SLA 指标主要含有 4 个指标，分别是可用性、准确性、系统容量与延迟。

3.4　边缘计算

3.4.1　边缘计算的基本概念与模型

3.4.1.1　概述

近年来，物联网、4K/8K 高清视频、虚拟现实、车联网等众多新型业务应用的快速涌现，对网络的传输容量、数据处理能力、通信容量等提出了越来越高的要求。面对爆炸式增长的海量数据，不仅传统化的硬盘数据存储方式已经无法满足，而且云计算也存在一些问题以至于无法满足。

（1）计算能力问题。即终端设备的多样性使得多源数据之间的协作更加频繁，这意味着线性增长的集中式云计算能力无法匹配海量边缘多源数据处理需求。

（2）能耗问题。即随着连接到云计算的应用程序增多，云数据中心无法满足日益增长的能量需求，需要将部分任务迁移到边缘设备上处理。

（3）实时性问题。即云计算低带宽的接入模式使得终端设备在将海量数据传输到云数据中心时增加了传输带宽的负载量，从而导致网络高延迟。因此，云计算不能同时满足大量实时性要求较高的应用需求，如虚拟现实应用延迟要求不超过 20ms 等。

（4）数据安全和隐私问题。即终端设备产生的物理数据中涉及大量个人敏感数据，例如，在智能电网中，通过读取智能电表能够获取用户的家庭住址、身份等信息，这些数据在传输过程中被泄露将导致严重后果。因此，边缘计算（Edge Computing）这一概念被提出。

3.4.1.2　边缘计算模型

边缘计算概念的提出最早可以追溯到 1998 年由阿卡迈（Akamai）公司提出的内容分发网络（Content Delivery Network，CDN）。2005 年，美国韦恩州立大学施巍松教授团队提出了功能缓存的概念，2009 年提出了微云的概念，2012 年提出了雾计算，并将雾计算定义为迁移云计算中心任务到网络边缘设备执行的一种高度虚拟化计算平台。2016 年 5 月，施巍松教授团队给出了边缘计算的一个正式定义：边缘计算是指在网络边缘执行计算的一种新型计算模型，边缘计算操作的对象包括来自云服务的下行数据和来自万物互联服务的上行数据，而边缘计算的边缘是指从数据源到云计算中心路径之间的任意计算和网络资源，是一个连续系统。图 3-12 为边缘计算的模型。

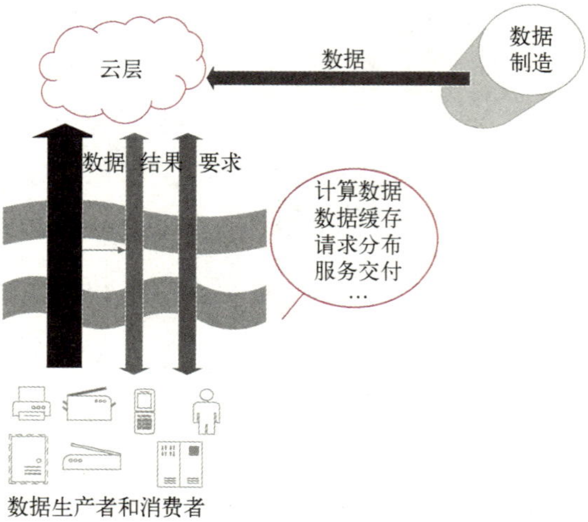

图 3-12　边缘计算的模型

3.4.1.3　边缘计算的优点

集中式大数据处理时代的数据类型主要以文本、音视频、图片及结构化数据库等为主，数据量维持在 PB 级别。边缘式大数据处理时代的数据类型变得更加复杂多样，原有作为数据消费者的用户终端已变成具有可产生数据的生产者终端，并且边缘式大数据处理时代对数据处理的实时性要求较高，此外，该时期的数据量已超过 ZB 级。由于边缘式大数据处理时代的数据量增加以及对实时性的需求，因此需要将原有云中心的计算任务部分迁移到网络边缘设备上，以提高数据传输性能，保证处理的实时性，同时降低云计算中心的计算负载。

3.4.2　边缘计算部署

3.4.2.1　概述

边缘计算作为一种新兴的网络模式和技术，其部署方案一直是产学研各界广泛研究的课题，到目前为止，边缘计算在 4G 及 4G 之前的网络环境下的部署技术已经发展到一个较为成熟的阶段。随着 5G 的提出和推进，边缘计算更是被视为 5G 的关键技术，因此，边缘计算在 5G 环境下的部署也是极具价值的研究课题。边缘计算的部署方案归根结底是研究边缘计算服务器在网络中的部署问题。边缘计算部署并没有固定的位置，而是根据实际的需求固定边缘计算平台。如按需、分场景灵活部署在无线接入云、边缘云或者汇聚云，按位置可以部署在 LTE 宏基站侧（eNodeB）、多无线接入技术（Multi-Radio Access Technology，Multi-RAN）蜂窝汇聚点侧或核心网络边缘等。即在部署方面，只要符合“边缘”这一广泛概念即可。

下面主要选择两个 4G 架构下的经典边缘计算部署以及 5G 架构下的宏观边缘计算部署进行介绍，并简要比较 4G 与 5G 边缘计算部署的异同点。

3.4.2.2　4G 架构下的边缘部署方案

1．蜂窝边缘部署方案

为了应对日益增长的终端数量、数据流量和高延时性能需求，运营商们通常用以下三种方式提高系统容量和速率：①通过物理层编码调制等技术提高无线链路的频谱效率；②通过增加频谱资源以提升系统吞吐量；③通过增加基站数目密度等手段来缩短用户和基站间的通信距离，提高传输速率，并利用空间复用增大系统容量。物理层编码调制技术日益成熟，其中 4G（LTE）系统采用的正交频分复用技术（OFDM）和多输入多输出技术（MIMO）已使无线链路的频谱效率接近香农理论上界。通过增加频谱资源可以线性提升系统容量，但是获取稀缺的频谱带宽会给运营商带来高昂的成本支出，而且频谱资源的使用还取决于国家的频谱政策规定。所以增加基站数目/密度是最为可行和有效的选择，即蜂窝部署是 4G 时代的最优选择。LET 蜂窝部署方案网络架构如图 3-13 所示。

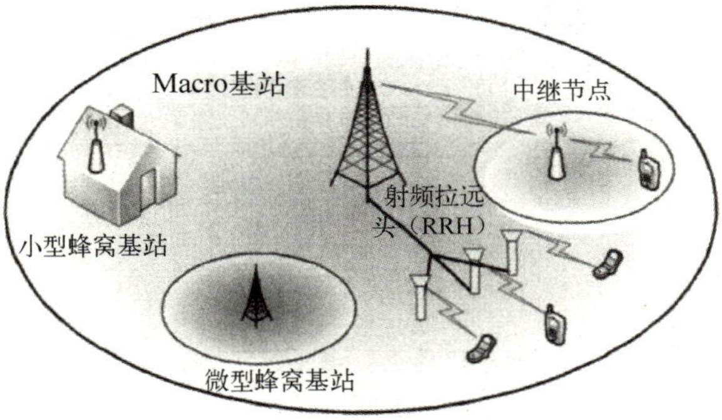

图 3-13　LET 蜂窝部署方案网络架构

2．虚拟软件部署方案

虚拟软件部署方案采用 NFV 原理和 SDN 技术将计算和存储资源呈现为虚拟资源，不仅方便与其他类型的部署方案相嵌入，同时还增加边缘计算的资源。虚拟软件部署方案如图 3-14 所示。

3.4.2.3　5G 架构下的超密集无线网络边缘计算部署方案

5G 具备超低时延、超大带宽、本地化、高实时性分析处理等优点，显然这些优点是 4G 网络架构不具备的，因此 5G 网络架构必须重构，图 3-15 是 5G 网络宏观架构图。

超密集无线网络技术是 5G 通信网络中的关键技术，其实现机制以密集化小区分裂化为主，在此基础上使得频谱资源的空域得到复用，显著扩大整个通信系统的容量。同时，超密集组网技术作为无框架网络构想的实现基础，通过以用户为中心，根据用户的实际应用需求来调整基站的休眠、合并及发射功率等，进而以群小区架构模式来提升 5G 网络容量。在超密集无线网络架构中，包括 SDN 接口、聚合站、宏基站网元、热点接入网元等部分。宏基站网元可以是大规模的多天线无线传输系统，或是 1Gbps 或 100Mbps 量级的

LTE 等系统；而热点接入网元可以是可见光传输系统，或小基站系统和无线局域网系统；各接入网元通过聚合站汇聚及实现多层协作，通过 SDN 及网络虚拟化等技术实现与核心网的接入。

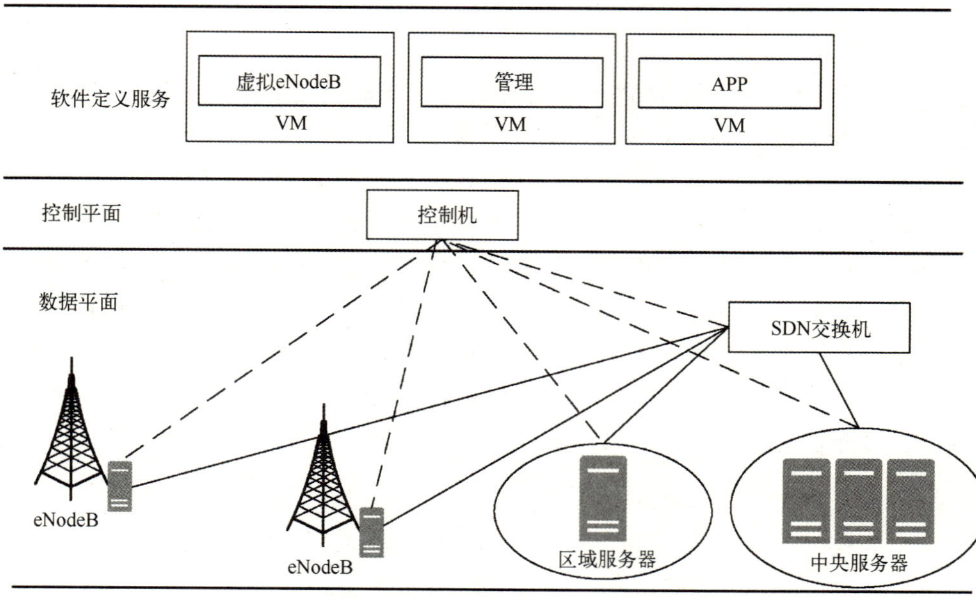

图 3-14　虚拟软件部署方案

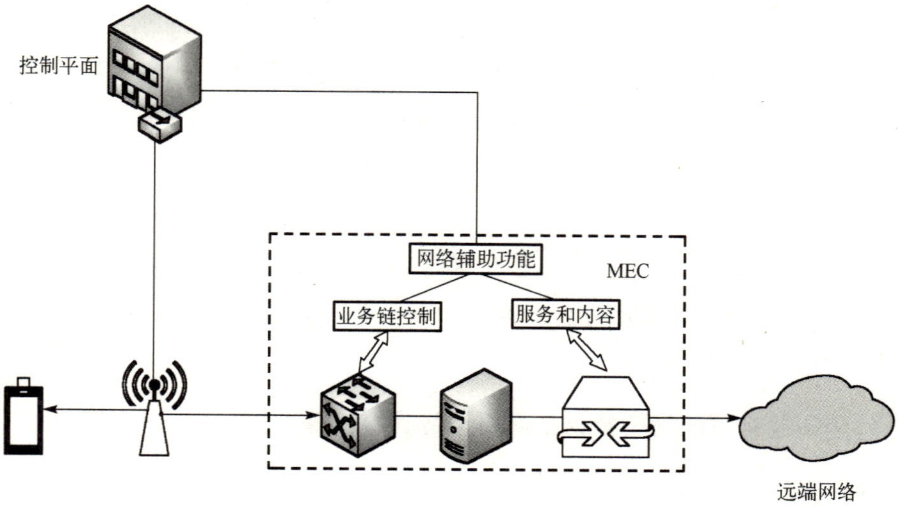

图 3-15　5G 网络宏观架构图

3.4.2.4　4G 与 5G 边缘计算部署的比较

4G 与 5G 边缘计算部署的区别来源于 5G 时代的需求不同于 4G 时代的需求。4G 与 5G 边缘计算部署的比较如图 3-16 所示。核心网部分下沉，5G 是一个“万金油”网络，网速快、时延低、支持海量连接、支持高速移动中的手机等。在不同场景下，对于网络的特性要求（网速、时延、连接数、能耗等）是不同的，有的甚至是矛盾的。4G 与 5G 共存的问题，以及两者之间的兼容性问题需要解决。

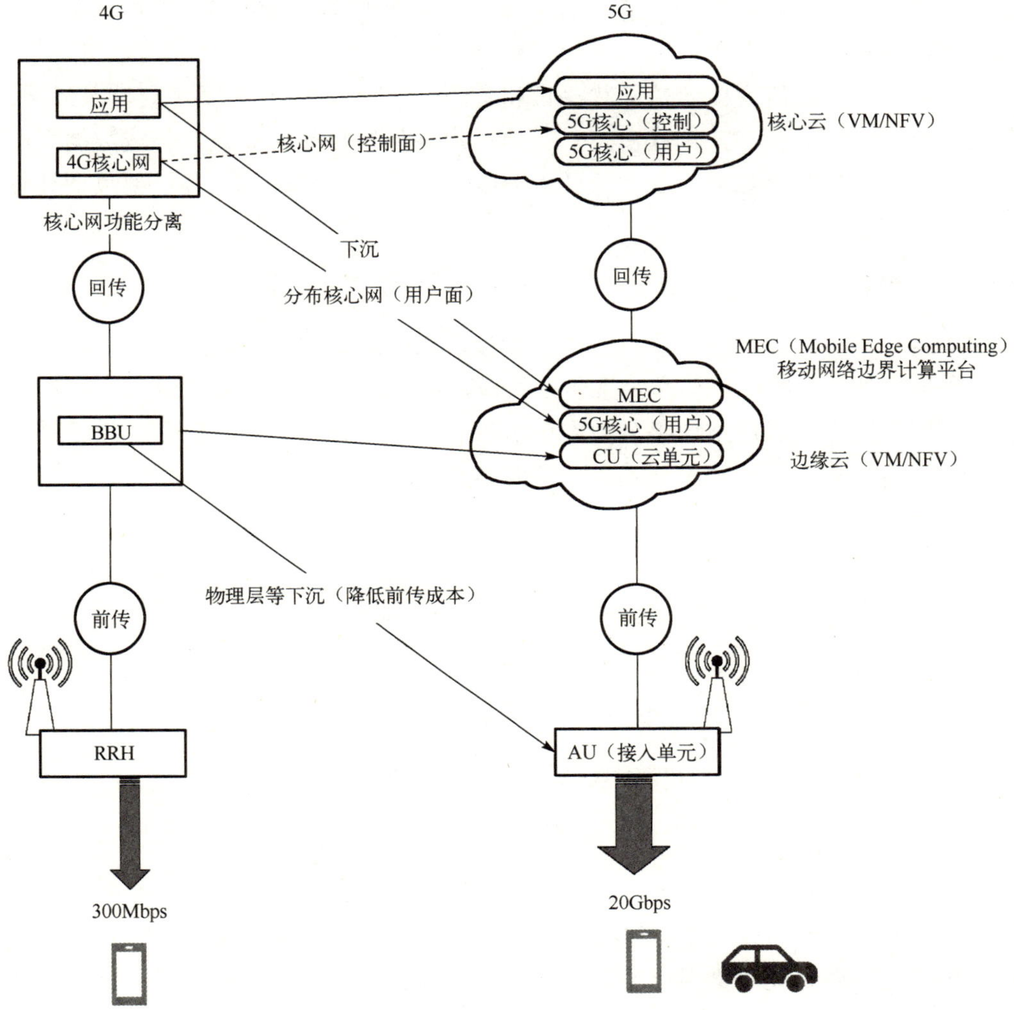

图 3-16 4G 与 5G 边缘计算部署的比较

3.4.3 边缘计算卸载技术

3.4.3.1 概述

随着科技的快速发展，移动设备流量急剧增加。但是由于自身资源及计算性能有限，智能移动设备在处理计算密集型和时间敏感型应用时，可能面临着能力不足的情况。为了应对终端设备处理能力不足、资源有限等问题，业界引入了计算卸载概念。

边缘计算卸载是指用户终端（User Equipment，UE）将计算任务卸载到移动边缘计算网络中，解决设备在资源存储、计算性能以及能效等方面的不足。计算卸载技术最初在移动云计算（Mobile Cloud Computing，MCC）中被提出，将计算任务传输到远端云服务器执行，从而达到缓解计算和存储限制、延长设备电池寿命的目的。边缘计算中的计算卸载是将移动终端的计算任务卸载到边缘云环境中，解决设备在资源存储、计算性能及能效等方面存在的不足，同时，边缘计算能够更快速、更高效地为移动终端提供计算服务，同时缓解核心网络的压力。

边缘计算中的主要研究内容是卸载决策和资源分配。计算卸载技术主要涉及卸载决策、资源分配和执行框架。其中，卸载决策是指由用户终端决定如何卸载、卸载数据大小以及卸载内容；资源分配是指如何为已卸载任务分配计算和通信资源，执行框架包括计算卸载流程及卸载方式。

3.4.3.2 卸载决策

卸载决策主要研究计算决策目标及决策卸载后的资源分配。在卸载系统中，用户终端一般由代码解析器、系统解析器和决策引擎组成，执行卸载的步骤图 3-17 所示。在执行卸载步骤后，用户终端卸载决策结果分为本地执行、完全卸载和部分卸载。现阶段具体决策结果由用户终端能量消耗和完成计算任务的时延决定。

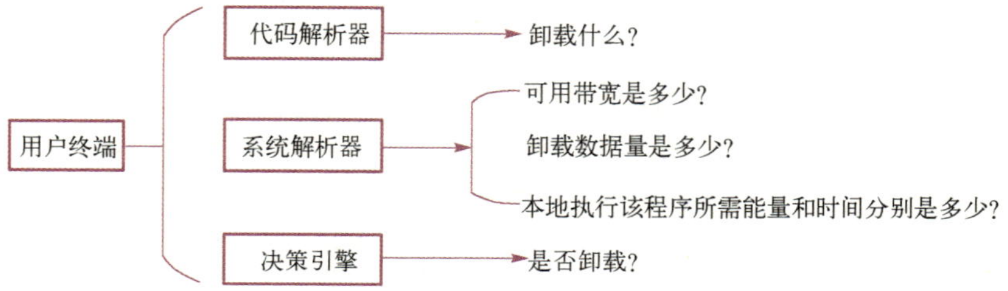

图 3-17　执行卸载的步骤

1. 卸载决策目标

卸载决策目标主要从降低时延、降低能量消耗及权衡时延与能耗这三方面考虑，因此有以降低时延为目标的卸载决策、以降低能量消耗为目标的卸载决策、以权衡时延和能耗为目标的卸载决策和以最小化用户的费用开销为目标的卸载决策。根据不同的卸载目标选择合适的卸载决策。

2. 卸载决策资源分配

计算卸载决策即是否卸载和卸载多少的问题，决定卸载后就要考虑合理进行资源分配，即分配在哪里的问题？用户终端完成卸载决策后，接下来就是由网络解决资源合理分配问题。如果用户终端的计算任务不可分割或可分割部分存在联系，那么在这种情况下计算任务就需要被卸载到同一个移动边缘计算服务器上，即单一节点的计算资源分配。而对于可分割部分不存在联系的计算任务，可将其分别卸载到多个移动边缘计算服务器中进行并行处理，即多节点间的计算资源分配。在单一移动边缘计算服务器中，执行计算任务无法实现网络间的资源互补，容易产生负载失衡问题，因此，应尽可能在多节点间卸载计算任务，用于提升计算卸载性能。资源分配主要是为了平衡系统内的计算资源和通信资源利用率，以达到最小化时延、能耗及提高网络整体性能的目标。

3.4.3.3　卸载执行框架

边缘计算卸载技术的执行框架包括计算卸载执行流程和卸载方式。

1. 计算卸载执行流程

计算卸载的主要执行流程是，当终端发起计算卸载请求时，终端上的资源监测器检测云端的资源信息，计算出可用云端服务器网络的资源情况（包括服务器运算能力、负载情况、通信成本等），根据接收到的服务器网络信息，计算卸载决策引擎决定哪些任务为本地执行，哪些任务为云端执行，根据决策指示，分割模块将任务分割成能独立在不同设备执行的子任务，之后本地执行部分由终端进行处理，云端执行部分经转化后卸载到代理服务器进行处理。计算卸载的主要执行流程如图 3-18 所示。

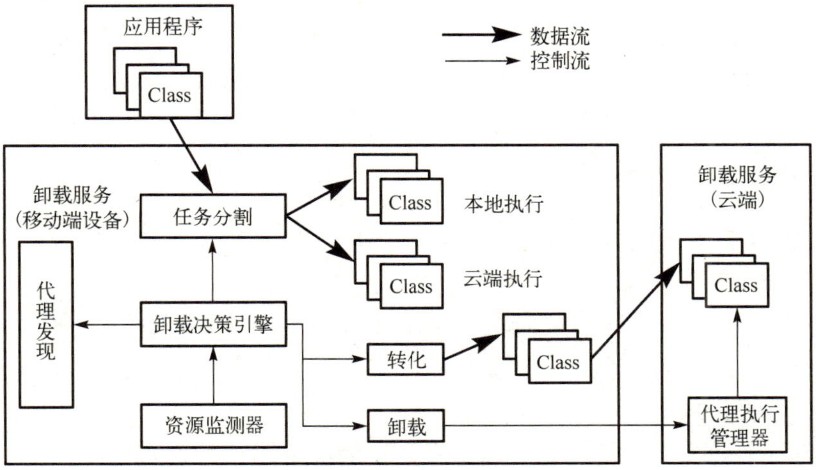

图 3-18　计算卸载的主要执行流程

2. 卸载方式

边缘计算中的计算卸载是将用户终端的一部分计算任务迁移到边缘网络中执行，如何计算本地执行的计算成本和迁移到边缘网络的通信成本，对计算任务进行卸载决策和任务分割，是边缘计算中计算卸载技术的研究重点。根据不同的划分标准可将边缘计算卸载技术分为不同的卸载类型，主要有：①按照卸载程度分为全部卸载和部分卸载，全部卸载是用户终端将计算任务全部卸载到边缘网络中；部分卸载是卸载一部分计算任务到边缘网络中，计算任务由本地应用程序和边缘网络共同完成。②按照决策的时间分为静态卸载和动态卸载，静态卸载是指卸载决策在程序的开发过程中就被设定了，但由于没有考虑终端和网络的变化信息，因此会影响卸载性能；动态卸载是根据任务交付的实时情况进行决策卸载。③按照卸载任务的云端代理个数可分为单节点卸载和多节点卸载，单节点之间的卸载可将任务分割为两个部分，分别在终端和云端执行；而在多节点卸载中，任务分割与卸载算法需要考虑不同节点的负载情况、运算能力及与终端通信的能力。单节点的计算卸载未考虑网络间的资源均衡，容易产生负载失衡问题，多节点间的卸载计算资源成为提升卸载性能的主要途径。

3.4.3.4 面临挑战

在移动边缘计算中进行计算卸载，不仅能减少用户终端的计算压力和能耗，还能降低核心网链路的传输时延，但计算卸载在移动性管理、安全性和干扰管理等方面依然面临较多问题与挑战。

3.4.4 云边协同计算技术

3.4.4.1 概述

对于边缘计算来说，不同于把大量的资源整合的云计算平台，边缘云平台是一个分布式平台，云边协同的特征是边缘计算的主要特征之一，而云边协同包含了各种协议和功能，涉及云计算的方方面面，因此在边缘计算的发展过程中，云边协同的功能开发成为主要的开发工作之一。云边协同是边缘计算多数部署和应用场景需要边缘侧与中心云的协同，包括资源协同、应用协同、数据协同、智能协同等多种协同。

3.4.4.2 云边协同类型

云边协同包含资源协同、安全策略协同、应用管理协同、业务管理及不同地域的边缘协同，具体如下所述。

（1）资源协同：包括边缘节点为增值网络业务提供的计算、存储、网络、虚拟化等基础设施资源的协同，以及边缘节点设备自身的生命周期管理协同，具体分为计算资源、网络资源和存储资源的协同。

（2）安全策略协同：边缘节点提供了部分安全策略包括接入端的防火墙、安全组等，而中心云则提供了更为完善的安全策略，包括流量清洗、流量分析等。在安全策略协同过程中，若中心云发现某个边缘云存在恶意流量，则可以对其进行阻断，防止恶意流量在整个边缘云平台中扩散。

（3）应用管理协同：边缘节点提供网络增值应用部署与运行环境；云端实现对边缘节点增值网络应用的生命周期管理，包括应用的推送、安装、卸载、更新、监控及日志等。

（4）业务管理协同：边缘节点提供增值网络业务应用实例；云端提供增值网络业务的统一业务编排能力，按需为客户提供相关网络增值业务。

（5）不同地域的边缘协同：在某些应用（如车联网）场景中，车辆在不断行驶的过程中，应用需要在不同的地域进行同时部署或者某些应用的热迁移，中心云需要根据应用的不同时段的地域要求，将应用事先进行部署，并下发策略实现应用的平滑迁移。

3.4.4.3 云边协同架构

云边协同架构是物联网边缘计算的主要产品架构，包括云端和边缘端两部分。

（1）云端：平台能力、边缘开发测试云。

（2）边缘端：基础设施能力、边缘平台能力、管理与安全能力、应用服务能力。

如图 3-19 所示的是云边协同架构图，包括云端和边缘端两部分，其中云端通过边缘计算控制台集成开发边缘一体机相关的资源，管理接入的终端设备、应用、算法等，实时监控边缘一体机及其软硬件资源。在边缘端，终端设备接入边缘一体机后，边缘一体机可以实现终端设备数据的采集、流转、存储、分析和上报设备数据至云端，同时边缘一体机也提供容器服务、边缘函数计算，方便场景编排和业务扩展。

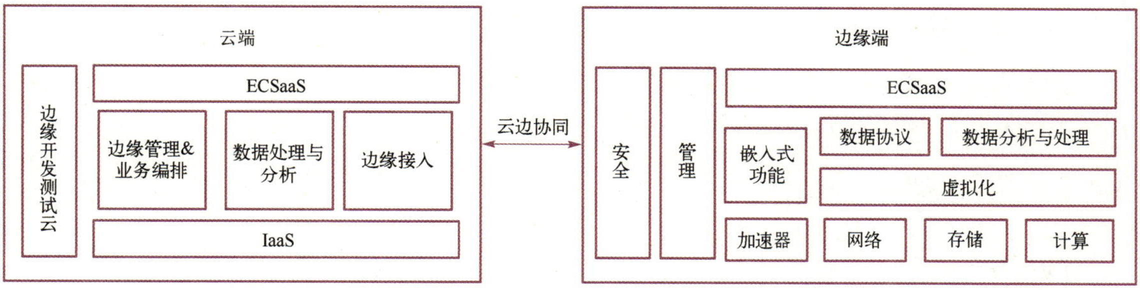

图 3-19　云边协同架构图

云边协同架构如图 3-20 所示，云计算与边缘计算该如何协同呢？

以物联网场景举例。物联网中的设备产生大量的数据，若数据都上传到云端处理，则会对云端造成巨大的压力，为分担中心云节点的压力，边缘计算节点可以负责自己范围内的数据计算和存储工作。同时大多数数据并不是一次性数据，经过处理的数据仍需要从边缘节点聚集中到中心云，云计算进行大数据分析挖掘、数据共享，同时进行算法模型的训练和升级，升级后的算法推送到前端，使前端设备更新和升级，完成自主学习闭环。同时，这些数据也有备份的需要，当边缘计算过程中出现意外情况时，存储在云端的数据也不会丢失。

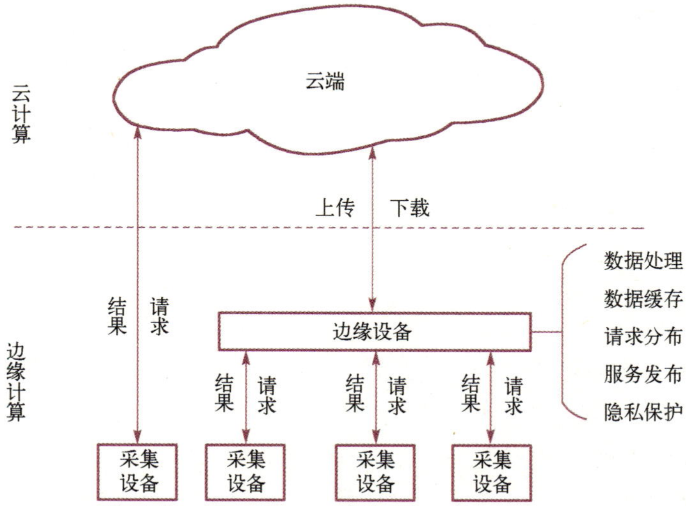

图 3-20　云边协同架构

3.4.4.4　云边协同应用场景

云计算与边缘计算需要通过紧密协同才能更好地满足各种需求场景的匹配，从而最大化体现云计算与边缘计算的应用价值。同时，从边缘计算的特点出发，实时或更快速的数据处理和分析、节省网络流量、可离线运行并支持断点续传、本地数据更高安全保护等在应用云边协同的各个场景中都有着充分的体现。云边协同技术主要在 CDN、工业互联网、能源、智能家庭、智慧交通、安防监控、农业生产等场景中应用。

3.4.4.5 面临挑战

云边协同技术提供了实实在在的好处，但也存在一定的问题，在网络安全、系统成本、管理策略和持续更新等方面均面临着挑战。

3.4.5 移动边缘计算

3.4.5.1 概述

移动边缘计算（Mobile Edge Computing，MEC）这一概念是在 2013 年出现的，IBM 与 Nokia Siemens 网络当时共同推出了一款计算平台，可在无线基站内部运行应用程序，向移动用户提供业务。欧洲电信标准协会在 2014 年成立移动边缘计算规范工作组，正式宣布推动移动边缘计算标准化。移动边缘计算是指在移动网络边缘部署计算和存储资源，为移动网络提供 IT 服务环境和云计算能力，从而为用户提供超低延时和高带宽的网络服务解决方案。

3.4.5.2 移动边缘计算优势

通过在接入网侧部署计算能力，使得在接入网侧也可以使用云计算技术实现通信、计算的统一与融合。随着 5G 的发展，移动边缘计算技术得到了业界的广泛关注，也促使其从概念到框架再到具体标准，可实施性不断得以完善。移动边缘计算示意图如图 3-21 所示。

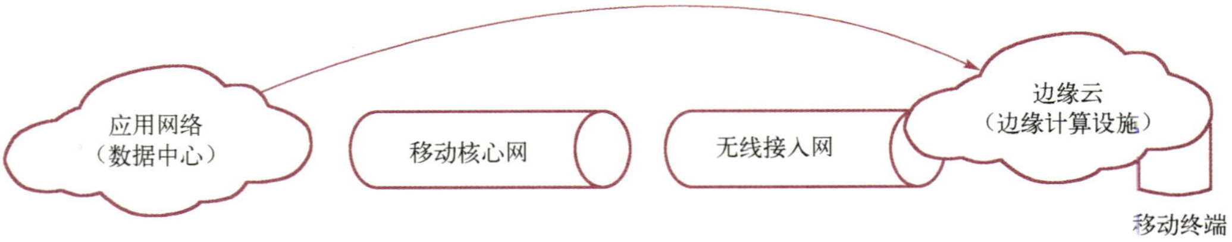

图 3-21 移动边缘计算示意图

相比传统的集中式数据处理，移动边缘计算在数据源附近对数据进行处理、分析，并筛选有价值的处理结果传送到远程数据中心，极大地缩短了处理时间，提高了处理效率。移动边缘计算的显著优势表现为以下三个方面。

（1）位置与内容感知。位于网络边缘的移动边缘计算服务器能实时获取网络中与用户位置有关的信息，及时地对收集的海量数据进行计算分析，并使用获得的信息来确定网络中连接设备所处的位置。

（2）低时延、高可靠性。移动边缘计算的计算和存储均在靠近用户的网络边缘侧进行，其存储资源将关键内容缓存在移动边缘计算服务器上，并且直接处理并反馈给用户，更高效、更可靠对任务进行实时处理。

（3）降低能耗，绿色通信。移动边缘计算能在网络边缘侧进行部分紧急任务的卸载和计算，将非紧急的、计算强度大的任务再上传到数据中心进行处理，降低核心网络的计算能耗，有选择性地进行数据处理并存储，降低带宽资源的成本，从而降低传输过程中的能耗。

3.4.5.3 移动边缘计算系统整体架构与基本构成

1. 整体架构

移动边缘计算系统位于无线接入点及有线网络之间。在电信蜂窝网络中，移动边缘计算系统可部署于无线接入网与移动核心网之间。移动边缘计算服务器是整个系统的核心，是基于 IT 通用硬件平台构建的。移动边缘云计算系统可由一台或者多台移动边缘计算服务器组成。移动边缘计算系统基于无线站内部或者无线接入网边缘的云计算设施提供本地化的公有云服务，并能连接位于其他网络内部的私有云从而形成混合云。

移动边缘计算系统基于特定的云平台提供虚拟化软件环境用以规划管理边缘云内的 IT 资源。第三方应用以虚拟机的形式部署于边缘云或者在私有云内独立运行。无线网络能力通过平台中间件向第三方应用开放。移动边缘计算系统只对边缘云的 IT 基础设施进行管理，对私有云仅提供路由连接及平台中间件调用能力。

2. 基本构成

由图 3-22 可知，移动边缘计算系统的基本组件包括路由子系统、能力开放子系统、平台管理子系统及边缘云基础设施，这些组件以松耦合的方式构成整个系统。

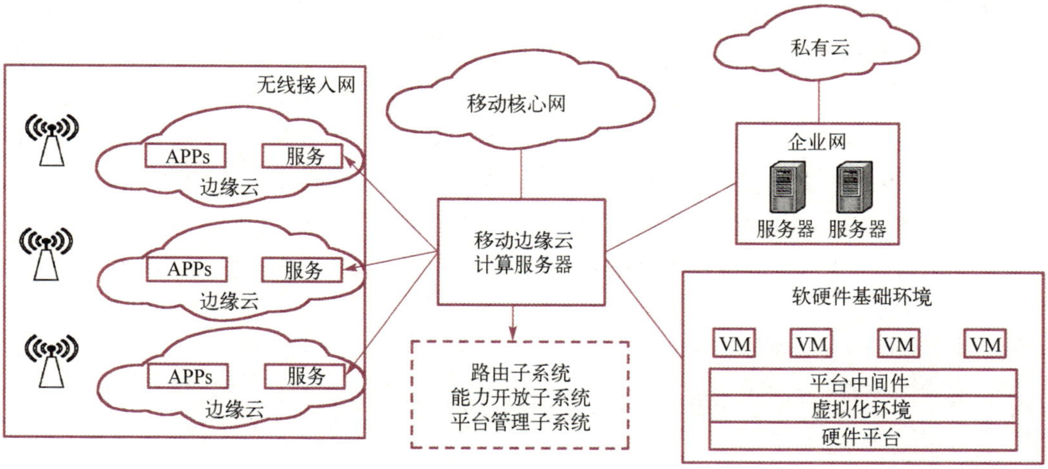

图 3-22 移动边缘计算系统整体架构

（1）路由子系统：路由子系统为移动边缘计算系统中的各个组件提供基本的数据转发及网络连接功能，为移动用户提供业务连续性支持，并且为边缘云内的虚拟业务主机提供网络虚拟化支持。

（2）能力开放子系统：能力开放子系统为平台中间件提供安装、运行及管理等基本功能，支持第三方以调用 API（应用程序接口）的形式，通过平台中间件驱动移动网络内的网元以实现能力获取。

（3）平台管理子系统：平台管理子系统通过对路由子系统进行路由策略设置，可针对不同用户、设备或者第三方应用需求，实现对移动网络数据平台的控制。

（4）边缘云基础设施：边缘云基础设施为第三方应用提供基本的软硬件及网络资源用于本地化业务部署，在其中运行的第三方应用可向能力开放子系统发起能力调用请求。其中，前三个子系统可集中部署于一台移动边缘计算服务器或者采用分布式方式运行在多台移动边缘计算服务器上，边缘云基础设施由部署在接近移动用户位置的小型或微型数据中心构成。在分布式运行状态下，路由子系统也可以基于专用的网络交换设备进行构建。

3.4.5.4 移动边缘计算部署方案

由中国联通网络技术研究院专家认为移动边缘计算服务器的部署位置较为多元，目前，主要是基于 4G 和 5G 的部署方案，将来也会有基于 6G 的部署方案。

1. 基于 4G EPC 架构部署在 RAN 侧的移动边缘计算方案

移动边缘计算服务器部署在 RAN 侧基站汇聚点后是比较常见的部署方式，同时移动边缘计算服务器也可以部署在 RAN 侧单个基站之后，这主要是针对热点区域，如校园、大型购物中心等。这种架构方案的优势在于更方便通过监听、解析 S1 接口的信息来获取基站侧无线相关信息，但计费和合法监听等安全问题需要进一步解决。

2. 基于 4G EPC 架构部署在 CN 侧的移动边缘计算方案

该方案移动边缘计算服务器与 CN 侧的 P-GW 部署在一起，如图 3-23（a）所示。这种方式不改变现有 EPC 架构，移动边缘计算服务器与 P-GW 部署在一起。UE 发起的数据业务经过 eNodeB、Hub Node、S-GW、P-GW+MEC 服务器，然后接到公网 Internet。该部署方式不存在计费、安全等问题。同时也有将移动边缘计算服务器与 CN 侧的 D-GW 部署在一起的方案，如图 3-23（b）所示。这种方式改变现有 EPC 架构，移动边缘计算服务器与 D-GW 部署在一起，原 P-GW 拆分为 P1-GW 和 P2-WG（即 D-GW），其中 P1-GW 留在原位置，D-GW 下移（可以到 RAN 侧，也可以到 CN 边缘）。D-GW 具备计费、监听、鉴权等功能。移动边缘计算服务器与 D-GW 可以集成在一起，也可以作为单独网元部署在 D-GW 之后。P1-GW 与 D-GW 之间为私有接口，故需同一厂家设备。

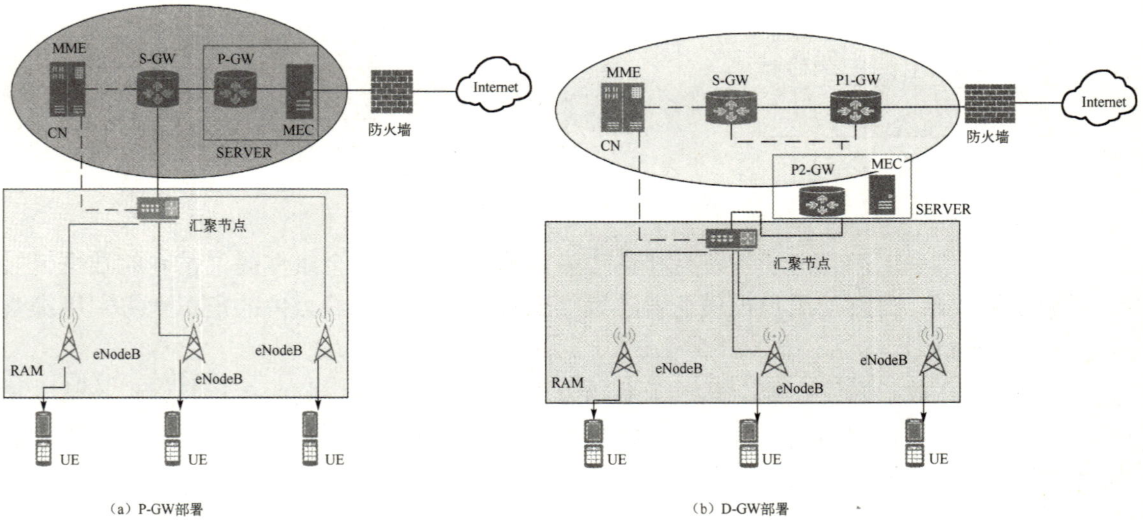

图 3-23 4G EPC 架构部署在 CN 侧的移动边缘云计算方案

3．基于 5G 架构的移动边缘计算服务器部署方案

基于 5G 架构的移动边缘计算服务器也有两种部署方案，一种是部署在 GW-UP 处，另一种是部署在 NodeB 之后。移动边缘计算服务器部署在 NodeB 之后。如图 3-24 中的 MEC Server 1 位置所示，移动边缘计算服务器部署在 NodeB 之后（一个或多个 NodeB），使数据业务更靠近用户侧。用户终端发起的数据业务经过 NodeB、MEC Server 1，然后到 Internet（第三方内容提供商服务器），在这种方式下计费和合法监听等安全问题需要进一步解决。移动边缘计算服务器部署在 GW-UP 处，如图 3-24 中的 MEC Server 2 位置所示，5G 网络核心网 C/U 功能分离之后，U-Plane（对应 GW-UP）功能下移（可以下移到 RAN 侧，也可以下移到 CN 的边缘），C-Plane（对应 GW-CP）驻留在 CN 侧。移动边缘计算服务器部署在 GW-UP 处，相对于传统公网方案，可为用户提供低时延、高带宽服务。

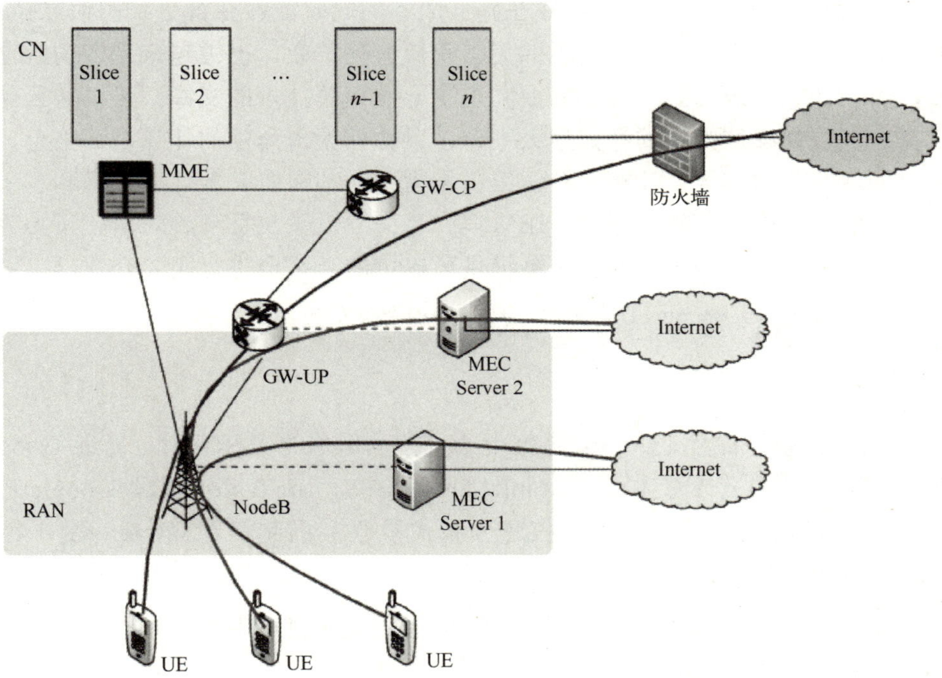

图 3-24　基于 5G 架构的移动边缘计算服务器部署方案

3.4.5.5　移动边缘计算应用场景

作为未来 5G 移动通信网络的关键技术，移动边缘计算的核心功能是在网络边缘侧实现便捷化和智能化，不仅能准确、及时地处理本地数据和实时业务，还能满足不同的设备在不同环境中实现跨应用跨厂商的集成，移动边缘计算有着丰富的应用场景，主要在海量数据计算、物联网、车联网和监控视频分析与优化加速等方面。

3.4.5.6　面临挑战

移动边缘计算已经发展成为推动 5G 移动通信网络和物联网实现的关键技术，移动边缘云计算技术极大促进了无线通信与移动计算的融合，但是移动边缘计算也面临着移动性问题、安全问题、大规模移动边缘计算系统部署存在的问题和计费问题的挑战。

3.5 云计算平台

云计算平台也称为云平台，是指基于硬件资源和软件资源的服务，提供计算、网络和存储能力。云计算即包括数据中心对外部提供云服务的硬件及软件资源，又包括在互联网信息中打包成各种服务形态给用户提供的云计算应用，云计算中的云包含了众多应用软硬件资源及相关服务的大型数据中心。在云计算环境中，所有能利用的软硬件资源（主要包括服务平台、基础构架及应用软件等）都被当成一种服务资源来提供给用户，用户则可通过按基于用量计费模式来使用云端所提供的服务资源。云计算平台的广泛使用缩短了中小企业和大企业之间的 IT 应用差距，企业在降低成本的同时能够获得更好的信息技术服务。云计算作为继个人计算机、因特网之后的第三次信息化革命，已被越来越多的国家上升到战略高度，而云计算从概念到实现都需要实现平台及相关技术的支撑。可以将云计算平台划分为三类：以数据存储为主的存储型云平台，以数据处理为主的计算型云平台，以计算和数据存储处理兼顾的综合云计算平台。很多大型企业都在研究云计算技术和基于云计算的服务，亚马逊、谷歌、微软、戴尔、IBM 等 IT 国际巨头及百度、阿里、华为等国内企业都在其中。本节将对这些主流的云服务提供商提供的云平台进行简要介绍。

3.5.1 Google 云计算平台

3.5.1.1 系统简介

Google 的硬件条件优势是大型的数据中心、搜索引擎的支柱应用，促进 Google 云计算迅速发展。Google 的云计算主要由 MapReduce、GFS、BigTable 组成，Google 还构建其他云计算组件，包括一个领域描述语言及分布式锁服务机制等。Sawzall 是一种建立在 MapReduce 基础上的领域语言，专门用于大规模的信息处理。Chubby 是一个高可用、分布式数据锁服务，当有机器失效时，Chubby 使用 Paxos 算法来保证备份。

3.5.1.2 GFS

为了满足 Google 迅速增长的数据处理需求，Google 设计并实现了 GFS。GFS 与过去的分布式文件系统拥有许多相同的目标，如性能、可伸缩性、可靠性及可用性。

GFS 的设计目标是高性能、高可靠、高可用性，适用于大规模且可扩展的分布式文件系统，可以部署在廉价的商务服务器上，在保证系统可靠性和可用性的同时，大大降低了系统的成本。GFS 是目前非常流行且通用的分布式文件系统，其架构如图 3-25 所示。

GFS 采用主服务器（Master）/数据块服务器（Chunkserver）架构，将文件切分成多个块，分别存储在不同的块服务器上，并根据复制等操作来保证数据冗余性。GFS 主要分为两个部分，单个主服务器和若干数据块服务器。主服务器利用心跳机制周期性地与数据块服务器进行通信，以对其进行操作。用户在读/写数据时，仅在获取元数据阶段与主机进行交互，在真实地数据读/写时，仅和数据块服务器通信。单一的主服务器简化了

GFS 的设计，但是在读/写过程中，需要尽量减少与 GFS 的交互，这样 GFS 才不会成为瓶颈。数据块服务器作为 GFS 中存储具体数据的节点，在存储时会将文件切分成以 64MB 为一个文件块的集合，并将这些文件块复制存储在不同的节点上，以保证数据冗余，并提供更高安全性。

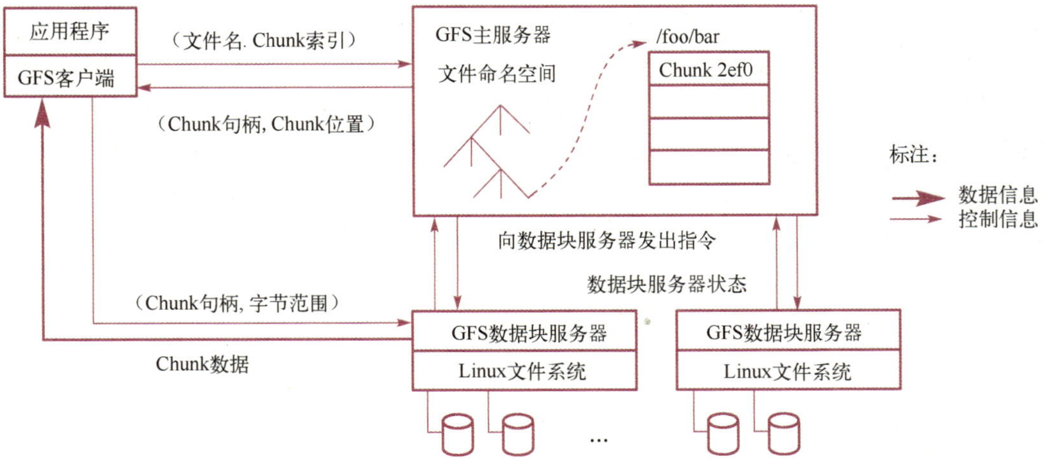

图 3-25　GFS 架构

3.5.1.3　MapReduce 编程模型

MapReduce 是 Hadoop 生态系统的一个重要组成部分，与分布式文件系统（HDFS）、分布式数据库（HBase）共同合称为传统 Hadoop 的"三驾马车"，共同构成了一个面向海量数据的分布式系统的基础架构。

MapReduce 的主要思想"Map（映射）"和"Reduce（规约）"都来自函数式编程语言。MapReduce 极大地方便了编程人员在不会分布式并行编程的情况下，将自己的程序运行在分布式系统之上。用户只需要定义一个 map 函数来处理一个键/值对以生成一批中间的键/值对，再定义一个 reduce 函数将所有这些中间的有着相同键的值合并起来。很多现实世界中的任务都可用这个模型来表达，具有较强的实用价值。

具体来看，MapReuce 包含以下三层含义。

（1）MapReduce 是一个基于集群的高性能并行计算平台。通过 MapReduce 可以将市场上普通的商用服务器构成一个包含数十、数百甚至数千个节点的分布和并行计算集群。

（2）MapReduce 是一个并行计算与运行的软件框架。它能自动完成计算任务的并行化处理，自动划分计算数据和计算任务，在集群节点上自动分配和执行任务及收集计算结果，将数据分布存储、数据通信、容错处理等并行计算涉及很多系统底层的复杂细节交由系统负责处理，大大减少了软件开发人员的负担。

（3）MapReduce 是一个并行程序设计模型与方法。它借助于函数式程序设计语言 Lisp 的设计思想，提供了一种简便的并行程序设计方法，利用 map 和 reduce 两个函数编程实现基本的并行计算任务，提供了抽象的操作和并行编程接口，可以简单方便地完成大规模数据的编程和计算处理。

3.5.1.4 分布式数据库（BigTable）

BigTable是一个分布式的结构化数据库系统，用来处理海量数据，即通常是分布在数台普通服务器上的PB级数据。Google的很多项目都使用BigTable存储数据，如搜索索引、Google Earth、Google Finance等，这些应用对BigTable提出的要求无论是在数据量上（从URL、网页到卫星图像）还是在响应速度上（从后端的批处理到实时数据服务）均有很大的差异。尽管应用需求差异很大，但是针对Google的这些产品，BigTable还是成功地提供了一个灵活的、高性能的统一解决方案。图3-26给出了BigTable的数据模型。数据模型包括行列及相应的时间戳，所有的数据都存放在表格的单元中。BigTable的内容按照行来划分，将多行数据组成一个小表（Tablet），并将其保存到某一个服务节点中。

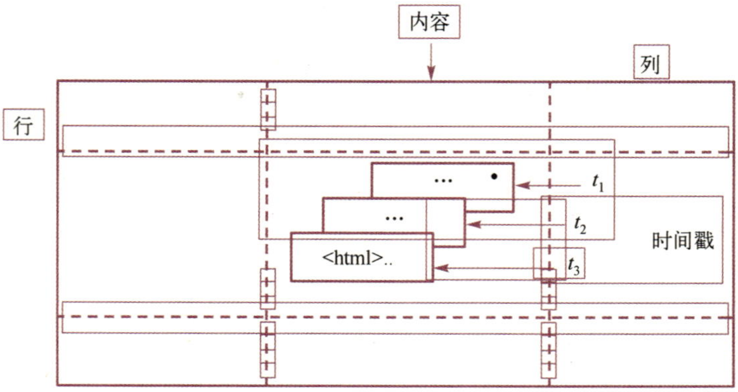

图3-26 BigTable的数据模型

3.5.2 阿里云计算平台

3.5.2.1 系统简介

2008年9月，阿里巴巴确定采用“云计算”和“数据”战略，自主研发大规模分布式计算操作系统——飞天。2009年2月，阿里巴巴正式开始研发飞天系统，同年9月，成立了子公司——阿里云计算有限公司，主要负责阿里云的系统研发、维护和业务推广。阿里云在发展过程中不仅吸收了很多开源的技术框架，如Hadoop、Spark、OpenStack等，同时还基于这些技术自主研发了更加贴合市场需求的飞天系统产品。

3.5.2.2 弹性计算服务

阿里云提供的弹性计算服务（Elastic Compute Service，ECS）支持大规模分布式计算，通过虚拟化技术整合IT资源，并提供自主管理、数据安全保障、自动故障恢复和抵御网络攻击等高级功能。

ECS提供的基本功能如下。

（1）镜像管理：支持Windows及Linux等操作系统。

（2）远程操作：创建、启动、关闭、释放、修改配置、重置硬盘、管理主机名称和密码、监控等。

（3）快照管理：创建、取消、删除、回滚、挂载。

（4）网络管理：管理公网 IP、IP 网段，设置 DNS 别名。

（5）安全管理：设置安全组、自定义防火墙、DDOS 攻击检测。

3.5.2.3 对象存储服务

对象存储服务（Object Storage Service, OSS）包含以下对象。

1. 存储空间（Bucket）

存储空间是用户存储对象的容器，所有对象都必须隶属于某个存储空间。用户可以设置和修改存储空间属性进而控制地域、访问权限、生命周期等，这些属性设置直接作用于该存储空间内的所有对象，因此用户可以通过灵活地创建不同的存储空间来完成不同的管理功能。

2. 对象（Object）

对象是 OSS 存储数据的基本单元，也被称为 OSS 的文件。对象由元信息（Object Meta）、用户数据（Data）和文件名（Key）组成。对象由存储空间内部唯一的 Key 来标识，对象元信息是一个键值对，表示对象的一些属性，如最后修改时间、大小等信息，同时用户也可以在元信息中存储一些自定义的信息。

3. 区域（Region）

区域表示 OSS 的数据中心所在的物理位置。用户可以根据费用、请求来源等综合选择数据存储的区域。一般来说，距离用户更近的区域访问速度更快。

4. 访问域名（Endpoint）

访问域名表示 OSS 对外服务的访问域名。OSS 以 HTTP Rest API 接口的形式对外提供服务，当访问不同区域时，需要不同域名。通过内网和外网访问同一个区域所需要的访问域名也是不同的。

5. 访问密钥（AccessKey）

访问密钥是指访问身份验证中用到的 AccessKeyId 和 AccessKeySecret。OSS 通过使用 AccessKeyId 和 AccessKeySecret 对称加密的方法来验证某个请求的发送者身份。AccessKeyId 用于标识用户，AccessKeySecret 是用户用于加密签名字符串和 OSS 用来验证签名字符串的密钥，其中 AccessKeySecret 必须保密。

3.5.2.4 开放表格存储

开放表格存储（Open Table Store，OTS）是构建在飞天系统之上的 NoSQL 数据存储服务，提供海量结构化数据的存储和实时访问；表格存储以实例和表的形式组织数据，通过数据分片和负载均衡技术，实现规模上的无缝扩展。应用通过调用表格存储 API / SDK 或者操作管理控制台来使用表格存储服务。

3.5.2.5 云数据库 RDS

云数据库 RDS（ApasaraDB for RDS）是一种稳定可靠、可弹性伸缩的在线数据库服务。基于飞天系统和全 SSD 盘存储，支持 MySQL、SQL Server、PostgreSQL 和 PPAS 引擎，默认部署主备架构且提供了容灾、备份、恢复、监控、迁移等解决方案。

3.5.2.6 大数据计算服务（MaxCompute）

阿里云大数据计算服务（MaxCompute，原名 ODPS）是阿里云提供的一种安全可靠、高效能、低成本、从 GB 到 EB 级别按需弹性伸缩的在线大数据计算服务。MaxCompute 向用户提供了丰富的大数据开发工具、完善的数据导入/导出方案以及多种经典的分布式计算模型。能够最快速地解决用户海量数据计算问题，有效降低企业大数据计算平台的总体拥有成本，提高大数据应用开发效率，并保障数据在云计算环境中的安全，被广泛地应用于互联网海量数据分析类场景。

3.5.3 开源云计算平台

3.5.3.1 OpenStack 云计算平台

1. OpenStack 简介

OpenStack 是由 NASA（National Aeronautics and Space Administration，美国国家航空航天局）和 Rackspace 联手成立的一个以 Apache 许可证授权的自由软件和开放源代码项目，旨在为服务商和企业实现类似于 Amazon EC2 和 S3 的 IaaS，用于管理云平台的基础资源。OpenStack 的架构旨在为云计算平台的设计提供灵活性、无须专有硬件或软件的要求，并且其能够与传统系统和第三方技术集成。OpenStack 在管理和自动化计算资源池时，与广泛使用的虚拟化技术及裸机和高性能计算（HPC）配置协同工作。例如，在实现资源的接入与抽象功能时，OpenStack 需要与虚拟软件实施集成，才能完成对硬件资源的池化，硬件资源的虚拟化由虚拟化软件完成。

2. OpenStack 核心组件及功能

OpenStack 的核心组件有 Nova、Neutron、Cinder、Glance 和 Keystone，每个部件均为一个单独的子项目，提供构建 IaaS 所需的各种功能。OpenStack 组件图如图 3-27 所示。

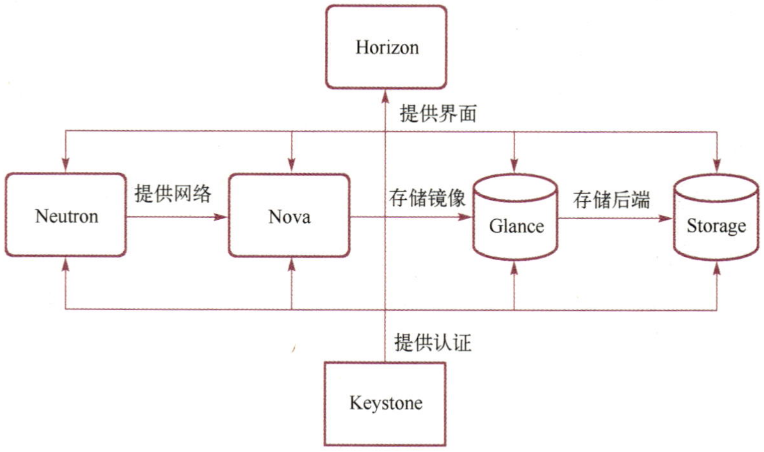

图 3-27 OpenStack 组件图

OpenStack 系统框架的主要组件如下。

（1）Nova：计算服务。Nova 也称为 OpenStack Compute 或 Nova Compute，Nova 是

Open Stack 中计算资源的控制中心，负责虚拟机生命周期的一切活动，其主要核心服务有 Nova-API、Nova-Compute、Nova-Conductor、Nova-Schedule，其中 Nova-API 负责虚拟机生命周期的操作；Nova-Scheduler 负责决定虚拟机在哪个计算节点上启动；Nova-Compute 完成实例所需的计算资源。

（2）Keystone：身份认证与授权服务。Keystone 为 OpenStack 中的其他服务提供身份验证、服务令牌、服务规则的功能。Keystone 在授权时通过两种方式进行：一种是基于用户和密码，另一种是基于令牌。Keystone 向合法的用户发放令牌后，用户通过持有的 Keystone 令牌访问 OpenStack 的其他项目，以便使用其服务。在 OpenStack 通过 Keystone 对用户身份的识别和用户权限级别的控制，使用户只能访问经过授权的资源，保证了不同用户间的资源隔离。

（3）Glance：镜像服务。不同于传统方式的光盘安装系统，OpenStack 通过镜像的方式安装系统，而 Glance 用于提供和管理镜像的服务。Glance 提供镜像的创建、删除、上传、下载、查询等功能，并对系统中的镜像元数据进行管理。

（4）Neutron：网络服务。Neutron 是 OpenStack 中的网络组件，为服务提供网络连接，负责创建和管理 L2、L3 网络并为虚拟机提供网络连接。Neutron 的设计目标是“网络即服务”，在设计上遵循了 SDN 实现虚拟网络的原则，并充分利用了 Linux 系统上的网络相关技术。如今 Neutron 以其灵活、自动化的优势成为云计算的主要组件。

（5）Cinder：块存储服务。Cinder 也称为 Open Stack Block Storage 或 Cinder Volumes，它为虚拟机提供持久性块存储。Cinder 主要与 Nova 交互为虚拟机提供卷，并通过 Rest API 进行卷的处理、快照。

（6）Horizon：图形界面。Horizon 是 OpenStack 的 Web 管理界面，使得云平台管理员或用户能够通过 Web 的方式管理或访问到 OpenStack 的资源和服务。

在 OpenStack 中各个组件都是松耦合关系，并通过 Rest API 接口进行交互。这里以创建虚拟机为例，图 3-28 描述 OpenStack 各个组件的交互过程。

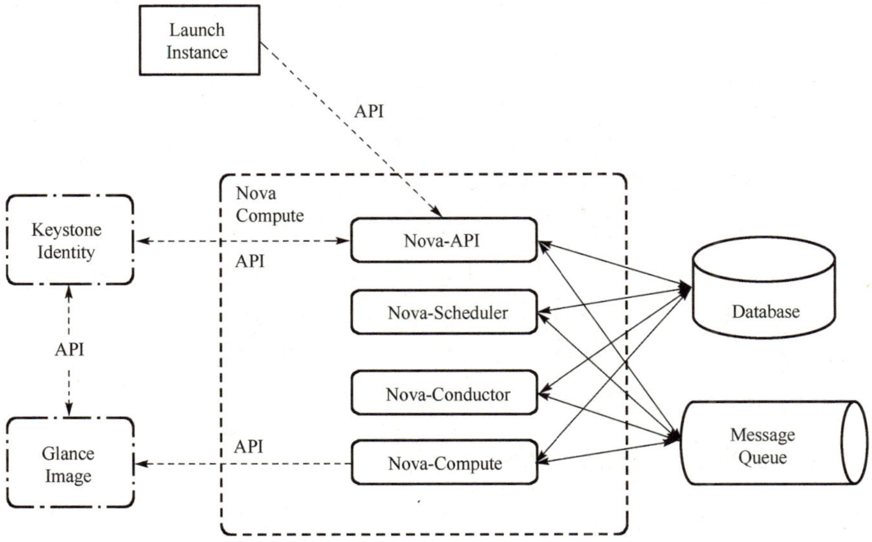

图 3-28　OpenStack 各个组件的交互过程

3.5.4 云原生技术

3.5.4.1 云原生相关技术

1. 云原生简介

云原生技术是一种构建和运行应用程序的方法，有利于各组织在公有云、私有云和混合云等新型动态环境中构建和运行可弹性扩展的应用。云原生的代表性技术包括容器、服务网格、微服务、不可变基础设施和声明式 API。

2. 关键技术

（1）容器技术。容器是一种轻量级的虚拟化技术，能够在单一主机上提供多个隔离的操作系统环境，通过一系列的命名空间对进程进行隔离，每个容器都有唯一的可写文件系统和资源配额。容器技术分为运行时和编排两层，运行时负责容器的计算、存储、网络等，编排层负责容器集群的调度、服务发现和资源管理。

（2）微服务。微服务是指将大型复杂软件应用拆分成多个简单应用，每个简单应用都描述了一个小业务，系统中的各个简单应用可被独立部署。各个微服务之间是松耦合的，可以独立地对每个服务进行升级、部署、扩展和重新启动等流程，从而实现频繁更新而不会对最终用户产生任何影响。相比传统的单体架构，微服务架构具有系统复杂度低、独立部署、独立扩展、跨语言编程等特点。微服务主要有以下三类。

① Spring Cloud。Spring Cloud 是一系列框架的有序集合，它利用 Spring Boot 的开发便利性，巧妙地简化了分布式系统基础设施的开发，如服务注册发现、配置中心、消息总线、负载均衡、断路器、数据监控等，都可以用 Spring Boot 的开发风格做到一键启动和部署。Spring Cloud 并没有重复制造“轮子”，它只是将目前各家公司开发得比较成熟、经得起实际考验的服务框架组合起来，通过 Spring Boot 风格进行再封装屏蔽掉复杂的配置和实现原理，最终给开发者留出了一套简单易懂、易部署和易维护的分布式系统开发工具包。

② Service Mesh。Service Mesh 用于处理服务间请求/响应的可靠传递，并可用于服务治理、遗留系统的零侵入接入及异构框架开发的微服务。Service Mesh 作为服务间通信的基础设施层，是应用程序间通信的中间层，实现了轻量级网络代理，对应用程序透明，解耦了应用程序的重试/超时、监控、追踪和服务发现。Service Mesh 的开源软件包括 Istio、Linkderd、Envoy、SOFAMesh、Dubbo Mesh 等。

③ DevOps。DevOps 是一组过程、方法与系统的统称，用于促进开发（应用程序/软件工程）、技术运营和质量保障（QA）部门之间的沟通、协作与整合。DevOps 的出现是由于软件行业日益清晰地认识到：为了按时交付软件产品和服务，开发和运营工作必须紧密合作。DevOps 旨在统一软件开发和软件操作，与业务目标紧密结合，在软件构建、集成、测试、发布到部署和基础设施管理中大力提倡自动化和监控。

3.5.4.2 云原生基石——Kubernetes

Kubernetes 是由 Google 开源的 Docker 容器集群管理系统，为容器化的应用提供了资源调度、部署运行、服务发现、扩容及缩容等一整套功能。随着微服务理念的发展，其应用开始变得越来越广泛，功能也越来越复杂，这时 Docker Compose 编排模板便应运而生了。通过它，技术人员可以方便地编辑模板以实现应用的打包与发布。后来随着 Kubernetes 的诞生与发展，声明式定义又开始风靡技术圈，用户逐渐倾向于使用面向终态的架构设计。现在的 Kubernetes 基本奠定了容器编排领域的标准。

3.5.4.3 Helm

2016 年，Helm 加入 Kubernetes 社区。Helm 1（第 1 版 Helm）是由一家名为 Deis 的创业公司开发的，这家公司在 2017 年被微软收购。Deis 当时还开发了一个名为 Fleet 的容器托管平台，即现在我们熟悉的 SaaS 平台的前身，经历或了解过容器编排框架之争的读者可能听说过 Fleet，它是第一个容器调度编排框架。

Helm 是一个典型的 Client-Server 架构，Client 负责下载或解析 Chart 安装包，然后将渲染好的 yaml 文件发送给集群内的 Tiller，也就是 Server 端，由 Server 端负责将渲染好的 yaml 文件安装到集群中。同时 Server 端要负责创建对应的 Release Secret 等资源来记录 Release 信息。一些复杂的 Hooks 操作也都是由 Server 端来完成的。

3.5.4.4 Kustomize

Kustomize 是 Google 公司主导开发的一个 Kubernetes 生态应用管理工具。当在 Kubernetes 环境中部署应用时，我们需要一些包含 API 对象的 yaml 文件，这些文件定义了部署的应用原则：包含哪些服务、分配多少内存和 CPU、是否使用数据卷、使用什么镜像版本等信息。通过修改这些 yaml 文件，可以实现修改部署应用的属性，从而实现不同环境对部署参数的不同要求。

作为一种应用管理工具，所有在 Kubernetes 环境中部署的资源类型都可以通过 Kustomize 进行部署管理。与 Helm 类似，当用户的应用包超过一种资源类型时，通过 Kustomize 这样的应用包管理工具会极大提高发布和维护应用的效率。Kustomize 不仅实现了应用的整体部署功能，更重要的是实现了对应用模板版本进行管理，实现了模板文件的重用机制。

3.5.4.5 Operator

CoreOS 在 2016 年年底提出了 Operator 的概念："Operator 可以通过软件的方式定义人类的运维操作，并可靠地管理应用。"简单来看，Operator 定义了一组在 Kubernetes 集群中打包和部署复杂业务应用的方法，它可以方便地在不同集群中部署并在不同的客户间传播共享。

Operator 的开放式设计模式使开发者可以根据自身业务自由定义服务模型和相应的控制逻辑。在监控方面，CoreOS 开发的 Prometheus-Operator 早已成为社区的明星项目，Jaeger、FluentD、Grafana 等主流监控应用也由官方或开发者迅速推出相应的 Operator 并持续演进；在安全领域，Aqua、Twistlock、Sysdig 等各大容器安全厂商也不甘落后，通过 Operator 的形式简化了相对门槛较高的容器安全应用配置。另外，社区中像 Cert-Manager、Vault-operator 这些热门项目也在很多生产环境上得到了广泛应用。可以说 Operator 在很短的时间内就成为分布式应用在 Kubernetes 集群中部署的事实标准。同时，Operator 应用如此广泛的覆盖面也使它超过了分布式应用这个原始的范畴，成为整个 Kubernetes 云原生应用下一个重要的存在。

随着 Operator 的持续发展，已有的社区共享模式渐渐不能满足广大开发者和 K8S 集群管理员的需求，如何快速寻找到业务需要的可用 Operator；如何给生态中大量的 Operator 定义一个统一的质量标准，这些都成为刚刚完成收购的 Red Hat 眼中亟待解决的问题。于是我们看到 Red Hat 在 2019 年年初联合 AWS、Google、微软等大厂推出了 OperatorHub.io，希望其作为 Kubernetes 社区的延伸，向广大 Operator 用户提供一个集中式的公共仓库，用户可以在仓库网站上轻松搜索与自己业务应用对应的 Operator，并在向导页的指导下完成实例安装。同时，开发者还可以基于 Operator Framework 开发自己的 Operator 并上传分享至仓库中。

3.6 云计算应用案例

云计算的需求催生着云计算的快速发展，国内外著名的 IT 公司 Google、亚马逊、阿里巴巴、腾讯等都在大力发展自己的云计算业务，同时也构建了强大的云计算平台。本节首先对这些云服务提供平台进行简要介绍，然后探讨私有云和社区云的应用案例。通过本节的学习，读者能够对常见的云计算应用有一定的了解。

3.6.1 公有云：谷歌云、亚马逊云、阿里云、腾讯云

3.6.1.1 谷歌云

谷歌云计算技术实际上是针对谷歌公司特定的网络应用程序而定制的。针对内部网络数据规模超大的特点，Google 提出一整套基于分布式并行集群方式的基础架构，利用软件的能力来处理集群中经常发生的节点失效问题。

谷歌云最初是从 PaaS 平台开始，现如今已经扩展到 IaaS，它具有运行企业工作负载所需的大部分核心功能。它在某些特定的用例，特别是使用应用程序容器、大数据管理和机器学习方面表现优异。该公司在全球范围内有限数据中心专用于谷歌云平台（Google Cloud Platform，GCP）。谷歌云平台提供虚拟机、容器引擎和注册表，以及 Cloud Functions。它有一个对象云存储服务、云 SQL+云分布式结构化表和云数据存储，其中后两个是 NoSQL 数据库。在批处理和流处理方面，谷歌云平台提供了云数据流、数据湖的大查询和 Dataproc：一个托管的 Spark 和 Hadoop 服务。谷歌云计算的三大核心技术：分布式文件系统 GFS、分布式处理模型 MapReduce、分布式结构化表 Bigtable。

3.6.1.2 亚马逊云

亚马逊的 Amazon Web Services（AWS）于 2006 年被推出，其以 Web 的形式向企业提供 IT 基础设施服务，现在通常称为云计算。AWS 提供了大量基于云的全球产品，其中包括计算、存储、数据库、分析、联网、移动产品、开发人员工具、管理工具、物联网、安全性和企业级应用程序。这些服务可以帮助组织快速发展、降低 IT 成本及进行扩展。AWS 云基础设施围绕区域和可用区域构建。能够提高应用程序和数据库的运行效率，使其具备

比单个数据中心更强的可用性、容错能力及可扩展性。凭借着自身在电子商务领域的优势，亚马逊在云存储、云计算等方面一直处于领先地位。

亚马逊网络服务所提供的服务包括：亚马逊弹性计算云（Amazon EC2）、亚马逊简单储存服务（Amazon S3）、亚马逊简单数据库（Amazon SimpleDB）、亚马逊简单队列服务（Amazon Simple Queue Service）等。这些服务涉及云计算的方方面面，用户完全可以根据自己的需求选取一个或多个亚马逊云计算服务。所有这些服务都是按需获取资源的，具有极强的可扩展性和灵活性。

3.6.1.3　阿里云

阿里巴巴是国内 BAT（中国互联网公司三巨头）最早押注云服务的互联网巨头。阿里云创立于 2009 年，是国内的云计算平台之一，服务范围覆盖全球 200 多个国家和地区。阿里云致力于为企业、政府等组织机构提供安全、可靠的计算和数据处理能力，让计算成为普惠科技和公共服务，为万物互联的 DT 世界提供源源不断的新能源。在过去几年中，阿里云依托“云＋AI+IoT”先后众多大企业提供服务，并推动阿里云呈现迅猛增长。

阿里云技术平台为阿里自主研发的飞天开放平台（Apsara），如图 3-29 所示。飞天负责管理数据中心 Linux 集群的物力资源，控制分布式程序运行，隐藏下层故障恢复和数据冗余等细节，从而将数以千计甚至万计的服务器联成一台超级计算机，并且将这台超级计算机的存储资源和计算资源以公共服务的方式提供给互联网上的用户。飞天操作系统内核提供的授权机制能够有效实现“最小权限原则（Principle of Least Privilege）”。同时，还建立了自主可控的全栈安全体系。飞天操作系统内核同时对上层应用提供了详细的、无间断的监控数据和系统事件采集，能够回溯到发生问题的那一刻现场，帮助工程师找到问题的根源。飞天操作系统的核心竞争力和核心能力包括自主可控、调度能力、数据能力、安全能力、大规模实践和开放的生态。

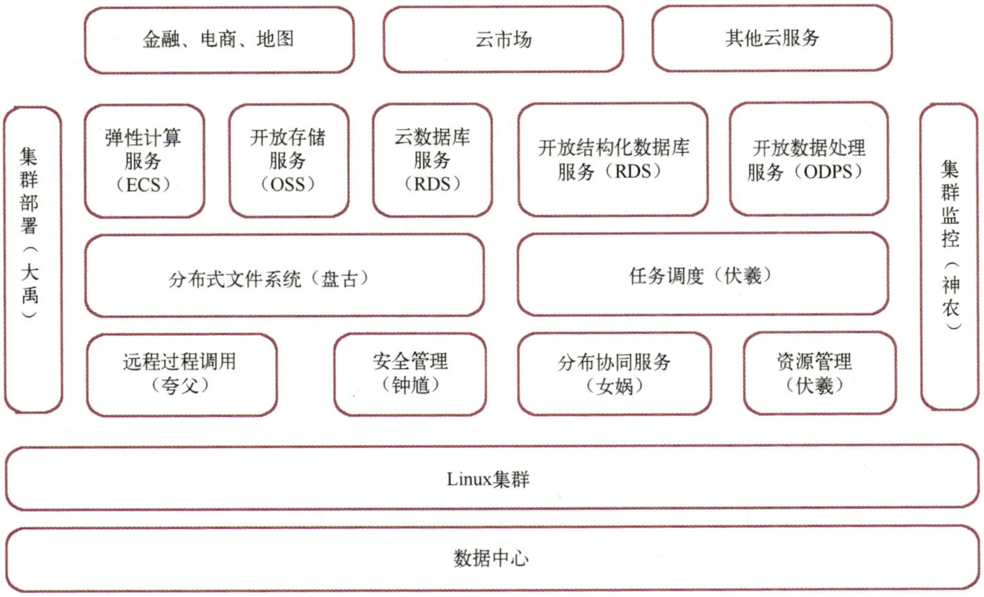

图 3-29　飞天操作系统架构

3.6.1.4 腾讯云

腾讯云是腾讯倾力打造的云计算品牌，以卓越科技能力助力各行各业数字化转型，为全球客户提供领先的云计算、大数据、人工智能服务，以及定制化行业解决方案。腾讯云有着深厚的基础架构，并且有着多年对海量互联网服务的经验，不管是社交、游戏还是其他领域，都有多年的成熟产品来提供产品服务。开发者可通过接入腾讯云平台降低初期创业的成本，能更轻松地应对来自服务器、存储及带宽的压力。腾讯在云端完成重要部署，为开发者及企业提供云服务、云数据、云运营等整体一站式服务方案。具体包括云服务器、云存储、云数据库和弹性 Web 引擎等基础云服务；腾讯云分析（MTA）、腾讯云推送（信鸽）等腾讯整体大数据能力，以及 QQ 互联、QQ 空间、微云、微社区等云端链接社交体系。这些正是腾讯云可以提供给这个行业的差异化优势，造就了可支持各种互联网使用场景的高品质的腾讯云技术平台。腾讯云的主要产品如下：腾讯云云服务器（Cloud Virtual Machine，CVM）、腾讯负载均衡（Cloud Load Balancer，CLB）、腾讯 CDN、NoSQL 高速存储。除此之外，腾讯云在监控、安全、大数据处理等方面也都开发出了相应的产品，为用户提供更多、更可靠的选择。

3.6.2 社区云——基于云医疗的网络医疗平台

随着医疗信息技术的不断发展和云计算技术的持续升温，医疗信息化已开始成为学术界和医疗行业的一个热门话题。传统医疗信息化已经无法满足人们不断改变的生活方式和日益增长的需求。医疗信息化在服务医患的角色中已经无法充分满足医生对于数据处理效率、业务的并发处理时间的需求，同时，随着医改的不断深入，小型的医疗结构在信息化部署上面临前所未有的困境，医疗信息的充分共享和医疗信息化的快速部署成为政府和医疗机构的愿望。

医疗云平台系统是以完整的基层医疗机构信息化解决方案为出发点，打造链接诊所、医生、患者、一站式互联网医疗服务系统，深度挖掘基层医疗机构需求，解决其真正痛点，提供医疗前沿资源及信息共享，全面提升医疗管理质量，可执行落地的综合性解决方案。医疗云服务平台正是依托于云计算技术，对接各个医院、卫生机构、科研机构的信息系统，将各种医疗服务部署在云计算平台上。通过将多种医疗服务和医疗数据进行集成和重新整合，从而实现以智慧医疗云平台为核心的智慧医疗云服务生态系统。

3.6.2.1 云医疗架构

云医疗的总体架构如图 3-30 所示。该架构由公共服务、云主机、信息交换平台、服务总线、数据库等部分组成。在医疗数据共享的基础上，实现社区首诊、分级医疗、双向转诊、区域、区域和区域一卡通等其他医疗服务。同时，云服务平台为医保社保、疾控中心和商业保险等机构提供外部接口，便于信息数据的交换。医疗卫生管理部门也可以通过区域医疗云平台更加全面地掌握区域内诊疗、疾控及健康和财经信息，为区域医疗决策规划提供重要理论依据。区域医疗云平台建立互联网可访问的门户网站，社区居民及社会大众都可以通过智能手机、计算机或自助查询机等方式访问云平台，获得网上预约、资料查询、自助打印等信息服务。

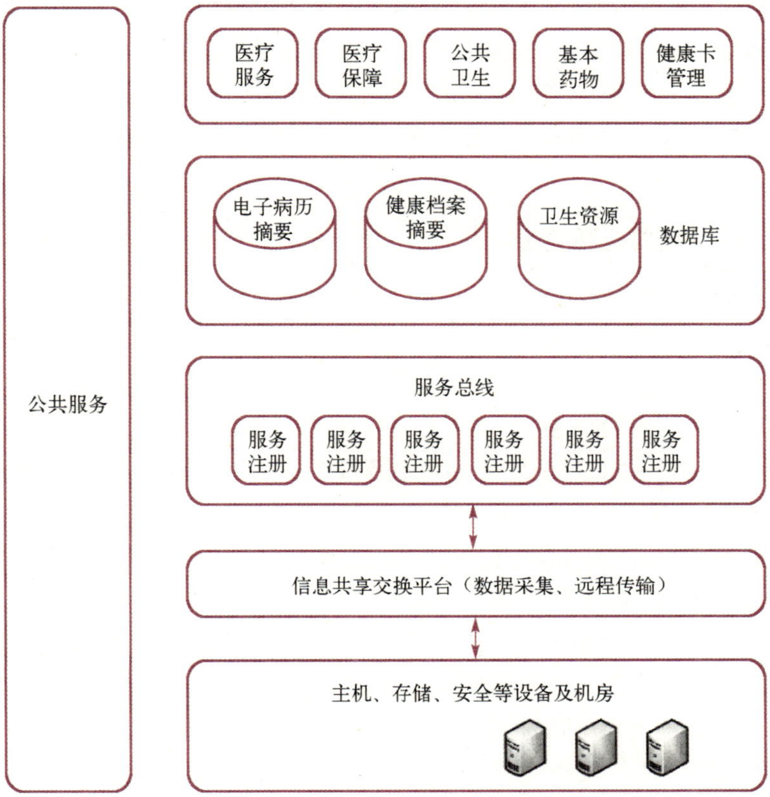

图 3-30　云医疗的总体架构

3.6.2.2　慢病云平台搭建——以糖尿病为例

通过构建糖尿病大数据监测与管理平台，可以设计与实现糖尿病信息的自动采集、分布式存储与计算、人工智能中间件、数据建模与预测。

多源异构的糖尿病数据监测与建模分析，针对糖尿病大数据繁多复杂、非结构化的特点，以及平台资源有效性的问题，结合大数据处理与人工智能技术，实现大规模糖尿病数据高效处理与精准预测，以及平台中全局资源调度与负载均衡。

对于糖尿病监测设备的多源性与分布式等特点，采用多源异构数据采集方法，保证收集的数据具有内容可靠性、数据集可扩展性、控制节点可管理性。针对数据采集的速度和集群计算的速度不一致的问题，采用基于 Kafka 分布式消息队列系统将数据向平台计算层进行交付的方式，不仅适用于实时的流处理计算，同时也兼容 HDFS 存储计算。

对于糖尿病信息存在异构性而无法有效存储的问题，采用两种用于存放数据的存储格式。对于结构化的糖尿病数据，使用关系数据库 Hive，实现 SQL 查询的快速获取数据；而对于非结构化的糖尿病数据，则采用基于 Bigtable 的键值对的存储方式，与

MapReduce 的计算模型相匹配；针对不同数据对时延要求及有效计算模式的问题，采用聚类分析、分类计算、关联规则等数据挖掘的算法对采集的数据进行离线分析，将其引入到 MapReduce 计算模型中；对于一些要求时延短的数据，将其引入到 Spark 计算模型中，实现次秒级的响应时间；采用实时处理与离线批处理相结合的处理方式，可以实现平台资源的合理分配；针对 OpenStack 部署复杂与服务负载的问题，采用动态迁移的负载均衡策略，实现 OpenStack 与 Kubernetes 相融合的方案，实现异构平台统一管理、资源负载均衡。

3.6.2.3 云平台数据隐私安全

（1）构建从血糖监测仪、边缘计算（雾计算）、云平台的全过程安全策略方案，包括糖尿病云平台及数据的轻量级加密技术、隐私安全策略、权限管理和访问控制方案。

① 在血糖检测仪端采用轻量级异或和置位等技术的加密算法，以及在数据收集/汇聚端采用安全通信协议 TLS/DTLS。

② 在雾环境下基于局部差分隐私的关联数据隐私保护。通过局部扰动实现关联度聚集的局部关联差分隐私保护，以及隐私预算的弹性分配算法。

③ 隐私安全模型下的高效数据结构及算法。通过分析隐私安全模型下的高效数据结构及算法，研究低级复杂度的不经意随机存取技术（ORAM）的安全计算数据结构，并改造非递归 ORAM 机制，并结合权限访问控制实现隐藏访问模式的加密数据查询，从而有效防止云计算环境访问模式的隐私泄露问题。

④ 糖尿病大数据差分隐私保护算法。基于基本的糖尿病数据脱密技术的差分隐私保护算法，既满足糖尿病大数据的可用性，又可以实现对隐私保护。通过对原始数据添加噪声来达到隐私保护的目的。通过对噪声函数和噪声比的研究，保证设计的算法满足差分隐私。

（2）云平台数据隐私安全的 AI 模型训练与推理。

结合边缘计算的防对抗联邦学习架构及模型与数据保护方法，采用边缘计算能力的联邦（Federated）深度学习架构，将 AI 模型训练分为边缘模型参数预训练及云计算中心模型转移与迁移学习，通过分离端的数据处理及云模型的更新，避免了隐私数据的直接传输，同时方便对两个独立阶段的数据交换进行加解密处理，进一步提高数据的安全性。其原理利用了传统的大规模分布式训练中的数据并行性（Batch-Level），减少各个互不信任的端之间的数据依赖。由于该方法采用与训练无关的纯硬件加密方法，将适用于一般性的包含梯度下降在内的传统模型训练方法，并且不会限制深度学习模型的参数设计。同时为了降低云计算中心与边缘平台的服务性能开销及功耗损失，采用基于硬件物理不可克隆函数的方法产生随机密钥，基于这种方法密钥的安全性，可以采用简单的如异或操作进行硬件加解密，无须复杂耗时的加密算法即可满足数据安全传输的需求。

3.6.3 私有云——面向微服务的大数据承载云平台

云计算核心技术操作系统虚拟化技术将一台计算机虚拟为多台逻辑计算机。在一台计算机上同时运行多个逻辑计算机，每个逻辑计算机都可运行不同的操作系统，并且应用程序都可以在相互独立的空间内运行而互不影响。从 20 世纪 60 年代 UNIX 诞生起，虚拟化技术和分区技术就开始了发展，并且经历了从硬件分区、虚拟机、准虚拟机、虚拟操作系统的发展历程。

目前，这种模式作为大数据的承载层面临一些问题和挑战：①实施和配置复杂。大批量虚拟机的生成、销毁、运维和管理，其配置复杂，实施代价较大。②更新和升级复杂。虚拟主机集群连接多个系统，各组件间发生着大量的、复杂的交互，升级到更新版本的产品和硬件组件也可能出现问题。③集群管理成本较高。

容器虚拟化可以有效解决上述问题，容器为应用程序提供了隔离的运行空间，每个容器内都包含一个独享的完整用户环境空间，并且一个容器内的改变不会影响其他容器的运行环境。容器技术使用了一系列的系统级别的机制诸如利用 Linux 命名空间来进行空间隔离，通过文件系统的挂载点来决定容器可以访问哪些文件，通过 Cgroups 来确定每个容器可以利用多少资源。容器之间共享同一个系统内核，这样当同一个库被多个容器使用时，内存的使用效率才会得到提升。

面对海量大数据的增长，虽然能够对传统架构进行扩充，但它却面临着不能实现水平横向扩展的局限性，传统的 IT 架构和数据处理方式无法有效地应对大数据环境。数据的存储、计算、管理、分析等节点都需要适应大数据需求的方案，同时也要满足性能上的扩展。对于大数据而言，应用需求多种多样，发展急剧变化，其开发和服务框架尤其重要，以 Docker 为代表的容器技术则为微服务理念提供了匹配的实现机制，进而实质性地改变了新一代应用开发和发布的方式，微服务以一种全新的架构设计模式，牵动了互联网应用从设计到运维整个流程方法论的变革。微服务架构（Microservices Architecture）是一种架构风格（Architectural Style）和设计模式，它提倡将应用分割成一系列细小的服务，每个服务均专注于单一业务功能，并运行于独立的进程中，服务之间边界清晰，采用轻量级通信机制（如 HTTP/REST）相互沟通、配合进而实现完整的应用，以满足业务和用户的需求。

器虚拟化和云计算将为大数据价值的挖掘提供更富有灵活扩展、高效利用的技术支持，将有助于简化大数据价值的挖掘和服务的提供，从而实现大数据的更快部署实施和惠及更多地区、行业用户的应用服务。面向微服务的大数据承载云平台主要包含云平台容器化、资源负载调度、流式数据计算、云平台构建和应用等。

3.6.3.1　云平台容器化

整体云平台可以分为镜像生成、部署、集成和运维共 4 个方面。

（1）镜像生成整体镜像构建和持续集成服务帮助用户将独立、可复用的微服务打包，转化为随时可以部署的容器镜像。

（2）集成：该平台不仅在平台的镜像仓库中汇集大量来自 Docker 官方和社区的优质镜像，也支持平台以外的任意镜像源。采用便于用户可以自由组合、复用数以万计的容器化微服务，像搭积木一样轻松集成应用。例如，用户需要一个通用的 MySQL 数据库服务，它无需构建镜像，可以直接在镜像中选择适合的数据库服务镜像，并与其微服务连接起来。

（3）部署：由于微服务的组件数量众多，云端部署成为实践上的一个难点。以容器为应用发布的载体，只需提供容器镜像和简单的容器配置，平台就会将整个部署流程自动化，实现对于由多个微服务容器组成的完整应用的一键部署。

（4）运维：由于微服务的独立进程众多，部署后的运维、管理成为实践中的另一个难点。屏蔽底层云主机和基础架构运维，通过容器编排、自动修复、自动扩展、监控日志等高级应用生命周期服务，实现容器化微服务的智能托管，进一步降低运维成本和难度。

3.6.3.2 资源负载调度

1. 资源调度

负载均衡就是把任务在多个计算机、进程、磁盘或者其他资源间进行分配以获得最优的资源利用率，进而缩短计算时间。负载均衡是实现资源有效共享和利用的重要手段之一，因此其一直是分布式计算、网格计算和云计算领域研究的热点问题。同构系统的负载平衡问题相对简单，已经被广泛地研究。在异构集群系统中，由于节点类型、资源类型的多样性及节点和任务的动态行为，负载均衡问题就更为复杂。在大数据承载平台的云计算平台中，对各个节点进行负载均衡就是通过任务和资源的分配与再分配实现各个节点负载的大致平衡，从而提高整个系统的性能。

如图 3-31 所示，从 PaaS 云平台的通用架构着手，对资源调度技术进行分析。云平台通用架构由应用服务器（AppServer/AS）、节点代理（NodeAgent）、资源调度实体（App Master/AM）、应用路由器（App Router）与反向代理（Reverse Proxy）组成。

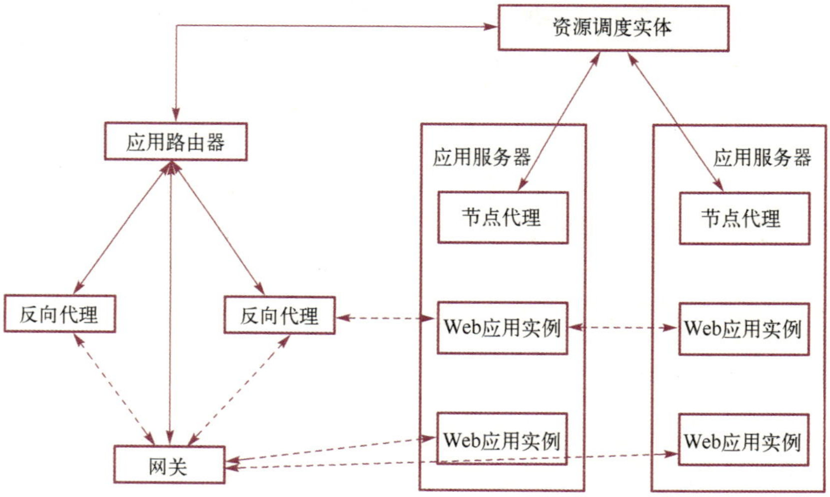

图 3-31　云平台的通用架构

应用服务器一方面提供 Web 应用实例的运行环境，另一方通过 NodeAgent 向资源调度实体提供其所需的节点资源状态信息。资源调度实体一方面通过节点代理收集各个节点资源状态：实时监控各个应用服务器的资源负载状况，若发现某个应用服务器出现过载，则在整个平台内查找负载较低的应用服务器，若发现满足需要的应用服务器，则根据自身维护的策略或是智能机制完成应用部署和资源调整，即进一步找出过载的应用服务器上的资源占用高的应用，并在发现的低负载的应用服务器上为此应用创建并启动新的实例。应用路由器与反向代理配合完成任务调度，根据应用路由器内部维护的策略或是智能机制完成对应用访问请求的路由和转发。

由于每个应用的流量变化规律较为复杂，很难以简单的静态策略应对，但是每个应用的流量变化又有长相似自相关特性，即虽然一个应用的流量变动规律难以确定，但此规律确实存在。在这种情况下，可以将机器学习的自我完善特性引入到资源调度算法中，使其成为很好的解决方案。基于决策树的 PaaS 云资源调度算法模型主要由应用管理器（AppMaster）、分类器（Classifier）、鉴定器（Assessor）和知识库（KnowledgeBase）4 部分组成。基于上述模型，应用管理器完成对某应用的资源调度的过程包括：产生训练数据、查询调度策略、完成资源调度。

2．负载均衡

下面介绍基于虚拟机动态迁移的负载均衡算法。负载监测模块用于定期的收集容器（Container）和服务器的资源负载信息，其包括两个部件，即 LoadCaculator 和 LoadUpdater，前者用于完成负载信息的获取和计算，后者用于将负载信息更新到数据库中。过载检测模块则根据负载监测模块和数据库提供的数据检测系统中负载过重的节点。负载调度模块是最重要的模块之一，主要完成待迁移收集容器的选择、目的节点的选择及通过控制接口向收集容器管理程序发送收集容器动态迁移请求的工作。

3.6.3.3 流式数据计算

在大数据处理方面，以 Hadoop 和 Spark 开源处理平台为对象的流式计算技术，主要包括以下两方面。

1．Web 服务引擎

构建 Web 服务开发环境，统一提供 Web 服务接口，支持通过 SDK 或者 Web 在线 SDK 进行开发、部署、调试、自动配置、自动部署和成员协作。设计和提供一系列分布式计算、存储服务供开发者使用，包括分布式文件存储、分布式数据库集群、分布式缓存、分布式定时服务等，按需提供底层资源，降低开发成本；设计高可靠性和健壮性强的 Web 整体架构，降低运营风险，精确计算每个应用的资源消耗。

2．容器化流式计算技术

基于 Docker 容器，利用 YARN、Mesos 集群化部署 Hadoop、Spark 计算集群，构建数据及服务平台（Data as a Service），对计算集群进行拓扑管理、任务分配和各类性能监控及预警等。

3.6.3.4 云平台构建和应用

在容器虚拟化、调度和流式计算等核心技术基础上通过在数据中心构建容器化数据中心，实现大数据承载云平台，整体架构如图 3-32 所示，可以为个人、企业、非营利组织和政府组织等提供灵活、高度可扩展和低成本的大数据应用程序交付服务，涵盖大数据的采集、传输、处理、分析和可视化等业务。利用容器服务的优势，为大数据应用提供从开发、构建、测试、部署、运行等完整的生命周期服务，并支持负载均衡、弹性伸缩、日志监控、容灾容错等特性。以食品药品监控大数据平台作为学习案例进行大数据承载平台的演示和推广，通过冷链环境的温湿度数据进行采集、汇聚、处理和可视化，对数据进行流式计算或批式计算，并提供大数据分析与挖掘服务。

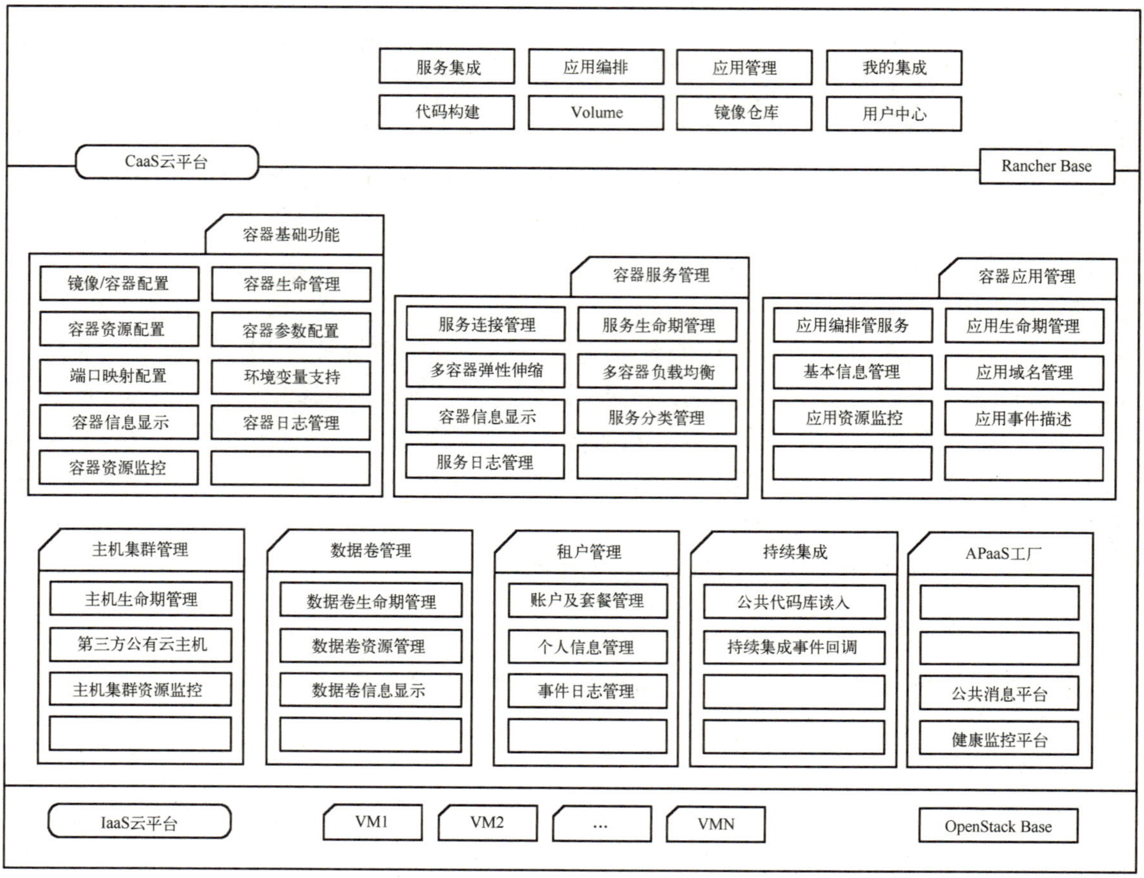

图 3-32　大数据承载云平台

习题 3

1. 简述云计算的定义。
2. 云计算主要提供哪些服务模式？
3. 什么是虚拟化技术？它在云计算中的作用是什么？
4. 什么是 IaaS、PaaS 和 SaaS？
5. 云计算有哪些优点？
6. 简述云计算的发展趋势。
7. 什么是云存储？它的优点是什么？
8. 简述云计算中的负载均衡技术。
9. 简述云计算中的容器技术。

10. 什么是微服务架构？它与云计算有什么关系？
11. 简述云计算中的数据隐私问题及其解决方案。
12. 云计算如何助力我国经济的可持续发展？
13. 假设一个云计算数据中心拥有 1000 台服务器，每台服务器的 CPU 核数为 8 核，内存容量为 64GB，磁盘容量为 1TB。计算该数据中心的计算能力、内存容量和磁盘容量。
14. 假设一个云计算平台的网络带宽为 1Gbps，用户请求的平均数据量为 100KB，计算该平台可以同时处理的最大用户请求数量。
15. 结合实际案例，分析云计算技术在企业中的应用及其优势。

十大关键词勾勒云计算发展模样

第 4 章 大数据技术

4.1 概述

4.1.1 大数据简介

4.1.1.1 大数据的定义

麦肯锡全球研究所给出的大数据定义是：大数据是一种规模大到在获取、存储、管理、分析方面均大大超出了传统数据库软件工具能力范围的数据集合，具有海量的数据规模、快速的数据流转、多样的数据类型和价值密度低最主要的四大特征。

大数据研究机构 Gartner 给出了这样的定义：大数据是需要新处理模式才能具有更强的决策力、洞察发现力和流程优化能力来适应海量、高增长率和多样化的信息资产。大数据由巨型数据集组成，这些数据集大小常超出人类在可接受时间下的收集、使用、管理和处理能力。大数据的大小经常改变，截至 2012 年，单一数据集的大小从数太字节（TB）至数十兆亿字节（PB）不等。

大数据必须借由计算机对数据进行统计、比对、解析才能得出客观结果。美国在 2012 年就开始着手对大数据的研究，奥巴马更在同年投入 2 亿美金在大数据的开发中，更强调大数据会是未来的石油。数据挖掘（Data Mining）则是在探讨用以解析大数据的方法。

从技术上看，大数据与云计算的关系就像一枚硬币的正反面一样密不可分。大数据必然无法用单台的计算机进行处理，必须采用分布式架构。它的特点在于对海量数据进行分布式数据挖掘，但它必须依托云计算的分布式处理、分布式数据库和云存储及虚拟化技术。

随着云时代的来临，大数据也吸引了越来越多的关注。分析师团队认为，大数据通常用来形容一个公司创造的大量非结构化数据和半结构化数据，这些数据在下载到关系型数据库中用于分析时会花费过多时间和金钱。大数据分析常和云计算联系在一起，因为实时的大型数据集分析需要像 MapReduce 一样的框架来向数十、数百或甚至数千的计算机分配工作。

大数据需要特殊的技术，以有效地处理大量的容忍经过时间内的数据。适用于大数据的技术包括大规模并行处理（MPP）数据库、数据挖掘、分布式文件系统、分布式数据库、云计算平台、互联网和可扩展的存储系统。

4.1.1.2　大数据的特征

大数据是指无法用现有的软件工具提取、存储、搜索、共享、分析和处理的海量的、复杂的数据集合。业界通常用 4 个 V（Volume、Variety、Value、Velocity）来概括大数据的特征。

1. 数据体量巨大（Volume）

数据体量巨大是大数据本身的本质。而数据量本身并不会使数据变得有用，所以我们需要对数据进行再次处理。计算机的运行速度决定了其无法迅速处理如此大的数据规模，所以在大量数据领域，还有类似存储、访问和处理相关的成本，可扩展性和性能等系列挑战。

数据量大包括采集、存储和计算的量都非常大。大数据的起始计量单位至少是 P（1000 个 T）、E（100 万个 T）或 Z（10 亿个 T）。截至目前，人类生产的所有印刷材料的数据量是 200PB（1PB=210TB），而历史上全人类说过的所有的话的数据量大约是 5EB（1EB=210PB）。当前，典型个人计算机硬盘的容量为 TB 量级，而一些大企业的数据量已经接近 EB 量级。

2. 数据类型繁多（Variety）

数据格式多样性：包括文字、影音、网页、串流等结构性、非结构性的数据。

来源多样性：如从动车系统传来的实时数据，从沃尔玛系统每周统计的数据等。

媒体多样性：随着多媒体的发展，用来传播的媒体也越来越多，如音频、视频、图片等。

语义多样性：分为两个方面。一方面，举个最简单的例子，既可以用数字来表示年龄，也可以用小孩、青年、老人来表示年龄；另一方面，在不同语义情况下，相同的词会蕴含不同的意思。

种类和来源多样化：这种类型的多样性也将数据分为结构化数据和非结构化数据。相对于以往便于存储的以文本为主的结构化数据，非结构化数据越来越多，包括网络日志、音频、视频、图片、地理位置信息等，这些多类型的数据对数据的处理能力提出了更高要求。

3. 价值密度低（Value）

数据价值密度相对较低，或者说是“浪里淘沙却又弥足珍贵”。随着互联网及物联网的广泛应用，信息感知无处不在，信息海量，但价值密度相对较低，存在大量不相关信息。价值密度的高低与数据总量的大小成反比。以视频为例，一部时长 1h 的视频，在连续不间断的监控中，有用数据可能仅有 1～2s。

如何结合业务逻辑并通过强大的机器算法来挖掘数据价值，如何通过强大的机器算法更迅速地完成数据的价值“提纯”成为目前大数据背景下亟待解决的难题。由此需要对未来趋势与模式进行可预测分析，并利用机器学习、人工智能等进行深度复杂分析。虽然单位数据的价值密度在不断降低，但是数据的整体价值在提高。

4. 处理速度快（Velocity）

处理速度这里可解释为处理数据的速度，因此访问速度和得到所需结果的速度是至关重要的。举个例子，Google Flu Trends（虽然已经证明是失败的了）能够预测流感，其通过实时收集数据进行运算，如果运算速度比较慢，处理不了那么多数据，那么在流感爆发时，还没有计算出这个区域有没有流感潜伏，这就失去了时效性，所以处理速度很重要。

由于数据增长速度快，因为要求处理速度也快，对时效性的要求高。例如，搜索引擎要求几分钟前的新闻能够被用户查询到，个性化推荐算法尽可能要求实时完成推荐。这是大数据区别于传统数据挖掘的最显著特征之一。

4.1.2 大数据分析

大数据作为时下最火热的 IT 行业的词汇，随之而来的数据仓库、数据安全、数据分析、数据挖掘等围绕大数据的商业价值的利用逐渐成为行业人士争相追捧的利润焦点。随着大数据时代的来临，大数据分析也应运而生。

大数据分析的 6 个基本方面如下。

1. 可视化分析（Analytic Visualizations）

不管是对数据分析专家还是普通用户，数据可视化是数据分析工具最基本的要求之一。可视化可以直观地展示数据，让数据自己“说话”，让观众听到结果。

2. 数据挖掘算法（Data Mining Algorithms）

通俗地讲，可视化是给人看的，数据挖掘就是给机器看的。集群、分割、孤立点分析还有其他算法让我们深入数据内部，挖掘其内在价值。

3. 预测性分析能力（Predictive Analytic Capabilities）

数据挖掘可以让分析员更好地理解数据，而预测性分析可以让分析员根据可视化分析和数据挖掘的结果做出一些预测性的判断。

4. 语义引擎（Semantic Engines）

由于非结构化数据的多样性给数据分析带来了新的挑战，因此需要一系列的工具去解析、提取、分析数据。语义引擎需要被设计成能够从文档中智能提取信息。

5. 数据质量和数据管理（Data Quality and Data Management）

数据质量和数据管理是一些管理方面的最佳实践。通过标准化的流程和工具对数据进行处理，可以保证一个预先定义好的高质量的分析结果。

如果大数据真的是下一个重要的技术革新，那么最好把精力关注在大数据能给我们带来的好处，而不仅关注给我们带来的挑战。

6. 数据存储，数据仓库

数据仓库是为了便于多维分析和多角度展示数据按特定模式进行存储所建立起来的关系型数据库。在商业智能系统的设计中，数据仓库的构建是关键，是商业智能系统的基础，承担对业务系统数据整合的任务，为商业智能系统提供数据抽取、转换和加载，并按主题对数据进行查询和访问，为联机数据分析和数据挖掘提供数据平台。

4.1.3 大数据与云计算关系

云计算与大数据是一对相辅相成的概念，它们描述了面向数据时代信息技术的两个方面。云计算侧重于提供资源和应用的网络化交付方法，大数据侧重于应对巨大的数据量所带来的技术挑战。

云计算与大数据相比，云计算是底层平台，大数据是应用。云计算作为底层平台整合计算、存储和网络等资源，同时提供基础资源弹性伸缩的能力。大数据在云计算平台的支撑下，调度下层资源，进行数据源加载，计算和输出最终结果等动作。

云计算的核心是业务模式，其本质是数据处理技术，数据是资产，云计算为数据资产提供了储存、访问的场所和计算能力，即云计算更偏重大数据的存储和计算，以及提供云计算服务，运行云应用。但是云计算缺乏盘活数据资产的能力，从数据挖掘价值和对数据进行预测性分析，为国家治理决策、企业决策乃至个人生活提供服务，这是大数据的核心应用，云计算是基础设施架构，大数据是思想方法，大数据技术将帮助人们从大体量、高度复杂的数据中分析、挖掘信息，从而发现价值和预测趋势。

4.2　数据采集技术

4.2.1　什么是数据采集

4.2.1.1　数据采集

传统的数据采集又称数据获取，它是利用一种装置，从系统外部采集数据并输入到系统内部的一个接口。数据采集技术广泛应用在各个领域，如摄像头，麦克风都是数据采集工具。

传统的数据采集的三个要点如下。

（1）采集的全面性。采集的数据量足够大，具有分析价值、数据面足够支撑分析需求。例如，查看 App 的使用情况这一行为，我们需要采集从用户触发时的环境信息、会话、背后的用户 ID，最后需要统计这一行为在某一时段触发的人数、次数、人均次数、活跃比等。

（2）采集的多维性。数据更重要的是能满足分析需求。灵活、快速自定义数据的多种属性和不同类型，从而满足不同的分析目标。例如，查看 App 的使用情况这一行为，我们需要采集用户使用 App 的哪些功能、点击频率、使用时长、打开 App 的时间间隔等多个属性。这样才能使采集的结果满足我们的数据分析。

（3）采集的高效性。高效性包含技术执行的高效性、团队内部成员协同的高效性及数据分析需求和目标实现的高效性。

传统的数据采集的主要步骤如下。

（1）明确数据需求。由于用户所处行业不同，诉求也就各不相同，因此首先必须明确用户对于数据的最终用途，确定用户需求。根据用户所需搜集的数据信息与用户沟通后，总结需要采集的字段。

（2）调研数据来源。根据用户需求确定数据采集范围，然后锁定采集范围和对采集的数据量进行预估，并细化用户需求，研究采集方向。

（3）确定用什么采集工具、软件、代码。面对不同的网站，用户只有选择更加合适的组合才能使采集结果更加有效。

（4）确定存储的方式。根据采集量的大小对数据储存的方式进行划分。对于比较小的数据，一般使用 Excel 表格存储；对于几千万的大型数据，选择数据库存储；对于 GB 级别的数据，使用 Hadoop、Spark、Redis 等分布式存储和处理技术的方法才能做到较好的管理和计算。选择正确的数据存储方式能使用户对数据的使用与管理更加便捷。

4.2.1.2 大数据采集

大数据采集就是对数据进行抽取、转换、加载操作，通过对数据进行抽取、转换、加载，挖掘数据的潜在价值，然后提供给用户解决方案或者决策参考。ETL 是英文 Extract-Transform-Load 的缩写，首先数据从数据来源端经过抽取（Extract）、转换（Transform）、加载（Load）到达目的端，然后对数据进行处理分析的过程。用户先从数据源抽取出所需的数据，然后经过数据清洗，最终按照预先定义好的数据模型，将数据加载到数据仓库中，最后对数据仓库中的数据进行数据分析和处理。数据采集位于数据分析生命周期的重要一环，它通过传感器数据、社交网络数据、移动互联网数据等方式获得各种类型的结构化、半结构化及非结构化的海量数据。由于采集的数据种类错综复杂，因此对于这种不同种类的数据，用户在进行数据分析时，必须通过提取技术。对复杂格式的数据进行数据提取，用户从数据原始格式中提取出需要的数据，这里可以丢弃一些不重要的字段。对于数据提取后的数据，由于数据源头的采集可能不准确，因此用户必须进行数据清洗，对那些不正确的数据进行过滤、剔除。针对不同的应用场景，数据分析的工具或者系统也不同，故用户还需要对数据进行数据转换，将数据转换成不同的数据格式，最终按照预先定义好的数据仓库模型将数据加载到数据仓库中。

在大数据采集技术中，其中关键的环节就是数据转换操作。该操作将清洗后的数据转换成不同的数据形式，由不同的数据分析系统和计算系统进行处理和分析。将批量数据从生产数据库加载到 Hadoop HDFS 分布式文件系统中，或者从 Hadoop HDFS 文件系统将数据转换为生产数据库中，这是一项艰巨的任务。用户必须考虑确保数据一致性、生产系统资源消耗等细节。另外使用脚本传输数据效率低下且耗时。Apache Sqoop 就是来解决这个问题的，Apache Sqoop 允许从结构化数据存储（如关系数据库、企业数据仓库和 NoSQL 系统）轻松导入和导出数据。使用 Apache Sqoop，可以将来自外部系统的数据配置到 Hadoop HDFS 上，并将表填入 Hive 和 HBase 中。运行 Apache Sqoop 时，被传输的数据集被分割成不同的分区，一个只有 mapper Task 的 Job 被启动，mapper Task 负责传输这个数据集的一个分区。Apache Sqoop 使用数据库原数据来推断数据类型，因此每个数据记录都以类型安全的方式进行处理。

4.2.2 传统数据采集的不足

传统的数据采集来源单一，并且存储、管理和分析数据量也相对较小，大多采用关系型数据库和并行数据仓库即可处理。对于依靠并行计算提升数据处理速度方面而言，传统的并行数据库技术追求高度一致性和容错性，根据 CAP 理论，难以保证服务器可用性和扩展性。

而大数据的数据采集，来源普遍，信息量极大，必须使用分布式数据库对数据展开处理。另外，数据类型也相当非常丰富，既还包括结构化数据，又包括半结构化和非结构化数据。

4.2.3　大数据采集的方法

4.2.3.1　系统日志采集方法

许多公司的业务平台每天都会产生大量的日志数据，这些日志信息可以提供很多有价值的数据。先通过对这些日志信息进行日志采集、收集，然后进行数据分析，挖掘公司业务平台日志数据中的潜在价值。为公司决策和公司后台服务器平台性能评估提供可靠的数据保证。系统日志采集系统做的事情就是收集日志数据供离线和在线的实时分析使用。目前，常用的开源日志收集系统有 Cloudera 的 Flume、Facebook 的 Scribe 和 Hadoop 的 Chukwa 等，这些工具均采用分布式架构，能满足每秒数百 MB 的日志采集和传输需求。

4.2.3.2　网络数据采集方法

网络数据采集是指通过网络爬虫和一些网站平台提供的公共 API（如 Twitter 和新浪微博的 API）等方式从网站上获取数据，将非结构化数据和半结构化数据的网页数据从网页中提取出来，并将其提取、清洗、转换成结构化的数据，将其存储为统一的本地文件数据。目前常用的网页爬虫系统有 Apache Nutch、Scrapy 等框架。

4.2.3.3　数据库采集方法

一些企业会使用传统的关系型数据库 MySQL 和 Oracle 等来存储数据。除此之外，Redis 和 MongoDB 这样的 NoSQL 数据库也常用于数据的采集。企业每时每刻产生的业务数据，以数据库一行记录形式被直接写入数据库中。通过数据库采集系统直接与企业业务后台服务器结合，将企业业务后台每时每刻都在产生大量的业务记录写入数据库中，最后由特定的处理分析系统进行系统分析。

4.2.4　大数据采集平台

本节主要介绍几款应用广泛的大数据采集平台。

4.2.4.1　Flume

Flume 是一种分布式、可靠且可用的服务，用于有效地收集、聚合和移动大量日志数据。它既具有基于流数据流的简单灵活的体系结构，又具有可调整的可靠性机制及许多故障转移和恢复机制，还具有强大的功能和容错能力。Flume 使用一个简单的可扩展数据模型，允许在线分析应用程序。

4.2.4.2　Fluentd

Fluentd 是另一个开源数据采集框架。Fluentd 使用 C/Ruby 开发，使用 JSON 文件来统一日志数据。它的可插拔架构支持各种不同种类和格式的数据源和数据输出，同时它也提供了高可靠和很好的扩展性。Treasure Data 和 INC 为该产品提供支持和维护。

4.2.4.3 Logstash

Logstash 是著名的开源数据栈 ELK （ElasticSearch，Logstash，Kibana）中的那个 L。Logstash 能够动态地采集、转换和传输数据，不受格式或复杂度的影响。利用 Grok 从非结构化数据中派生出结构，从 IP 地址解码出地理坐标，匿名化或排除敏感字段，并简化整体处理过程。Logstash 用 JRuby 开发，在运行时依赖 JVM。

4.2.4.4 Splunk

Splunk 是一个分布式的机器数据平台，其主要有三种功能：Search Head 用于数据的搜索和处理，并提供搜索时的信息抽取；Indexer 用于数据的存储和索引；Forwarder 用于数据的收集、清洗、转换，并将数据发送给 Indexer。

4.3 数据处理技术

4.3.1 大数据处理技术简介

大数据处理技术可以分为三种类型：批处理、流处理、混合处理。

（1）批处理。批处理是指先把一项数据处理任务先分解成更小粒度的任务，然后把这些任务分布在集群中的各台实例上进行计算，再把各实例上的计算结果重新计算和组合成最终结果。批处理系统通常会操作大量的静态数据，并等到这些数据全部处理完成后，才能得到返回的结果。这种模式适用于需要访问全量记录才能完成的工作，如在计算总数和平均数时，必须将数据集作为一个整体加以处理，而不能将其视作多条记录的集合。批处理技术的代表是 MapReduce。

（2）流处理。流处理是一种重要的大数据处理手段，其主要特点是其处理的数据是源源不断且实时到来的。分布式流处理是一种面向动态数据的细粒度处理模式，基于分布式内存，对不断产生的动态数据进行处理。基于流处理对数据处理的快速、高效、低延迟等特性，故其在大数据处理中发挥越来越重要的作用。流处理技术的代表是 Flink。

（3）混合处理。在大数据处理技术中的流派中，除了单纯的批处理和流处理模式，还有一些处理框架既可以进行批处理又可以进行流处理，称之为混合处理。虽然专注于一种处理方式可能非常适合特定场景，但是混合处理为数据处理提供了通用的解决方案。混合处理可以用相同或相关的组件和 API 处理两种类型的数据，借此让不同的处理需求得以简化。混合处理技术的代表是 Spark。

此外，也可以按照离线实时来对大数据处理技术进行分类，常见的离线处理技术有 MapReduce、Hive，常见的实时处理技术有 Storm、Flink。而针对图计算，典型的处理技术有 Pregel。

4.3.2 分布式计算框架——MapReduce

MapReduce 是面向大数据并行处理的计算模型、框架和平台，它是一个基于集群的高性能并行计算平台（Cluster Infrastructure）。它允许用市场上普通的商用服务器构成一个包含数十、数百至数千个节点的分布和并行计算集群。它也是一个并行计算与运行软件框架（Software Framework）。它提供了一个庞大但设计精良的并行计算软件框架，能自动完成计算任务的并行化处理，自动划分计算数据和计算任务，在集群节点上自动分配和执行任务以及收集计算结果，将数据分布存储、数据通信、容错处理等并行计算涉及很多系统底层的复杂细节交由系统负责处理，大大减少了软件开发人员的负担。MapReduce 还是一个并行程序设计模型与方法（Programming Model & Methodology）。它借助函数式程序设计语言 Lisp 的设计思想，提供了一种简便的并行程序设计方法，利用 map 和 reduce 两个函数编程实现基本的并行计算任务，提供了抽象的操作和并行编程接口，简单、方便地完成大规模数据的编程和计算处理。

4.3.2.1　MapReduce 核心编程思想

利用 MapReduce 实现 WordCount 的原理，如图 4-1 所示。

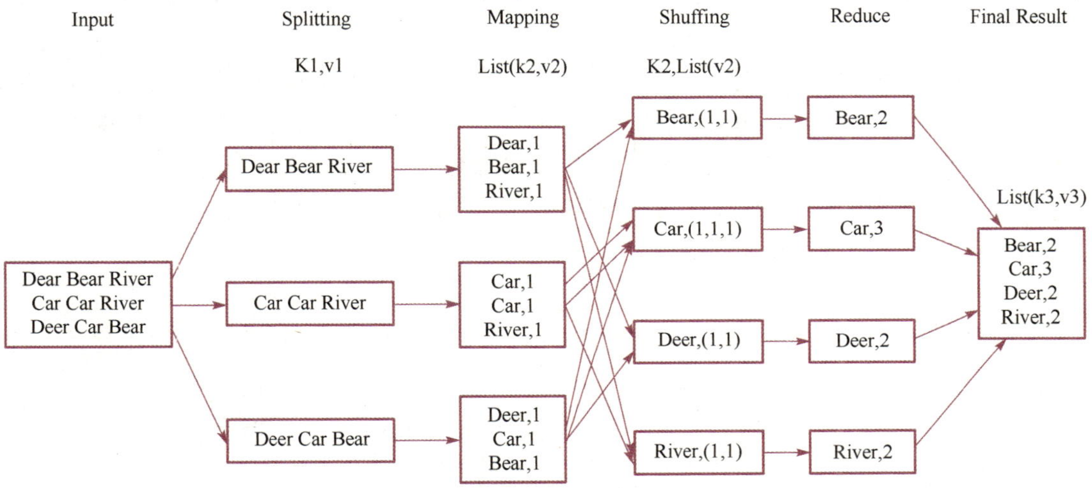

图 4-1　利用 MapReduce 实现 WordCount 的原理

一个完整的 MapReduce 程序在分布式运行时有 MrAppMaster、MapTask 和 ReduceTask 三类实例进程。其中，MrAppMaster 负责整个程序的过程调度及状态协调；MapTask 负责 Map 阶段的整个数据处理流程；ReduceTask 负责 Reduce 阶段的整个数据处理流程。

分布式的运算程序往往需要分成至少两个阶段：第一个阶段的 MapTask 并发实例，完全并行运行，互不相干；第二个阶段的 ReduceTask 并发实例互不相干，但是其数据依赖于上一个阶段的所有 MapTask 并发实例的输出。另外，MapReduce 编程模型只能包含一个 Map 阶段和一个 Reduce 阶段，如果用户的业务逻辑非常复杂，那么就只能多个 MapReduce 程序串行运行。

4.3.2.2　MapReduce 框架原理

1．MapReduce 工作流程

MapReduce 工作流程概括如下：输入→Map→Shuffle→Reduce→输出。

2．InputFormat 数据切片

MapTask 的并行度决定 Map 阶段的任务处理并发度，进而影响到整个工作的处理速度。其中，数据块是指 HDFS 在物理上把数据分成一块一块，而数据切片只是在逻辑上对输入进行分片，并不会在磁盘上将其切分成片进行存储。

3．Shuffer 机制

将在 Map 方法之后、Reduce 方法之前的数据处理过程称为 Shuffle。

4．MapTask 工作机制

（1）Read 阶段：MapTask 通过用户编写的 RecordReader，从输入 InputSplit 中解析出一个个 key/value。

（2）Map 阶段：该节点主要是将解析出的 key/value 交给用户编写 map()处理，并产生一系列新的 key/value。

（3）Collect 收集阶段：在用户编写 map()中，当数据处理完成后，一般会调用 OutputCollector.collect()输出结果。在该函数内部，它会将生成的 key/value 分区（调用 Partitioner），并写入一个环形内存缓冲区中。

（4）Spill 阶段：即“溢写”，当环形缓冲区满后，MapReduce 会将数据写到本地磁盘上，并生成一个临时文件。需要注意的是，将数据写入本地磁盘前，先要对数据进行一次本地排序，并在必要时对数据进行合并、压缩等操作。

（5）Combine 阶段：当所有数据处理完成后，MapTask 对所有临时文件进行一次合并，以确保最终只生成一个数据文件。

5．ReduceTask 工作机制

（1）Copy 阶段：ReduceTask 从各个 MapTask 上远程复制一片数据，并针对某一片数据，若其大小超过一定阈值，则写到磁盘上；否则直接将其存放到内存中。

（2）Merge 阶段：在远程复制数据的同时，ReduceTask 启动了两个后台线程对内存和磁盘上的文件进行合并，以防止内存使用过多或磁盘上文件过多。

（3）Sort 阶段：按照 MapReduce 语义，用户编写 reduce()输入数据是按 key 进行聚集的一组数据。为了将与 key 相同的数据聚在一起，Hadoop 采用了基于排序的策略。由于各个 MapTask 已经实现对自己的处理结果进行了局部排序，因此 ReduceTask 只需对所有数据进行一次归并排序即可。

（4）Reduce 阶段：函数 reduce()将计算结果写入 HDFS 中。

4.3.3 分布式实时计算系统——Storm

Storm 是 Twitter 开源的分布式实时大数据处理框架，被业界称为实时版 Hadoop。随着越来越多的场景对 Hadoop 的 MapReduce 高延迟无法容忍，如网站统计、推荐系统、预警系统、金融系统（高频交易、股票）等，大数据实时处理解决方案（流计算）的应用日趋广泛，目前已是分布式技术领域最新爆发点，而 Storm 更是流计算技术中的佼佼者和主流。

按照 Storm 作者的说法，Storm 对于实时计算的意义类似于 Hadoop 对于批处理的意义。Hadoop 提供了 Map、Reduce 原语，使批处理程序变得简单和高效。同样，Storm 也为实时计算提供了一些简单、高效的原语，而且 Storm 的 Trident 是基于 Storm 原语更高级的抽象框架，类似于基于 Hadoop 的 Pig 框架，让开发更加便利和高效。

4.3.3.1　Storm 的特性

1．适用场景广泛

Storm 可以实时处理消息和更新数据库，它既可以对一个数据量进行持续的查询并返回客户端（持续计算），又可以对一个耗资源的查询做实时并行化的处理（分布式方法调用，DRPC），Storm 的这些基础 API 可以满足大量的场景。

2．可伸缩性

Storm 的可伸缩性可以让 Storm 每秒处理的消息量很多。若要扩展一个实时计算任务，则需要做的就是增加机器数量并且提高该计算任务的并行度 。Storm 使用 ZooKeeper 来协调集群内的各种配置使得 Storm 的集群可以很容易扩展。

3．数据安全性

实时系统必须保证所有数据被成功处理。那些会丢失数据的系统的适用场景非常窄，而 Storm 会保证每条消息都会被处理，这一点与 S4 相比有巨大的反差。

4．健壮性

Storm 集群非常容易管理，并且轮流重启节点不影响应用。另外，若在消息处理过程中出现异常，则 Storm 会进行重试。

4.3.3.2　Storm 集群架构

Storm 集群采用主从架构方式，主节点是 Nimbus，从节点是 Supervisor，与调度相关的信息均存储到 ZooKeeper 集群中，其架构如图 4-2 所示。

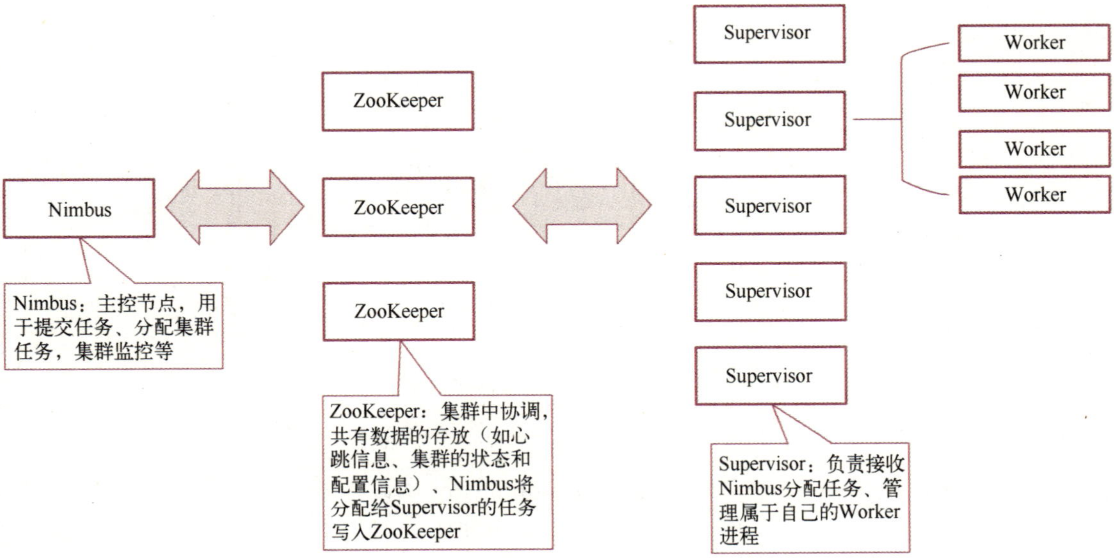

图 4-2　Storm 集群架构

Nimbus：Storm 集群的 Master 节点，用于分发用户代码，并指派给具体的 Supervisor

节点上的 Worker 节点，去运行 Topology 对应的组件（Spout/Bolt）的 Task。

Supervisor：Storm 集群的从节点，用于管理运行在 Supervisor 节点上的每个 Worker 进程的启动和终止。通过 Storm 的配置文件中的 supervisor.slots.ports 配置项，可以指定在一个 Supervisor 上最多允许多少个 Slot，每个 Slot 均通过端口号来唯一标识，一个端口号对应一个 Worker 进程（如果该 Worker 进程被启动）。

Worker：运行具体处理组件逻辑的进程。Worker运行的任务类型只有两种：一种是 Spout 任务，另一种是 Bolt 任务。

Task：Worker 中的每个 spout/bolt 的线程均称为一个 task. 在 Storm 0.8 之后，Task 不再与物理线程对应，不同 spout/bolt 的 Task 可能会共享一个物理线程，该线程称为 executor。

ZooKeeper：用于协调 Nimbus 和 Supervisor，如果 Supervisor 因故障出现问题而无法运行 Topology，那么 Nimbus 会第一时间感知到，并重新分配 Topology 到其他可用的 Supervisor 上运行。

4.3.3.3 Storm 工作原理

Nimbus 用于在集群中分发代码，topo 只能在 nimbus 机器上提交，将任务分配给其他机器，并进行故障监测。

Supervisor 用于监听分配给它的节点，根据 Nimbus 的委派在必要时启动和关闭工作进程。 每个工作进程均执行 Topology 的一个子集。一个运行中的 Topology 由运行在很多机器上的工作进程组成。

在 Storm 中有对于流（Stream）的抽象，流是一个不间断的无界的连续 Tuple。注意使用 Storm 在建模事件流时，把流中的事件抽象为 Tuple（即元组）。Storm 工作原理如图 4-3 所示。

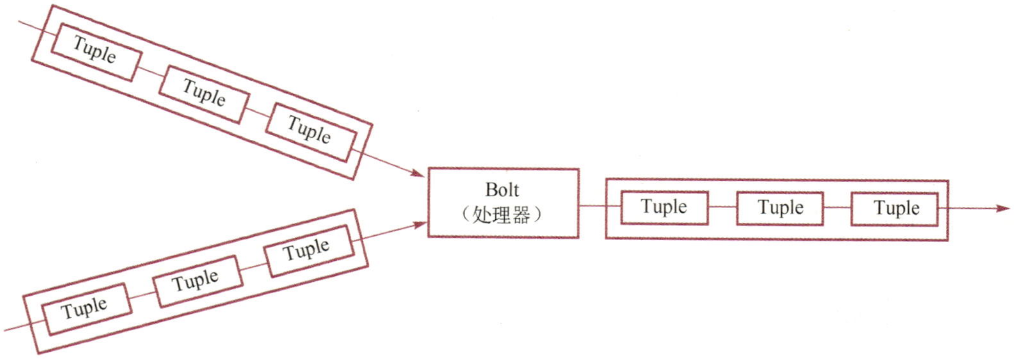

图 4-3　Storm 工作原理

Storm 认为每个 Stream 都有一个源，也就是原始元组的源头，称为 Spout（管口）。当处理 Stream 内的 Tuple 时，需要将其抽象为 Bolt，Bolt 可以消费任意数量的输入流，只要将流方向导向该 Bolt，同时它也可以发送新的流给其他 Bolt 使用，这样一来，先打开特定的 Spout，再将 Spout 中流出的 Tuple 导向特定的 Bolt，Bolt 又会对导入的流做处理后再导向其他 Bolt 或者目的地。

可以认为 Spout 就是水龙头，并且每个水龙头里流出的水是不同的，我们想用哪种水就拧开哪个水龙头，然后使用管道将水龙头的水导向到一个水处理器（Bolt），经水处理器处理后再使用管道导向另一个处理器或者存入容器中。为了提高水处理效率，我们很自然就想到在同个水源处接上多个水龙头并使用多个水处理器，这样就可以提高效率。

4.3.4　查询分析计算系统——Hive

Hive 是由 Facebook 开源用于解决海量结构化日志的数据统计工具。Hive 是基于 Hadoop 的一个数据仓库工具，可以将结构化的数据文件映射为一张表，并提供类 SQL 查询功能。Hive 的本质是将 HQL 转化成 MapReduce 程序。

（1）Hive 处理的数据存储在 HDFS。

（2）Hive 分析数据底层的实现是 MapReduce。

（3）执行程序运行在 Yarn 上。

4.3.4.1　Hive 核心组件

Hive 核心组件如图 4-4 所示。

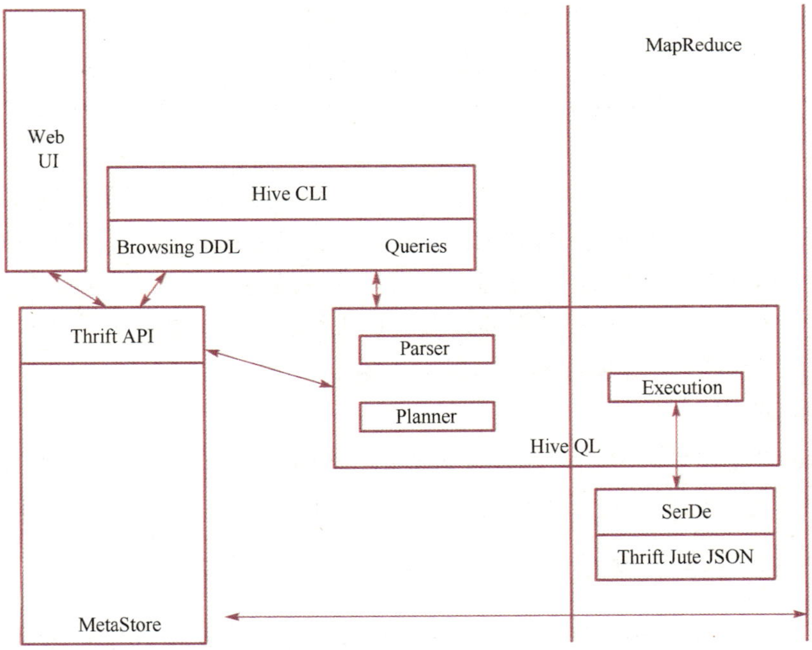

图 4-4　Hive 核心组件

Hive 主要由 QL、Serde 和 MetaStore 三大核心组件构成。

（1）QL：是编译器也是 Hive 中最核心的部分。

Driver 模块的工作是将 HQL 语句转化为 MapReduce 调用，包括以下主要三个阶段。

编译：生成执行计划。

优化：优化执行计划（当前的 Hive 实现是在执行前做一次唯一的优化，没有反馈的过程，这使得优化工作只能是 Rule-Based，而做不到 Cost-Based）。

执行：将执行计划提交给 Hadoop。

（2）Serde：是 Serializer 和 Deserializer 的缩写，用于序列化和反序列化数据，即读/写数据。

（3）MetaStore ：对外暴露 Thrift API，用于元数据的修改。如表的增、删、改、查，分区的增、删、改、查，表的属性的修改，分区的属性的修改等。

4.3.4.2 Hive 和数据库比较

由于 Hive 采用了类似 SQL 的查询语言 HQL（Hive Query Language），因此很容易将 Hive 理解为数据库。其实从结构上来看，Hive 和数据库除了拥有类似的查询语言，再无类似之处。本节将从多方面阐述 Hive 和数据库的差异。数据库可以用在在线的应用中，但是 Hive 是为数据仓库而设计的，清楚这一点，有助于从应用角度理解 Hive 的特性。

1. 查询语言

由于 SQL 被广泛应用在数据仓库中，因此专门针对 Hive 的特性设计了类 SQL 的查询语言 HQL。熟悉 SQL 的开发者可以很方便地使用 Hive 进行开发。

2. 数据更新

由于 Hive 是针对数据仓库应用设计的，而数据仓库的内容是读多写少的，因此 Hive 中不建议对数据改写，所有数据都应在加载时确定好。而数据库中的数据通常是需要经常进行修改的，因此可以使用 Insert Into…Values 添加数据，使用 Update…Set 修改数据。

3. 执行延迟

在使用 Hive 查询数据时，由于没有索引，需要扫描整个表，因此延迟较高。另外一个导致 Hive 执行延迟高的因素是 MapReduce 框架。由于 MapReduce 本身具有较高的延迟，因此在利用 MapReduce 执行 Hive 查询时，也会有较高的延迟。相对地，数据库的执行延迟较低。当然，这个“低”是有条件的，即数据规模较小，当数据规模大到超过数据库的处理能力时，Hive 的并行计算显然能体现出优势。

4. 数据规模

由于 Hive 建立在集群上并可以利用 MapReduce 进行并行计算，因此可以支持很大规模的数据。对应地，数据库可以支持的数据规模较小。

4.3.5 分布式内存计算系统——Spark

Spark 是一种与 Hadoop 相似的开源集群计算环境，但是两者之间还存在一些不同之处，这些不同之处使 Spark 在某些工作负载方面表现得更加优越。换句话说，Spark 启用了内存分布数据集，除了能够提供交互式查询，它还可以优化迭代工作负载。

Spark 是在 Scala 语言中实现的，它将 Scala 用作其应用程序框架。与 Hadoop 不同，Spark 与 Scala 能够紧密集成，其中的 Scala 可以像操作本地集合对象一样轻松地操作分布式数据集。

Spark 包含 Spark Core，其中有用于结构化数据查询的 Spark SQL，用于实时计算的 Spark Streaming，用于机器学习的 Spark MLib，用于图计算的 Spark GraghX。

4.3.5.1　Spark 中 RDD

RDD（Resilient Distributed Dataset，弹性分布式数据集）是 Spark 中最基本的数据抽象。RDD 在代码中是一个抽象类，它代表一个弹性的、不可变、可分区、里面的元素可并行计算的集合。

1. 弹性

存储的弹性：内存与磁盘的自动切换。

容错的弹性：数据丢失可以自动恢复。

计算的弹性：计算出错重试机制。

分片的弹性：可根据需要重新分片。

2. 分布式

数据存储在大数据集群不同节点上。

3. 数据集

RDD 封装了计算逻辑，并不保存数据。

4. 数据抽象

RDD 是一个抽象类，需要子类具体实现。

5. 不可变

RDD 封装了计算逻辑，是不可以改变的，若要改变，则只能产生新的 RDD，在新的 RDD 中封装计算逻辑。

4.3.5.2　Spark 中的算子

可以将 Spark 中的算子简单地理解为函数，Spark 通过作用在 RDD 上的算子来表示算法的执行逻辑。Spark 提供了丰富的算子供用户选择，多个 Spark 算子结合起来组成执行链，可以实现复杂的功能。

1. Spark 中算子的分类

按照是否触发作业执行将 Spark 中的算子分为以下两大类。

（1）Transformation 算子：这种转换并不触发提交作业，完成作业中间过程处理 Transformation 操作是延迟计算的，也就是说，从一个 RDD 转换生成另一个 RDD 的转换操作不是立刻执行，而是需要等到有 Action 操作时才会真正触发运算。Transformation 算子按照处理的数据类型的不同又可分为以下三类。

① Value 数据类型的 Transformation 算子。这种变换并不触发提交作业，针对处理的数据项是 Value 型的数据。常见的 Value 数据类型的 Transformation 算子如表 4-1 所示。

表 4-1　常见的 Value 数据类型的 Transformation 算子

算子	含义
map	映射
mapPartitions	以分区为单位执行 map
mapPartitionsWithIndex	带分区号的 mapPartitions

续表

算子	含义
flatMap	压平
glom	分区转化数组
sortBy	排序
groupBy	分组
filter	过滤
sample	采样
distinct	去重
coalesce	重新分区
pipe	调用脚本

② 双 Value 数据类型的 Transfromation 算子。这种转换并不触发提交作业，针对处理的数据项是双 Value 数据型的数据。常见的双 Value 数据类型的 Transfromation 算子如表 4-2 所示。

表 4-2　常见的双 Value 数据类型的 Transfromation 算子

算子	含义
intersection	交集
union	并集
subtract	差集
zip	拉链

③ Key-Value 数据类型的 Transfromation 算子。这种转换并不触发提交作业，针对处理的数据项是 Key-Value 数据型的数据对。常见的 Key-Value 数据类型的 Transfromation 算子如表 4-3 所示。

表 4-3　常见的 Key-Value 数据类型的 Transfromation 算子

算子	含义
partitionBy	按照 key 重新分区
groupByKey	按照 key 重新分组
sortByKey	按照 key 排序
reduceByKey	按照 key 聚合 value

（2）Action 算子：这类算子会触发 SparkContext 提交作业。Action 算子会触发 Spark 提交作业（Job），并将数据输出 Spark 系统。常见的 Action 算子如表 4-4 所示。

表 4-4　常见的 Action 算子

算子	含义
reduce	聚合
collect	以数组的形式返回数据集
count	返回 RDD 中的元素个数
first	返回 RDD 中的第一个元素

4.3.5.3　算子详细功能举例

1．map 算子

map 算子如图 4-5 所示。

map 算子将原来 RDD 的每个数据项都通过 map 中的用户自定义函数映射转换为一个新的元素。

2．flatMap 算子

flatMap 算子如图 4-6 所示。

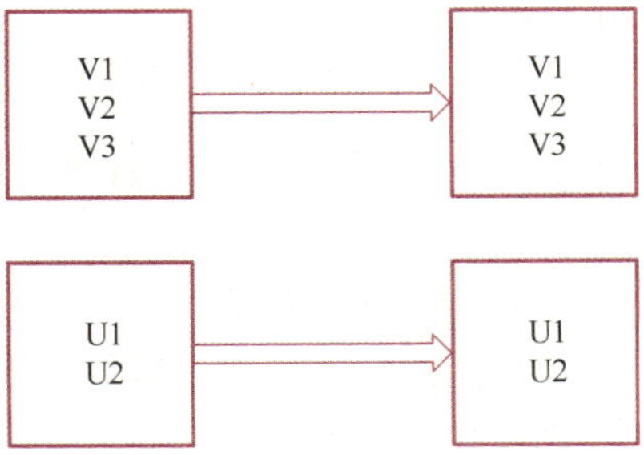

图 4-5　map 算子

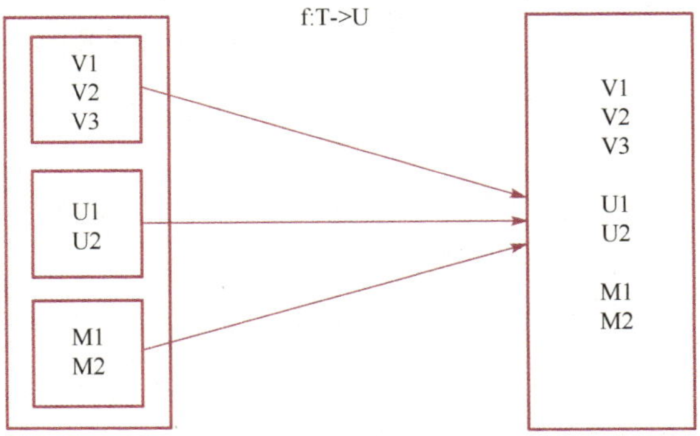

图 4-6　flapMap 算子

将原来 RDD 中的每个元素都映射为集合，集合中的每个元素都组合成新的 RDD。

3．collect 算子

collect 算子如图 4-7 所示。collect 算子将集群中分布式 RDD 整合到本机，并返回为一个数组。

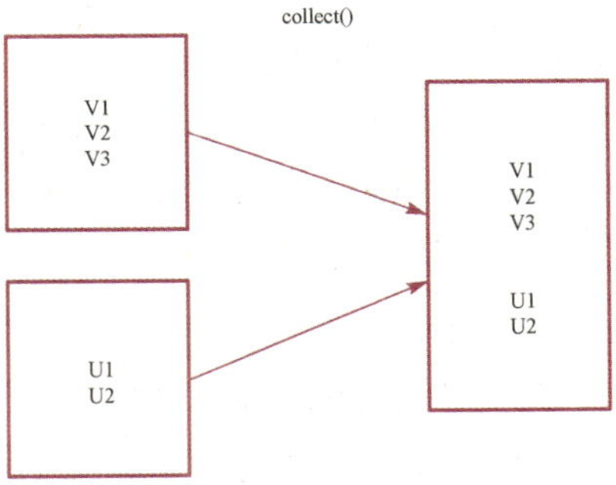

图 4-7　collect 算子

4.4　数据挖掘算法

4.4.1　基于大数据的机器学习算法

机器学习是一门人工智能的科学，该领域的主要研究对象是人工智能，特别是如何在经验学习中改善具体算法的性能。同时机器学习是对能通过经验自动改进的计算机算法的研究，利用数据或以往的经验来优化计算机程序的性能标准。可以发现机器学习的核心思想是创造一种算法，它能从数据中挖掘出有规律的东西，而不需要针对某个问题去写代码。

机器学习常用的算法有：构造条件概率、回归分析和统计分类、人工神经网络、决策树、高斯过程回归、线性判别分析、最近邻居法、感知器、径向基函数核、支持向量机、通过再生模型构造概率密度函数、最大期望算法、Graphical Model、贝叶斯网、Markov 随机场，Generative Topographic Mapping、近似推断技术、马尔可夫链蒙特卡罗方法、变分法，最优化等。

1. 回归算法

回归算法是试图采用对误差的衡量来探索变量之间的关系的一类算法，是监督型算法的一种，是通过利用测试集数据来建立模型，再利用这个模型训练集中的数据进行处理的算法。线性回归旨在寻找到“一根线”，这根线到达所有样本点的距离的和是最小的，该算法常用在预测和分类领域。

2. 基于实例的算法

基于实例的算法常常用来对决策问题进行建模，这样的模型常常先选取一批样本数据，然后根据某些近似性把新数据与样本数据进行比较。通过这种算法来寻找最佳的匹配。常见的算法包括 K 最邻近（K-Nearest Neighbor，KNN）、学习矢量量化（Learning Vector Quantization，LVQ）及自组织映射（Self-Organizing Map，SOM）。

3. 决策树学习

决策树学习是一种逼近离散值目标函数的方法，在这种方法中学习到的函数被表示为一棵决策树。决策树通常有三个步骤：特征选择、决策树的生成、决策树的修剪。

利用决策树分类的步骤为：先从根节点开始，对实例的某一特征进行测试，然后根据测试结果将实例分配到其他子节点，此时每个子节点都对应着该特征的一个取值，如此递归对实例进行测试并分配，直到到达叶节点，最后将实例分到叶节点的类中。

4. 贝叶斯算法

贝叶斯算法是基于贝叶斯定理的一类算法，主要用来解决分类和回归问题，该算法提供了定量的方法来衡量证据如何支持其他假设。贝叶斯决策理论是一种基本的统计方法，它利用决策所伴随的概率和成本来量化各种决策之间的权衡。常见算法包括：朴素贝叶斯算法、平均单依赖估计（Averaged One-Dependence Estimators，AODE）及贝叶斯信念算法（Bayesian Belief Network，BBN）。

5. 聚类算法

聚类分析又称群分析，它是研究（样品或指标）分类问题的一种统计分析方法，同时也是数据挖掘的一种重要算法。聚类（Cluster）分析是由若干模式（Pattern）组成的，通常，模式是一个度量（Measurement）的向量，或者是多维空间中的一个点。聚类分析以相似性为基础，在同一个聚类中的模式之间比不在同一聚类中的模式之间具有更多的相似性。常见的聚类算法包括 K-Means 算法和期望最大化（Expectation Maximization，EM）算法。

6. 关联分析算法

关联分析又称关联挖掘，就是在交易数据、关系数据或其他信息载体中，查找存在于项目集合或对象集合之间的频繁模式、关联、相关性或因果结构。或者说，关联分析是发现交易数据库中不同商品（项）之间的联系。关联分析是一种简单、实用的分析技术，就是发现存在于大量数据集中的关联性或相关性，从而描述了一个事物中某些属性同时出现的规律和模式。关联分析是从大量数据中发现项集之间有趣的关联和相关联系。常见算法包括 Apriori 算法和 Eclat 算法等。

7. 人工神经网络算法

人工神经网络算法模拟生物神经网络，是一类模式匹配算法。通常用于解决分类和回归问题。人工神经网络是机器学习的一个庞大分支，有几百种不同的算法（其中深度学习就是其中的一类算法，本节会单独讨论）。重要的人工神经网络算法包括：感知器神经网络（Perceptron Neural Network）、反向传递（Back Propagation）、Hopfield 网络、自组织映射、学习矢量量化（Learning Vector Quantization，LVQ）。

8. 深度学习算法

深度学习算法是对人工神经网络的发展，在近期赢得了很多关注，特别是在百度也开始发力研究深度学习后，更是在国内引起了很多关注。在计算能力变得日益廉价的今天，深度学习试图建立大得多也复杂得多的神经网络。很多深度学习的算法是半监督式学习算法，用来处理存在少量未标识数据的大数据集。常见的深度学习算法包括：受限波尔兹曼机（Restricted Boltzmann Machine，RBN）、深度置信网络（Deep Belief Networks，DBN）、卷积网络（Convolutional Network）、堆栈式自动编码器（Stacked Auto-Encoders）。

4.4.2 分类算法

分类是一个有监督的学习过程，在目标数据库中有某些类别是已知的，分类过程需要做的就是把每条记录归到对应的类别之中。由于必须事先知道各个类别的信息，并且所有待分类的数据条目都默认有对应的类别，因此分类算法也有其局限性，当上述条件无法满足时，就需要尝试聚类分析。以下是几种比较常见的分类算法。

4.4.2.1 决策树

决策树是用于分类和预测的主要方法之一，决策树学习是以实例为基础的归纳学习算法，它着眼于从一组无顺序、无规则的实例中推理出以决策树表示的分类规则。构造决策树的目的是找出属性和类别间的关系，用它来预测将来未知类别的记录类别。决策树采用自顶向下的递归方式，在决策树的内部节点进行属性的比较，并根据不同属性值判断从该节点向下的分支，在决策树的叶节点得到结论。

主要的决策树算法有 ID3、C4.5（C5.0）、CART、PUBLIC、SLIQ 和 SPRINT 算法等。这些算法在选择测试属性采用的技术、生成决策树的结构、剪枝方法及时刻、能否处理大数据集等方面都有各自的不同之处。

决策树的优点如下。

（1）决策树易于理解和解释。人们在通过解释后都有能力去理解决策树所表达的意义。

（2）对于决策树，数据的准备往往是简单或者是不必要的。其他技术往往要求先把数据一般化，如去掉多余的或者空白的属性。

（3）能够同时处理数据型和常规型属性。其他技术往往要求数据属性的单一。

（4）决策树是一个白盒模型。如果给定一个观察模型，那么根据所产生的决策树很容易推出相应的逻辑表达式。

（5）易于通过静态测试来对模型进行评测。可以表示有可能测量该模型的可信度。

（6）在相对短的时间内能够对大型数据源做出可行且效果良好的结果。

（7）可以对有许多属性的数据集构造决策树。

（8）决策树可以很好地扩展到大型数据库中，同时它的大小独立于数据库的大小。

决策树的缺点如下。

（1）对于那些各类别样本数量不一致的数据，在决策树中，信息增益的结果偏向于那些具有更多数值的特征。

（2）使用决策树在处理缺失数据时会比较困难。

（3）出现过度拟合问题。

（4）忽略数据集中属性之间的相关性。

4.4.2.2 贝叶斯

贝叶斯（Bayes）分类算法是一类利用概率统计知识进行分类的算法，如朴素贝叶斯分类（Naïve Bayes Classifier，NBC）算法。这些算法主要利用贝叶斯分类算法来预测一个未知类别的样本属于各个类别的可能性，选择其中可能性最大的一个类别作为该样本的最终类别。由于贝叶斯定理的成立本身需要一个很强的条件独立性假设前提，而此假设在实际情况中经常是不成立的，因而其分类准确率就会降低。为此就出现了许多降低独立 性假设的贝叶斯分类算法，如树增强朴素贝叶斯（Tree Augmented Native Bayes，TAN）算法，它是通过在贝叶斯网络结构的基础上增加属性对之间的关联来实现的。

朴素贝叶斯分类算法的优点如下。

（1）朴素贝叶斯分类算法发源于古典数学理论，有着坚实的数学基础，以及稳定的分类效率。

（2）朴素贝叶斯算法所需估计的参数很少，对缺失数据不太敏感，算法也比较简单。

贝叶斯分类算法的缺点如下。

（1）理论上，树增强朴素贝叶斯算法与其他分类算法相比具有最小的误差率。但是实际上并非总是如此，这是因为树增强朴素贝叶斯算法假设属性之间相互独立，这个假设在实际应用中往往是不成立的（可以考虑用聚类算法先将相关性较大的属性聚类），这给树增强朴素贝叶斯算法的正确分类带来了一定影响。在属性个数比较多或者属性之间相关性较大时，树增强朴素贝叶斯算法的分类效率比不上决策树的分类效率。而在属性相关性较小时，树增强朴素贝叶斯算法的性能最为良好。

（2）需要知道先验概率。

（3）分类决策存在错误率。

4.4.2.3 人工神经网络

人工神经网络（Artificial Neural Network，ANN）是一种应用类似于大脑神经突触连接的结构进行信息处理的数学模型。在这种模型中，大量节点（称为神经元或称为单元）之间相互连接构成网络，即神经网络，以达到处理信息的目的。神经网络通常需要进行训练，训练的过程就是神经网络学习的过程。训练改变了神经网络节点的连接权重使其具有分类的功能，经过训练的神经网络就可用于对象的识别。

目前，神经网络已有上百种不同的模型，常见的有 BP 网络、径向基 RBF 网 络、Hopfield 网络、随机神经网络（Boltzmann 机）、竞争神经网络（Hamming 网络、自组织映射网络）等。

神经网络的优点如下。

（1）分类的准确率高，并行分布处理能力强，分布存储及学习能力强。

（2）对噪声神经有较强的鲁棒性和容错能力，能充分逼近复杂的非线性关系。

（3）具备联想记忆的功能等。

神经网络的缺点如下。

（1）神经网络需要大量的参数，如网络拓扑结构、权值和阈值的初始值。

（2）不能观察之前的学习过程，输出结果难以解释，这样会影响到结果可信度和可接受程度。

（3）学习时间过长，甚至可能达不到学习的目的。

4.4.2.4 支持向量机

支持向量机（Support Vector Machine，SVM）是 Vapnik 根据统计学习理论提出的一种新的学习算法，其最大特点是它能根据结构风险最小化准则，以最大化分类间隔构造最优分类超平面来提高学习机的泛化能力，进而较好地解决非线性、高维数、局部极小点等问题。对于分类问题，支持向量机根据区域中的样本计算该区域的决策曲面，由此确定该区域中未知样本的类别。

支持向量机的优点如下。

（1）可以解决小样本情况下的机器学习问题。

（2）可以提高泛化性能。

（3）可以解决高维问题。

（4）可以解决非线性问题。

（5）可以避免神经网络结构选择和局部极小点问题。

支持向量机的缺点如下。

（1）对缺失数据敏感。

（2）对非线性问题没有通用解决方案，必须谨慎选择 Kernel 函数来处理。

4.4.3 协同过滤推荐算法

4.4.3.1 传统协同过滤推荐算法

传统协同过滤推荐算法主要包括基于用户的、项目的和基于模型的协同过滤推荐算法。这三种推荐算法的侧重点不同，适用环境也不同，但对于推荐系统来说，协同过滤推荐算法一般包括以下三个步骤：首先构建评分矩阵，然后计算用户相似度，最后预测评分得出推荐项目。协同过滤推荐算法的每个步骤中都包括一系列的计算和对数据的处理，具体过程介绍如下。

1．构建评分矩阵

建立用户-项目评分矩阵。预处理原始数据得到如表 4-5 所示的用户-项目评分矩阵 $\boldsymbol{R}$，其中行代表用户（U），列代表项目（I）。假设用户数量有 3 名，项目数量有 5 个，矩阵中的数值代表用户对项目的评分，分值为 1～5，分值越高代表该用户对该项目越感兴趣，若数值空着则表示该用户对该项目没有评分。

表 4-5　用户-项目评分矩阵

	I_1	I_2	I_3	I_4	I_5
U_1	3		4	4	5
U_2	5	2	2	3	2
U_3	3	4	4	4	5

2．计算用户相似度

计算相似度的准确性是影响推荐质量的重要因素。使用较为广泛的相似度计算方法主要包括欧氏距离相似度、Jaccard 相似度、余弦相似度、修正的余弦相似度、Pearson 相似度等。其中，Pearson 相似度计算方法适用于数据稀疏性小、用户共同评价的项目数量多的情况。本节中算法同时采用多个数据源，弥补了数据稀疏性问题，所以选用 Pearson 相似度计算方法，即

$$\text{sim}(u,\ v)=\frac{\sum\limits_{i\in I_{uv}}(r_{ui}-\overline{r}_u)\times(r_{vi}-\overline{r}_v)}{\sqrt{\sum\limits_{i\in I_{ux}}(r_{ui}-\overline{r}_u)^2}\sqrt{\sum\limits_{i\in I_{uv}}(r_{vi}-r_v)^2}} \tag{4-1}$$

其中，r_{ui}、r_{vi} 分别代表用户 u 和 v 对项目 i 的评分；r_u 代表用户 u 对项目评分的平均分；r_v 代表用户 v 对项目评分的平均分；I_{uv} 代表用户 u 和 v 评分过的项目交集；sim(u，v)代表求得的用户 u 与 v 之间的相似性。

3．预测评分，得出推荐结果

相似度计算结束后选取若干个相似度高的用户作为目标用户的近邻集合，由近邻用户的评分数据进行计算，预测目标用户对项目的评分，得出评分较高的前 N 个推荐项目，为用户进行推荐。若要预测用户 u 对项目 i 的评分，则需要考虑目标用户的近邻集合及近邻集合对项目的评分情况，令 N_u 为用户 u 的最近近邻集合，则预测评分的计算公式为

$$P_{ui}=\overline{r}_u+\frac{\sum\limits_{v\in N_u}\text{sim}(u,\ v)\times(r_{vi}-\overline{r}_v)}{\sum\limits_{v\in N_u}\left|\text{sim}(u,\ v)\right|} \tag{4-2}$$

经计算，得出项目预测评分后，选取其中的评分较高的项目，推荐给用户，即完成推荐功能。

4.4.3.2　基于学习者的协同过滤推荐算法

基于学习者的协同过滤推荐算法在同类算法中出现的最早，其原理较为简单。该算法于 1992 年首次被提出，并用于电子邮件过滤系统，在 1994 年被 GroupLens 引入到新闻过滤中。一直到近年，该算法还是推荐系统领域中的核心的算法。

当学习者 A 需要一个关于自身的推荐时，可以在自己的朋友中找到与自己兴趣相似的学习者集合 G，然后将集合 G 中元素课程属性 A 没有的课程推荐给 A，这就是基于学习者的协同过滤推荐算法。

基于学习者的协同过滤推荐算法基于两点构成：其一，过滤出与目标学习者兴趣相似

的学习者集合；其二，找到该集合中学习者喜欢的、而目标学习者没接触过的课程推荐给目标学习者。

1．发现兴趣相似的学习者

一般使用 Jaccard 公式或者余弦相似度计算两个学习者之间的相似度。设 $N(u)$为学习者 u 喜欢的课程集合，$N(v)$为学习者 v 喜欢的课程集合，则计算 u 和 v 相似度的 Jaccard 公式为

$$W_{uv}=\frac{|N(u)\cap N(v)|}{|N(u)\cup N(v)|} \tag{4-3}$$

W_{uv} 表示学习者 u 与 v 之间的兴趣相似度，$N(u)$为学习者 u 曾经喜欢过的课程集合，$N(v)$为学习者 v 曾经喜欢过的课程集合。

余弦相似度公式为

$$W_{uv}=\frac{|N(u)\cap N(v)|}{\sqrt{|N(u)\times N(v)|}} \tag{4-4}$$

两个向量间的余弦值可以通过下式得到

$$\boldsymbol{a}\cdot\boldsymbol{b}=\boldsymbol{a}\times\boldsymbol{b}\cos\theta \tag{4-5}$$

A 和 B 的余弦相似性 θ 用向量内积形式来表示其大小：

$$\text{similarity}=\cos\theta=\frac{\boldsymbol{A}\cdot\boldsymbol{B}}{\|\boldsymbol{a}\|\times\|\boldsymbol{b}\|}=\frac{\sum_{i=1}^{n}\boldsymbol{A}_i\times\boldsymbol{B}_i}{\sqrt{\sum_{i=1}^{n}(\boldsymbol{A}_i)^2}\times\sqrt{\sum_{i=1}^{n}(\boldsymbol{B}_i)^2}} \tag{4-6}$$

$\cos\theta$ 值域为［−1, 1］。当 $\cos\theta$ 取值为−1 时，表示两个向量互为反方向；当 $\cos\theta$ 取值为 1 时，表示它们是同向的；当 $\cos\theta$ 取值为 0 时，表明它们之间是独立的；而 $\cos\theta$ 值域中的其他值则表示相似性的强弱或相异性的强弱。对于文本匹配而言，文本属性向量 $\boldsymbol{A}$ 和 $\boldsymbol{B}$ 一般是指文本中的词汇出现频率。余弦相似度可以被看成一个比较文件长度的范式。显然在数据检索时，一个词的频率不能为负数，所以文本的余弦相似度取值区间应该为［0, 1］，并且词频向量间夹角不能大于 90°。

设有 4 名学习者，分别为 A、B、C、D；他们感兴趣的课程有 5 门，分别为 K_1、K_2、K_3、K_4、K_5。根据以上所设，建立兴趣相关矩阵为

$$\boldsymbol{A}=\begin{bmatrix} a_{11} & a_{12} & a_{13} & a_{14} \\ a_{21} & a_{22} & a_{23} & a_{24} \\ a_{31} & a_{32} & a_{33} & a_{34} \\ a_{41} & a_{42} & a_{43} & a_{44} \end{bmatrix} \tag{4-7}$$

这里

$$a_{ij}=\begin{cases}1, & \text{当学习者}i\text{与学习者}j\text{喜欢相同课程时} \\ 0, & \text{其他}\end{cases} \tag{4-8}$$

得

$$A=\begin{bmatrix}0&1&1&1\\1&0&0&1\\1&0&0&1\\1&1&1&0\end{bmatrix} \tag{4-9}$$

注意，该矩阵仅代表的是相似度的分子部分。下面进一步求出该问题的余弦相似度，即

$$A=\begin{bmatrix}0&\frac{1}{\sqrt{3\times2}}&\frac{1}{\sqrt{3\times2}}&\frac{1}{\sqrt{3\times2}}\\\frac{1}{\sqrt{3\times2}}&0&0&\frac{1}{\sqrt{3\times2}}\\\frac{1}{\sqrt{3\times2}}&0&0&\frac{1}{\sqrt{3\times2}}\\\frac{1}{\sqrt{3\times3}}&\frac{1}{\sqrt{3\times2}}&\frac{1}{\sqrt{3\times2}}&0\end{bmatrix} \tag{4-10}$$

至此，计算学习者相似度就结束了，可以很直观地找到与目标学习者兴趣较相似的学习者。

2．推荐课程

从矩阵中选出与目标学习者 u 兴趣最相似的 K 个学习者，用集合 $S\{u, K\}$表示，然后，将 S 中学习者喜欢的课程全部提取出来，并且除去 u 已经喜欢的课程。对于每个候选课程 i，学习者 u 对它感兴趣的程度可用下式计算

$$p(u,i)=\sum_{S(u,K)\cap n(i)} w_{uv}\times r_{vi} \tag{4-11}$$

其中，r_{vi} 表示学习者 v 对 i 的喜欢程度，在本例中全部将其设为 1。若在一些需要学习者进行评分的推荐系统中，则要用学习者评分进行替换。

例如，若要给学习者 A 推荐课程，设 $K=3$ 表示 3 个相似学习者，则这些学习者分别为 B、C、D，那么他们喜欢过并且 A 没有喜欢过的课程有 c、e，故需要分别计算 $p(A, c)$ 和 $p(A, e)$，即

$$P(A,c)=W_{AB}+W_{AD}=\frac{1}{\sqrt{6}}+\frac{1}{\sqrt{9}}=0.7416 \tag{4-12}$$

$$P(A,e)=W_{AC}+W_{AD}=\frac{1}{\sqrt{6}}+\frac{1}{\sqrt{9}}=0.7416 \tag{4-13}$$

根据上述计算结果，学习者 A 对 c 和 e 的喜欢程度可能相同，在现实的推荐系统中，需要按得分进行排序，由前向后取前若干个课程即可。

4.4.3.3 基于协同过滤的个性化

1．基于物品的协同过滤推荐算法

根据不同物品之间的相似度和用户以往的喜好推荐类似物品。例如，在酷狗音乐的每

首歌曲下面都有相似歌曲的推荐，而各大购物网站也都有“找相似”等类似商品的推荐。与基于内容推荐不同的是，这里所说的相似主要是利用用户行为的集体智慧，该算法的步骤如图 4-8 所示。

图 4-8　基于物品的协同过滤推荐算法的步骤

2. 基于用户的协同过滤推荐算法

将具有相同爱好的用户感兴趣的项目推荐给目标用户，是迄今为止实际运用效果最成功的协同过滤算法，其步骤如图 4-9 所示，基于用户的协同过滤过程如图 4-10 所示。

图 4-9　基于用户的协同过滤推荐算法的步骤

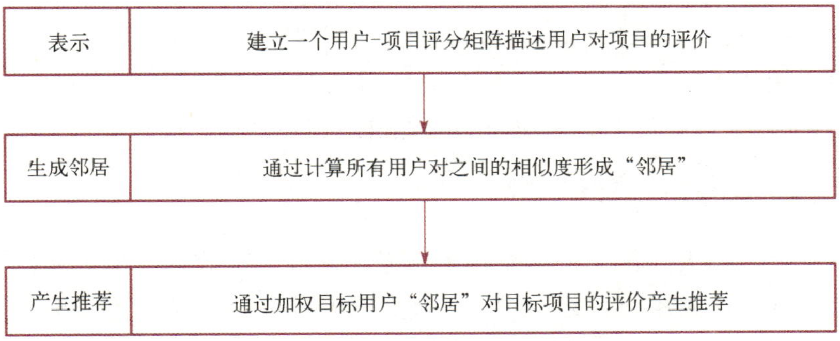

图 4-10　基于用户的协同过滤过程

3. 基于模型的协同过滤推荐算法

利用用户的历史项目评价进行学习以构建用户模型。用户模型作为项目的评价预测基础，其中应用比较成熟的是矩阵分解技术，基于矩阵分解的个性化推荐是一种学习算法，它使用数学中的奇异值分解技术，通过矩阵分解使矩阵降维并对大量数据进行压缩，能较好地挖掘已知数据中的潜在关系，具有较高的推荐精度，具有较短的时间和较低的离线计算空间复杂度，但特征挖掘的层次不够深入，对推荐结果的解释性较差。

4.5　大数据平台

4.5.1　目前主流的大数据平台

本节主要对 Hadoop、Spark、Storm 及 Apache Flink 开源大数据框架进行概述，具体内容如下。

Hadoop 是 Apache 开源组织研发的一个可靠的、可扩展的分布式开源计算框架，用户可以在不了解分布式底层细节的情况下，借助 Hadoop 充分利用集群的能力实现高速运算和海量数据的存储。其中 MapReduce 是一种编程模型，用于大规模数据集（大于 1TB）的并行运算，它极大地方便了编程人员在不会分布式并行编程的情况下，将自己的程序运行在分布式系统上。

Spark 是大数据处理的分布式执行引擎，可提供处理内存中的大型数据集的高效抽象。其以 RDD（弹性分布式数据集）的形式实现内存中的容错数据抽象。Spark 拥有 Hadoop MapReduce 所具有的优点，但不同于 MapReduce 的是，其中间输出结果可以保存在内存中，从而不再需要读/写分布式文件系统，因此 Spark 能更好地适用于数据挖掘与机器学习等需要迭代的 Hadoop MapReduce 的算法，其速度也比 Hadoop 快。

Storm 是 Twitter 开源的分布式实时大数据处理框架，被业界称为实时版 Hadoop。随着越来越多的场景对 Hadoop MapReduce 高延迟无法容忍，如网站统计、推荐系统、预警系统、金融系统（高频交易、股票）等，大数据实时处理解决方案（流计算）的应用日趋广泛，目前已是分布式技术领域最新爆发点，而 Storm 更是流计算技术中的佼佼者和主流。

Apache Flink 是由 Apache 软件基金会开发的开源流处理框架，其核心是用 Java 和 Scala 编写的分布式流数据流引擎。Apache Flink 是一个数据处理系统，其结合了分布式文件系统层的可扩展性和强大功能及作为关系型数据库基石的声明式特性和性能优化。Apache Flink 提供了一个运行时系统，它是 Hadoop MapReduce 框架的替代选择。

4.5.2 大数据存储——文件系统

随着数据量越来越大，在一个操作系统中无法存放所有数据，那么就将数据分配到更多的操作系统管理的磁盘中，但是这样不方便管理和维护。于是就迫切地需要一种系统来管理多台计算机上的文件，这就是分布式文件系统（Hadoop Distributed File System，HDFS），它是文件系统中的一种。

HDFS 是一种文件系统，用于存储文件，通过目录树来定位文件，并且它是分布式的，由很多服务器联合起来实现其功能，集群中的服务器各司其职。

HDFS 适用于一次写入，多次读出的场景，且不支持文件的修改，适合用来做数据分析，不适合做网盘应用。

4.5.2.1 HDFS 的优缺点

1. HDFS 的优点

HDFS 的优点如下。

（1）高容错性。数据自动保存多个副本，它通过增加数据副本的样式，提高容错性。在某个数据副本丢失后，它可以自动恢复。

（2）适合处理大数据。数据规模：能够处理规模达到 GB、TB，甚至 PB 级的大数据。文件规模：能够处理百万规模以上的文件数量。

（3）可构建在廉价机器上，降低硬件成本，并通过副本机制，提高服务的可靠性。

2. HDFS 的缺点

HDFS 的缺点如下。

（1）不适合低延时数据访问，无法做到毫秒级的数据存储。

（2）无法高效存储小文件。若存储大量小文件，则它会占用 NameNode 大量的内存来存储文件的目录和块信息。若小文件存储的寻址时间超过了读取时间，则违反了 HDFS 的设计目标。

（3）不支持并发写入，文件可随机修改。一个文件只能有一个线程单独写，不允许多个线程同时写。仅支持数据的追加，不支持文件的随机修改。

4.5.2.2　HDFS 的组成架构

HDFS 的整体架构如图 4-11 所示。

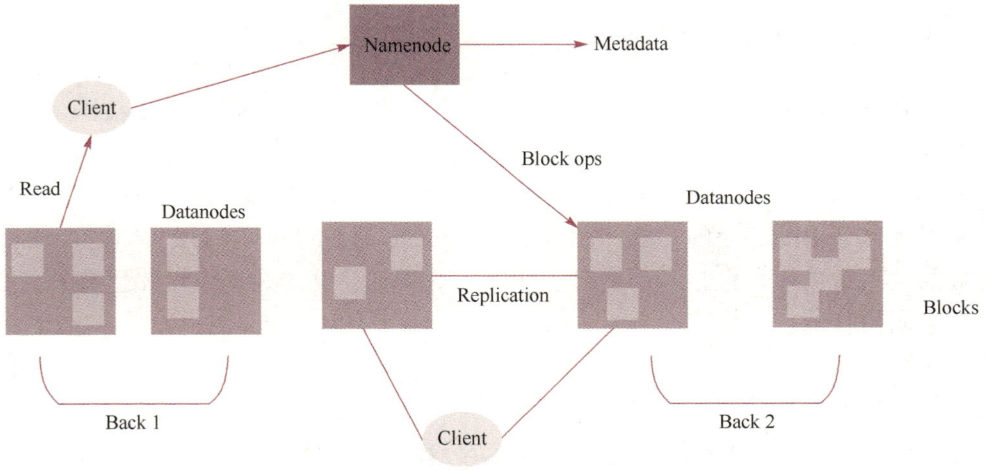

图 4-11　HDFS 的整体架构

1. NameNode

NameNode（简称 ND）：即 master，它是一个“主管人员”。负责管理 HDFS 的以下相关信息。

（1）管理 HDFS 的名称空间。

（2）管理副本的策略。

（3）管理数据块（Block）的映射信息。

（4）处理客户端的读/写请求。

2. DataNode

DataNode（简称 DN）即 slave，NameNode 下达指令，DataNode 执行以下实际的操作。

（1）存储实际的数据块。

（2）执行数据块的读/写操作。

3. Client

Client 即客户端，是与 NameNode 交互的程序，其具体功能如下。

（1）文件切分：在上传文件至 HDFS 时，Client 会先将文件分切成一个个数据块再将其上传。

（2）与 NameNode 交互，可以获取文件的位置信息（即存在于哪个节点上）。

（3）Client 可以通过一些命令来访问 HDFS，如增、删、改、查操作。

（4）Client 通过一些命令来管理 HDFS，如将 NameNode 格式化。

4．SecondaryNameNode

SecondaryNameNode 不是 NameNode 的热备，当 NameNode 失效时，它并不会立即替换 NameNode 且提供服务。SecondaryNameNode 的功能如下。

（1）辅助 NameNode，分担其工作量，如定期合并 FsImage 和 Edits，并将合并后的 FsImage.checkPoint 推送给 NameNode。

（2）在紧急情况下，可以辅助恢复 NameNode。

4.5.3 大数据存储——数据库

HBase Hadoop Database 是一个分布式的、面向列的开源数据库，该技术来源于 Fay Chang 所撰写的 Google 论文《Bigtable：一个结构化数据的分布式存储系统》。就像 Bigtable 利用了 Google 文件系统（File System）所提供的分布式数据存储一样，HBase 在 Hadoop 之上提供了类似于 Bigtable 的功能。HBase 是 Apache 的 Hadoop 项目的子项目。HBase 不同于一般的关系数据库，它是一个适合于非结构化数据存储的数据库，并且 HBase 是面向列的而不是面向行的。

HBase 是一个高可靠性、高性能、面向列、可伸缩的分布式存储系统，利用 HBase 技术可在廉价服务器上搭建起大规模结构化存储集群。与 FUJITSU Cliq 等商用大数据产品不同，HBase 是 Google Bigtable 的开源实现，Google Bigtable 利用 GFS 作为其文件存储系统，HBase 利用 HDFS 作为其文件存储系统；Google 运行 Hadoop MapReduce 来处理 Bigtable 中的海量数据，HBase 同样利用 Hadoop MapReduce 来处理 HBase 中的海量数据；Google Bigtable 利用 Chubby 作为协同服务，HBase 利用 Zookeeper 作为协同服务。

4.5.3.1 HBase 的特点

1．海量存储

HBase 适合存储 PB 级别的海量数据，在 PB 级别的数据及采用廉价服务器存储的情况下，能在几十到百毫秒内返回数据。这与 HBase 的极易扩展性息息相关。正是因为 HBase 良好的扩展性，才为海量数据的存储提供了便利。

2．列式存储

这里的列式存储其实说的是列族（ColumnFamily）存储，HBase 是根据列族来存储数据的。列族的下面可以有非常多的列，在创建表时就必须指定列族。

3．极易扩展

HBase 的扩展性主要体现在两个方面，一个是基于上层处理能力（RegionServer）的扩展，另一个是基于存储 HDFS 的扩展。

通过横向添加 RegionSever 的机器进行水平扩展，进而提升 HBase 上层的处理能力以及 Hbsae 服务更多 Region 的能力。

另外，RegionServer 的作用是管理 region、承接业务的访问。通过横向添加 Datanode 的机器，进行存储层扩容，进而提升 HBase 的数据存储能力以及后端存储的读/写能力。

4. 高并发

由于目前大部分使用 HBase 的架构都采用的是廉价服务器，因此单个 I/O 延迟其实并不小，一般在几十到上百毫秒之间。这里说的高并发，主要是在并发的情况下，HBase 的单个 I/O 延迟下降得并不多，故能获得高并发、低延迟的服务。

4.5.3.2　HBase 架构

HBase 是由 Client、Zookeeper、Master、HRegionServer、HDFS 等几个组件组成的，下面来具体介绍一下这几个组件的相关功能。

（1）Client。Client 包含了访问 HBase 的接口，另外 Client 还维护了对应的 cache 来加速 HBase 的访问，比如 cache 的.META.元数据的信息。

（2）Zookeeper。HBase 通过 Zookeeper 来做 master 的高可用、RegionServer 的监控、元数据的入口及集群配置的维护等工作，具体工作如下。

① 通过 Zoopkeeper 来保证集群中只有一个 master 在运行，若 master 异常，则会通过竞争机制产生新的 master。

② 通过 Zoopkeeper 来监控 RegionServer 的状态，当 RegionSevrer 异常时，通过回调的形式通知 master RegionServer 上下线的信息。

③ 通过 Zoopkeeper 存储元数据的统一入口地址

（3）Hmaster（NameNode）。master 节点的主要功能如下。

① 为 RegionServer 分配 Region。

② 维护整个集群的负载均衡。

③ 维护集群的元数据信息。

④ 发现失效的 Region，并将失效的 Region 分配到正常的 RegionServer 上。

⑤ 当 RegionSever 失效时，协调对应 Hlog 的拆分。

（4）HregionServer（DataNode）。HregionServer 直接对接用户的读/写请求，是真正的“干活”的节点，其功能概括如下。

① 管理 master 为其分配的 Region。

② 处理来自客户端的读/写请求。

③ 负责和底层 HDFS 的交互，存储数据到 HDFS。

④ 负责 Region 变大以后的拆分。

⑤ 负责 Storefile 的合并工作。

（5）HDFS。HDFS 为 HBase 提供最终的底层数据存储服务，同时为 HBase 提供高可用（Hlog 存储在 HDFS）的支持，其具体功能概括如下。

① 提供元数据和表数据的底层分布式存储服务。

② 数据多副本，保证高可靠和高可用性。

4.6 大数据应用

4.6.1 基于大数据的电子商务

为了发挥出大数据技术的优势，在电子商务营销中，应该对现有的营销策略进行优化，实现营销水平的提升，为用户提供更为优质的营销服务，改善营销效果。

（1）注重统计消费者留存率。在传统电子商务的营销活动中，更多的是看重某个广告或者链接的点击率，同时对点击的转化率进行统计，认为在互联网营销中，电商经济需要更多地进行用户群体的引流，实现贸易的优化。但是在当前消费者的购物行为中，随着购物经验的不断增加，点击率与最终购买行为之间存在的联系在不断的弱化，消费者在购买商品时，更加看重电商平台的产品质量。这就需要在开展电子商务营销时，应该对消费者的留存率进行统计，对消费者购买行为的深层次影响因素进行分析。留存率指的是在完成一次点击以后选择第二次进入该家店铺的概率，主要受到用户经验的影响。在分析消费者的留存率时，需要将大数据技术的优势发挥出来，对照统计消费者在不同网页中的停留时间等情况进行比较，分析营销策略的效果。在这一过程中，商家能够借助大数据技术带来的优势，对目标受众的特征进行分析，进而对自身的营销策略优劣性进行分析，为后续的营销策略调整提供保障。

（2）挖掘潜在消费热点。消费者在利用电商平台进行产品选购时，需要以时间为单位进行切割分析，例如，在咸鱼 App 的页面设计中，已经对各功能区块的内容进行了准确的划分，消费者在进入某一功能模块后，能够对时间进行记录，然后以此为参照，对消费者的喜好程度进行分析。与此同时，在搜索引擎的作用下，能够在将消费者的关键词输入到电商平台数据库后，进行相关记录的查找，进而把握消费者下一步的消费需求。例如，对于一些白领消费者来说，在电子设备类别中输入办公、隔音及保暖等关键词后，能够朝着隔音耳机、性价比及保暖产品等方面进行针对性营销，对其潜在消费热点进行挖掘。通过掌握消费者的消费需求的发展方向，更好地了解消费者的需求，为后续的营销活动开展提供必要的依据。

（3）重视消费者个性需求。在利用大数据开展电子商务营销的过程中，并非传统意义上的“一刀切”，而是需要先在无限次个体数据分析基础上，进行有效的叠加，然后对各种数据进行比较，形成宏观分析，重视消费者的个性需求。因此，在进行大数据分析的过程中，电子商务营销工作需要从消费者的具体情况出发，对消费者的心理进行分析，减小趋利心理的影响，不得对营销策略进行盲目调节。例如，在进行数据分析后，认为大多数消费者在购买保温杯后，会进行晾衣架的选购，但是并不能简单地将两种商品进行捆绑，而是需要针对没有选购消费者的情况，开展个性化的营销活动。在当前的经济环境下，消费者的购买行为十分复杂，因此商家在借助大数据技术进行行为统计时，需要对消费者的信息进行客观的呈现，不仅需要分析不同类消费者需求存在的共性，同时需要对同类消费者的个性需求进行分析，避免出现误导消费者需求的情况出现，进而提升电商营销活动的灵活性。

4.6.2　基于大数据的个性化推荐

个性化电子商务推荐系统是指电子商务平台挖掘消费者的爱好，增加消费者用户再次购买的意愿，来形成良好的信任关系以维护固定关系，进而解决目前电子商务平台消费者再次购买意愿不强的问题。如果没有个性化电子商务推荐系统，那么消费者可能要用更多的时间和精力来找到自己喜欢的商品，并且也很难买到性价比很高的商品，并且对电子商务网站的购物体验感差，再次购买也不会实现。这对电子商务平台和消费者来说都是损失，因此个性化电子商务推荐系统是一种双赢的表现。

众所周知，所有物品都有内容的分类，如人们常吃的肉类就包括猪肉、牛肉、羊肉、狗肉、驴肉、兔肉等。基于内容的个性化推荐，首先对物品的内容信息进行分析，提取内容特征，然后根据物品的内容属性和消费者的历史评分或操作记录，提取消费者需求和对不同内容属性的爱好程度，并且构建相应的消费者需求和偏好模型，由此向消费者推荐与其需求和偏好模型相匹配的资源。该推荐方法的核心在于利用消费者需求和偏好与目标资源的相似性来过滤信息，进而实现个性化信息推荐，其推荐步骤如图 4-12 所示。

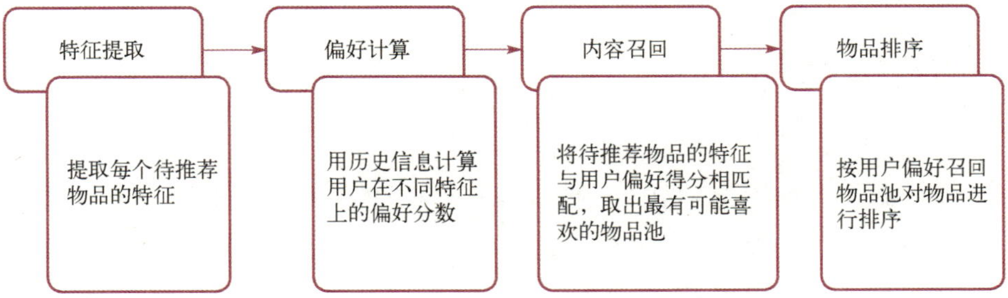

图 4-12　基于内容的个性化推荐步骤

若物品没有明确的内容特征，则根据对推荐物品特征的描述可以分为结构化特征和非结构化特征两种。前者特征的取值限定在某个区间范围内，并且按照定长的格式来表示；而后者无法按固定格式表示，如文章就是最典型的此类数据。经常将非结构化特征转化为结构化特征，并将其加入模型中，进而完成推荐。

基于内容的个性化推荐所用的技术在分布式计算平台完成，主要由分布式系统和分布式批处理框架两部分组成，分布式系统可提供大规模数据存储系统，分布式批处理框架 Map Reduce 可提供分布式应用开发接口，可有效提高算法效率，充分利用所有服务器的计算能力，增强算法扩展性。MapReduce 被划分成数据映射 Map 与数据化简 Reduce 两个部分，Map 具有将任务分解成多个任务的功能，Reduce 具有将分解后多个任务处理结果集合在一起的功能，并获取最终处理结果。在此期间，数据均通过〈key, value〉键值形式对数据进行保存。

4.6.3　基于大数据的电力客户服务需求预测

智慧城市使用物联网与云技术建立了一个可交互、可感知、可视和可控的城市运行机制及智能生产生活方式。智慧城市不仅可以减少成本、节约能源，并且能提升效率，提高生活质量。智能电网作为智慧城市的重要组成部分，通过电力数据建立电力服务需求预测模型，保证电力系统的安全稳定运行与统一调度，并能有效地指导电力工程建设规划。但传统的电力需求预测模型只考虑区域平均用电量和最高负荷等电力系统内部数据，未考虑气象、人口和政策等影响，其预测精度有限，因此亟需在智慧城市的建设框架下提出新的预测模型与方法。近年来，针对电力市场随机性、多变量和时变性的特点，主要提出了两方面的电力需求预测方法：一是使用数据挖掘方法分析电力市场外部因素对电力需求的影响，并以其变化趋势预测市场需求的变化；二是提出新的预测模型来提升预测精度。可以使用径向基神经网络分别建立短期和中长期电力需求模型。结合气象、日期数据等外部因素，使用最小二乘支持向量机建立短期电力需求模型，并通过与其他预测方法进行比较来证明其有效性。

电力需求预测是根据已有的历史数据总结其规律，并建立预估模型来预测未来的电力需求。但由于客观因素与人为因素影响，电力需求通常具有连续性、多变性和季节性，导致无法准确预测客户的用电需求。下面从电力需求预测的影响因素出发，根据时间、经济、社会和天气等因素建立电力需求模型，具体使用的数据指标如下。

（1）宏观经济指标。第一产业、第二产业和第三产业的投资总值，制造业、文娱业和基础建设的投资值等。

（2）历年的电力消费数据。

（3）已经建立的电力客户细分数据。

（4）政策数据。第一产业、第二产业和第三产业的耗电数据，居民消费和收入数据等。

基于上述数据，使用 BP 神经网络建立电力需求预测模型。为避免神经元过饱和问题，首先对数据进行归一化处理，即

$$x_{i0}=\frac{x_i-x_{\min}}{x_{\max}-x_{\min}} \tag{4-14}$$

其中，x_{i0} 为归一化数据的第 i 个特征分量；$x_{\max}$ 和 $x_{\min}$ 分别为对应样本的最大值与最小值。为了更准确地从挖掘到的数据中提取出关联规则来解决电力需求问题，从网络层数、神经元数目、初始权重的设置和学习速率的选择来介绍具体预测模型的设计方法。

（1）网络层数。虽然使用更深的神经网络能提升模型的性能，但也在一定程度上降低了训练效率。因此，设计了一个包含输入层、隐含层和输出层的三层神经网络模型。

（2）输入层节点数。输入层用于加载数据，过多的输入节点数将引入较多的噪声；而过少的输入节点数将导致网络获取信息能力不足。因此根据输入数据维度设置网络的输入节点数为 65。

（3）输出层节点数。分别预测 5 个区域的用电需求，故将输出层节点的数量设置为 5，输出层用于获取 5 个区域的实际用电需求。

（4）隐含层节点数。确定隐含层节点数的表达式为

$$h=\sqrt{m+n}+a^* \quad (0.02m<h<4m,\ 1<a^*<10) \tag{4-15}$$

其中，m、n 和 h 分别为输入层节点数、输出层节点数和隐含层节点数；a^*为 1～10 间的常数，因此设置隐含层节点数为 18。

（5）学习率设置。神经网络的学习率影响网络权重的变化情况。设置过大的学习率将导致网络不稳定；而学习率过小将延长训练时间，并可能引起局部最小值。因此，为了保证网络的稳定训练，将学习率设置为 0.01。为了避免神经网络陷入局部最优解，故提出一种改进的附加动量法来调整网络权重，其对权重和阈值的调节表达式分别为

$$\begin{cases}\Delta w_{ij}(k+1)=(1-c)\eta\delta_i+c\Delta w_{ij}(k)\\ \Delta b_i(k+1)=(1-c)\eta\delta_i+c\Delta b_i(k)\end{cases} \tag{4-16}$$

其中，w 为网络权重；k 为训练速度；c 为动量因子；η 为学习率；δ_i 为误差函数的梯度；b 为阈值。附加动量法是指使用动量因子对网络权值的变化进行加权调节，增加动量因子将使权重向着误差曲面凹陷区域运动，从而避免网络权重陷入局部平坦区域。因此，可以通过调节动量因子来帮助网络跳离局部极小值。由式（4-16）可以看出，调整后的阈值在出现较大误差时，应取消本次权重更新，避免网络陷入较大的误差范围。因此，在使用公式（4-16）时，应设定条件来决定是否修改网络权重。设置附加动量法的判别依据为

$$c=\begin{cases}0, & E(k)>1.04E(k-1)\\ 0.95, & E(k)<E(k-1)\\ c, & \text{其他}\end{cases} \tag{4-17}$$

其中，$E(k)$为网络第 k 次迭代时的平方和误差。

习题 4

一、填空题

1．大数据的 4V 特征是_______、_______、_______、_______。
2．在数据生命周期管理实践中，_______是执行方法。
3．大数据主要有_______、_______、_______处理技术。
4．大数据常用的挖掘方法_______、_______、_______。
5．大数据的分析平台有_______、_______、_______。

二、选择题

1．大数据的起源是（　　）。
　A．金融　　B．电信　　C．互联网　　D．公共管理
2．数据仓库的最终目的是（　　）。
　A．收集业务需求　　B．建立数据仓库逻辑模型
　C．开发数据仓库的应用分析　　D．为用户和业务部门提供决策支持
3．数据清洗的方法不包括（　　）。
　A．缺失值处理　　B．噪声数据清除
　C．一致性检查　　D．重复数据记录处
4．下列关于聚类挖掘技术的说法中，错误的是（　　）。

A．不预先设定数据归类类目，完全根据数据本身性质将数据聚合成不同类别
B．要求同类数据的内容相似度尽可能小
C．要求不同类数据的内容相似度尽可能小
D．与分类挖掘技术相似的是，都要对数据进行分类处理

5．下列关于大数据的分析理念的说法中，错误的是（　　）。
A．在数据基础上倾向于全体数据而不是抽样数据
B．在分析方法上更注重相关分析而不是因果分析
C．在分析效果上更追求效率而不是绝对精确
D．在数据规模上强调相对数据而不是绝对数据

三、判断题

1．关联度反映数据的精细化程度，越细化的数据，价值越高。（　　）

2．大数据的采集是指利用多个数据库或存储系统来接收来自客户端（Web、App 或者传感器形式等）的数据。（　　）

3．在大数据时代，数据使用的关键技术是数据分析。（　　）

4．大数据的挖掘是从海量、不完全的、有噪声的、模糊的、随机的大型数据库中发现隐含在其中有价值的、潜在有用的信息和知识的过程，也是一种决策支持过程。（　　）

5．Hadoop 2.x 主要包括以下三个模块：（1）Hadoop Common：为其他 Hadoop 模块提供基础设施；（2）Hadoop HDFS：一个高可靠、高吞吐量的分布式文件系统；（3）Hadoop MapReduce：一个分布式的离线并行计算框架。（　　）

四、简答题

1．简单介绍 Hadoop 的 Map Reduce 编程模型。
2．简单介绍 Hbase 行健列族的概念、物理模型及表的设计原则。
3．简单介绍 Spark Streaming 和 Storm 和 Flink 的区别。

赋能新时代习近平的大数据之道

第 5 章 区块链技术

5.1 区块链概述

随着比特币等加密货币的日益普及，区块链（Blockchain）成为近年来最具革命性的技术之一，它是将密码学、数学、经济学等以特定方式组合在一起形成的一种新的去中心化的分布式数据账本。区块链具有去中心化、防篡改、可追溯等特点，在金融、司法等领域具有非常广阔的应用前景。

2008 年,一个署名为“中本聪（Satoshi Nakamoto）”的学者发表了《比特币：一种点对点的电子现金系统》，阐述了“比特币”（Bitcoin）的产生模式，并提出了区块链。区块链是一种分布式数据库，依照时间顺序按照共识机制维护着一个不断增长的有序数据块，采用密码学技术保证其安全性。区块链的发展分为区块链 1.0、区块链 2.0 和区块链 3.0 三个阶段。2009 年 1 月 3 日，比特币的创始区块被挖出以后，比特币、零币（Zerocoin）、门罗币（Monero）等数字货币陆续流通，开启了区块链 1.0 时代；2014 年，Vitalik Buterin 发布了《以太坊：下一代智能合约和去中心化应用平台》白皮书，提出了以太坊，并创建了可在以太坊平台上运行的具有图灵完备的智能合约代码，开启了区块链 2.0 时代；区块链 3.0 是未来发展的趋势，区块链将从数字货币应用渗透至其他领域，构建一个可编程的信用社会，全面实现价值互联网。

5.1.1 区块链组成原理

区块链是一种数据结构，这种结构的数据可以看成一系列链接的队列，这些队列通过哈希指针进行关联，其中包括以下两个基本的概念。

区块（Block）：记录一段时间内发生的所有交易和状态结果，是对当前账本状态的一次共识。

链（Chain）：由区块按照顺序串联而成，是整个账本状态变化的日志记录。

5.1.1.1 结构设计

每个数据区块一般都包含区块头和区块体两部分。区块头封装了当前区块的版本号、前一个区块的哈希值、时间戳、随机数、当前区块的目标哈希值、Merkle 树的根值等信息；区块体包括交易个数及交易的具体内容，当前区块如图 5-1 所示。

1. 版本号

版本号用于标识交易版本和所参照的规则。

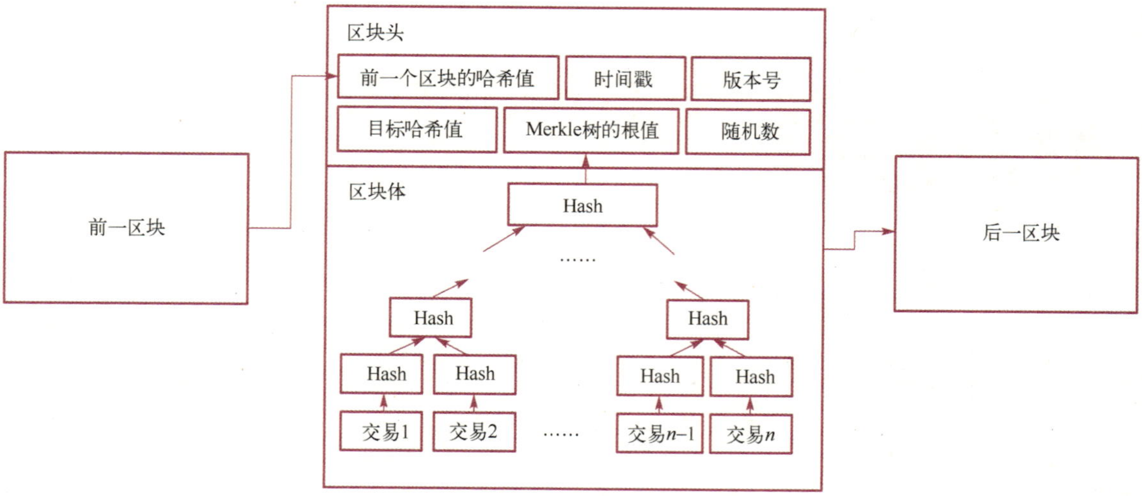

图 5-1　区块链结构模型图

2．时间戳

时间戳是指从格林威治时间 1970 年 01 月 01 日 00 时 00 分 00 秒（北京时间 1970 年 01 月 01 日 08 时 00 分 00 秒）起至现在的总秒数，通常是一个字符序列，唯一地标识某一刻的时间。在区块链中，每生成一个新的区块，就会在区块的头部加盖时间戳，记录当前区块数据的写入时间。随后的每个区块中的时间戳都对前一个时间戳进行增强，这样就能保证每条链上的区块都按照时间递增的顺序进行排列。

3．随机数

矿工挖矿的过程其实就是解决一个数学难题的过程。选择一个随机数，将该随机数放在区块中，使得区块的哈希结果满足一定条件，则该随机数是解决数学难题的有效随机数。

4．Merkle 根

在每个区块中，区块体都包含了一个区块的完整交易信息，以树的形式组织在一起，树上的每个节点都是哈希值，每个叶子节点对应块内一次交易数据的哈希值。根据哈希算法的特点，两个节点在共识过程中，只需比较 Merkle 树根节点的哈希值，即可判断两个节点持有的交易数据是否一致；在 n 个交易组成的区块中，至多计算 $2\log_2(n)$次哈希值即可验证交易是否一致，不需要遍历全部区块数据即可快速验证交易。

5．目标哈希值

目标哈希值也称为难度，是工作量证明的难度目标。在区块链中，挖矿就是重复将随机数放在候选区块中计算候选区块的哈希值，不断修改随机数，直到找到符合目标哈希值的过程。为了控制挖矿的速度，每隔一段时间就会调整一次挖矿的难度。

6．前一个区块的哈希值

前一个区块的哈希值也称为父区块的哈希值，是区块链中前一个区块的哈希值。每个区块都可以通过区块头中的该字段引用前一个区块。将每个区块都按照前一个区块的哈希值进行序列化排列，就创建了一条可以追溯到第一个区块的链。

5.1.1.2　基础架构

当前的区块链网络主要分为数据层、网络层、共识层、激励层、合约层和应用层，如图 5-2 所示。

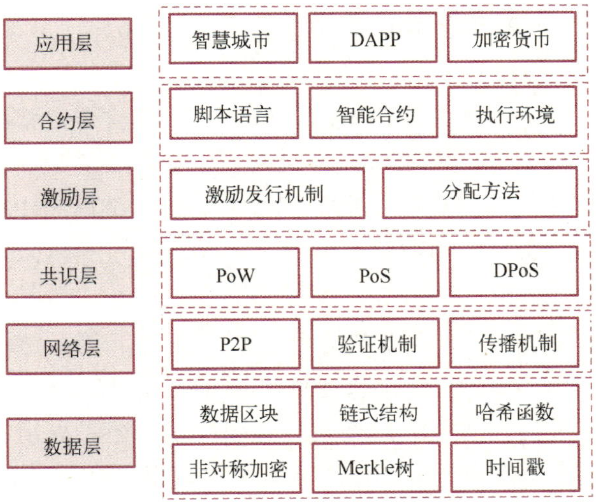

图 5-2　区块链基础架构

数据层：数据层封装了底层数据区块的链式结构，采用了公钥密码技术、时间戳、Merkle 树及哈希函数等技术，是整个区块链技术中最底层的数据结构。数据层作为区块链的底层，拥有记录链上数据、保证数据安全和封装链上交易信息等功能。

网络层：网络层为区块链节点之间、节点与外部之间通信的网络协议，包括分布式网络、传播机制和验证机制。区块链使用 P2P 分布式的网络架构，使得区块链节点具有点对点通信功能，传播机制和验证机制明确了消息传播协议和数据验证方法，具体协议和方法取决于实际应用场景。通过传播机制和验证机制，区块链中的每个节点均可参与数据校验和记账。

共识层：共识层包括区块链主要的共识算法和共识机制，是区块链最为核心的创新之一，也是分布式计算领域的重要研究课题。共识层的设计是为了能在决策权分散的无中心化系统中快速、高效地针对数据的有效性达成一致。该层采用的共识协议包括：工作量证明 PoW（Proof of Work）、权益证明 PoS（Proof of Stake）、股份授权证明 DPoS（Delegated Proof of Stake）等。

激励层：为了鼓励更多节点参与到区块链运作中将奖励机制与共识算法相融合，以保证区块链中记账和校验节点稳定工作。该层采用经济激励机制，设计了相应的激励发行机制和分配方法。同时，惩罚不遵守规则的节点，使得整个系统朝着良性循环的方向发展。

合约层：以太坊首次将智能合约应用到区块链上。该层封装了图灵完备的脚本、算法、程序及编译执行智能合约的虚拟机等，使得区块链具有可编程属性。比特币具有脚本编写功能，以太坊具有更强的编程功能。通过算法机制和编程，用户能够实现具有各种功能的智能合约。智能合约通常被认为是一个自动担保账户，例如，当满足特定的条件时，程序就会自动执行，并完成相应的功能。

应用层：此层封装了区块链的各种实际应用需求和实现案例，可以根据不同的需求实现不同的功能和特性，开发不同的去中心化应用。

5.1.1.2　区块链分类

区块链可以分为三种：公有链、联盟链和私有链。

1．公有链

公有链是指任何人都可以作为网络中的一个节点，任何节点都可以在上面进行交易、读/写、共识的区块链。公有链上每个节点都可以自由加入或者退出网络，参与链上数据的读/写、执行交易，并且参与网络中共识达成的过程。公有链是去中心化的区块链，借助密码学技术保障链上交易的安全，当前最典型的代表是比特币和以太坊。

2．联盟链

联盟链是一种需要注册许可的区块链，也称为许可链。联盟链仅限于联盟成员参与，区块链上的读/写权限、参与记账权限按联盟规则来制定。整个网络由联盟机构共同维护，网络接入一般通过成员机构的网关节点接入，共识协议一般不采用与工作量证明类似的挖矿机制，同时也不一定需要代币作为激励机制，而是采用 PBFT、RAFT 这类适用于多中心化且效率较高的共识算法。这类区块链被认为是部分去中心化或者多中心化。当前比较典型的代表是 IBM 的超级账本（HyperLedger）。

3．私有链

私有链是共识建立的范围及公共账本的公开对象为单一主体（一个人或者一个组织），单一主体拥有对区块链的运行及数据操作的全部权力的区块链。读取权限或者对外开放，或者被任意程度地进行限制。私有链一般是企业内部的应用，在政府行业也会有一些应用，如政府的预算和执行，或者政府的行业统计数据。

5.1.2　区块链和比特币

比特币是目前规模最大、影响范围最广的非许可链开源项目。比特币网络为用户提供兑换和转账业务，该业务的价值流通媒介由账本确定的交易数据——比特币支撑。为了保障账本的稳定性和数据的权威性，业务制定奖励机制，以此驱动节点共同维护区块链的正常运行。

比特币系统由用户（用户通过钱包管理密钥）、交易（每一笔交易都会被广播到整个比特币网络）和矿工（挖矿和记账）组成。

5.1.2.1　区块链分叉

分叉是指在链上同一高度出现多个区块。当区块链系统需要修复漏洞、扩展功能或者调整结构时，区块链需要在全网节点的配合下进行升级。分布在全球的节点不可能同时完成升级，此时就会发生分叉现象。

升级的节点称为新节点，未升级的节点称为旧节点，根据新旧节点的相互兼容性，分叉可以分为硬分叉和软分叉。

（1）软分叉，即旧节点仍然能够验证并接收新节点产生的数据区块。旧节点可能因为无法根据新的升级协议识别新节点产生的数据，但是不会拒绝新节点，此时网络可以同时兼容向前或者向后的区块链，此时升级后的系统可以平稳运行。

（2）硬分叉，即旧节点不接收新节点产生的数据和区块。此时网络只能向后兼容区块链，这类升级会让新旧节点所认可的区块不一致，分出两条链。为了保持兼容性，只能强制要求旧节点进行升级。

5.1.2.2　比特币网络

1．比特币节点

每个比特币节点都根据不同需求，选择性地集合路由、保存完整区块链、挖矿、钱包的功能。

（1）钱包功能：这里的钱包指的是钱包软件，而非地址加私钥本身。钱包的功能包括收集钱包中的地址相关的未花费的交易输出（Unspent Transaction Output，UTXO），以便统计出地址余额，构建交易，发送交易等。

（2）挖矿功能：先进行挖矿节点收集交易，接着进行算力竞争，找到随机数，生成区块并获得出块奖励和交易费用。

（3）保存完整区块链功能：因为区块链数据庞大，所以并不是所有比特币节点都会下载完整的最新区块链。

（4）路由功能：所有节点都有义务帮助其他节点去验证和扩散交易，去查找其他节点，去维持整个网络的连接。所有类型的节点都有这个功能。

根据功能的不同，比特币网络主要由两种节点构成：全节点和轻节点。全节点是功能完备的区块链节点，能够独立自主地校验所有交易，而不需借助任何外部参照，目前全球拥有近 10000 个全节点。轻节点本身没有完整的链，不能看到所有的交易历史，不能直接去验证交易，需要向全节点去请求必要的交易数据，仅具备验证与转发功能。常见的轻节点有 SPV 钱包节点（只具备钱包功能和路由功能）。钱包通常都是安装在移动设备上的，因为资源有限，所以适合使用轻节点。轻节点可以发起 SPV，向全节点请求数据来验证交易。

2．矿池

矿池是一种由多台矿机联合起来进行挖矿的方法，多台矿机合作产生一个区块，然后按照所贡献的算力来瓜分区块奖励。矿池挖矿有效地改善了区块生成奖励的制度，随着时间的推移，在群组中进行公平分配。常见的矿池收益结算模式为按算力支付和按挖矿份额支付。

（1）按算力支付。按算力支付方法是为挖出新区块的每份算力支付固定的数额。资金是从矿池的现有余额中支付的，可以立即提取，而无须等待区块被挖出或确认。这种模式会根据用户实际提交到矿池的有效算力，每天给用户稳定的收益。收益主要取决于矿机的算力，只要算力稳定，就可以获得相应的收益。

（2）按挖矿份额支付。按挖矿份额支付是指将所有矿机挖到的区块集中到一起，在成功挖到区块后，矿池会根据各个矿机贡献的份额数量来分配收益。按挖矿份额支付会有一定的滞后惯性，新加入矿池的矿机份额比较少，故所获得的奖励也相对较少。

3. 挖矿

挖矿是指参与维护比特币网络的节点通过竞争生成区块获取一定量加密货币的过程。在比特币中，新的区块都对应着一个相关的数学难题，解决这个数学难题就会产生出新的区块，而新的区块可以发行一定数量的新比特币。每 10min 就会有一个不超过 1MB 大小的区块被“挖掘”出来，而为了产生新的区块不断工作的节点，称为矿工。比特币采用的是 PoW 共识机制，节点需要消耗自身算力来解决数学难题，率先解决这个数学难题的矿工拥有记账权，即将上一个区块之后发送的交易记录到新的区块中。成功提交区块的矿工获得新区块产生的比特币及处理该区块中交易的交易费，以此作为奖励，激励着节点参与区块链的运行和维护。解决数学难题的具体过程为：节点选择一个随机数，并综合上一个区块的哈希值及上一个区块生成之后的新的验证过的交易内容，一起打包到一个候选区块中，让这个候选区块的哈希值满足一定条件。

比特币最小可以细分到小数点后 8 位小数（聪）。比特币每 10min 产生一个区块，最初每个区块的奖励是 50 个比特币，在每 21 万个区块后，每个区块的产量减半。每挖出 21 万个区块所需要的时间为 210000/10×6×24×365≈4 年，即每 4 年时间，区块发行的比特币奖励减半。当比特币进行到第 33 次减半时，每个区块的奖励将降至 1 聪以下，无法继续分割减半，网络便会停止产生新币。此时的比特币总数量为 20999999.97690000 个，因此比特币总量上限约是 2100 万个。

5.1.2.3 比特币地址和钱包

1. 比特币地址

比特币的地址是指由公钥经过两次哈希及编码运算后生成的字符串，用来接收比特币。比特币网络中用到的哈希算法是 SHA 和 RIPEMD，由公钥生成比特币地址时使用的是 SHA256 和 RIPEMD160。生成比特币地址的具体过程如图 5-3 所示，首先以公钥 K 为输入，计算其 SHA256 哈希值，并以此哈希值为输入计算 RIPEMD160 哈希值，得到一个 160bit 的值，再通过 Base58 Check 编码得到。Base58 Check 是一种用在比特币中的 Base58 编码格式，具有可压缩数据、易读、可检查错误的特性。Base58 Check 编码的版本前缀表明了数据的格式，可以帮助用户识别被编码数据的类型，如比特币地址是以 1 开头的，版本前缀是 0x00。

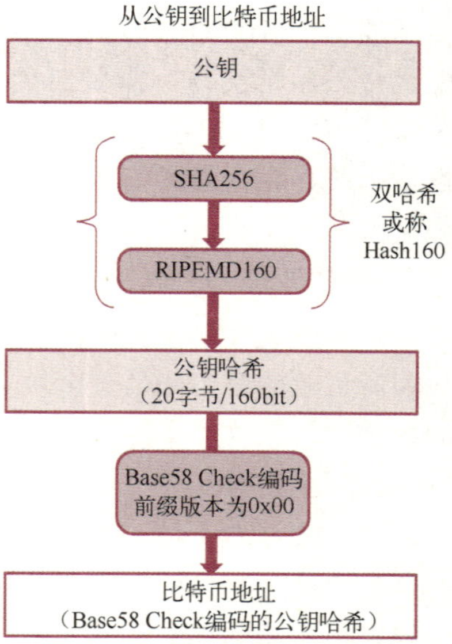

图 5-3 生成比特币地址的具体过程

比特币的地址用于接收比特币。比特币客户端可以离线生成比特币地址，一个用户可以生成并拥有多个比特币地址，并用在不同的交易上。由于比特币交易永久且公开地存储在区块链中，任何人都能查看交易记录中的比特币地址。虽然比特币地址不能直接透露出交易者的信息（即匿名性），但在实际应用中，地址的匿名性并不能得到有效保证。当参与者使用地址标识进行数据的传输和协作时，攻击者通过监听设备上的交易，追踪交易的 IP 地址，并对交易地址进行关联分析，推测出交易与交易、交易与公钥地址之间的关系。

2．比特币钱包

在生成比特币地址时，相对应地会生成一个私钥，拥有私钥就能拥有对应地址比特币的处置权，一旦私钥遗失或者失窃，就意味着该地址中的比特币将彻底消失。因此私钥是比特币最需要保护的核心部分。比特币并不是置于比特币钱包中的，而是由私钥来决定其归属的，保管这些私钥的软件称为钱包。

按照私钥的存储方式，比特币钱包可以分为冷钱包和热钱包两大类。

（1）冷钱包是指网络不能访问到用户私钥的钱包，往往依靠“冷”设备确保比特币私钥的安全，如不联网的计算机、手机、写着私钥地址的小本本等。冷钱包避免了被黑客盗取私钥的风险，但是可能面临物理安全风险，如计算机丢失、损坏等。

（2）热钱包是指互联网能够访问到私钥的钱包，是在线钱包的形式。使用热钱包时，最好在不同平台设置不同密码，且开启二次认证，以确保自己的资产安全。按照与区块链交互方式及同步机制的不同，热钱包还可分为重钱包、轻钱包和在线钱包。

在使用钱包时，为了防止计算机故障和人为错误，建议将钱包备份到一个安全的地方。

3．比特币交易

比特币交易就是将一个地址的比特币转移到另一个比特币地址的过程。

比特币的交易过程如图 5-4 所示。若节点 A 转账给节点 B，则首先需要创建交易。在创建交易时，需要交易双方的地址，A 的公钥及数字签名。其次需要向网络中的所有节点广播交易请求，矿工将一段时间内接收到的交易打包，并参与挖矿过程，第一个解决数学难题的矿工 2 向全网广播打包区块，其他节点验证区块中的交易后将其存储到本地数据库中，并在该区块后开启新的挖矿工作，竞争下一次的记账权。

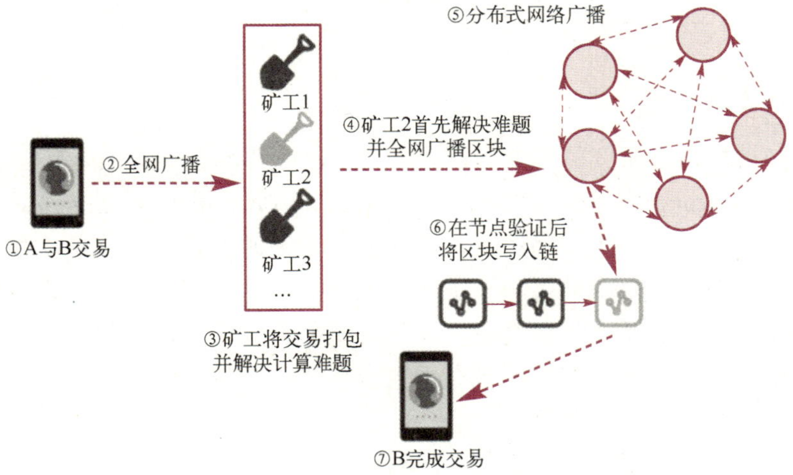

图 5-4　比特币的交易过程

交易费是一种激励机制，在交易上征收一小笔费用奖励给挖出区块的矿工。交易费不是强制的，但是会影响到交易的处理优先级，矿工会根据交易费将交易进行排序，交易费最高的交易将会被优先处理。

每笔比特币交易通常都会在几秒钟内发出，并在 10min 内接受审核。在这段时间内，此交易可被视为可靠的，但与此同时，此交易仍可撤销。一些恶意用户可能通过交易来欺骗或欺诈他人，也意味着接受未审核的交易存在的一定风险。在高额交易时，建议在 6 次或更多审核后完成交易。

5.2 共识算法

共识算法解决了如何对某一提案达成一致性意见的问题，如同时买票、多处理器运行、投票等。许多新的共识算法被提出，有的是对原有算法的改进，有的是为了满足新的场景需求提出的新算法，具体如表 5-1 所示。

表 5-1 区块链共识算法

名称	提出年份	拜占庭容错	基础算法	代表性应用
Paxos	1989	否	无	Chubby
PBFT	1999	是	BFT	Hyperledger v6.0
PoW	1999	是	无	Bitcoin
PoS	2011	是	无	Peercoin、NXT
DPoS	2013	是	PoS	EOS、Bitshares
Raft	2013	否	无	Etcd、braft
Ripple	2013	是	无	Ripple
Tendermint	2014	是	PoS+PBFT	Monax
Stellar（SCP）	2015	是	Ripple+BFT	Stellar

5.2.1 拜占庭将军问题和工作量证明

5.2.1.1 拜占庭将军问题

作为现代分布式系统研究的经典问题之一，拜占庭将军问题（The Byzantine Generals Problem）由 Leslie Lamport 等在 *ACM Transactions on Programming Languages and Systems* 期刊上首次提出。拜占庭是东罗马的首都，它的国土资源非常丰富，每支军队通过信使传递信息，一旦发生战争，军队的将军必须达成统一的作战计划。但是，将军中可能存在叛徒，他们试图通过发布和传播错误消息来欺骗忠诚的将军。拜占庭将军问题就是找到一个预定可行的协议，使得忠诚的将军能够在少数叛徒扰乱作战计划的前提下，仍然可以达成共识，该协议必须满足以下两个条件。

（1）一致性条件：所有忠诚的将军的行动计划均能够达成一致。

（2）正确性条件：少数叛徒不能迫使忠诚的将军做出错误的行动计划。

5.2.1.2 工作量证明

工作量证明的概念最早由 Markus Jakobsson 和 Ari Jules 提出，它是用来防止滥用资源以及拒绝服务攻击等场景而提出的一种经济对策。PoW 表示一份矿工做过某些工作的证明，它要求证明方在使用服务或者资源前，完成具有一定难度的复杂计算并得到一个结果，验证方可以通过结果核实是否完成了相应的工作。计算不对称性是 PoW 的主要特征之一，它是指计算工作量对于验证方来说是快速且容易的，但是对于证明方是困难的。

在比特币系统中，系统大约每 10min 生成一个区块，所有比特币矿工进行算力计算去竞争记账权和比特币奖励，并将新增区块信息同步给其他矿工节点。PoW 共识机制利用自身算力计算大量的哈希函数，使得每 10min 产生唯一的记账节点，进而保证区块链系统中账本数据的一致性和安全性。一个完整的 PoW 过程可以理解为不断输入不同的 nonce 值，进行 SHA256 哈希运算，找出满足给定数量前导 0 的哈希值的过程。举个例子，对于给定字符串"computer"，需要完成的工作量是，在字符串"computer"后面连接一个随机数 nonce 的整数值串，使得进行 SHA256 哈希运算得到的是，满足指定个数的 0 开头的结果（以十六进制数表示），表示验证通过。假设我们需要哈希值后的结果前 1 位为 0，则需要进行 11 次运算得到"computer11"。

Computer11→0309b1852c028f57e61ffc189a54fa411f85603a1ac8d8826799473f2f9fb9e8

一般来说，当需要满足前 n 位均为 0 的 SHA256 值时，n 越大，哈希计算量也越大。当 $n=5$ 时，大约需要进行 2^{20} 次尝试，这种不断尝试的次数，就是工作量。具体的比特币 PoW 共识算法流程图如图 5-5 所示，具体步骤如下。

（1）用户发起 coinbase 交易，并与其他所有准备打包到区块的交易组成一个交易列表，通过 Merkle 树算法生成 Merkle 根散列值。

（2）判断目标难度值调整是否到达 2016 个区块，如果达到 2016 个区块，则进行难度调整，获取新的难度值，并计算目标值。在比特币系统中，大约每 10min 产生一个区块，由于全网算力在不断变化，而新区块的产生基本保持这个速率，此时就需要不断调整难度值。每个节点都会按照统一的公式自动调整难度，这个公式是由前 2016 个区块的花费时长与期望时长（两周，即 20160min）比较得出的，若区块产生的时间比 10min 短，则增加难度；若比 10min 长，则降低难度。

（3）将版本号、前一个区块的哈希值、Merkle 根哈希值、时间戳、难度位和随机数字段组打包成区块头，并作为工作量证明的输入。

（4）不断迭代区块头中的随机数 nonce，并对变更后的区块头做双重 SHA256 运算，将运算后的结果与当前目标难度值进行比较，若小于目标值，则 PoW 共识完成。

（5）将完成 PoW 共识后的区块向全网广播，由其他节点来验证，若验证有效，则该区块被其他节点接收，并将其依序加入到现存的区块链之后，此次挖矿结束。

5.2.1.3 比特币 PoW 与拜占庭将军问题

比特币 PoW 是否可以解决拜占庭将军问题一直在业界存在争议。直到 2015 年，Juan Garay 给出了比特币 PoW 算法的结论，他认为比特币 PoW 算法是一种概率性的拜占庭协议。

当诚实的节点的总算力大于 50%及每轮区块同步生成的概率很小时，诚实的节点拥有相同区块的概率很高。从数学的角度出发，当任何两个诚实节点在本地截取出 K 个节点时，两条链剩下的最后一个区块不相同的概率随着 K 的增加而呈现指数递减。因为比特币的 PoW 算法在私有链和联盟链中并不适用，所以一些替代算法被提出，如 PoS。

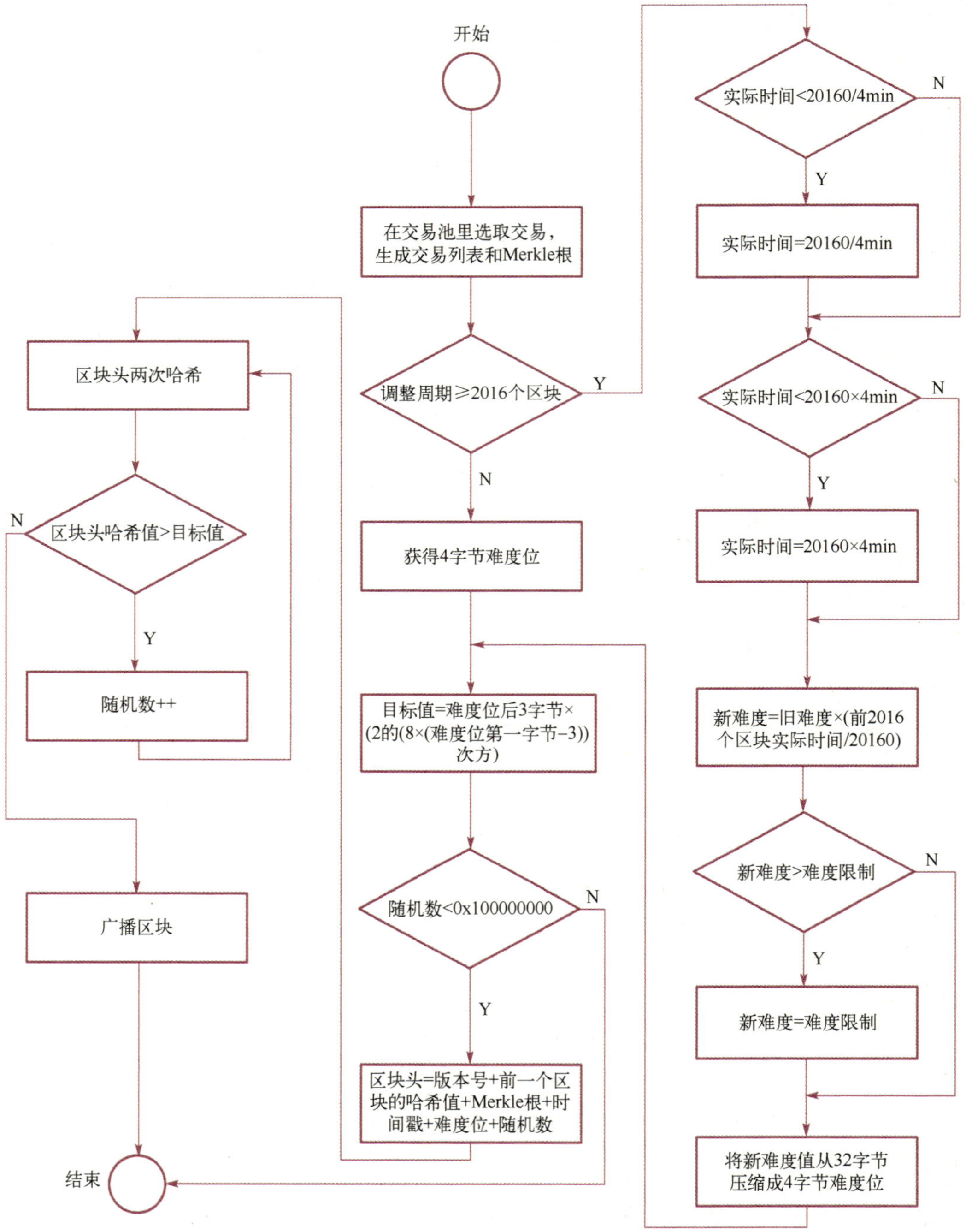

图 5-5　比特币 PoW 共识算法流程图

5.2.2　权益证明

权益证明是由网名为 Quantum Mechanic 的数字货币爱好者在著名比特币社区

Bitcointalk 首次提出的。在 PoW 共识机制中，由于在比特币挖矿过程中，大量节点为了竞争记账权造成算力和资源浪费及共识结算周期长，PoS 将算力资源替换为资产证明来获得记账权，即持有特定币数量最多和相应持有时间最长的节点拥有记账权。PoS 目前尚处于不断优化的过程中，点点币（Peercoin）、未来币（Nextcoin，NXT）、Tendermint 都是采用 PoS 机制实现的。

1．点点币 PoS 机制

PoS 机制要求区块上的矿工证明拥有一定数量的货币，点点币是首先采用 PoS 机制的虚拟货币。点点币中存在两种类型的共识机制，即 PoW 共识机制和 PoS 共识机制，早期的点点币的货币发行方式为新矿数量与难度系数的平方成反比，难度系数越高，奖励越少，但是随着区块链系统的挖矿难度不断上升，系统的共识机制从 PoW 过渡到了 PoS，在 PoW 共识机制中含有 Coinbase 交易，而在 PoS 共识机制中含有 Coinstake 交易。

在比特币 PoW 共识机制中，Coinbase 的交易结构要求输入数量为 1 且必须置为空值，而输出数量必须大于或等于 1。如图 5-6 所示，与 Coinbase 的交易结构不同，Coinstake 交易的输入数量大于或等于 1，即输入必须为 1,2,…,n，且第一个输入不能置空值，也就是说，要求 Kernel 必须存在，Kernel 交易在 PoS 共识机制的合格区块判定中具有关键性作用。Coinstake 交易的第一个输出必须置空值，即 ouput0，第二个输入为指定收益地址，即 output1，其他输出可以自定义但是要求输出数量大于或等于 2。在点点币的交易中，Coinbase 交易必须是区块中的第一个位置，而第二个位置必须是 Coinstake 交易。

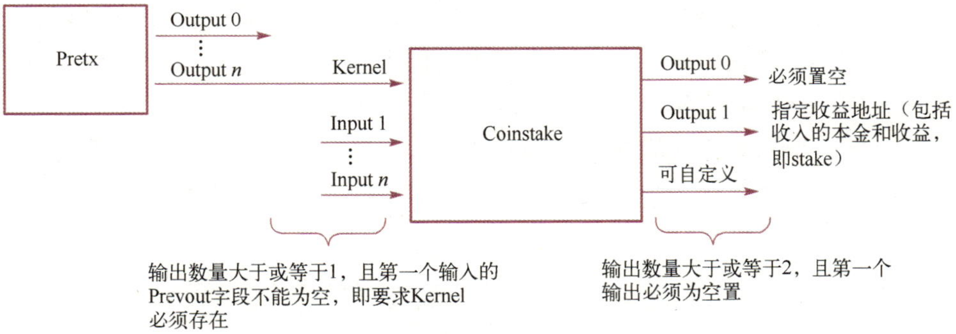

图 5-6　点点币的 Coinstake 交易结构

点点币在 SHA256 哈希运算的基础上引入了币龄的机制，币龄是根据币的数量与币所持有的时间的乘积计算而来的，这在一定程度上保证了越久和越大的币集具有越高的概率去拥有区块的记账权。在区块生成后，主链的判断标准同样基于消耗的币龄来判断，每个区块为了竞争主链，都会将交易消耗的币龄提交给区块，以增加该区块的得分，获得最高消耗币龄的区块将被选中为主链。但是，PoS 机制使得“双花”攻击成本也会降低，因为攻击者可以通过积累足够数量的币龄来强制重组区块链。因此，为了避免这种威胁，点点币引入了去中心化的 Checkpoint 广播机制，通过不断重复广播 Checkpoint 消息，来保证确认后的区块无法被改变，确认后的区块中的交易将被视为最终交易，从而避免了“双花”攻击。

点点币是根据账户结余来决定主链的，但是这会导致中心化现象的出现，为此，研究人员采用随机预测下一合法区块的方法设计了未来币 Nextcoin、黑币（Blockcoin），接下来对未来币机制进行分析。

2．未来币 PoS 机制

未来币是由一位网名为 BCNext 的用户发表在 Bitcointalk 论坛上的，它是一种基于 PoS 共识算法的加密虚拟货币。与点点币采用币龄的方式不同，未来币一次性生成 10 亿个币，同时每分钟出一个块。未来币在交易中采用 SHA256 和 Curve25519 签名，Curve25519 是一种椭圆曲线 Diffie-Hellman（ECDH）密钥协议机制。

在未来币中，一个合格区块的判定方法为

$$\text{hit} < \text{base Target} \times \text{effctive Balance} \times \text{elapse Time}$$

其中，hit 是由用户计算产生的字段，计算过程为：首先每个用户基于上一区块中的 Generation Signature 字段和 Block Generator 字段获得自己的 Generation Signature 字段，其次对该字段进行 SHA256 哈希运算，最后取哈希结果的前 8 字节作为 hit 的值。base Target 字段表示全网难度基准目标值。effectiveBalance 字段表示账户余额。elapse Time 字段表示当前时间与上一区块产生的时间间隔。base Target×effctive Balance×elapse Time 表示该用户锻造区块的目标值，目前值越大，产生区块的可能性就越大，当不等式成立时，即可锻造区块。未来币的随机性体现在 hit 是由用户通过哈希运算得到的结果，由于该值具有很大的随机性，因此如果 hit 很小，那么锻造区块的概率就很大。

未来币系统在上一区块产生后，就已经确定了下一区块由哪个节点锻造的优先级，链中的其他节点只需要等待该节点在给定的时间段中产生区块即可。如图 5-7 所示，节点的优先级分为 1、2 和 3，其中 1 为最高优先级。若优先级为 1 的节点没有在给定的时间段中锻造并广播区块，则此时优先级为 2 的节点会锻造并广播区块。但是，由于系统原因，会导致部分节点接收到的是优先级为 1 的节点锻造的区块，部分节点接收到的是优先级为 2 的节点锻造的区块，此时就产生了网络分叉。此时系统会选择链更长的区块，若分支链长度相同，则系统会选择时间戳小的分支。

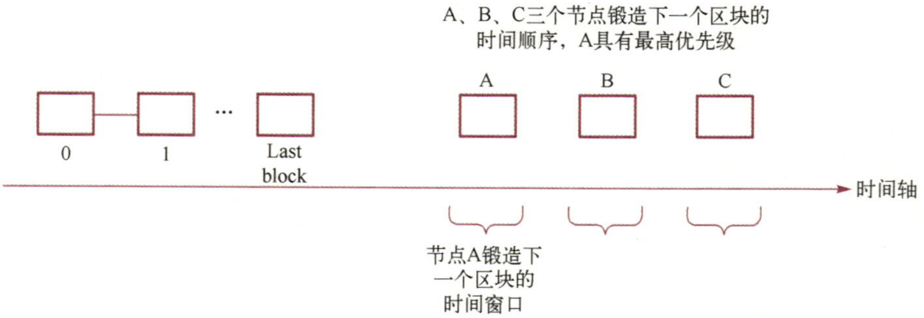

图 5-7　未来币的 PoS 共识过程

5.2.3　委托权益证明

为了解决 PoW 机制中节点为了竞争记账权造成算力、资源浪费及 PoS 机制中权益集中的问题，比特股（Bitshare）借助公司董事会制度引入了委托权益证明（DPoS）的共识机制。该机制是一种新的保障加密货币网络安全的算法，致力于成为快速、高效、分散和灵活的共识算法，该机制通过共识节点的权益投票将区块数据的记账权和区块链参数的配置权赋予特定的少数代表节点，实现公平和民主。

与 PoS 中每个节点都可以创建区块不同，比特股采用的 DPoS 机制引入了见证人的概念，见证人是由持股人通过选举得到的可信账户。为了成为见证人，用户要去社区拉票获得足够多的信任。每个用户根据自己持有的加密货币数量来投票，数量越多，投票的比重越大，得到票数排前 N（N 通常定义为 101）位的候选人当选为见证人。在 DPoS 共识过程中，见证人按照预先定义好的顺序轮流地生产区块。在生产每个区块之前，必须先验证前一个区块是否已经被受信任的见证人所签署，同时每个见证人都可以从每笔交易的手续费中获得收入，具体数额由授权代表指定。每个见证人都在一个固定时间内轮流生产一个区块，若见证人未能在指定时间内生产下一个区块，则由下一个见证人生产区块，如此循环。

在 DPoS 架构中，通过账本间的投票选举出一定数量的代理账本，这些账本之间形成一个共识网络，而其他没有被选举出来的账号通过代理账本进行主从分布，从而减少了对等节点参与量。DPoS 与 PoS 典型架构图如图 5-8 所示，代理节点是由所有节点投票选举出的，而没有被选出的节点为跟随节点，跟随节点通过代理节点进行主从同步。

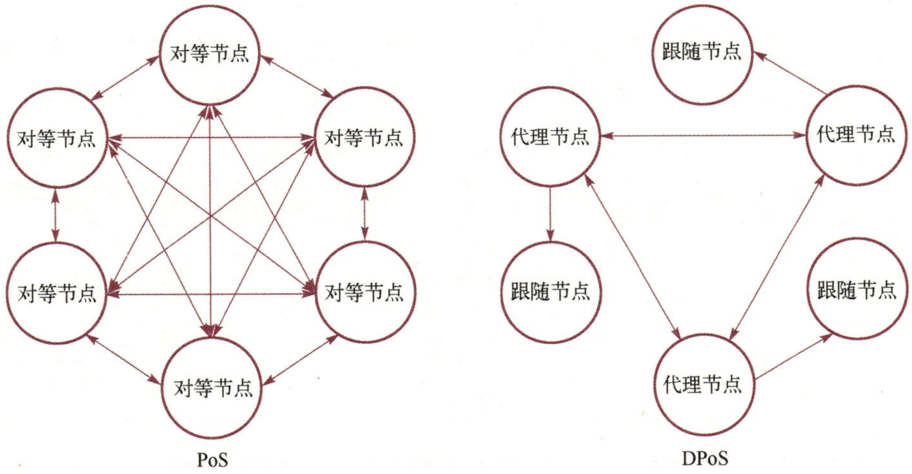

图 5-8　DPoS 与 PoS 典型架构图

另外，主要的区块链共识算法还包括 Paxos 共识算法、PBFT 共识算法、Raft 共识算法等。

5.3　智能合约

5.3.1　智能合约概述

5.3.1.1　智能合约的概念

智能合约（Smart Contract）的概念最早于 1994 年由 Nick Szabo 提出：“智能合约是

一种旨在以信息化方式传播、验证或执行合同的计算机协议。”一般来说，智能合约的实际目的是满足常见的合同条件，如支付条款、留置权、机密性及强制执行等，最大程度地减少对可信第三方的依赖。智能合约能够达到的经济目标包括降低合约欺诈所造成的损失，降低仲裁和强制执行所产生的成本及其他交易成本等。

2003 年，Mark S.Miller 和 Marc Stiegler 将智能合约定义为用程序代码编写的合约，它的条款由程序自动执行。2015 年，以太坊创始人 Vitalik Buterin 将智能合约定义为一个运行在安全环境下的计算机程序，可实现对数字资产的直接控制。安全环境是由可信或半可信的人或组织运行的，使用可验证计算过程的平台的服务器或区块链。工业和信息化部中国电子技术标准化研究院发布的中国区块链技术和产业发展论坛标准中对智能合约的定义为：以数字形式定义的能够自动执行条款的合约。

本质上来说，智能合约是一段程序，它以计算机指令的方式实现了传统合约的自动化处理。简单来说，智能合约就是双方在区块链上进行资产交易时触发执行的一段代码，这段代码就是智能合约。智能合约程序不只是一个可以自动执行的计算机程序，它本身就是一个系统参与者，对接收到的信息进行回应，可以接收和储存价值，也可以向外发送信息和价值。这个程序就像一个可以被信任的人，可以临时保管资产，并且总是按照事先的规则执行操作。

相比较传统的法律合同，智能合约有其不可比拟的优势。2015 年，Vitalik Buterin 在演讲报告中详细地比较了智能合约与传统合同之间的差别，具体如表 5-2 所示。

表 5-2　智能合约与传统合同的对比

对比内容	智能合约	传统合同
触发方式	自动判断触发条件	人工判断触发条件
适用场景	客观请求（需要数学逻辑判断）	主观请求（需要人为参与）
成本开销	低	高
运作模式	提前预防（数学逻辑保证）	事后执行（事前激励）
违约惩罚	依赖于保证金或抵押物	高度依赖司法体系
适用范围	全球性	存在地域限制

区块链 2.0 提出的智能合约让区块链应用更具便捷性和扩展性，主要特征如下。

（1）数字化：将合约以数字化的形式写入区块链中，由区块链的特性保证数据的不可篡改性，整个过程透明可跟踪，保证了合约历史的可追溯性;

（2）去中心化：避免中心化因素的影响，提高智能合约在成本效率方面的优势。

（3）自动化：合约一旦部署到区块链上，其执行过程和验证过程便是自动化的，即自我执行和自我验证，不需要任何第三方的干预。

（4）可观测性：区块链对于合约代码与执行状态的存储保证了智能合约的可观测性。通过用户界面即可观测合约状态，包括合约本身及合约执行过程的记录等。

（5）强制性：合约的执行依赖于链上虚拟机对于合约代码中对应信息（合约参与者的状态、行为等）的逻辑判断，根据结果执行相应的逻辑操作（如转账、投票等），保证了合约的强制性。

5.3.1.2　智能合约的架构

智能合约的本质是数字化传统合约的计算机程序，即当事人根据一定的计算机算法来确定合约内容、签订合同和履行合同的行为。由于合约代码往往包含金钱交易或利益转移，因此智能合约需要建立在一个去中心化的可信环境下。智能合约的体系架构如图 5-9 所示。

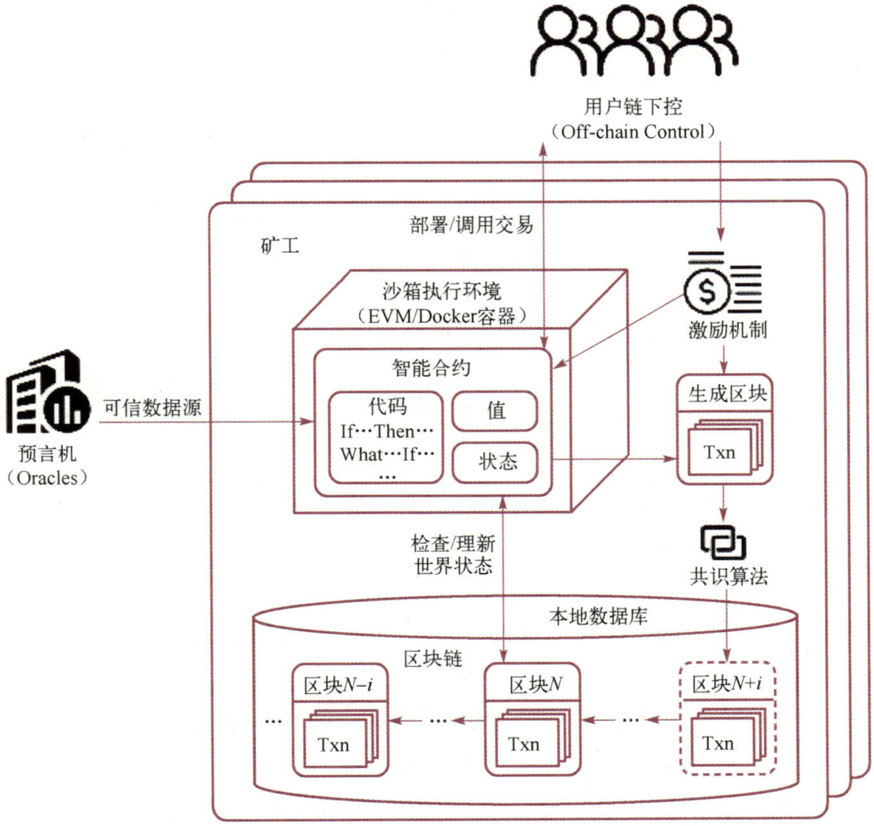

图 5-9　智能合约的体系架构

智能合约一般具有值和状态两个属性，代码中用 If…Then 和 What…If 语句预置了合约条款的相应触发场景和响应规则，智能合约经多方共同协定、各自签署后随用户发起的交易（Transaction, Txn）提交，经 P2P 网络传播、矿工验证后，存储在区块链特定区块中，用户得到返回的合约地址及合约接口等信息后即可通过发起交易来调用合约。矿工受系统预设的激励机制激励，将贡献自身算力来验证交易，矿工收到创建合约或调用交易后，在本地沙箱执行环境（如以太坊虚拟机）中创建合约或执行合约代码，合约代码根据可信外部数据源（也称为预言机，Oracles）和世界状态的检查信息自动判断当前所处场景是否满足合约触发条件以严格执行响应规则并更新世界状态。交易验证有效后被打包进新的数据区块，新区块经共识算法认证后链接到区块链主链，所有更新生效。图 5-10 是智能合约的运行状态模型。

智能合约由发送到合约的事务驱动，当触发条件满足时，智能合约自动将事务中包含的数据信息解析为输入数据，通过一系列的逻辑判断和操作，最终实现特定的功能（如转账、计算等）。智能合约的生命周期包括以下三个过程。

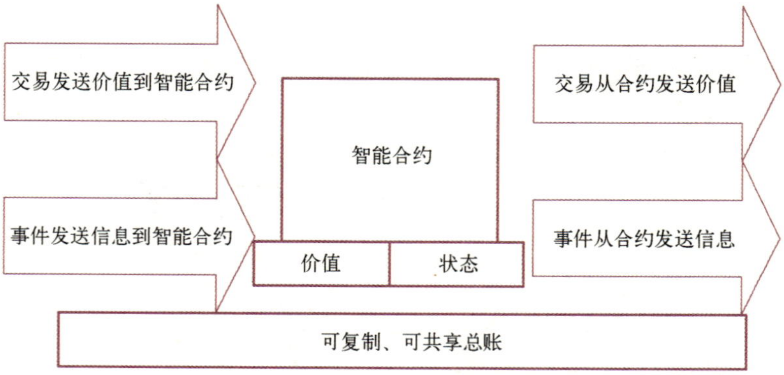

图 5-10　智能合约的运行状态模型

1．多方参与制定智能合约

（1）参与智能合约制定的前提条件是参与者是区块链上的合法用户。参与者在注册区块链账户后，区块链返回给用户一个公钥/私钥对，分别作为区块链上唯一的钱包地址和该钱包的唯一持有密钥。

（2）参与者根据场景需求制定承诺，承诺中包含各方的权利和义务。利用特定的编程语言（如 Solidity）将承诺中的义务与权利数字化，并编译成字节码。参与者分别用各自的私钥对智能合约进行签名，确保智能合约的完整性和有效性。

（3）将智能合约发送到区块链网络。

2．智能合约的部署

（1）智能合约通过 P2P 的方式在区块链网络中广播，每个节点都会收到一份副本；区块链中的验证节点会先将收到的智能合约保存到本地内存中，等待共识生效。

（2）在对区块进行打包时，共识节点先将该区块中的所有智能合约打包成一个智能合约集合，然后计算该智能合约集合的哈希值，最后将区块打包并广播到区块链网络。其他验证节点接收到打包区块后，计算本地智能合约集合的哈希值并与接收到的打包区块的哈希值进行对比，根据对比结果向其他的验证节点发送自身验证通过的智能合约集合。通过多轮的发送与验证，所有的验证节点最终实现本地智能合约集合及其他打包区块内数据的一致性。

3．智能合约的执行

（1）智能合约会定期检查自动机状态，逐条遍历每个智能合约内包含的状态机、事务及触发条件，将满足条件的事务推送到待验证的队列中，等待共识。未满足触发条件的事务将继续存放在区块链上。

（2）进入最新一轮验证的事务，会广播到每个验证节点，与一般区块链交易或事务一样，验证节点首先进行签名验证，确保事务的真实性和有效性，验证通过的智能合约会进入待共识集合，等大多数验证节点达成共识后，智能合约会成功执行并通知用户。

（3）智能合约执行成功后，智能合约自带的状态机会判断所属合约的状态，当合约包括的所有事务都顺序执行完毕后，状态机会将合约的状态标记为“完成”，并从最新的区块中移除该合约，反之将其标记为“进行中”，继续保存在最新的区块中等待下一轮处理，直到处理完毕。整个事务和状态的处理都由区块链底层内置的智能合约系统自动完成，全程透明且不可篡改。

5.3.1.3　智能合约的应用

随着学术界对智能合约的研究和新型密码学算法的不断发展，智能合约已经广泛应用到各个领域。智能合约自动执行的特性节省了大量的人工成本，去中心化的特性使得智能合约的部署和执行免去了一切外界因素和人为因素的干扰，结合形式化的编程语言创造了一种公平可信的安全执行环境。区块链的共识机制使得所有区块链上的交易和事务只有通过大部分节点的验证和确认后才真正记录在区块链上，有效地解决了合约双方的信任危机。此外，区块链的不可篡改性保证了智能合约一旦建立便不可篡改，从源头避免了违约行为的发生。智能合约应用的领域包括贸易与金融、抵押贷款、保险、医学研究、股票、供应链、证券等，如图 5-11 所示。

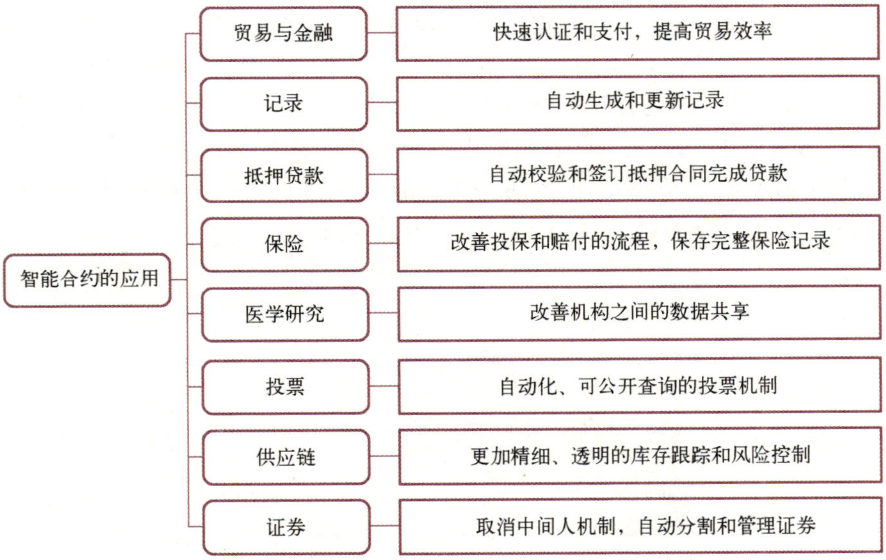

图 5-11　智能合约的应用

5.3.2　以太坊智能合约

5.3.2.1　以太坊智能合约架构

以太坊（Ethereum）是一个开源的区块链平台，用户能够在以太坊上创建和发布任意基于共识的、可扩展的、标准化的、特征完备的、易于开发的、协同的和去中心化的应用。2013 年，Vitalik Buterin 发起了该项目，并于 2015 年 7 月末公布了正式的以太网络，标志着以太坊的正式运行。与比特币相比，以太坊最大的特点就是引入了图灵完备的虚拟机来运行智能合约。此外，智能合约可以由开发者根据实际需求进行定制，这比比特币脚本所能提供的合约强大得多。

作为内置加密货币的区块链网络，以太坊同比特币一样，具有账户的概念。以太坊的账户分为外部账户和合约账户。外部账户为一般意义的用户账户，用户在创建账户时自动生成公钥/私钥对，编码存放在 Keyfile 中，私钥使用用户口令加密，截取公钥的哈希值后 20 位作为账户地址。合约账户保存在以太坊区块链上，是通过发送者设定的合约代码（功能）和数据（状态）的集合。合约账户通过外部账户或既存合约账户进行部署和操作控制。在部署合约二进制代码时，由以太坊虚拟机（EVM）基于创建者账户地址及交易 nonce 生成账户地址。

以太坊的智能合约及合约账户是以 EVM 字节码形式存储的代码和数据的集合体，它们以 Patricia Hash Tree 的组织形式存储在区块链的账户地址上，账户可以互相发送交易或信息，在燃料（Gas）上限内进行一次交易的图灵完备运算，交易发送者根据实际消耗的燃料，支付通过发送者设定燃料价格（Gas Price）所对应的以太币给矿工作为奖励，将此交易和结果打包到下一个区块上。

与交易树不同，所有以太坊账户（外部账户和合约账户）以其 20 字节的地址为索引组织账户[balance，nonce，contract_root]RLP（Recursive Length Prefix）编码值构建世界状态树。构建世界状态树的过程如图 5-12 所示，其中 balance 为账户拥有的以太币数量，nonce 为该账户发送的交易数量（包括智能合约部署数量），对于合约账户来说，智能合约的代码和数据按照 Patricia Hash Tree 的组织形式构建账户存储树，并将树根保存在 contract_root 中，所有账户的 RLP 编码值再按照 Patricia Hash Tree 的组织形式构建世界状态树，形成树根（state_root）作为区块头的一部分合并计算区块的哈希指针值。

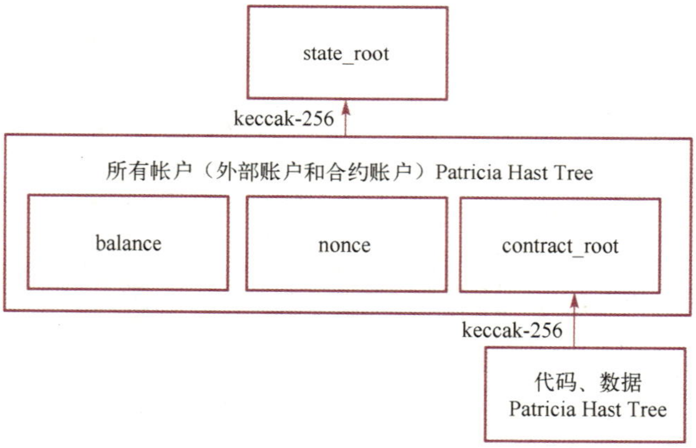

图 5.12　构建世界状态树的过程

以太坊的智能合约开发语言主要有 4 种：Solidity，Serpent，LLL 和 Mutan。Solidity 语法类似于 JavaScript，是目前主要的智能合约编写语言；Serpent 语法类似于 Python，目前已不再安全且很少有人维护和使用；LLL 语法类似于 Lisp，是一种类似于汇编的低级语言；Mutan 类似于 C，目前已经被抛弃。故这里重点介绍 Solidity。

Solidity 是用于编写智能合约的面向对象的编程语言，后缀为.sol，最初由 Gavin Wood 于 2014 年提出，但开发则由 Christian Reitwiessner 领导的团队完成，是目前以太坊上最流行的开发语言。Solidity 是静态语言，用其编写的智能合约需要通过 solc 编译器或者集成开发环境 IDE 编译成二进制形式在 EVM 上执行。当 Solidity 合约编译好且发送到区块链网络后，用户可以通过以太坊的 web3.js JavaScript API 调用，构成能与之交互的 Web 应用。

Solidity 语法结构类似于 JavaScript，但是作为编写智能合约的高级语言，也有一些不同，主要不同之处如下。

（1）以太坊底层基于账户，而非 UTXO，所以有一个特殊的地址类型，用于定位用户、定位合约、定位合约的代码（合约本身也是一个账户）。

（2）由于语言内嵌框架是支持支付的，因此提供了一些关键词，如 payable，可以在语言层面直接支持支付。

（3）使用区块链进行存储，数据的每个状态都可以永久存储，所以需要确定变量使用内存还是区块链。

（4）运行环境是分布式网络，比较强调合约或函数的执行方式。

（5）为了保证合约执行的原子性，合约一旦出现异常，所有的执行都会被回滚。

在以太坊中，EVM 负责将用户编写的智能合约编译成字节码，部署到区块链上，DApp 可以通过 web3.js JavaScript API 调用，本质上 DApp 是通过 JSON-RPC 协议与本地的以太坊节点进行通信的。JSON 是一个轻量级、以文字为基础、易于阅读的数据存储和交换语言，其本质上是 JavaScript 的一个子集，一般被作为 Web 应用的数据存储格式。JSON-RPC 是一个 JSON 格式编码的、轻量级的远程调用协议，定义了一些数据结构、规则、过程和接口，可用于网络上绝大多数的数据通信协议，如 HTTP 等。

如图 5-13 所示，在以太坊上部署和执行智能合约的步骤如下。

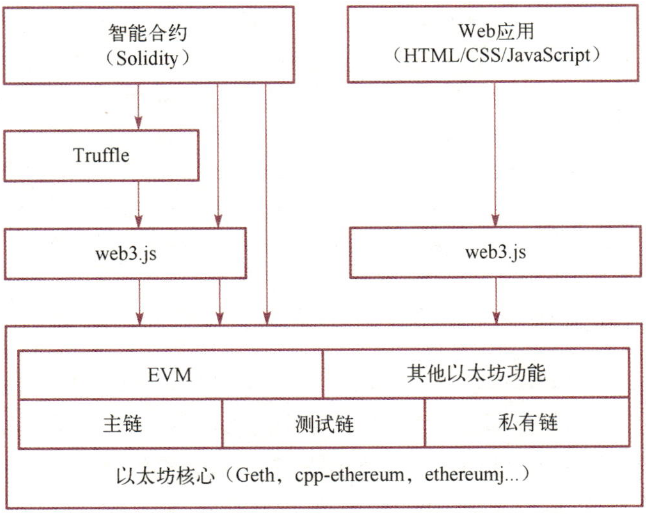

图 5-13 以太坊智能合约的部署流程

（1）启动一个以太坊节点，如 geth 或 testRPC。

（2）用户使用智能合约编程语言 Solidity 来编写智能合约。

（3）通过 Truffle 开发框架或者调用 SOLC 编译器将智能合约编译成 EVM 字节码。

（4）将编译好的 EVM 部署发送到以太坊网络中，由矿工进行挖矿，用户支付一定的

Gas 后将合约代码写入到区块链上。智能合约部署到区块链上之后，用户可以获得合约地址，以及调用合约所需的 API 接口。

（5）DApp 通过使用 web3.js 所提供的 JavaScript API 接口来调用部署在以太坊区块链上的合约代码，该步骤也会消耗一定量的 Gas，消耗的多少具体看合约的代码。

5.3.2.2 以太坊智能合约示例

为了让读者更加直观地理解以太坊智能合约，此处给出一个简单的智能合约示例及注释。

```
pragma solidity ^0.4.21;//声明 Solidity 版本
contract Coin {
    address public minter; //①
    mapping (address => uint) public balances;//②
event Sent (address from, address to, uint amount) ;//③

    //④
    function Coin () {
        minter = msg.sender;//在合约初始化时，设定合约的创建者为铸币者
}

  //⑤
    function mint (address receiver, uint amount) {
        if (msg.sender != minter) return;//只有合约建立者才可以铸币
        balances[receiver] += amount;
}
    function send (address receiver, uint amount) {
        if (balances[msg.sender] < amount) return;
        balances[msg.sender] -= amount;
        balances[receiver] += amount;
        Sent (msg.sender, receiver, amount) ;
}
}
```

① 声明一个类型为 address 的公共状态变量。address 类型是一个 160 位的值，不允许任何的算术操作，它适用于存储合约地址或是其他人的公钥/私钥对。

② 声明一个类型为 mapping 的公共状态变量，它描述了一个地址和一个整型数据类型的映射关系集合。

③ 创建一个名为 event 的事件，该事件会在该示例的最后一行被触发，用户或应用监听事件的触发。在本例中，一旦该事件被触发，监听者将接收到三个参数：from，to，amount，即发送账户、接收账户及金额。

④ coin()是构造方法，在合约产生时由区块链系统调用，且之后不允许被调用。msg 是一个全局变量，保存了可以被区块链访问的一些属性，它持久化了创建合约的节点地址。

msg.sender 是该方法调用者的地址。

⑤ mint()和 send()用于实现合约功能。mint()由合约发起者调用，用于发行一定数量的数字货币。send()可以被任何合法用户所调用，用于将一定数量的数字货币发送给另外一个钱包地址。

上述代码编译后生成两个文件，ABI 文件和 BIN 文件。ABI 的全称是 Application Binary Interface，是调用智能合约函数及合约之间函数调用的消息编码格式定义,也可以理解为智能合约函数调用的接口说明。BIN 文件是合约编译后的 EVM 字节码，在合约部署时作为 payload 指定。由于 BIN 文件字节码可读性差，此处不做展示。

编译后生成的 ABI 文件内容如下。

```
[
//minter 数据状态
{    "constant": true,
"inputs": [],
    "name": "minter",
    "outputs": [{"name": "","type": "address"}],
    "payable": false,
    "type": "function",
    "stateMutability": "view"},
//将 mapping public 编译成基于键值对访问的函数
{    "constant": true,
    "inputs": [{"name": "","type": "address"}],
    "name": "balances",
    "outputs": [{"name": "","type": "uint256"}],
    "payable": false,
    "type": "function",
    "stateMutability": "view"},
//代币铸币函数
{    "constant": false,
    "inputs": [{"name": "receiver","type": "address"},{"name":
"amount","type": "uint256"}],
    "name": "mint",
"outputs": [],
    "payable": false,
    "type": "function",
    "stateMutability": "nonpayable"},
//代币转账函数
{    "constant": false,
    "inputs": [{"name": "receiver","type": "address"},{"name":
"amount","type": "uint256"}],
    "name": "send",
    "outputs": [],
```

```
        "payable": false,
        "type": "function",
        "stateMutability": "nonpayable"},
    //合约构造器
    {   "inputs": [],
        "type": "constructor",
        "payable": true,
        "stateMutability": "payable"},
    //event 通知声明
    {   "anonymous": false,
        "inputs": [{"indexed": false,"name": "from","type": "address"},
    {"indexed": false,"name": "to","type": "address"},
        {"indexed": false,"name": "amount","type": "uint256"}],
        "name": "Sent",
        "type": "event"}]
```

5.3.2.3 以太坊智能合约的安全性

以太坊智能合约图灵完备性而带来的系统复杂性，导致其需要面对安全性问题的挑战。以太坊引入了多种安全技术实现了一个相对安全、可控的运行环境，并设计了 Gas 机制来有效防范无限循环攻击。此外，针对智能合约脚本安全性访问问题，以太坊采取多种措施：首先，引入人工审计和标准化工作来防范程序员作恶；其次，引入一种强类型要求的编程语言来防止程序员出错；最后，引入了形式化验证技术实现自动化审计，提高安全审计的效率。

1. EVM 安全设计

EVM 的架构是高度简化和受限的，以确保虚拟机的高度安全性。访问系统资源、直接读取内存或与文件系统互动的操作代码在 EVM 的设计规格中是不存在的；与此相反，唯一存在的操作代码是与以太坊“状态”中定义的架构进行互动的信息，如虚拟机内存、堆栈、存储空间、代码及区块链环境。

2. 防范无限循环攻击

一般来说，任何图灵完备的编程语言在理论上都会碰到停机问题，即不可能预先确定给定程序在给定的输入值下进行运行是否会出现停机问题。

简单来说，以太坊采用较为复杂的 Gas 机制来解决该问题：交易的发送者定义它们的授权代码运行所需的最大计算步数，然后为此支付相应比例的以太币。在实际中，不同的操作过程需要耗费不同的数量 Gas，这些耗费的标准不仅是基于执行每种操作过程所需要的运算时间，还包括如全节点存储及内存耗费等考量因素，所以 Gas 并不只是一个用于统计运算步数的标准。

若在执行交易的过程中 Gas 被耗尽了，如超过了其允许的最大计算步数所需的预算，则交易的执行会被回滚，但是交易还是正确的（只是不再有效了），发送者仍然要支付相应的费用。因此，交易的发送者必须在下面两种策略之间进行取舍：设置一个更高的 Gas 限额，这可能会支付更高的交易费；或设置一个较低的 Gas 限额，这样可能创建出一个会被回滚的交易，这样就需要以一个更高的限额重新发送一次了。

合约之间通过消息进行交互，而消息本身也可以设置 Gas 限额，因此，可以让一个合约与其他合约进行互动，无须担心其他合约会无节制地消耗自己合约中的 Gas。

3. 合约脚本的安全性

传统互联网应用普遍采用中心化服务器和客户端相结合的模型，若应用出现安全隐患，则只需要对服务器端的代码进行修改就可以轻松解决，并且服务器端可以对用户数据进行回滚以挽回用户损失。因此，传统互联网开发的过程较为注重快速迭代，以牺牲安全性换取效率和功能上的快速升级。在区块链应用中，由于区块链的不可篡改性，智能合约一旦上线并出现安全隐患，对用户造成的损失是巨大且不可挽回的。一旦出现黑客事件，需要整个社区的共识才能回滚交易，所以每次遭受攻击都回滚交易也是不现实的，故合约脚本的安全性变得尤为重要。智能合约的安全性是确保区块链系统正常运行的先决条件。然而，目前的智能合约并非那么完美，还达不到人们的期望，很多智能合约中都被发现存在安全性漏洞。

2016 年 6 月，the DAO 事件轰动一时。the DAO 本质上是一个风险投资基金，是一个基于以太坊的众筹项目。可将其理解为完全由计算机代码控制运作的类似公司的实体，通过以太坊筹集到的资金会锁定在智能合约中，每个参与众筹的用户按照出资数额获得相应的 DAO 代币（Token），这些用户具有审查项目和投票表决的权利。投资议案由全体代币持有者投票表决，每个代币都拥有一次投票权。如果议案得到需要的票数支持，那么相应的款项会划给该投资项目。投资项目的收益会按照一定规则回馈给众筹参与者。不幸的是，the DAO 创建的合约代码中的 splitDAO 方法存在漏洞，被黑客利用不断从项目的资产池中分离出 the DAO 资产并转到黑客自己建立的子 DAO。一般来说，就是利用 splitDAO 方法将 the DAO 中的以太币转移到 the DAO 的子组织中并销毁原组织的以太币。然而，黑客通过在 splitDAO 方法销毁以太币之前将其转移到新的以太坊钱包中，避免了以太币被销毁，进而不断地将代币转移到黑客账户。在攻击发生后的三小时内，360 万以太币被转出 the DAO，相当于当时 the DAO 内以太币总数量的 1/3。按照当时以太币的交易价格，市值近 6000 万美元的资产被转移到黑客的名下。虽然后来以太坊通过软分叉的方案避免了进一步的损失，但是该事件对于智能合约整体的安全性来说仍是一个巨大的打击。

智能合约中的安全漏洞主要包含以下三种类型。

（1）代码层漏洞：主要包含合约语言语法问题、整数算术运算溢出、时间戳依赖性等。

（2）调用层漏洞：如信息泄露（密钥等）、越权访问、拒绝服务、函数误用等。

（3）逻辑层漏洞：主要是在设计合约时存在的逻辑缺陷。

对于以上问题，以太坊提供了以下三种解决方案。

（1）引入审计和标准化。在以太坊中明确区分两类代码，即智能合约的集合构成的应用程序核心，以及由 HTML 和 JS 代码构成的应用界面。

（2）引入强类型要求的编程语言。提前检查代码问题，自动防止数据被以明显错误的方式组合（如时间戳加上了一个货币价值，或由区块哈希值分割的地址等）。

（3）引入形式化验证。形式化验证指的是用数学中的形式化方法对算法的性质进行证明或证伪，本质是数学与推理逻辑，将严格的数学逻辑推理运用于各种软/硬件系统开发、协议的描述及安全特性的验证过程。

形式化验证是一项强大的技术，但是该技术在智能合约中的应用尚处于一个较为初级的阶段。人们对公平和正确性的定义往往是非常复杂的，由此带来的复杂影响往往是很难检测和验证的。例如，交易场景中常见的买卖单系统通常需要遵循一定的原则或规则，包括交易原子性原则（系统按用户所出价格拍下订单，或者系统把钱返还给用户）、顺序不变性原则（以防止提前交易或抢单）、最佳原则（确保每个买家和卖家都能与最佳的对手进行匹配）及其他规则。不幸的是，这并不能简单地将所有情况都枚举出来，也无法确保没有任何遗漏的注意事项。现在看来，用例的覆盖率仍是一个难题。

5.3.3 超级账本链码

5.3.3.1 超级账本链码架构

超级账本（Hyperledger）项目由 Linux 基金会于 2015 年 12 月启动，针对公有链交易效率低、无法满足商业应用要求等问题而提出，旨在推动各方协作，共同打造基于区块链的企业级分布式账本底层技术，用于构建支撑业务的行业应用和平台，以便支持各种各样的商业应用场景。与比特币、以太坊等由极客主导的公有链项目相比，超级账本是大企业领衔的商业化联盟链项目。此外，超级账本支持类似于以太坊智能合约的自动化合约脚本，称为链码（Chaincode）。

超级账本的数据架构如图 5-14 所示。

呈现层、应用层和业务层没有可持久化的数据，可持久化的数据在数据层。数据架构设计需要遵循以下 4 个准则。

（1）由商业网络生态圈企业间相关业务逻辑而产生和需要使用的数据的整个数据生命周期应该全部在区块链上实现。在区块链超级账本上的数据是主数据。

（2）在商业网络中与其他企业无关的数据只存储在传统数据库系统中。

（3）传统数据库系统可以保留在区块链超级账本上的数据的备份。考虑到数据的不一致性问题，它们应该是只读的，尽可能避免对数据进行修改操作，否则必须解决数据一致性问题。

（4）在应用程序及数据迁移期间，数据逐个案例单独分析。

综上所述，在该数据架构下，企业内部的传统应用数据都存储在传统数据库中。企业间需要共享的数据需提前制定对应的链码，确定智能合约流程，核对相关数据的操作规范后将链码部署到超级账本区块链上。当访问共享数据时，链码根据其逻辑规则自动执行。对执行的结果达成共识后，将链码相关数据打包成一个区块存入区块链，同时更新链码的最新状态。

目前，区块链技术仍处于过渡时期，应根据实际需要，将超级账本中的信息在本地进行相应的备份。该备份应为只读并且当数据库中的数据与区块链中的数据不一致时，以区块链中的数据为准。在区块链技术逐渐成熟过程中，各企业应在所在节点将与自己相关的数据进行本地备份。在应用系统产生数据后，同时将其发送到链码和备份数据库。

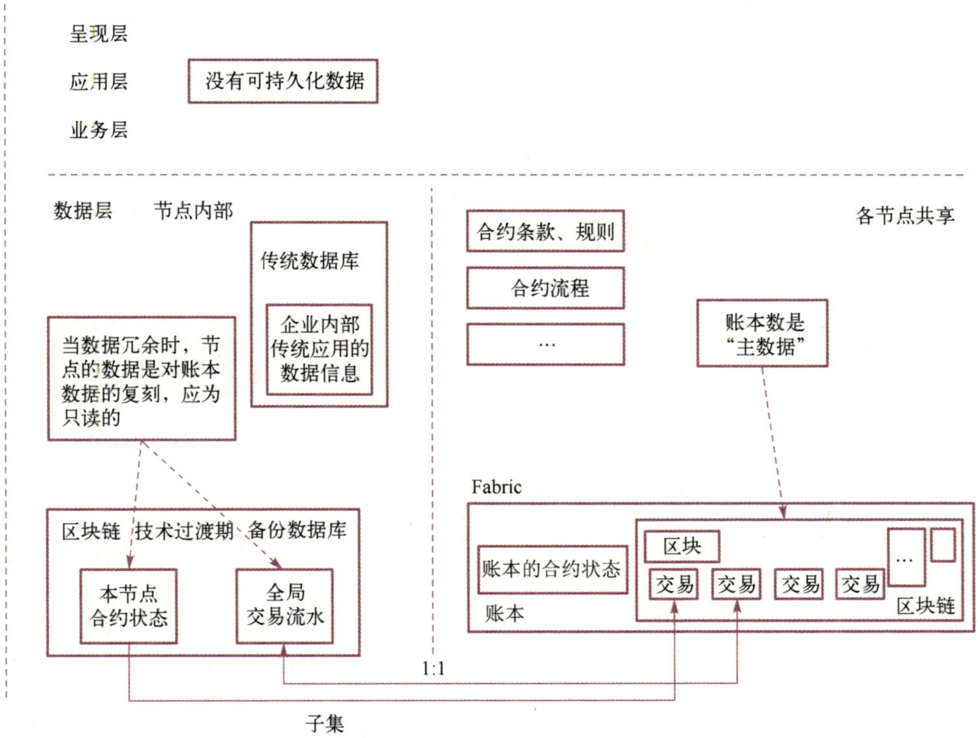

图 5-14　超级账本的数据架构

超级账本的数据还原过程如图 5-15 所示，当外部应用调用还原操作后，读取备份数据库内容，先进行 Restore 处理，然后将数据插入到区块链中，增加一条记录，同时改变账本状态。

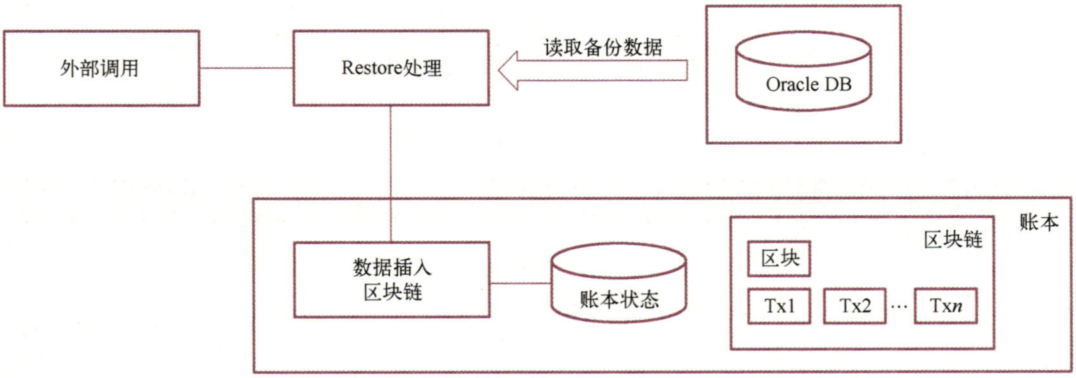

图 5-15　数据的还原过程

超级账本的技术架构如图 5-16 所示。

在超级账本中，链码嵌于交易中，所有验证节点在确认交易时都必须执行。另外，链码的执行环境是一个定制化的、安全的沙箱（Docker），链码中需要持久化的状态（State）可以存储在世界状态（World State）中。

从链码调用者的角度，超级账本链码可以大致分为两类，如表 5-3 所示。

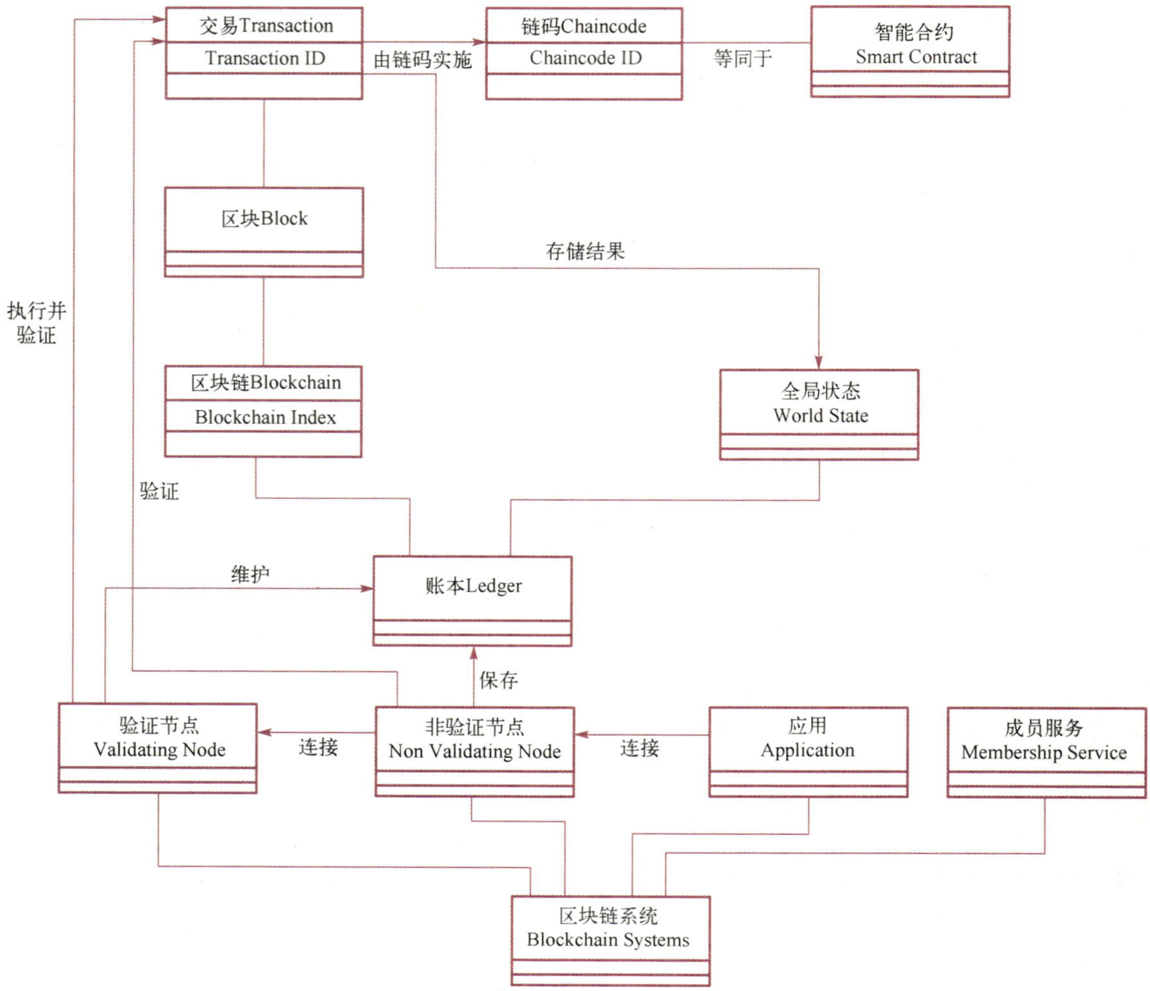

图 5-16　超级账本的技术架构

表 5-3　超级账本链码分类

系统链码		用户链码
配置系统链码（CSCC）	Peer 端的 Channel 配置	由应用程序开发人员根据不同场景需求编写的基于操作区块链分布式账本状态的业务处理逻辑代码，运行在链码容器中，通过 Fabric 提供的接口与账本状态进行交互
生命周期系统链码（LSCC）	对用户链码的生命周期进行管理	
查询系统链码（QSCC）	提供账本查询 API，如获取区块和交易等信息	
背书管理系统链码（ESCC）	负责背书（签名）过程，并可以对背书策略进行管理	
验证系统链码（VSCC）	处理交易的验证，包括检查背书策略及多版本并发控制	

其中，用户链码又分为以下三类。

（1）公开链码：通过公开的交易来部署的链码，这些代码能被网络中的任意用户调用。

（2）机密链码：通过机密的交易来部署的链码，这些代码只能被网络中指定的做验证的成员调用。

（3）访问受控链码：通过内置令牌的加密交易来部署的链码，这些代码能被网络中持有对应令牌的成员调用（即使这些成员不是验证者）。

在超级账本中，链码主要有以下三种操作类型。

（1）部署链码：通过交易部署新的链码。

（2）调用链码：通过该交易调用已经部署的链码，也可以在链码中调用其他的链码。调用操作可以修改链码中的变量信息。

（3）查询链码：通过交易查询已经部署的链码，也可以在链码中查询其他链码。查询操作不能修改链码中的变量信息。

链码的操作流程图如图 5-17 所示。首先，验证节点在执行调用链码时，超级账本框架会自动创建虚拟机（以 Docker 形式存在），并为其加载链码，根据情况启动或中止链码。其次，链码接口会与验证节点建立反向连接，接收链码消息来完成链码的调用。

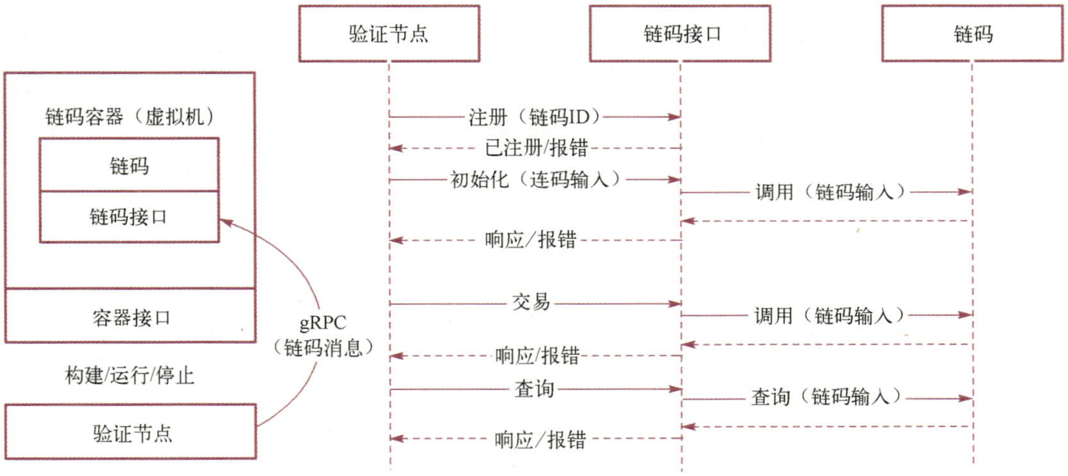

图 5-17 链码的操作流程图

5.3.3.2 超级账本链码示例

超级账本的链码主要基于 Go 或 Java 进行编写，以下是基于 Go 编写的实现账户 A 和 B 之间相互转账的链码示例。

```
package main
//导入依赖库
import (
    "fmt"
    "strconv"
    "github.com/hyperledger/fabric/core/chaincode/shim"
    pb "github.com/hyperledger/fabric/protos/peer"
)

type SimpleChaincode struct {}
//Init 函数用来对账户进行初始化操作，分配给账户 A 和 B 钱包地址并赋予一定初始额度
```

```
        func (t *SimpleChaincode) Init(stub shim.ChaincodeStubInterface)
pb.Response {
            _, args := stub.GetFunctionAndParameters()
            var A, B string//账户地址
            var Aval, Bval int//账户金额
            var err error
            if len(args) != 4 { return shim.Error("错误的参数数量") }
            A = args[0]//获取账户 A 的地址
            Aval, err = strconv.Atoi(args[1])//获取账户 A 的初始额度
            if err != nil { return shim.Error("错误的参数值类型") }
            B = args[2]//获取账户 B 的地址
            Bval, err = strconv.Atoi(args[3])//获取账户 B 的初始额度
            if err != nil {return shim.Error("错误的参数值类型") }
             //将变量信息写入到账本
            err = stub.PutState(A, []byte(strconv.Itoa(Aval)))
            if err != nil {return shim.Error(err.Error())}
            err = stub.PutState(B, []byte(strconv.Itoa(Bval)))
            if err != nil {return shim.Error(err.Error())}
            return shim.Success(nil)
        }

        //Run 函数为链码的运行接口，通过该接口，可以调用链码内不同的方法
        func (t *SimpleChaincode) Run(stub shim.ChaincodeStubInterface)
pb.Response {
            function, args := stub.GetFunctionAndParameters()
            if function == "invoke" {return t.Invoke(stub, args)}
            return shim.Error("错误的函数名，只支持 invoke")
        }

        /*Invoke 函数用于执行转账功能，可以将一定数量的代币从一个账户转移到另一个账户，并
且在余额不足时停止执行操作，并返回错误信息*/
        func(t *SimpleChaincode) Invoke(stub shim.ChaincodeStubInterface, args
[]string) pb.Response {
            var A, B string//账户地址
            var Aval, Bval int//账户余额
            var X int//转账金额
            var err error
            if len(args) != 3 {return shim.Error("参数数量不对")}
            A = args[0]
            B = args[1]
            Avalbytes, err := stub.GetState(A)//从账本中获取账户 A 的当前余额
            if err != nil {return shim.Error("无法获取账户状态")}
            if Avalbytes == nil {return shim.Error("用户金额为空")}
```

```
        Aval, _ = strconv.Atoi (string (Avalbytes) ) //将余额由字符转化为数值
        Bvalbytes, err := stub.GetState (B) //从账本中获取账户 B 的当前余额
        if err != nil {return shim.Error ("无法获取账户状态") }
        if Bvalbytes == nil {return shim.Error ("用户金额为空") }
        Bval, _ = strconv.Atoi (string (Bvalbytes) ) //将余额由字符转化为数值
         //执行转账操作
        X, err = strconv.Atoi (args[2])
        if err != nil {return shim.Error ("转账金额异常") }
        Aval = Aval - X
        Bval = Bval + X
        fmt.Printf ("Aval = %d, Bval = %d\n", Aval, Bval)

        //将执行后的结果写入超级账本
        err = stub.PutState (A, []byte (strconv.Itoa (Aval) ) )
        if err != nil {return shim.Error (err.Error () ) }
        err = stub.PutState (B, []byte (strconv.Itoa (Bval) ) )
        if err != nil {return shim.Error (err.Error () ) }
        return shim.Success (nil)
    }

    func main ()  {
        err := shim.Start (new (SimpleChaincode) )
        if err != nil {fmt.Printf ("链码部署失败: %s", err) }
    }
```

5.3.3.3　超级账本链码的安全性

超级账本作为一个联盟链的特例，与公有链不同的是，它的目标是建立以企业为核心的高可信计算环境。因此，超级账本特别设计了 MSP（Membership Service Provider）来实现区块链网络中不同机构成员的身份识别与管理。

在超级账本中，交易可以分为以下两类。

（1）普通交易（Non-confidential Transaction），原始交易数据以明文的方式存储到账本中，任何合法的超级账本用户都可以看到详细的交易信息。

（2）秘密交易（Confidential Transaction），在数据写入账本持久化保存时，交易的发起者的身份信息就会被更改，交易内容被加密，只有交易的发起者、平台监管者和审计者才可以看到。

此外，在该交易过程中，使用了以下两种不同的证书机制。

① E-cert（Enrollment-cert）：一种长期有效的电子证书，由注册证书颁发机构（ECA）颁发。

② T-cert（Short-term Cert）：一种短期有效的电子证书，由交易认证中心（TCA）颁发，每个秘密交易都需要使用 T-cert。它的持有者只有交易认证中心和审计者知道，这样一来，用户便可以以匿名的方式参与到系统交易中。

此外，超级账本默认开启 TLS 安全传输渠道，并采用 TLS-cert 证书来保证区块链网络中所有节点之间的通道的安全性，该证书由 TLSCA 颁发。

超级账本链码采用进程间隔离的技术将代码的进程隔离到系统外，并通过 socket 进行远程调用。超级账本采用了先进的容器技术，打包链码并生成 Docker 镜像的过程是自动完成的。链码是一段运行在独立容器内的程序，它不能与外部有任何的 I/O 通信，更不能直接操作账本，只能与背书节点之间实现被动的 gRPC 通信，与区块链网络及账本数据完全隔离。在链码编写完成后，需要通过 package 命令将链码打包为一个可部署的安装包，这个安装包是需要遵守 Chaincode Deploment Spec（CDS）规范的，CDS 规范中最重要的一组信息是智能合约的拥有者的共同签名，用于明确链码的所有权，检测和验证链码的真实性和完整性。

另外，超级账本链码不能直接修改区块链账本数据，而是在执行完毕后返回一个 ReadWriteSet 对象，其中包括链码执行产生的 Key-Value 集合，Write Set 是需要写入账本中的数据集，记账节点还会对 ReadWriteSet 的数据进行版本检查，以确保不会产生脏数据。

5.4 区块链安全和隐私保护

5.4.1 数字钱包安全

5.4.1.1 数字钱包的定义

在区块链中，一个钱包可以存放多个账户，本质上来说，钱包存放的是区块链用户的公钥/私钥对，即钱包是密钥的管理工具，钱包中包含的是几个成对的私钥和公钥，用户用私钥来签名交易，用公钥来生成账户地址。

具体来说，钱包一般包含以下内容：私钥、公钥、助记词、keystore（私钥的一种文件存储格式）、口令。其中私钥是随机生成的一个字符串，公钥由私钥计算得到，公钥和私钥成对存在，钱包地址由公钥计算而来。由于私钥是随机字符串，因此就出现了帮助记忆的助记词。助记词是由特定算法将私钥转换成十多个常见的英文单词。助记词一般会在创建新账户时出现，此时需要将它保存下来以防丢失。助记词相当于私钥，但比私钥更加方便记忆和保管。keystore 是一串字符串，常见于以太坊钱包，它的本质是加密后的私钥，生成 keystore 需要设定口令，通过 keystore 和口令可以得到私钥。数字钱包的工作原理如图 5.18 所示。

5.4.1.2 数字钱包的分类

1．冷钱包和热钱包

按私钥的存储方式来划分，可以将数字钱包分为两大类：冷钱包和热钱包。

“冷”即离线、断网。也就是说，无论是否对私钥进行加密，私钥存储的位置都不能被网络所访问。常见的冷钱包方案包括：电脑冷钱包，在离线电脑上存储私钥的钱包，如比特币钱包 Armory；手机冷钱包，在离线手机上存放私钥的钱包，如比太冷钱包；纸钱包，将私钥打印或手抄在纸张上；硬件钱包，用专门硬件来单独存储私钥，已经有很多公司在设计专有的比特币硬件钱包，如 Pi-Wallet、Trezor、BiSafe、HardBit、Keepkey 等。其中，安全性最好的是硬件钱包，它具有以下 6 个重要的特征。数字钱包的工作原理如图 5-18 所示。

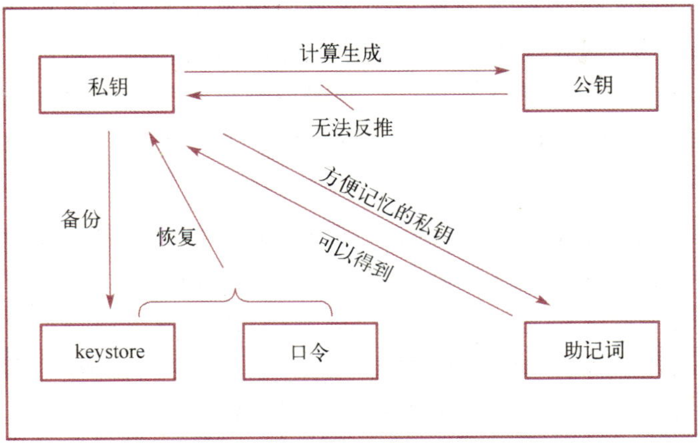

图 5-18　数字钱包的工作原理

（1）私密性：攻击者无法窥探硬件钱包中的任何加密信息。

（2）可控性：钱包只在使用时被开启。

（3）感知性：实体化、体积小、可随身携带。

（4）便捷性：随时随地打开钱包就可以使用。

（5）可恢复性：在丢失钱包后可以通过冗余系统的备份恢复里面的资产。

（6）安全性：非钱包拥有者因为没有二级验证信息而无法使用钱包等。

冷钱包通常意味着私钥与交易的分离，因为交易是在比特币 P2P 网络上传播的，不分离则无法做到私钥和网络的隔离。若需要监控和花费钱包中的比特币资产，则需要额外的辅助手段，无论这种手段是去中心化的或中心化的，都不影响“冷”这个本质。

例如，若要花费 Amorp 冷钱包上的比特币，则需要通过 U 盘复制文件的方式来在冷热钱包间进行通信；若要花费比太冷钱包上的比特币，则需要在比太冷热钱包间通过扫描二维码来完成交易的签名和发布；对于纸钱包来说，可能需要先将私钥导入到其他钱包中，再开始使用。一旦完成私钥导入后，该私钥便存在泄漏等安全隐患，其“冷”性质将无法保证。

“热”即联网，即私钥存储在能被网络访问的位置。常见的热钱包方案包括：电脑热钱包，在联网的电脑上存储私钥，如 Bitcoin Core、MultiBit 等；手机热钱包，在联网的手机上存储私钥，如 Bitcoin Wallet（私钥与交易在一起）和比热钱包；在线钱包，在网站上存储加密私钥，如 Blockchain. info 等。

虽然从易用性的角度来看，热钱包优于冷钱包。但是从安全的角度来看，冷钱包优于热钱包。冷钱包的安全主要是避免丢失，防止被盗取；热钱包的安全主要依赖于其运行的环境。

（1）电脑钱包要依赖于电脑操作系统（Windows、Linux、MacOS 等）的安全。

（2）手机钱包要依赖于移动操作系统（iOS、Android 等）的安全。

（3）在线钱包除依赖于操作系统的安全外，还依赖于浏览器的安全。

保护热钱包就是保护其运行环境，防止木马、病毒、黑客入侵和钓鱼事件，用户可综合考虑选择满足自己需求的数字钱包，在易用性与安全性之间获得平衡。

对于需要联网使用的热钱包，也有很多不同的技术实现。按照与区块链交互方式及区块链同步机制的不同，还可分为重钱包、轻钱包和在线钱包。

重钱包具备区块链节点的完整功能，需要同步全量的区块数据才能使用。从程序复杂性和数据量大小看，重钱包很难在手机等移动智能终端上使用。例如，Bitcoin Core 本身就是一个数字钱包客户端。

轻钱包（Simplified Payment Verification, SPV）是以“瘦”客户端模式实现的钱包，经过裁剪，可以在手机等移动智能终端上使用。在程序逻辑上，只需要支持区块链系统全节点的部分功能：如只完成支付验证而不是交易验证。在区块数据同步上，也不需要同步所有的块链数据，而只需要保存每个区块的头信息，当数据有缺失时，再自动从其他区块链全节点上同步所需的数据。例如，MultiBit、Bitcoin Wallet 和比太热钱包就是一种轻钱包，只需缓存部分区块链的头信息，并且只储存与本钱包相关的交易。

在线钱包指类似 Blockchain.info 的中心化的在线钱包网站，所有钱包的功能都由中心化网站提供，无须进行区块链同步。用户不用安装任何软件，而直接通过浏览器使用钱包功能即可。

可以说，在线钱包是一种比轻钱包更“轻”的钱包。

轻钱包和重钱包的重要差别在于其验证的复杂性上，具体内容如下。

（1）交易验证相对复杂，涉及验证是否有足够余额可供支出、是否存在“双花”、脚本能否通过等。通常由运行完全节点的矿工来完成。

（2）支付验证则比较简单，只判断用于“支付”的那笔交易是否已经被验证过，并得到了多少的算力保护，即多少确认次数。

轻钱包假设所有记录在区块链上的“交易”都是由其他区块链全节点验证过的，因此它只需要验证某个交易在区块链上真实存在即可。轻钱包的最大优点是极大地节省了存储空间，减轻了终端用户的负担。无论未来的交易量有多大，区块头的大小始终不变，只有 80B。按照每小时 6 个的出块速度，每年产出 52560 个区块。当只保存区块头时，每年新增的存储需求约为 4MB，100 年后累计的存储需求仅为 400MB，即使用户使用的是最低性能的设备，正常情况下也完全能够负载。

一般来说，在易用性上，在线钱包最好，轻钱包次之，重钱包最差。下面从安全性上对三种钱包进行分析。

（1）对于在线钱包，用户私钥都托管在中心化网站的服务端，这样存在严重的安全问题。一旦网站受到黑客攻击，导致私钥泄漏，那么所有用户钱包及钱包中的数字资产都将被转移，导致用户资产损失。

（2）对于轻钱包，由于其数据不完整，需要多次和其他区块链节点进行交互，才能获取足够的数据进行支付验证。同样，因为数据不全，也很难完成严格的交易验证，很可能受到女巫攻击等安全威胁。

（3）对于重钱包，其功能丰富，数据完整，相对而言，它受到的安全威胁最少。

总体来说，在安全性上，在线钱包最差，轻钱包次之，重钱包最好。但是，三者都属于热钱包范畴，需要联网使用。因此三者的安全性都不如冷钱包。

2．其他功能性钱包

此处我们再介绍几种功能性钱包，分别是分层确定性钱包（HD Wallet）、多重签名钱包（Multisig Wallet）和智能钱包（Smart Wallet）。

分层确定性（Hierarchical Deterministic，HD）钱包又称为 BIP32 钱包，其最早在比特币改进提案 BIP-0032 中提出。其原理本身很简单：首先选择一个随机数来生成主（根）私钥，该过程与比特币钱包正常生成用户私钥一致；其次使用一种确定的、不可逆的算法，基于主私钥生成任意数量的子私钥。相比传统的数字钱包，该钱包存在以下优点：备份更容易、私钥离线存放更安全、权限可控制、具备记账功能。

多重签名钱包区别于单签名钱包，它是为了加强数字资产的安全性并配合某些应用场景使用的，需要多方私钥签名才可使用该钱包。多重签名方案是防止个人手机或者其他设备遭受恶意软件攻击的一个保护方案，这些恶意软件可能会在用户不知情的情况下收集重要信息，如用户数字钱包私钥。

多重签名可以提供更好的安全性。例如，可以两个人共同完成第三方支付：第一个人产生交易，第二个人授权支付。只有两人同时签名，交易才会被执行并完成支付，任何人都不能单独完成交易支付。允许个人用户实施双因子验证（Two Factor Authentication，2FA），即一个密钥在用户计算机，而另一个密钥在智能手机。在这种情况下，只有在同时持有两个设备上的密钥时，比特币才能被支出。这样一来，即使用户计算机被黑客攻击，为了完全控制钱包，攻击者还需要入侵智能手机。这种方法虽然并不完美，但是大幅度提高了攻击难度，相比现有的单个签名方式，要安全很多。类似方案也常用于比特币交易所等比特币托管网站。

智能钱包就是将可编程的智能合约延伸到数字资产上，通过合约脚本来约束各种交易和支付的执行条件。比特币系统支持基于多重签名的交易合约，是一种简单的“智能数字钱包”。例如，用户有 5 把私钥分散保存，只需要集齐其中的 3 把就可以使用资金。而以太坊通过支持图灵完备的合约编程语言，可以做得更精细化。例如，用户有 5 把私钥，集齐 4 把可以使用全部资金，若只有 3 把则每天最多只能花 10%的资金，若只有 2 把则每天只能花 0.5%的资金。一方面，通过分散保存多个私钥，可防止被黑客全部盗取；另一方面，用户即使丢失单个私钥，也可逐步将其中的资金转移到另外一个钱包中，不用担心资金方面的损失。

5.4.1.3　数字钱包地址的安全性

一个数字钱包中包含一系列的公钥/私钥对，公钥用于接收比特币，私钥用于生成其对应地址上支付比特币必需的签名以唯一确定这些比特币的所有权。比特币接收者甚至比特币网络中的所有用户都可以通过支付者公开的公钥对交易中包含的签名进行验证，从而确认支付者对所交易的比特币的所有权，确认该交易是有效的。比特币的公钥是通过私钥生成的，然后采用 SHA256 算法和 RIPEMD（RACE Integrity Primitives Evaluation Message Digest）160 算法对公钥进行处理，最后通过 Base58 Check 编码形成可读的字符串地址，也就是所谓的钱包地址。

SECP256K1 是比特币使用的椭圆曲线参数。以下为钱包地址生成算法的描述。

（1）参数与密钥生成

① 简单起见，我们用 p,a,b,n,G 来表示 SECP256K1 曲线的参数。

② 选取随机数 $x \in Z_n^*$ 作为私钥，计算公钥 $y = xG$。

（2）公钥散列化

将公钥依次经过 SHA256 算法和 RIPEMD160 算法散列化后得到结果 H_y：

$$H_y = \text{RIPEMD160}(\text{SHA256}(y))$$

（3）格式化编码

① 在 H_y 前加入地址版本号（比特币主网版本号为 0x00），结果记为 H_y'。

② 计算 H_y' 的 double-SHA256：

$$H_{\text{check}} = \text{SHA256}(\text{SHA256}(H_y'))$$

③ 将 H_{check} 的前 4 个字节追加在 H_y' 的后面，最后对其进行 Base58 编码生成钱包地址。

在上述的几个步骤中，只有 Base58 编码是可逆的（Base58 解码），其他算法都是单向不可逆的，所以可以得到比特币中私钥、公钥、钱包地址三者的关系，如图 5-19 所示。由此可以看出，钱包地址无法逆向推导出公钥或私钥，而钱包地址生成过程的单向性决定了钱包地址是安全的，攻击者无法通过钱包地址推导出任何交易者的身份信息。

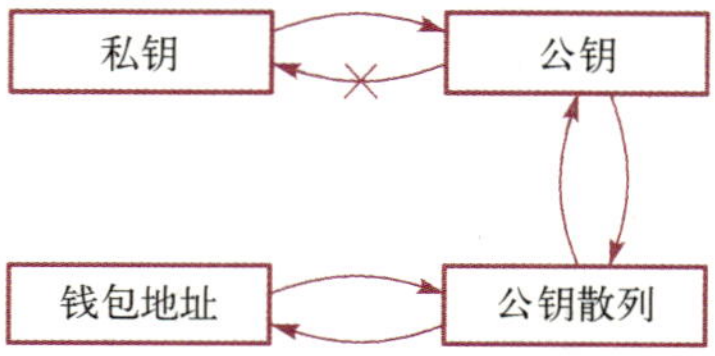

图 5-19　私钥、公钥、钱包地址三者的关系

与比特币的钱包地址生成方式不同，门罗币的钱包地址采用一次性的交易隐蔽地址。隐蔽地址为交易接收方生成一次性的中间地址，保障交易接收方的身份信息，其核心思想是在创建交易前，交易的发送方需要利用接收方的公钥计算一个一次性的中间地址，然后将自己的门罗币发送到这个中间地址，接收者可以利用自己的公私钥找到那笔交易，从而接受交易并进行其他支付操作。这样，网络上包括矿工在内的其他用户虽然可以验证交易的有效性，但是无法通过中间地址推测出交易接收方的具体身份。另外，中间地址是一次性的，每笔交易都会重新生成一个中间地址。因此，攻击者也就无法通过中间地址推测两笔交易是否存在关联，进而保证交易的不可关联性。如图 5-20 所示，假设 Alice 想向 Bob 转账，隐蔽地址的生成过程如下。

（1）Bob 选取 a 和 b 作为私钥，并在 Ed25519 椭圆曲线上计算出对应的公钥 $P_B = (A,B)$，其中 $A = aG$，$B = bG$，G 为椭圆曲线上的一个基点。Bob 向全网公布公钥 $P_B = (A,B)$。

（2）Alice 随机选择一个整数 q，计算 $\overline{P_B} = H_p(qA)G + B$。实际上就是将点 B 平移 $H_p(qA)G$ 个单位长度得到点 $\overline{P_B}$，作为匿名交易中 Bob 的中间地址。

（3）Alice 计算 $Q_B = qG$，利用可关联环签名对 $(Q_B, \overline{P_B})$ 进行签名后广播该交易。

（4）Bob 扫描区块链账本并用自己的私钥 (a,b) 计算 $\overline{P} = H_P(aQ_B)G + B$。若 $\overline{P} = \overline{P_B}$，则

这笔交易的接收方是 Bob；否则，隐蔽地址无效，Bob 未收到 Alice 的转账。

（5）在 Bob 接收到匿名交易后，计算 $x=H_P(aQ_B)+b$，x 为 $\overline{P_B}$ 对应的私钥。Bob 可利用私钥 x 来使用这笔钱。

（6）一旦在交易过程中出现 Bob 抵赖的情况，Alice 可以通过公开 q 来证明自己的确进行了转账。

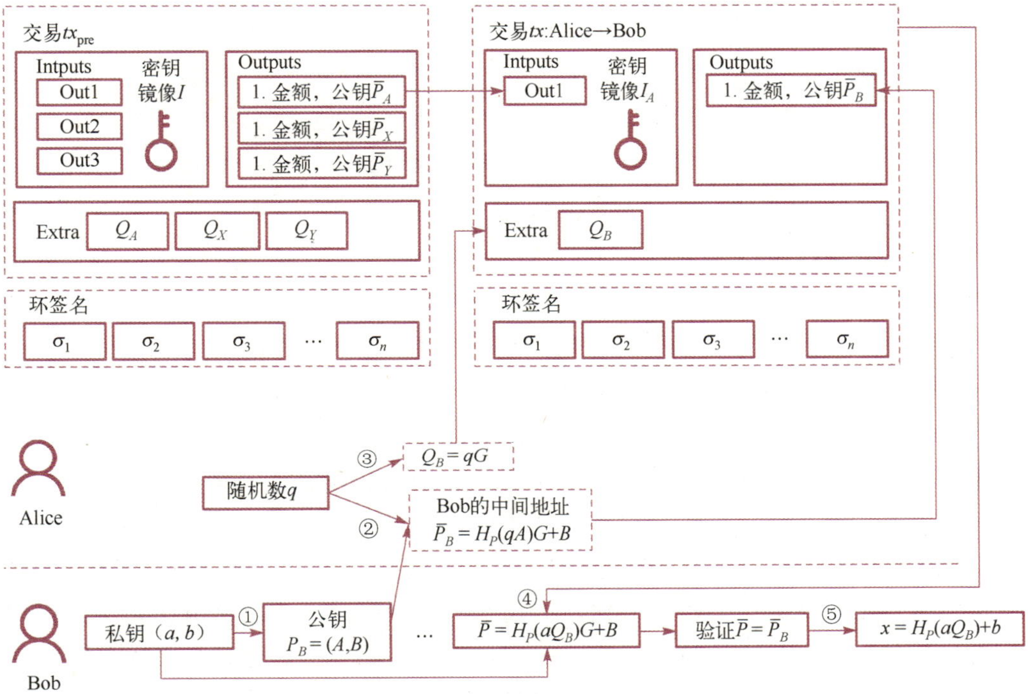

图 5-20　具体转账过程

在隐蔽地址的生成过程中，由于哈希函数 H 具有单向性，攻击者无法通过公开的 $\overline{P_B}$ 和 Q_B 有效推测 Bob 的真实公钥 (A,B)。当匿名交易被写入区块链后，由于 Alice 不知晓 Bob 的私钥 (a,b)，因此他无法推算出私钥 x，无法窃取这笔钱。故隐蔽地址可以安全地保护交易接收方的身份信息，具有不可关联性。

5.4.2　交易安全和隐私保护

5.4.2.1　交易安全和隐私保护的定义

安全性是保障区块链系统稳定运行的基础，区块链的安全性已经成为国内外学术界和产业界的研究热点。区块链的应用项目涉及各行各业，对区块链系统的安全性提出了更高的要求，区块链系统通过密码学和网络安全等技术，实现系统中的数据安全、共识安全、隐私保护、智能合约安全和内容安全。隐私保护是对用户的敏感信息进行保护，在区块链系统中，隐私保护主要针对用户身份信息和交易信息两部分内容。

数据安全是区块链系统的最基本要求，以比特币为例，比特币是一个分布式系统，它采用的安全模型如图 5-21 所示。与传统银行采用“身份公开，交易隐私”的方式不同，比特币系统采用“身份匿名，交易公开”的方式，通过公开交易记录，从原来单一的中心化权威机构监管变为由集体共同监管，共同维护账本的可信度，从而有效防止“双花”问题。

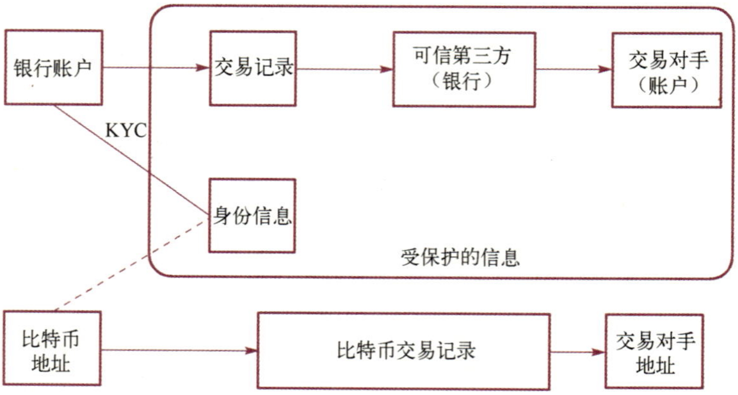

图 5-21　比特币的安全模型

比特币通过以下三种方式来保证“匿名性”。

（1）地址生成不经过客户身份识别（Know-Your-Custom，KYC），完全由用户自己产生，根据椭圆曲线算法产生公钥，再经过 SHA256、RIPEMD160 计算和 Base58 编码等。

（2）无法直接通过地址对应到真实身份信息。

（3）一个拥有者的几个地址之间没有直接联系，无法得知用户实际拥有的比特币数量。

在比特币系统的交易中，用户无须使用真名，而是采用公钥哈希值作为交易标识，但是由于用户反复使用公钥哈希值作为交易标识，交易之间显然能够建立某种关联，因此无法保证真正的“匿名性”。而且一旦用户信息和其哈希值建立关联，那么用户所有的交易信息都将暴露在大众面前，攻击者能够通过攻击交易所、分析交易信息、监控交易流向来猜测、窃取用户的隐私信息，从而获得非法利益。

目前，比较典型的隐私保护方案有达世币（Dash）采用的混币协议、门罗币采用的隐蔽地址与环签名、零币（Zcash）采用的零知识证明。

5.4.2.2　区块链中的隐私保护方案

1．达世币中的混币协议

在以比特币为代表的众多虚拟数字货币中，在交易过程中裸露交易双方地址，导致身份信息被攻击者大量收集，攻击者利用大数据分析技术掌握用户行为、定位用户身份、分析公司商业机密，严重影响着用户的隐私安全。隐私保护已经迫在眉睫，交易混淆的思想走进区块链领域。

在比特币交易信息中，必须指明一笔钱的输入和输出以便公开审计账簿，以防止出现“双花”问题。每笔交易内都包含相应的输入与输出，其中输入包含输入用户公钥，输出包含接收用户的收款地址和输入用户的找零地址。这些内容在交易数据中清晰可见，为区块链分析者提供了必要的分析条件。

交易混淆是隐藏交易相关方身份信息的常用手段，典型的代表方式是混币协议。混币协议通过将多个交易拆散然后重新组合，打乱交易发起方与交易接收方的强关联性，使攻击者无法追踪资金来源、无法定位资金流向。混币协议的重点是割裂交易中各个地址之间的联系，包括多个输入地址之间的联系、输入地址与输出地之间的联系和多个输出地址之间的联系。

去中心化的混币方法的特点是在混币的过程中不需要第三方的参与，核心思想是利用 P2P 协议代替第三方节点，通过将多个交易合并成一个多输入、多输出的交易，使得攻击者无法通过交易内容判断交易中输入和输出的对应关系，从而隐藏交易中接收方和发送方的关联性。

混币协议的主要设计目标是使不同用户联合执行协议。它能够创建一个比特币交易，交易的输出者为参与协议的用户的原有地址，交易的输出为所有用户新的公钥地址，交易的输入/输出的顺序是随机的，其他用户无法推测交易中的输入地址和输出地址之间的对应关系。混币协议包含以下 5 个步骤。

（1）寻找混币参与者。在协议开始前，想要执行混币协议的用户需要找到更多的参与者，这一过程通过服务器来完成。

（2）交换输入/输出地址。当确定参与者后，需要交换它们的输入/输出地址。为了防止外部攻击者监测交易地址的传递，参与者使用 Tor 网络进行传输，实现匿名通信。Tor 网络是一种基于 Mix 思想开发的匿名通信网络系统，它将现代加密技术和网络拓扑相结合，使得攻击者无法通过常规攻击手段来判断通信双方的通信关系和 IP 地址等用户身份信息。

（3）构造交易。在交易的输入/输出地址传递后，组内的任意一个参与者都会按照输入/输出构造一笔未被签名的交易。

（4）传递交易并签名。参与者将这笔未被签名的交易在组内进行传播。组内参与者验证这笔交易是否包含了自己的输入/输出地址。若交易正确，则签名并传递给下一位参与者。

（5）若收到了所有参与者对该交易的签名；则将交易与签名集合打包，交易构造完成。最后广播完整的交易，等待交易被记录在区块链上。

当交易发布在区块链上时，由于混币协议将交易的输入/输出地址进行了随机化，因此，外部攻击者无法将用户的输入/输出地址进行一一对应。

2．门罗币中的隐私保护机制

门罗币（Monero，代号 XMR）创建于 2014 年，它着重于隐私、去中心化和可扩展性，是一种基于 CryptoNote 协议的开源的匿名数字货币项目。门罗币通过采用环签名技术实现匿名交易，它实现了交易过程中的不可追溯性和不可关联性，同时引入了分权的思想，降低了挖矿难度，避免了超级节点的形成。

门罗币中的 CryptoNote 协议主要包括两个部分：隐蔽地址和环签名。隐蔽地址作为交易中一次性的中间地址，保护交易接收方的身份信息。环签名技术模糊了用户身份，保护交易发送方的身份信息，实现交易的不可追溯性。之后，门罗币又引入了环保密交易（Ring Confidential Transaction），实现交易自身信息的保护，主要用于隐藏交易中的金额。

门罗币的环保密交易机制于 2017 年正式使用，在环保密交易机制中，交易的发送方不需要将交易金额直接包含在交易中，而是由钱包生成一个随机数，为实际交易金额附加随机性，作为交易金额的输出。网络中的矿工通过判断交易的输入金额与输出金额是否相等，来确认在交易过程中是否有额外的门罗币被伪造出来。

3．零币（Zcash）的零知识证明

Zcash（简称 ZEC）是一个去中心化的开源密码学货币项目，俗称零币，它支持匿名交易。Zcash 项目是在比特币核心代码库的基础上开发的，为了增加隐私性，Zcash 采用密码学技术中的 zk-SHANK（zeroknowledge Succinct Noninteractive Arguments of Knowledge）零知识证明技术，使得在不透露交易信息的条件下保证交易的有效性。虽然 Zcash 的交易发布在一个公有区块链上，但是交易发送者、接收者和交易数额都是保密的。Zcash 自 2016 年 10 月发布以来，引起了数字货币用户井喷式的关注和兴趣，是目前匿名性最好的数字货币项目。

5.5 多链和跨链技术

从目前的区块链发展现状来看，还不能将区块链很好地运用到大规模的商业应用中。除了区块链本身技术门槛较高、性能受限等原因，还有一个重要的因素是目前每个单独的区块链网络都是一个相对独立的网络，数据信息不能做到互通互连，存在信息孤岛的问题。不同区块链网络之间协作的难度大，这极大地限制了区块链应用的发展。

为此，学术界和产业界的专家学者们提出了很多区块链改进方案，包括扩容、隔离见证、侧链、链下支付通道和分片等。本节主要介绍侧链、闪电网络及跨链协同中的一些基础知识。

5.5.1 主链和侧链

5.5.1.1 背景

通俗来说，主链可以理解为正式上线的、独立的区块链网络，如比特币网络或以太坊。随着区块链技术的发展，区块链网络中的一些问题也渐渐被发现和提出，其中最为人诟病的就是交易性能不足问题。目前，越来越多的节点加入到了比特币区块链中，区块大小达到上限，则无法再向区块中加入其他交易，这造成本该在 10min 内进行确认的交易无法被及时完成。2017 年 2 月 22 日，比特币区块链中的等待交易队列达到了历史新高。在当天交易高峰期时，甚至有超过 10 万笔交易没有得到确认，大多数用户都体验了一把“灾难性延迟”。此类事件的发生严重地打击了用户参与比特币交易的积极性。因此，扩容问题一直是比特币社区议论的热点。

早在 2012 年，在比特币聊天室中，就出现了关于侧链概念的相关讨论。当时比特币的核心开发团队正在考虑如何安全地升级比特币协议，以增加新的功能。但是直接在比特币区块链上进行功能添加比较危险，因为如果新功能在实践中发生软件故障，则会对原有的比特币网络造成严重影响。另外，如果比特币区块链进行较大规模的改动，则还需要获得大多数比特币区块链中矿工的支持。

2014 年 10 月，侧链技术得到了进一步的发展。在比特币核心开发团队与 Blockstream 公司合作发布的白皮书中，首次明确提出了侧链的概念及其协议实现方案。侧链本质上是一种跨区块链的解决方案，允许数字资产从一条区块链形态向另一条区块链形态安全转移，并且可以转回的合并机制。在这个阶段，提出侧链的目的主要在于减轻比特币区块链的压力，扩展主链的性能。随着区块链技术的快速发展和数字货币的竞争，侧链则需在主链的基础上增加交易隐私保护、智能合约等新功能和更加安全的协议升级方式。

5.5.1.2　核心技术

在设计侧链时应该遵循以下 5 个原则。

（1）资产主权明确性：一个用户在一条链上的资产被转移到另一条链上后，还应该可以转移回到原先链上的同一用户名下。

（2）侧链防作弊性能：资产转移应该没有卷款逃跑的风险。

（3）软件风险可控：一条链上的软件错误造成链上资产的丢失或增加不会影响另一条链上的资产丢失或增加。

（4）跨链原子性：资产的转移必须是原子操作，即要么全发生，要么不发生。

（5）侧链独立性能：侧链有独立的区块链，即有独立的托管人或者公证人，同时也有独立的节点网络。

双向锚定（Two-Way Peg）是侧链的核心技术，它旨在实现不同区块链之间资产的等值转换。通过双向锚定技术，可以实现将数字资产在主链中暂时锁定，同时将等价的数字资产在侧链中释放。同样，当等价的数字资产在侧链中被锁定时，主链的数字资产也可以被释放。

目前，双向锚定的实现方式可以分为以下几种模式：单一托管模式、联盟模式、SPV 模式、驱动链模式和混合模式。其中，单一托管模式、联盟模式、SPV 模式和驱动链模式都是对称的。对称是指主链到侧链、侧链到主链的资产转移的原理相同。这几种模式的工作原理分别描述如下。

（1）单一托管模式：以主链向侧链转移资产为例，主链上的数字资产被发送到单一的托管账户地址，即某个完全可信的个人账户或交易所的地址。当托管方收到主链上的数字资产并确认后，托管方在侧链上释放等价的数字资产。

（2）联盟模式：以主链向侧链转移资产为例，主链上的数字资产被发送到多个公证人的多重签名钱包中进行锁定。需要注意的是，此模式需要仔细选择公证人，他们必须分布在不同的司法管辖范围和不同的地理位置，并且每个人都要拥有良好的声誉和足够好的保密性。在侧链上，只有得到大部分公证人签名确认才能对资产执行解锁操作。

（3）SPV 模式：此模式是侧链白皮书 *Enabling Blockchain Innovations with Pegged Sidechains* 中的去中心化双向锚定技术的最初设想。SPV 是一种用于证明交易存在的方法，通过少量数据就可以验证某个特定区块中的交易是否存在。以主链向侧链转移资产为例，数字资产被发送到主链上的特殊地址。主链锁定数字资产，随后创建一个 SPV 证明并发送到侧链上。在侧链出现数字资产对应的 SPV 证明后，则会验证主链上的数字资产是否被锁定。若验证结果为已锁定，则侧链解锁等价的数字资产；否则，拒绝解锁。

（4）驱动链模式：驱动链的概念是由 Bitcoin Hivemind 创始人 Paul Sztorc 提出的。以主链向侧链转移资产为例，在驱动链中，矿工观察主链的状态。当他们收到来自主链的请求时，他们会执行“协调算法”以确保他们对请求的真实性达成一致。矿工作为资金托管方，他们拥有被锁定的数字资产的监管权。在资产锁定后，矿工们再投票决定何时解锁数字资产及资产的去向。

（5）混合模式：在此模式中，双向锚定解决数字资产的方法可以是不对称的，如主链到侧链使用驱动链模式，而侧链到主链使用 SPV 模式。也就是说，混合模式是上述几种模式的有效结合。

以上 5 种模式的优缺点比较如表 5-4 所示。

表 5-4　5 种模式的优缺点比较

模式	优点	缺点
单一托管模式	实现简单，不需要对比特币协议进行改变	过于中心化
联盟模式	弱化了单一托管模式的中心形式	安全性取决于全体公证人的诚实度
SPV 模式	隐私性强，小额交易在侧链上操作的形式可以隐蔽用户的主账户地址； 侧链可以分担主链上的交易负担，加快交易速度； 应用范围广	需要对主链进行软分叉
驱动链模式	在驱动链上诚实矿工的参与度越高，整个系统的安全性也就越强	需要对主链进行软分叉
混合模式	在主链和侧链上采用不同的开发模式，提高了效率	需要对主链进行软分叉

5.5.2　跨链协同

区块链技术是一种分布式账本技术，可以被应用在金融、健康医疗、供应链、资产管理等诸多领域，但是受吞吐量、网络孤立性、监管、伸缩性等因素的制约，目前的区块链项目并不能很好地服务于商业应用。区块链应用之间互操作性不足，很大程度上阻碍了区块链应用的融合发展。

如何终结各个区块链分裂割据的局面，形成整个多链协作的价值互联网？国内外的研究团队和大型企业给出了不同的解决方案。早期的跨链技术，如 InterLedger 和 BTC-Relay，关注更多的是资产转移，现有项目更多关注的是链状态的转移，从而实现互操作性。例如，以太坊提出的跨链方案有 Plasma、Cosmos 和 Polkadot，这些能实现异构链之间功能协作的技术方案引发了业界的广泛关注。下面简单介绍这些跨链技术。

（1）InterLedger：2012 年，Ripple 开发了 InterLedger 协议。在 InterLedger 协议创建的系统中，两个不同的记账系统可以通过第三方连接器或验证器来互相自由地传输货币。记账系统无须信任连接器，因为该协议采用密码算法为这两个记账系统和连接器创建资金托管，当所有参与方对资金量达成共识时，便可相互交易。并且只有参与交易的记账系统才可以跟踪交易，交易的详情可隐藏起来，验证器是通过加密算法来运行的，因此它不会直接看到交易的详情。

（2）BTC-Relay：2016 年 5 月，Consensys 团队发表了 BTC-Relay 技术方案，该方案以中继（Relay）为底层技术原理，实现了比特币在以太坊平台中的单向跨链支付操作。

（3）Plasma：2017 年 8 月由 Joseph Poon 和 Vitalik Buterin 提出的链下方案 Plasma，其本质上是一系列运行在以太坊主链上的智能合约，将大量计算放到侧链来实现，以提高以太坊主链的可扩展性。不同于以太坊主链目前使用的 PoW 共识算法，侧链将使用 PoS 等吞吐量更高的共识机制。因此，侧链提供了可扩展性，而主链保证了安全性和去中心化。

（4）Polkadot：2016 年 11 月，Gavin Wood 发表了 Polkadot 技术白皮书，提出了可兼容异构区块链的多链平台架构。虽然未正式上线，但是引起了各界的关注。Polkadot 设计了一种新的区块链形态，由单独的中继链去统一管理平行链之间的共识安全和数据交互。平行链是满足各种应用需求而建立的各种侧链。

除了以上的公链项目，2017 年 8 月，Eykholt 等人提出了一种并行的多链网络——RChain。它被用来构建高扩展性的企业级私有区块链平台。RChain 能在多个虚拟机中定义命名空间，每个命名空间相互独立且可以相互通信，在逻辑上实现多链网络结构。

习题 5

1．什么是区块链？
2．区块的主要元素是什么？
3．区块链是如何工作的？
4．有哪些不同类型的区块链？
5．请列出区块链的基础架构，并简述各层功能。
6．区块链的主要特征有哪些？
7．区块链的核心技术有哪些？
8．为什么区块链需要发行数字货币？
9．硬分叉和软分叉有什么不同？
10．区块链为什么具有不可篡改的特性？
11．拜占庭将军问题是如何达成共识的?
12．简述 PoW 的工作机制。
13．简述 PoW、PoS 和 DPoS 三者的优缺点。
14．Paxos 共识机制包含哪些角色？该机制是如何工作的？
15．PBFT 一致性协议包括哪些阶段？
16．除了以太坊和超级账本，还有哪些区块链支持智能合约？
17．智能合约是如何结合密码学算法保证安全性的？
18．以太坊的智能合约与超级账本链码有何异同？
19．以太坊的智能合约从创建到执行需要经历哪些步骤？
20．目前智能合约存在哪些不足？

21. 除了本节提到的数字钱包类型，你还了解哪些？
22. 如何保证数字钱包地址的安全性？
23. 比特币是如何确保“匿名”的？
24. 简述门罗币的隐私保护机制。
25. 主流的区块链监管技术有哪些？
26. 目前的跨链技术主要包括哪些类型？
27. 主流的双向锚定模式有哪些？请简述它们的工作机制。
28. 在公链和许可链中，跨链协同技术有什么不同？
29. 请谈一谈区块链对你所学专业和日常生活有什么影响。

2025 年我国将初步形成支撑区块链发展的标准体系

第 6 章 新一代人工智能

6.1 人工智能概述

6.1.1 人工智能的历史

人工智能是一门前沿交叉学科，人们对其定义一直存有不同的观点：《人工智能——一种现代方法》中将已有的一些人工智能定义分为 4 类：像人一样思考的系统、像人一样行动的系统、理性地思考的系统、理性地行动的系统。维基百科上定义“人工智能就是机器展现出的智能”，即只要是某种机器具有某种或某些“智能”的特征或表现，都应该算作“人工智能”。大英百科全书则限定人工智能是数字计算机或者数字计算机控制的机器人在执行智能生物体才有的一些任务上的能力。百度百科定义“人工智能是研究、开发用于模拟、延伸和扩展人的智能的理论、方法、技术及应用系统的一门新的技术科学”，将其视为计算机科学的一个分支，指出其研究包括机器人、语言识别、图像识别、自然语言处理和专家系统等。

人工智能始于 20 世纪 50 年代。早在 1950 年，Alan Turing 在《计算机器与智能》中就阐述了对人工智能的思考。他提出的图灵测试是机器智能的重要测量手段，后来还衍生出了视觉图灵测试等测试方法。1956 年，“人工智能”这个词首次出现在达特茅斯会议上，标志着其作为一个研究领域的正式诞生。至今，可将人工智能大致分为以下三个发展阶段。

第一阶段（20 世纪 50 年代—70 年代）。这一阶段人工智能刚诞生，基于抽象数学推理的可编程数字计算机已经出现，符号主义（Symbolism）快速发展，但由于很多事物不能形式化表达，建立的模型存在一定的局限性。此外，随着计算任务的复杂性不断增加，人工智能发展一度遇到瓶颈；1959 年，Arthur Samuel 提出了机器学习，机器学习将传统的制造智能演化为通过学习能力来获取智能，推动人工智能进入了第一次繁荣期。

第二阶段（20 世纪 80 年代—90 年代末）。20 世纪 70 年代末期，专家系统的出现，使人工智能从理论研究走向实际应用，从一般思维规律探索走向专门知识应用的重大突破，将人工智能的研究推向了新高潮。此外，在 20 世纪 80 年代中期，随着美国、日本立项支持人工智能研究，以及以知识工程为主导的机器学习方法的发展，出现了具有更强可视化效果的决策树模型和突破早期感知机局限的多层人工神经网络，由此带来了人工智能的又一次繁荣期。然而，机器学习的模型仍然是“人工”的，也有很大的局限性。随着专家系统应用的不断深入，专家系统自身存在的知识获取难、知识领域窄、推理能力弱、实用性差等问题逐步暴露。从 1976 年开始，人工智能的研究进入长达 6 年的萧条期。

第三阶段（21 世纪初至今）。随着大数据的积聚、理论算法的革新、计算能力的提升，人工智能在很多应用领域取得了突破性进展，迎来了又一个繁荣时期。

七十多年来，人工智能发展潮起潮落的同时，其基本思想也可大致划分为三个学派：符号主义（Symbolism）、连接主义（Connectionism）和行为主义（Behaviourism）。这三个流派从不同侧面抓住了智能的部分特征，在“制造”人工智能方面都取得了里程碑式的成就。

符号主义：早期的人工智能研究者绝大多数属于此类。该学派认为人类认知和思维的基本单元是符号，而认知过程就是在符号表示上的一种运算。这种方法的实质是通过研究人类认知系统的功能机理，用某种符号来描述人类的认知过程，并把这种符号输入到能处理符号的计算机中，模拟人类的认知过程，从而实现人工智能。从符号主义的观点来看，知识是信息的一种形式，是构成智能的基础，知识表示、知识推理、知识运用是人工智能的核心，知识可用符号表示，认知就是符号的处理过程，推理就是采用启发式知识及启发式搜索对问题求解的过程，而推理过程又可以用某种形式化的语言来描述，因此有可能建立起基于知识的人类智能和机器智能的同一理论体系。

连接主义：该学派认为人工智能源于仿生学，特别是对人脑模型的研究。它的代表性成果是 1943 年由生理学家麦卡洛克（McCulloch）和数理逻辑学家皮茨（Pitts）创立的脑模型，即 MP 模型，该模型开创了用电子装置模仿人脑结构和功能的新途径。连接定义从神经元开始进而研究神经网络模型和脑模型，开辟了人工智能的又一发展道路。20 世纪 60—70 年代，连接主义尤其是对以感知机（Perceptron）为代表的脑模型的研究出现过热潮，由于受到当时的理论模型、生物原型和技术条件的限制，脑模型研究在 20 世纪 70 年代后期至 80 年代初期落入低潮。上述情况直到 20 世纪 80 年代，多层感知机和反向传播算法出现后才有所转机。当时间步入 21 世纪的第二个十年后，情况又逐渐发生了变化。以深度神经网络为代表的人工智能以及它的各种应用场景，以迅雷不及掩耳之势抢占了人们工作和生活的方方面面，造成了目前“人人谈 AI”的局面。

行为主义：该学派认为人工智能源于控制论。控制论思想早在 20 世纪 40—50 年代就成为时代思潮的重要部分，影响了早期的人工智能工作者。维纳（Wiener）和麦克洛克（McCulloch）等人提出的控制论和自组织系统及钱学森等人提出的工程控制论和生物控制论影响了许多领域。控制论把神经系统的工作原理与信息理论、控制理论、逻辑及计算机联系起来。早期的研究工作重点是模拟人在控制过程中的智能行为和作用，如对自寻优、自适应、自镇定、自组织和自学习等控制论系统的研究，并进行“控制论动物”的研制。20 世纪 60—70 年代，上述这些控制论系统的研究取得一定进展，播下智能控制和智能机器人的种子，并在 20 世纪 80 年代诞生了智能控制和智能机器人系统。行为主义是 20 世纪末才以人工智能新学派的面孔出现的，引起许多人的兴趣。这一学派的代表首推布鲁克斯（Brooks）的六足行走机器人，该机器人被看作是新一代的“控制论动物”，是一个基于感知-动作模式模拟昆虫行为的控制系统。

此外，人工智能的发展历程还可以分为三个时期，即推理期、知识期和学习期。其中，在推理期，人们认为“智能”就是“逻辑推理”，想要赋予计算机“智能”只需要赋予计算机逻辑推理能力即可，代表性成果是通用问题求解和定理证明。在知识期，人们开始花费大力气在“如何教授计算机知识”上，涉及知识获取、知识表示等，这个时期有大量的专家系统问世，在很多应用领域取得大量成果。学习期则是要让机器能够自己学习知识，又包含了符号主义学习（如决策树、基于逻辑的学习）、连接主义学习（如神经网络）和统计学习（如支持向量机及核方法）。

6.1.2 人工智能发展现状

本节将结合《人工智能标准化白皮书》(2018 版)，重点回顾近二十年来人工智能领域关键技术的发展状况，包括机器学习、知识图谱、自然语言处理、人机交互、计算机视觉、生物特征识别、虚拟现实/增强现实等关键技术。

机器学习（Machine Learning）是一门涉及统计学、系统辨识、逼近理论、神经网络、优化理论、计算机科学、脑科学等诸多领域的交叉学科，研究计算机怎样模拟或实现人类的学习行为，以获取新的知识或技能，重新组织已有的知识结构使之不断改善自身的性能，是人工智能技术的核心。基于数据的机器学习是现代智能技术中的重要方法之一，研究从观测数据（样本）出发寻找规律，利用这些规律对未来数据或无法观测的数据进行预测。根据学习模式、学习方法及算法的不同，机器学习存在不同的分类方法。

（1）根据学习模式将机器学习分为监督学习、无监督学习和强化学习等。

监督学习利用已标记的有限训练数据集，通过某种学习策略/方法建立一个模型，实现对新数据/实例的标记（分类）/映射，最典型的监督学习算法包括回归和分类。

无监督学习利用无标记的有限数据描述隐藏在未标记数据中的结构/规律，最典型的非监督学习算法包括单类密度估计、单类数据降维、聚类等。

强化学习是智能系统从环境到行为映射的学习，以使强化信号函数值最大。由于外部环境提供的信息很少，因此强化学习系统必须靠自身的经历进行学习。

（2）根据学习方法可以将机器学习分为传统机器学习和深度学习。

传统机器学习从一些观测（训练）样本出发，试图发现不能通过原理分析获得的规律，实现对未来数据行为或趋势的准确预测。相关算法包括逻辑回归、隐马尔可夫方法、支持向量机方法、K 近邻方法、三层人工神经网络方法、Adaboost 算法、贝叶斯方法及决策树方法等。

深度学习是建立深层结构模型的学习方法，典型的深度学习算法包括深度置信网络、卷积神经网络、受限玻尔兹曼机和循环神经网络等。

（3）此外，机器学习的常见算法还包括迁移学习、主动学习和演化学习等。

迁移学习是指当在某些领域无法取得足够多的数据进行模型训练时，利用另一领域数据获得的关系进行的学习。

主动学习通过一定的算法查询最有用的未标记样本，并交由专家进行标记，然后用查询到的样本训练分类模型来提高模型的精度。

演化学习对优化问题性质要求极少，只需能够评估解的好坏即可，适用于求解复杂的优化问题，也能直接用于多目标优化。

知识图谱本质上是结构化的语义知识库，是一种由节点和边组成的图数据结构，以符号形式描述物理世界中的概念及其相互关系，其基本组成单位是“实体-关系-实体”三元组，以及实体及其相关“属性-值”对。

自然语言处理是计算机科学领域与人工智能领域中的一个重要方向，研究能实现人与计算机之间用自然语言进行有效通信的各种理论和方法，涉及的领域较多，主要包括机器翻译、机器阅读理解和问答系统等。

人机交互主要研究人和计算机之间的信息交换，主要包括人到计算机和计算机到人的两部分信息交换技术，是人工智能领域的重要的外围技术。人机交互技术除了传统的基本交互和图形交互，还包括语音交互、情感交互、体感交互及脑机交互等技术。

计算机视觉是使用计算机模仿人类视觉系统的科学，让计算机拥有类似人类提取、处理、理解和分析图像及图像序列的能力。自动驾驶、机器人、智能医疗等领域均需要通过计算机视觉技术从视觉信号中提取并处理信息。近来随着深度学习的发展，预处理、特征提取与算法处理渐渐融合，形成端到端的人工智能算法技术。根据解决的问题，计算机视觉可分为计算成像学、图像理解、三维视觉、动态视觉和视频编解码五大类。

生物特征识别技术是指通过个体生理特征或行为特征对个体身份进行识别认证的技术。生物特征识别技术涉及的内容十分广泛，包括指纹、掌纹、人脸、虹膜、指静脉、声纹、步态等多种生物特征，其识别过程涉及图像处理、计算机视觉、语音识别、机器学习等多项技术。

虚拟现实（Virtual Reality，VR）/**增强现实**（Augmented Reality，AR）是以计算机为核心的新型视听技术。结合相关科学技术，在一定范围内生成与真实环境在视觉、听觉、触感等方面高度近似的数字化环境。

6.1.3 人工智能技术发展趋势

综上所述，人工智能技术在以下方面的发展有显著的特点，是进一步研究人工智能趋势的重点。

（1）技术平台开源化：开源的学习框架在人工智能领域的研发成绩斐然，对深度学习领域影响巨大。

（2）专用智能向通用智能发展：目前的人工智能发展主要集中在专用智能方面，具有领域局限性。随着科技的发展，各领域之间相互融合、相互影响，需要一种范围广、集成度高、适应能力强的通用智能，提供从辅助性决策工具到专业性解决方案的升级。

（3）智能感知向智能认知方向迈进：人工智能的主要发展阶段包括：运算智能、感知智能、认知智能，这一观点得到业界的广泛认可。早期阶段的人工智能是运算智能，机器具有快速计算和记忆存储能力。当前大数据时代的人工智能是感知智能，机器具有视觉、听觉、触觉等感知能力。随着类脑科技的发展，人工智能必然向认知智能时代迈进，即让机器能理解、会思考。

（4）人工智能将加速与其他学科领域交叉渗透：人工智能本身是一门综合性的前沿学科和高度交叉的复合型学科，研究范畴广泛而又异常复杂，其发展需要与计算机科学、数学、认知科学、神经科学和社会科学等学科深度融合。

（5）人工智能产业将蓬勃发展：随着人工智能技术的进一步成熟以及政府和产业界投

入的日益增长，人工智能应用的云端化将不断加速，全球人工智能产业规模在未来 10 年将进入高速增长期。

（6）人工智能将推动人类进入普惠型智能社会："人工智能+X"的创新模式将随着技术和产业的发展日趋成熟，对生产力和产业结构产生革命性影响，并推动人类进入普惠型智能社会。

（7）人工智能领域的国际竞争将日益激烈：当前，人工智能领域的国际竞赛已经拉开帷幕，并且将日趋白热化。

（8）人工智能的社会学将提上议程：为了确保人工智能的健康可持续发展，使其发展成果造福于民，需要从社会学的角度系统全面地研究人工智能对人类社会的影响，制定完善人工智能法律法规，规避可能的风险，以有利于整个人类的方式促进和发展友好的人工智能。

6.2 深度学习

6.2.1 深度学习基础

6.2.1.1 概述

在现实生活中，我们所观察到的数据会受很多变化因素影响，这也是导致人工智能应用困难的一个重要因素。例如，不同光线所呈现出来的物体轮廓不同，不同地方的人说相同的话会带有不同的口音。这些都会影响我们对其进行准确的判断和识别。因此，大部分应用都需要我们理清这些变化因素并除去我们并不关心的因素。

显然，从大量的原始数据中提取高层次、抽象的特征是非常困难的，而传统的机器学习在这个问题上有些捉襟见肘。因此，**深度学习**（Deep Learning，DL）应运而生，它是一种特定的机器学习方法，它建立一个类似人脑神经网络的学习策略，基于大量的数据进行训练和学习，在这个过程中不断优化参数，从而改进学习模型，使得模型可以识别和处理一些问题，具有强大的学习能力和灵活性。图 6-1 说明了深度学习、机器学习、人工智能之间的关系。近几年关于深度学习的研究和技术发展迅速，许多具有影响力的论文都与深度学习相关，并有很多高质量的开源学习框架供研究者使用。

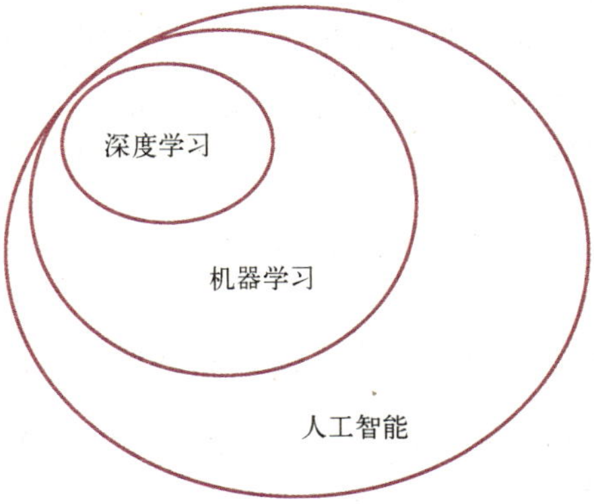

图 6-1　深度学习、机器学习、人工智能之间的关系

深度学习于 20 世纪就被提出，但当时由于硬件等因素，并没有引起很多人的研究和关注，而如今随着各方面的发展，深度学习有了一定的发展条件和基础，发展势头迅猛。深度学习训练出的模型广泛应用于工业等各种应用场景中，方便了人们的生活，也为企业带来了更多的利润，促进了世界科技的发展和进步。

6.2.1.2 深度学习的历史趋势

深度学习具有强大的性能和灵活性，它将大千世界表示为嵌套的层次概念体系。纵观深度学习的历史背景，指出深度学习的 4 个关键趋势。

（1）深度学习有着悠久而丰富的历史，可以追溯到 20 世纪 40 年代，深度学习之前被赋予了很多不同的名称，反映了不同的研究人员和研究观点。

（2）过去的几十年，训练模型的数据集非常小，人们无法收集到足够多且有效的数据集，导致无法充分地训练模型，但随着数字化社会的发展，现在的数据量都非常庞大，模型可以得到充分地训练，使得深度学习再次兴起。

（3）如今针对深度学习的硬件设施，无论是 CPU 还是 GPU 都得到了改善，使得高计算量的深度学习模型训练速度更快，深度学习模型的规模也随之增长。

（4）深度学习已经解决了日益复杂的应用，并且精度不断提高。

总之，深度学习是机器学习的一种方法，过去几十年的发展中，它深深地吸收了我们关于人脑、统计学和应用数学的知识。近年来，深度学习的普及性和实用性有了极大的发展，这在很大程度上得益于强大的计算机、更大的数据集和能够训练更深网络模型的技术。

6.2.1.3 深度学习所需知识

无论是理解深度网络中各个层的运算和梯度推导，还是进行问题的形式化或是推导损失函数，都离不开扎实的数学与机器学习基础。线性代数是数学的一个分支，在科学和工程方面都有着广泛的应用,对于理解和从事机器学习算法相关工作是必不可少的，尤其对于深度学习研究。概率论是用于表示不确定性陈述的数学框架，在人工智能领域中一般用两种方式来使用概率论，一种是设计一些算法来计算或者近似由概率论导出的推理；另一种是通过概率从理论上分析人工智能系统的行为。信息论是应用数学的一个分支，主要是对一个信号能够提供信息的多少进行量化。数值计算是指通过迭代更新解来解决数学问题的算法，而不是解析地提供正确解的符号表达，常见的操作包括优化和线性方程组的求解。机器学习是指机器使用大量数据集而非硬编码规则来进行学习的能力,在整个人工智能发展史上，几乎一直随同人工神经网络研究的进展而起起伏伏，深度学习本质上是基于多层人工神经网络的机器学习算法，其名称中的“深度”某种意义上就是指人工神经网络的层数。

6.2.2 深度学习网络

6.2.2.1 深度前馈神经网络

神经元是一种生物模型，它以生物神经系统的神经细胞为基础，对神经元的生物机理进行建模可以得到人工神经网络。前馈神经网络（Feedforward Neural Network，FNN）简称前馈网络，是人工神经网络的一种。关于它的研究从 20 世纪 60 年代开始，目前理论研究和实际应用都达到了很高的水平。前馈神经网络是一种最简单的神经网络，各神经元分层排列，采用一种单向多层结构，其中每层都包含若干个神经元。第 0 层是输入层，最后一层是输出层，其他中间层是隐藏层（或隐含层、隐层），隐藏层可以是一层，也可以是多层。每个神经元只与前一层的神经元相连，接收前一层的输出，并输出给下一层，各层间没有反馈，是目前应用最广泛、发展最迅速的人工神经网络之一。

图 6-2 为 3 层前馈神经网络，只有两个隐藏层。神经网络的层数可以这么定义：从左到右，x_1，x_2，x_3，x_4 为输入层，记为第 0 层，接着是隐藏层，记为第 1 层，依次类推，最后一层为输出层。通常，在计算神经网络的层数时，不算输入层，只算隐藏层和输出层，即有 n 个隐藏层，则有 $n+1$ 层神经网络。而前馈，顾名思义，这种模型是前向（FeedForward）的，信息流过 x 的函数，经过用于定义 f 的中间计算过程，最终得到输出 y，模型的输出和模型本身之间没有反馈连接。

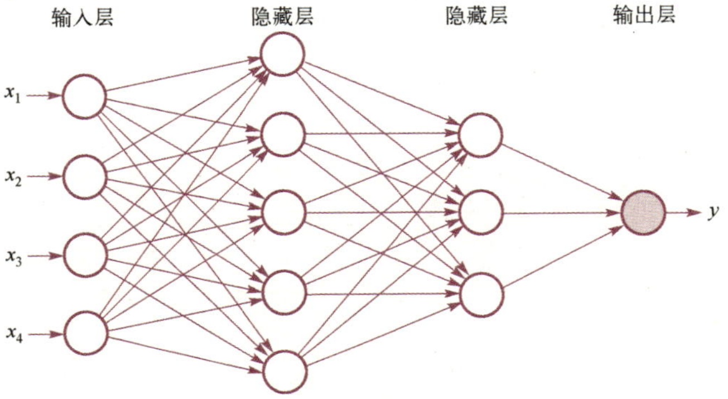

图 6-2　3 层前馈神经网络

人们发现浅层模型的性能满足不了日益增长的需求，只有很深的神经网络才可以。因为很难准确预测出对于给定的问题该用多深的神经网络，所以可以先尝试浅层，再将隐藏层的数量看成一个超参数，在验证数据上进行评估，以此来确定合适的网络深度。

6.2.2.2　卷积神经网络

卷积神经网络（Convolutional Neural Network，CNN）是一种专门用来处理具有类似网络结构数据的神经网络，如时间序列数据（可以认为是在时间轴上有规律地采样形成的一维网格）和图像数据（可以看成二维的像素网络）。卷积网络在诸多应用领域都表现优异，如行人检测、人脸识别、信号处理等。卷积神经网络一词表明该网络使用了卷积（Convolution）这种数学运算，它是一种特殊的线性运算，是两个变量在某范围内相乘后求和的结果。卷积网络是指那些至少在网络的一层中使用卷积运算来代替一般矩阵乘法运算的神经网络。通常来说，卷积神经网络中用到的卷积运算和其他领域（如工程领域及纯数学领域）中的定义并不完全一致。在机器学习领域中，卷积神经网络属于前馈神经网络的一种，其网络结构与普通的多层感知机相似，但是受到动物视觉皮层组织方式的启发，神经元之间不再是全连接的模式，而是应用了被称为局部感受区域的策略，图 6-3 展示了卷积层和全连接层的区别。此外，卷积神经网络引入了权值共享及降采样的概念，大幅减少了训练参数的数量，在提高训练速度的同时有效防止过拟合。

卷积神经网络一般是由卷积层、汇聚层（池化层）和全连接层交叉堆叠而成的前馈神经网络，其输出结果是每幅图像的特定特征空间。当处理图像分类任务时，我们会把卷积神经网络输出的特征空间作为全连接层或全连接神经网络（Fully Connected Neural

Network，FCN）的输入，用全连接层来完成从输入图像到标签集的映射，即分类。当然，整个过程最重要的工作就是通过训练数据迭代调整网络权重，即后向传播算法。目前主流的卷积神经网（如 VGG，ResNet）都是由简单的卷积神经网络调整组合而来的。

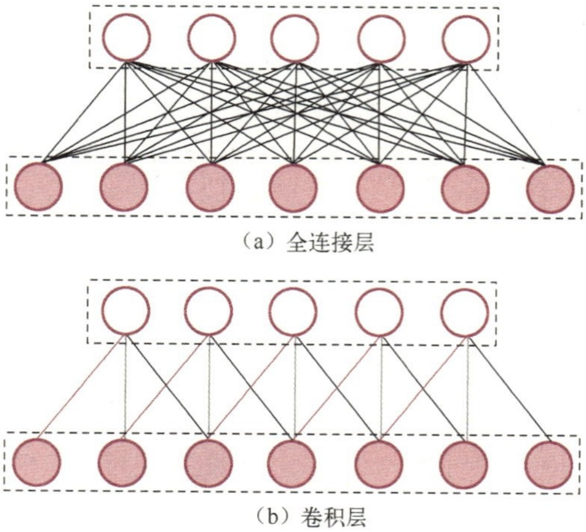

图 6-3 卷积层和全连接层的区别

6.2.2.3 循环神经网络

传统神经网络是“静态的”，本质上是从输入到输出的静态映射，即输出仅与当前输入有关，没有考虑先前的输入和网络状态对当前输出的影响，可以视作对静态系统的模拟。这些典型的前馈神经网络不会对内部状态进行存储，所以无法对动态系统进行描述。

循环神经网络（Recurrent Neural Network，RNN）与典型前馈神经网络的最大区别在于网络中存在环形结构，隐藏层内部的神经元是互相连接的，可以存储网络的内部状态，其中包含序列输入的历史信息，实现了对时序动态行为的描述，如图 6-4 所示。它是一种专门用于处理时序数据的神经网络，这里的时序并非仅仅指代时间概念上的顺序，也可以理解为序列化数据间的相对位置，如语音中的发音顺序、某个英语单词的拼写顺序等等，因此序列化输入的任务可以应用循环神经网络来处理，特别是在自然语言处理领域取得了广泛的应用。对于序列化数据，在每次处理时，输入均为序列中的一个元素，如单个字符、单词、音节，期望输出为该输入在序列中的后续元素。循环神经网络可以处理任意长度的序列化数据，其大多数计算可以分解成三块参数及其相关的变换，首先是从输入到隐藏状态，然后是从前一隐藏状态到下一隐藏状态，以及从隐藏状态到输出。

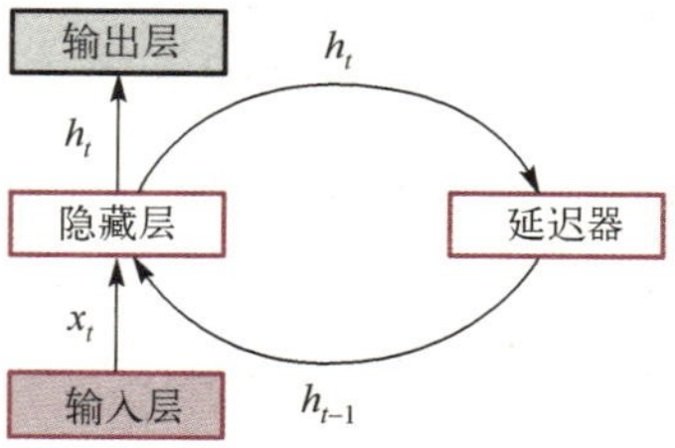

图 6-4 循环神经网络

6.2.3.4 其他

（1）深度信任网络模型（Deep Belief Network，DBN）

深度信任网络可以解释为贝叶斯概率生成模型，由多层简单学习模型组合而成，上面的两层具有无向对称连接，下面每层都得到来自上一层的自顶向下的有向连接，最底层单元的状态为可见输入数据向量。堆栈中每个受限玻尔兹曼机（Restricted Boltzmann Machine，RBM）单元的可视层神经元数量都等于前一受限玻尔兹曼机单元的隐藏层神经元数量。

（2）堆栈自编码网络

堆栈自编码网络的结构与深度信任网络的结构类似，该网络由若干结构单元堆栈组成，不同之处在于其结构单元为自编码（Auto-Encoder）。简单来说，堆栈自编码器（Stacked Auto-Encoder，SAE）就是将多个自编码器串联堆叠起来，将前一个自编码器的输出作为下一个自编码器的输入进行训练。由于在对网络的权重进行随机初始化时，容易陷入局部最优解，对此采取的方法是进行预训练（Pretraining），其思想是对网络进行逐层训练，只考虑相邻两层，从而得到最优参数。

（3）生成对抗网络（Generative Adversarial Networks，GAN）

生成对抗网络将对抗的思想引入机器学习领域，对抗的双方为判别模型和生成模型。其中，判别模型的职责是准确区分真实数据和生成数据，而生成模型负责生成符合真实数据概率分布的新数据。通过判别模型和生成模型两个神经网络的对抗训练，生成对抗网络能够有效地生成符合真实数据分布的新数据。

6.2.3 深度学习技术

6.2.3.1 优化（Optimization）

深度学习算法在许多情况下都涉及优化。经常使用解析优化证明或设计算法，在深度学习涉及的诸多优化问题中，最难的是神经网络训练，本节主要关注这一类优化问题：寻找神经网络上的一组参数 θ 以显著减小损失函数 $J(\theta)$，该损失函数通常包括整个训练集上的性能评估和正则项。

优化的基本算法有随机梯度下降、动量等。随机梯度下降（SGD）及其变种很可能是一般机器学习中用得最多的优化算法，特别是在深度学习中，该算法中的一个关键参数是学习速率。不过，虽然随机梯度下降是非常受欢迎的优化方法，但其学习率有时会很慢。动量方法（Momentum）旨在加速学习，特别是能处理高曲率但一致的梯度，或是扰动的梯度。动量算法积累了之前梯度指数级衰减的移动平均，并且继续沿该方向移动。

6.2.3.2 正则化（Regularization）

神经网络的拟合能力非常强，通过不断迭代，在训练数据上的误差率往往可以降到非常低，从而导致过拟合（从偏差-方差的角度看，就是高方差）。因此可以运用正则化方法来提高模型的泛化能力，避免过拟合。

在传统机器学习算法中，主要通过限制模型的复杂度来提高泛化能力，如在损失函数中加入范数 l_1 或者范数 l_2。这一方法在神经网络算法中也会运用到，但是在深层神经网络中，特别是模型参数的数量远大于训练数据的数量的情况下，l_1 和 l_2 正则化的效果往往不如在浅层机器学习模型中显著。因此在训练深层神经网络时，还需要用到其他正则化方法，如参数范数惩罚、多任务学习、提前终止、稀疏表示、数据增强和标签平滑等。

6.2.4 深度学习的前沿和总结

近年来，深度学习不断发展，在图像、语音、文本等应用领域取得了许多突破性的成果。图像识别是深度学习最早应用的领域，Hinton 教授和他的学生在 2012 年采用深度学习技术获得了 ImageNet 图像分类比赛的冠军，之后又有了人脸识别、图像风格化、图像标注等应用。语音识别技术可以极大地提升人机交流的能力，其中最流行的应用场景包括语音搜索、个人数码助理、游戏、起居室交互系统和车载信息娱乐系统。文本是自然语言处理（Natural Language Processing，NLP）的一个重要对象，在文本领域有机器翻译、聊天机器人等应用。

当前，深度学习技术主要是由数据驱动的，即对一个特定任务来说，只要扩大训练数据的规模，深度学习模型的效果就会变好。但是在今天仍有许多挑战，主要问题有：一是在很多领域，很难获取大量的监督数据或者数据的标注成本过高；二是训练数据规模再大，也有难以覆盖的情况；三是如果直接将通用深度学习模型应用到具体问题，其表现（效果、性能、占用资源等）可能不尽如人意，这就要求根据特定的问题和数据来设计和优化深度学习网络结构，这是当前研究最多的问题之一；四是训练的问题，包括网络层数增加带来的梯度衰减，如何更有效地进行大规模并行训练等。为了解决这些问题，当前的研究前沿主要包括以下几个方向：一是引入外部知识，如知识图谱等；二是深度学习与传统方法的结合，包括人工规则与深度神经网络的结合、贝叶斯与深度神经网络的结合、迁移学习与深度神经网络的结合、强化学习与深度神经网络的结合及图模型与深度神经网络的结合等；三是无监督的深度生成模型；四是新的网络结构和新的训练方法等。值得注意的是，数据驱动下的深度学习技术，不仅注重数据的“量”，而且还注重数据的“质”，数据的差异性对深度学习的影响是至关重要的。如分类任务、类内的聚集特性和类间的疏散特性，对特征设计阶段的权值参数有判别特性，即类内强调共性，类间注重个性；满意度最高的模型状态也间接说明两者（共性与个性）是矛盾统一的。

展望未来，在医疗健康领域，深度学习可以应用于疾病诊断、病患状态分析、病情咨询、药物研发、精准医疗等方面；在安全隐私领域，深度学习可以应用于智能安防系统和智能行为分析系统等方面；在城市治理领域，深度学习可以应用于智能交通控制、环境指标预测、人员密度预测等方面；在艺术创作领域，深度学习可以应用于作诗、作曲、绘画等方面，主要用于娱乐消遣性活动；在金融保险领域，深度学习可以应用于收益预测、投资组合构建、风险管理、产品推荐等方面；在无人服务领域，深度学习可以应用于无人车、无人店、机器人等方面。深度学习的前景非常广阔，不论是科学研究还是产业应用，利用深度学习技术都有希望做出非常有影响力的工作。

6.3 强化学习

6.3.1 强化学习的基础

6.3.1.1 强化学习的概念、实例

强化学习是机器学习中的一种重要学习方式，被认为是与有监督学习和无监督学习并

列的第三种机器学习方式。强化学习的目标是让智能体（学习者）学习在当前环境下如何采取行动才能够最大化总体收益。强化学习不需要带有标签的数据，并且强化学习中的智能体不会被告知应该采取什么动作，而是必须自己通过尝试去发现哪些动作会产生最丰厚的收益。需要强调的是，在很多场景下，智能体采取的动作不仅能够获得当前收益，还会影响未来的收益。因此，试错和收益延迟是强化学习最重要的两个特征。

强化学习有着一个独有的挑战，即“试探”与“开发”之间的折中权衡。“开发”指的是智能体通过已有的知识水平选择动作，而“试探”指的是智能体在不考虑已有知识情况下进行随机性高的试探性动作。为了实现高收益，智能体通常会从过往经验中选择有效产生收益的动作。但为了发现更高收益的动作，智能体往往需要尝试从未选择过的动作。换句话说，智能体必须利用已有的经验来获取收益，同时也要进行试探，使得未来可以获得更好的动作选择空间。于是两难情况就产生了，即无论是试探还是开发，都不能在完全没有失败的情况下进行（即总体收益很低的情况）。智能体必须尝试各种各样的动作，并且逐渐地筛选出那些最好的动作。在一个随机任务中，为了获得对收益期望的可靠估计，还需要对每个动作进行多次尝试。

强化学习的另一个关键特征是它明确地考虑了智能体与不确定的环境交互这个问题。而很多其他学习方式都只考虑了子问题，而忽视了子问题在更大情景下的限制。虽然已经有很多理论研究针对整体目标规划并产生了许多有用的结果，但并没有考虑规划在实施决策中的作用，也没有考虑规划所需的预测模型将从何而来。

6.3.1.2 强化学习的核心要素及适用范围

在讨论强化学习的适用范围前，先说明强化学习中的重要组件及要素。首先对于任何强化学习系统来说，都必须包含可完成学习的智能体及可以用于交互的环境。除此之外，强化学习系统还有 4 个核心要素：策略、收益信号、价值函数及对环境建立模型（可选）。策略规定了智能体在特定环境下所采取的动作，是环境状态到动作的映射。策略可以是简单的查询表，也可以是复杂的深度网络。策略是智能体的大脑，也是强化学习系统设计者可以参与的主要部分。收益信号是环境基于智能体动作所产生的数值反馈，它可以告诉智能体当前行为的数值收益如何。强化学习的根本目标就是最大化长期总收益。价值函数则从更长远的角度来评价智能体的动作。价值函数可以让智能体做出低收益但是高价值的动作行为，这里的高价值指的是长期总收益更高。相较于收益信号可以直接来自环境，价值函数需要用户自己来确定。因此，价值函数的确定是几乎所有强化学习算法中最重要的组成部分。最后一个要素是对环境建立模型。这使得用户可以对环境进行模拟，可以在智能体投入真实环境之前，先对环境状态进行预测判断。

强化学习对“状态”这个概念十分敏感，它可以包含环境状态、收益信号等信息。状态是智能体（策略）和价值函数的输入，是让智能体更清楚当前环境的信号。但通常来说，不深究处理构建、改变或学习状态信号的问题，更专注于强化学习自身的问题。

6.3.2 有限马尔可夫决策过程

本节将介绍有限马尔可夫决策过程，它既涉及评估性反馈，又涉及发散联想，即在不同情景下选择不同的动作。马尔可夫决策过程是序列决策的经典形式化表达，其动作不仅影响当前的即时收益，还影响后续的情景（又称状态）及未来的收益。因此，马尔可夫决策过程涉及了延迟收益，故需要在当前收益和延迟收益之间进行权衡。

6.3.2.1 马尔可夫过程

在概率论及统计学中，马尔可夫过程（Markov Process）是一个具备了马尔可夫性质的随机过程，因俄国数学家安德雷·马尔可夫而得名。马尔可夫过程不具备记忆特质，也就是说，马尔可夫过程的条件概率仅与系统当前状态相关，而与它的历史状态或未来状态不相关。

对于任何一个马尔可夫过程都包含了两个要素，即状态及状态间的转移概率。例如，我们可以将天气的变化假设成一个马尔可夫过程，其中的状态包括晴天、阴天及下雨，通过统计一段时间的天气来得到天气之间的转移概率。需要说明的是，当前智能体是无法参与马尔可夫过程的，也无法从该过程中获得收益。这里引入一个更完整的马尔可夫过程实例，具体如图 6-5 所示。

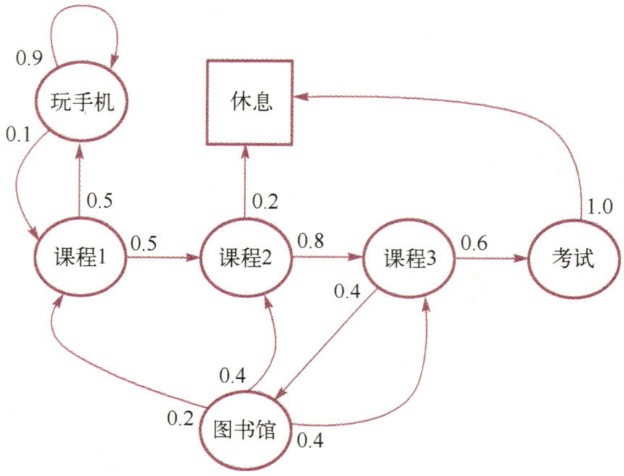

图 6-5 学生马尔可夫过程实例

在图 6-5 中，假定智能体是学生，当学生处在课程 1 时，他有 50%的概率会参加课程 2；同时也有 50%的概率不在认真听课，进入到玩手机这个状态中。当处在玩手机这个状态时，他有 90%的概率在下一时刻继续玩手机，也有 10%的概率返回到课堂内容上来。当学生进入到课程 2 时，会有 80%的概率继续参加课程 3，也有 20%的概率会觉得课程较难而退出休息。当学生处于课程 3 这个状态时，他有 60%的概率通过考试，继而 100%的退出休息，也有 40%的概率需要到图书馆寻找参考文献，此后根据其对课堂内容的理解程度，又分别有 20%、40%、40%的概率返回课程 1、课程 2、课程 3 中重新学习。

同时根据完整的学生马尔可夫过程实例，也可以得到多种马尔可夫链，例如，将课程 1 作为初始状态，那么可以得到：课程 1—课程 2—课程 3—考试—休息；课程 1—玩手机—玩手机—课程 1—课程 2—休息等。同时，也已知马尔可夫过程中的状态转移概率，因此就可以进一步计算得到每种马尔可夫链对应的出现概率。

6.3.2.2 马尔可夫奖励过程

以上内容简单地介绍了马尔可夫过程的特点。相较于马尔可夫过程，马尔可夫奖励过程定义了两个新的元素，分别是奖励函数和折扣系数。需要说明的是，当前智能体无法在马尔可夫奖励过程中采取动作、行为。在强化学习中，智能体的目的或目标被形式化为从环境传递到智能体的特殊信号（称为奖励）。在每个时间步骤中，奖励是一个简单的数字。简单地说，智能体的目标是最大化其收到的总奖励。这意味着最大化不是立即奖励，而是长期累积奖励。奖励是与状态相关的，换言之，不同的状态会得到不同的收益。还是以图 6-5 中的学生马尔可夫过程为例，如果定义每门课程的奖励都为 2，通过考试会得到的奖励为 10，休息状态的奖励为 0，那么对应的马尔可夫链（课程 1—课程 2—课程 3—考试—休息）的总奖励为 4。由此就可以定义出在不同时刻的奖励或收益回报总和，即

$$G_t \doteq R_{t+1} + R_{t+2} + R_{t+3} + \cdots + R_T \tag{6-1}$$

其中，T 是最后一步。这种方法在存在最终时间步骤的自然概念的应用中是有意义的，也就是说，当智能体-环境交互被自然地分解为子序列时，如玩游戏，走迷宫，或任何形式的重复互动，每次互动在“终点状态”结束，随后是重置到标准起始状态或从起始状态的标准分布的抽样。

另外，还提到了折扣系数。折扣系数决定了未来奖励的值：未来收到的 k 个时间步骤的奖励价值仅为立即收到的γ^{k-1} 倍。若奖励是立即被接收的，则是值得的。当$\gamma = 0$ 时，智能体是“短视”的，即只关注最大化即时奖励。当 γ 接近 1 时，回报目标更加强烈地考虑了未来的回报，智能体变得更有远见。新的回报函数为

$$\begin{aligned} G_t &\doteq R_{t+1} + \gamma R_{t+2} + \gamma^2 R_{t+3} + \gamma^3 R_{t+4} + \cdots \\ &= R_{t+1} + \gamma(R_{t+2} + \gamma R_{t+3} + \gamma^2 R_{t+4} + \cdots) \\ &= R_{t+1} + \gamma G_{t+1} \end{aligned} \tag{6-2}$$

有了新的回报函数，就可以计算每个过程的总收益了，但是可以看到，回报函数中没有考虑到已知状态的转移概率，因此还需要定义价值函数，即

$$v(s) = \mathbb{E}[G_t \mid S_t = s] \tag{6-3}$$

通过价值函数就可以进一步计算得到过程中每个状态的价值了。

6.3.2.3　马尔可夫决策过程

无论是马尔可夫过程还是马尔可夫奖励过程，智能体都无法参与控制这个过程。而在马尔可夫决策过程中，定义了动作集合，并且之前定义的状态转移概率和奖励函数都与动作行为相关。马尔可夫决策过程旨在直接构建从交互中学习以实现目标的问题。在马尔可夫决策过程中，智能体也被称为个体（Agent），与其交互的物体，包括个体之外的所有物体，被称为环境。这些交互持续不断，个体选择动作的同时，环境响应那些动作，并向个体呈现新情况。环境还会产生奖励，这是个体通过其行动选择寻求最大化的特殊数值。

具体地说，个体和环境在离散时间序列中的每步都会相互作用。在每个时刻，个体接收当前的环境状态，并在此基础上选择一个动作。在完成该动作后，个体会接收到一个奖励值，并且自身会进入一个新状态，马尔可夫决策过程和个体共同给出了一个序列或轨迹，即

$$S_0, A_0, R_1, S_1, A_1, R_2, S_2, A_2, R_3, \cdots$$

在有限马尔可夫决策过程中，状态、动作和奖励（S、A 和 R）的集合都具有有限数量

的元素。在这种情况下，随机变量 R_t 和 S_t 具有明确定义的离散概率分布，仅取决于先前的状态和动作。也就是说，对于这些随机变量的特定值，$s'\in S$ 和 $r\in R$，在给定前一状态和动作特定值的情况下，存在这些值在时间 t 内发生的概率为

$$p(s',r\mid s,a)\doteq \Pr\{S_t=s',R_t=r\mid S_{t-1}=s,A_{t-1}=a\} \tag{6-4}$$

对所有 s'、r 和 a，函数 Pr 定义了马尔可夫决策过程中的动态。在马尔可夫决策过程中，p 给出的概率完全表现了环境的动态特征。也就是说，S_t 和 R_t 的每个可能值的概率仅取决于前一个状态和动作 S_{t-1} 和 A_{t-1}，并且在给定它们的情况下，它们不依赖于更早的状态和动作。状态必须包括有关过去的个体–环境交互的所有方面的信息，这些信息对未来有所影响。如果确实如此，那么就说该状态拥有马尔可夫性。

马尔可夫决策过程的框架是从相互作用的目标导向学习的问题中抽象出来的。它提出无论是传感、记忆和控制装置的细节，以及任何目标试图达到的目标，还是学习目标导向行为的任何问题都可以减少为个体及其环境之间来回传递的三个信号，即一个信号表示个体做出的选择（动作）；一个信号表示做出选择的基础（状态）；一个信号来定义个体的目标（奖励）。这个框架可能不足以有效地表示所有决策学习问题，但它已被证明是广泛有用和适用的。

6.3.3 动态规划

动态规划（Dynamic Programming）是一类优化方法，在给定一个用马尔可夫决策过程描述的完备环境模型的情况下，其可以计算最优的策略。对于强化学习问题，传统的动态规划算法的作用有限，其原因有二：一是完备的环境模型只是一个假设；二是它的计算复杂度极高。但是，规划依然是一个非常重要的理论。在本节中，假设环境是一个有限马尔可夫决策过程。也就是说，我们假设状态集合 S、动作集合 A 和收益集合 R 是有限的。而动态规划的核心思想是使用价值函数来结构化地组织对最优策略的搜索。这里使用动态规划来计算价值函数。

6.3.3.1 策略评估

首先，介绍一种策略迭代的方法来找到最优策略及其最优的价值函数，策略迭代方法主要包含两个关键步骤：策略评估和策略改进。策略评估指的是当给定策略 π 时，如何计算得到其对应的状态价值函数 v_π，有时也称其为预测问题。对于任意状态 s，根据马尔可夫决策过程中的价值函数定义，可以有

$$\begin{aligned}v_\pi(s)&\doteq \mathbb{E}_\pi[G_t\mid S_t=s]\\&=\mathbb{E}_\pi[R_{t+1}+\gamma v_\pi(S_{t+1})\mid S_t=s]\\&=\sum_a(a\mid s)\sum_{s',r}p(s',r\mid s,a)[r+\gamma v_\pi(s')]\end{aligned} \tag{6-5}$$

如果当前马尔可夫决策过程的环境完全已知，那么式（6-5）就是一个同时存在$|S|$个未知数与$|S|$个等式的联立线性方程组。理论上，这个方程组是可以被直接求解的。但考虑到求解的复杂性，认为迭代解的方法更合适。考虑一系列的近似值函数 v_0, v_1, v_2, …，每个都

是从 S+到 $\mathbb{R}$（实数）的映射。初始的近似值 v_0 是任意选取的（除了终止状态，如果有的话，需要被赋值为 0），并通过使用 v_π的价值函数作为更新规则来获得每个逐次逼近，即

$$\begin{aligned} v_{k+1}(s) &\doteq \mathbb{E}_\pi[R_{t+1} + \gamma v_k(S_{t+1}) \mid S_t = s] \\ &= \sum_a (a \mid s) \sum_{s',r} p(s',r \mid s,a)[r + \gamma v_\pi(s')] \end{aligned} \tag{6-6}$$

对于所有的 $s \in S$。很明显，$v_k=v_\pi$是这种更新规则下的不动点，因为关于 v_π 状态价值函数可以保证等号的成立。实际上，只要在相同的条件下保证 v_π的存在，随着 $k\to\infty$，$\{v_k\}$序列可以保证在广泛意义下收敛到 v_π。这个算法被称为迭代策略评估。

6.3.3.2　策略改进

上一小节简单介绍了迭代策略评估，当给定了策略时，可以利用状态价值函数和迭代的思想有效评估出当前策略的好坏。但是最终目标是要找到一个更好的策略甚至最优策略，那么就需要找到一种方法来改进现有的策略。换句话说，对于某些状态 s，要知道是否应该改变策略来明确地选择一个动作 $a \neq \pi(s)$。一种简单的改进策略就是利用贪心的思想来改进当前策略。具体地说，当前考虑从状态 s 下选择动作 a，然后遵从现有的策略π。这种方式的值是

$$\begin{aligned} q_\pi(s,a) &\doteq \mathbb{E}_\pi[R_{t+1} + \gamma v_\pi(S_{t+1}) \mid S_t = s, A_t = a] \\ &= \sum_{s',r} p(s',r \mid s,a)[r + \gamma v_\pi(s')] \end{aligned} \tag{6-7}$$

当给定一个策略和其价值函数后，可以很容易地对在某个状态的动作改变进行评估。考虑新的贪心策略π'，即

$$\begin{aligned} \pi'(s) &\doteq \arg\max_a q_\pi(s,a) \\ &= \arg\max_a \mathbb{E}_\pi[R_{t+1} + \gamma v_\pi(S_{t+1}) \mid S_t = s, A_t = a] \\ &= \arg\max_a \sum_{s',r} p(s',r \mid s,a)[r + \gamma v_\pi(s')] \end{aligned} \tag{6-8}$$

其中，$\arg\max_a$ 表示随后的表达式最大化（随意打破关系）的 a 的值。新的贪心策略采取短期内看起来最好的动作，根据 v_π向前展望一步。通过构造新的贪心策略满足策略改进，所以可以知道这个策略和初始策略一样或者更好。通过根据初始策略的值函数使策略变新的贪心的方式来制定一个新的策略改进初始策略的过程，叫作策略改进。

目前为止，在本节中我们考虑了确定策略的特殊情况。普遍情况下，一个随机策略π通过在每个状态 s 采取每个动作 a 来指定概率$\pi(a|s)$。虽然没有讨论细节，但是实际上，本节的方法可以很容易扩展到随机策略。

6.3.3.3　策略迭代和价值迭代

通过策略评估和策略改进可以对现有策略的价值函数进行计算并根据价值函数来提升和改进当前策略。故可以进一步得到一系列单调提升的策略和价值函数，即

$$\pi_0 \xrightarrow{E} v_{\pi_0} \xrightarrow{I} \pi_1 \xrightarrow{E} v_{\pi_1} \xrightarrow{I} \pi_2 \cdots \xrightarrow{I} \pi_* \xrightarrow{E} v_*$$

其中，$\xrightarrow{E}$表示策略评估，$\xrightarrow{I}$表示策略改进。每个策略都能保证在原有策略的基础上严格

提升（除非该策略已经最优）。因为有限马尔可夫过程只有有限个数量的策略，这个过程一定会在有限次的迭代中收敛到最优策略和最优价值函数。

这种发现一个最优策略的方法叫作策略迭代。注意，每个策略评估本身也是迭代计算的过程。这能够使得策略改进收敛速度大幅度提升（可能是因为价值函数在不同的策略之间改变很小）。策略迭代的一个缺点是每次迭代过程都包含策略评估，策略评估本身就可能是需要多次对整个状态集迭代计算的过程。如果策略评估需要迭代计算，那么只能在极限处准确收敛到 v_π。那么一定要等到准确的收敛吗？是否可以中途停止？实际上，策略迭代过程中的策略评估步骤可以用几种方法截断而不会失去收敛性。一个重要的特例就是策略评估在一次迭代之后就停止（每个状态只有一个回溯）。这种算法就叫作价值迭代，可以被写成一个特殊的结合策略提升和截断之后的策略评估步骤的简单回溯操作，即

$$\begin{aligned} v_{k+1}(s) &\doteq \max_a \mathbb{E}[R_{t+1} + \gamma v_\pi(S_{t+1}) \mid S_t = s, A_t = a] \\ &= \max_a \sum_{s',r} p(s',r \mid s,a)[r + \gamma v_\pi(s')] \end{aligned} \tag{6-9}$$

对所有的 $s \in S$，对任意的 v_0，在保证 v^*存在的同样的条件下，$\{v_k\}$序列可以收敛到 v^*。

6.3.4 强化学习前沿和总结

在本节中，考虑一些强化学习的新内容。首先简单介绍蒙特卡罗方法，这是一类实用的估计价值函数并寻找最优策略的方法。与动态规划方法不同，蒙特卡罗方法不用假设拥有完备的环境知识，仅仅需要“经验”。即从真实或者模拟的环境交互中采样得到的状态、动作、收益的序列。从真实经验中进行学习是符合直觉的，因为该方法不需要关于环境动态变化规律的先验知识。蒙特卡罗方法通过平均样本的回报来解决强化学习问题。通常来说，蒙特卡罗方法泛指任何包含大量随机成分的估计方法。相较于动态规划方法，蒙特卡罗方法至少有 4 个优点：①不需要描述环境动态特性的模型，而可以直接通过与环境的交互来学习最优的决策行为；②可以使用数据仿真或采样模型，这在很多应用中是容易实现的；③可以很简单和高效地聚焦于状态的一个小的子集，可以只评估关注的区域而不评估其他状态；④在马尔可夫性不成立时，性能损失较小。

时序差分（TD）学习是强化学习中最核心、最新颖的思想之一。时序差分学习结合了蒙特卡罗方法和动态规划的思想。与蒙特卡罗方法一致的是，时序差分方法也可以直接从与环境互动的经验中学习策略，而不需要构建关于环境动态特性的模型。与动态规划一致的是，时序差分方法无须等待交互的最终结果，而可以基于已得到的其他状态的估计值来更新当前状态的价值函数。

到目前为止，本节介绍的几乎所有的方法都是基于动作价值函数的方法。这些方法都是先学习动作价值函数，然后根据其估计的行动价值选择行动。若没有动作价值估计，则其学习策略甚至不存在。若讨论直接学习参数化的策略方法，则动作选择将不再直接依赖于价值函数。价值函数仍可用于学习策略参数，但动作选择不是必需的。基于某种性能度量的梯度计算来学习策略参数，该方法称为策略梯度法。同时学习策略和价值函数的方法一般被称为行动器-评判器方法，其中行动器是指学习到的策略，可以视其为智能体进行决策动作的施动器；评判器是指学习到的价值函数，一般是状态价值函数，用于评估特定情

况下的价值，可以视其为智能体对当前状况的评判器。需要注意的是，策略参数化的选择有时是将有关所需策略形式的先验知识注入强化学习系统的方法。学习和储存策略参数的方法有很多优点，它们能够学习选择动作的特定概率，能够实现合理程度的试探并逐步接近确定性的策略。

最后需要说明的是，强化学习还有着更广义的解释和应用。本节介绍更多的是经典的框架和方法，虽然强化学习有着悠久的历史，但仍然有着大量待解决的研究课题等待着研究者的探索。

6.4　迁移学习

本节部分内容参考了杨强教授的《迁移学习》，从迁移学习的基础、基本方法和前沿技术三个方面介绍迁移学习。迁移学习解决的是学习系统如何快速适应新场景、新任务和新环境的问题。迁移学习的概念已经历了几十年的演化。一直以来，迁移学习已在类比学习、领域自适应、终身机器学习、预训练和微调等不同术语或形式下得到了广泛研究。

6.4.1　迁移学习的基础

迁移学习就是要让模型具有从一种场景迁移到另一种场景的能力。在人工智能和机器学习领域中，迁移学习是一种学习的思想和模式。简单回顾，机器学习是一门涉及概率论、统计学、逼近论等多门学科的多领域交叉学科，它使用算法来解析数据，从数据中学习，然后对真实世界中的事件做出决策和预测。迁移学习已成为机器学习的一个重要分支，侧重于将从一种场景中学习到的知识迁移应用到另一种场景中，其应用遍及人工智能的各个领域。迁移学习的初衷是节省人工标注样本的时间，让模型可以通过原问题已有的标记数据向未标记数据的新问题迁移。在人类进化中，迁移学习这种能力是非常重要的。只有找到新问题和原问题之间的相似性，才可以顺利地实现知识的迁移，这是迁移学习的核心所在。例如，一个人学会了蛙泳，只需稍加练习也能较快地掌握自由泳的技巧，这是因为蛙泳和自由泳之间存在很多相似性；而一个人即使学会了骑自行车，学习驾驶汽车还是需要花费大量的精力，这是因为骑自行车和驾驶汽车之间存在较大差异性。需要注意的是，迁移有正迁移和负迁移之分。迁移学习的核心问题是找到原问题和新问题的相似性，只有找到了这个相似性，才可以合理地利用之前学习到的知识，并将其应用于新的未知领域，从而很好地完成迁移学习任务。如果这个相似性找得不合理，也就是说，两个领域之间不存在相似性，或者基本不相似，那么就会大大影响迁移学习的效果。在这种情况下，出现了负迁移。产生负迁移的原因主要来源于：①数据层面：源域和目标域不相似；②方法层面：源域和目标域相似，但利用迁移学习方法没有找到可迁移的成分。在实际应用中，需要找到领域之间合理的相似性，并且选择或开发合理的迁移学习方法，才能有效避免产生负迁移现象。

迁移学习中有两个基本概念：①域（Domain）。域 $\mathbb{D}=\{\mathcal{X},\ \mathbb{P}^x\}$ 主要由两部分构成：特征空间 $\mathcal{X}$ 和边缘概率分布 $\mathbb{P}^x$，其中每个输入样本均为 $x\in\mathcal{X}$。迁移学习中涉及两个基本域：源域 $\mathbb{D}_s$ 和目标域 $\mathbb{D}_t$。源域是有知识、有大量数据标注的域，是要迁移的对象；目标域是最终要赋予知识、赋予标注的对象。②任务（Task）。任务 $\mathbb{T}=\{\mathcal{Y}, f(\cdot)\}$ 主要由两部分构成：标签空间 $\mathcal{Y}$ 和函数 $f(\cdot)$。函数 $f(\cdot)$ 是一个预测函数，能够对未知的样本 $\{x^*\}$ 进行标签预测。相应地，源域和目标域的标签空间分别为 $\mathcal{Y}_s$ 和 $\mathcal{Y}_t$。基于以上定义和符号，迁移学习的定义如下：给定源域 $\mathbb{D}_s$ 和学习任务 $\mathbb{T}_s$、目标域 $\mathbb{D}_t$ 和学习任务 $\mathbb{T}_t$，迁移学习的目的是借助源域 $\mathbb{D}_s$ 和学习任务 $\mathbb{T}_s$ 中的知识，来提升目标域中预测函数 $f_t(\cdot)$ 的学习效果，其中 $\mathbb{D}_s \neq \mathbb{D}_t$ 或者 $\mathbb{T}_s \neq \mathbb{T}_t$。当源域和目标域相同（$\mathbb{D}_s = \mathbb{D}_t$）且其学习任务也相同（$\mathbb{T}_s = \mathbb{T}_t$）时，该学习问题就是我们熟悉的传统机器学习问题。传统机器学习和迁移学习的学习过程对比如图 6-6 所示。

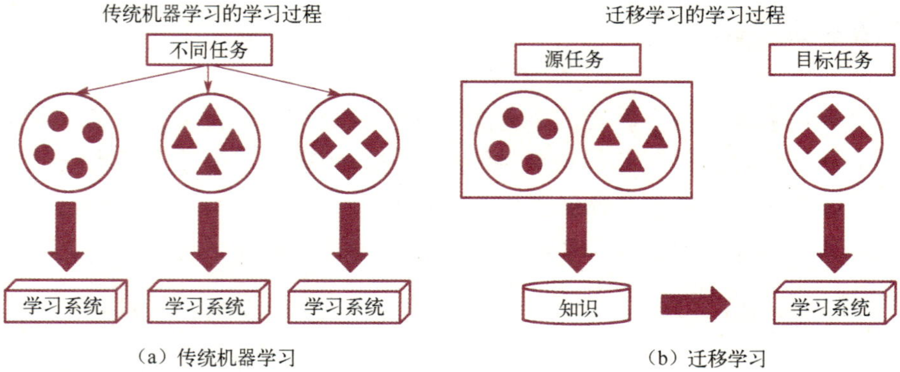

图 6-6　传统机器学习和迁移学习的学习过程对比

6.4.2　迁移学习的基本方法

6.4.2.1　基于样本的迁移学习

直观上，基于样本的迁移学习重复使用源域中的有标签数据，以训练出一个用于目标任务的更精准的模型。如果源域和目标域相似度足够高，那么可以将源域和目标域进行合并，从而将其转化为一个标准的单领域的机器学习问题进行求解。然而，在许多应用中，由于源域和目标域之间存在某些差异，使得直接采用源域中的样本无法很好地解决目标任务。也就是说，源域中的部分有标签数据有利于模型在目标域上进行训练，但是部分数据却无法提升甚至会干扰模型在目标域上的训练效果。因此，基于样本的迁移学习中的两个关键问题是：①如何筛选出源域数据与目标域数据具有相似分布的有标签样本；② 如何利用这些相似的数据训练出一个在目标域上更精准的模型。大多数基于样本的迁移学习方法通常可以假设为：大多数源域样本和目标域样本有着相似或相同的特征（$\mathcal{X}_s = \mathcal{X}_t$）且源任务和目标任务的标签空间一致（$\mathcal{Y}_s = \mathcal{Y}_t$）。也就是说，基于样本的迁移学习要求源和任务的不同在于源域和目标域的边缘分布不同（$\mathbb{P}^{X_s} \neq \mathbb{P}^{X_t}$）或源任务和目标任务的条件概率分布不同（$\mathbb{P}^{Y_s|X_s} \neq \mathbb{P}^{Y_t|X_t}$）。具体如下：

（1）若 $\mathbb{P}^{X_s} \neq \mathbb{P}^{X_t}$ 但 $\mathbb{P}^{Y_s|X_s} = \mathbb{P}^{Y_t|X_t}$，则这类问题被称为非归纳式迁移学习（Non-Inductive Transfer Learning）。在该类问题中，由于不同域的条件概率是相同的，即 $\mathbb{P}^{Y_s|X_s} = \mathbb{P}^{Y_t|X_t}$，因此即使目标域的数据全部没有标签，但是仅利用源域中的有标签数据和目标域中的无标签数据仍然可以训练出最优的预训练模型。Huang 等人提出的核平均匹配方法、Sugiyama 等

人提出的协变量移位法都属于此类方法。

（2）若 $\mathbb{P}^{X_s} \neq \mathbb{P}^{X_t}$ 且 $\mathbb{P}^{Y_s|X_s} \neq \mathbb{P}^{Y_t|X_t}$，则这类问题被称为归纳式迁移学习（Inductive Transfer Learning）。在该类问题中，由于不同域的条件概率是不同的，即 $\mathbb{P}^{Y_s|X_s} \neq \mathbb{P}^{Y_t|X_t}$，因此为了完成条件概率或判别函数从源域到目标域的迁移，要求目标域中的部分数据是有标签数据。Dai 等人提出了 TrAdaboost 方法，将 AdaBoost 的思想应用于迁移学习中，提高有利于目标分类任务的实例权重，降低不利于目标分类任务的实例权重。

由于非归纳式迁移学习和归纳式迁移学习的假设和要求不同，因此这两种迁移学习在设计上也存在差别。总体来说，基于样本的迁移学习方法根据一定的权重生成规则对源域样本进行重用，使其接近目标域的分布。

6.4.2.2　基于特征的迁移学习

基于特征的迁移在抽象的特征空间上实现迁移，而不是原始的输入空间。该类方法是迁移学习领域中最热门的研究方法之一，通常假设源域和目标域间有一些交叉的特征，即 $\mathcal{X}_s \cap \mathcal{X}_t \neq \varnothing$ 且 $\mathcal{Y}_s = \mathcal{Y}_t$。因此，该类方法也被称为基于同构特征的迁移学习。基于特征的迁移方法的主要思想是：①将源域和目标域的数据特征变换到统一的特征空间中，从而减小域之间的差异性；②在新的特征空间上，利用传统的机器学习方法完成目标任务。下面简单介绍这两类方法。

（1）第一类方法旨在通过最小化域间差异来学习给定目标域和源域的可迁移特征。域之间的差异可能仅由某些特征导致。如果可以识别不会导致域间差异的隐特征，并且用它们来表示跨域的数据样本，那么就可以利用具有新的特征表示的源域训练数据来训练目标域的预测模型。因此，学习不会导致域间差异的域不变特征，或者学习域间的特征映射函数以不同域的样本映射到由域不变特征组成的公共空间中，这是此类方法的核心。Pan 等人提出的迁移成分分析方法是该类别中的一种典型方法。

（2）第二类方法旨在从若干个域中学习通用的高质量特征。这些特征适用于所有纳入考虑范围的领域，因此被称为通用特征。该类方法主要包含三个步骤：①从源域的无标签数据中学习高级特征；②利用学习到的高级特征表示目标域的有标签数据；③利用目标域中的有标签数据的新表示来训练模型。例如，Rania 等人成功应用稀疏编码以无监督的方式学习目标任务的高质量通用特征。

6.4.2.3　基于模型的迁移学习

基于模型的迁移学习也称为基于参数的迁移学习，是指从源域和目标域中找到彼此之间共享的参数信息，以实现迁移的方法。这种迁移方式要求的假设条件是：源域中的数据与目标域中的数据在模型层次共享一些通用知识。也就是说，所迁移的知识被编码到模型参数、模型先验知识、模型构架等模型层次上。因此，基于模型的迁移学习的核心是需要明确源域模型中有助于目标域模型学习的部分。直观地，重利用源域上的模型可以避免模型从起始点重新学习，这使得基于模型的迁移学习更高效，更关注于源域的高层级知识。大部分基于模型的迁移学习方法通常都属于可归纳的迁移学习，即假设目标域有有标签的样本。在目标域仅有少量样本的情况下，基于模型的迁移学习借助于源域上已训练的模型可以有效降低过拟合的风险。现有的基于模型的迁移学习方法主要分为以下两类。

（1）基于共享模型成分的知识迁移。通过重新利用源域中的模型成分或者源域中的超参数来确定目标域模型，或者同时学习目标域和源域模型。例如，Schwaighofer 等人将层次贝叶斯学习和高斯过程相结合用于多任务学习。

（2）基于正则化的知识迁移。正则化是一种提高模型的泛化能力，避免过拟合的有效手段。在该类方法中，正则化约束了模型的超参数。其中，由于支持向量机具有良好的计算性能和预测表现，因此被广泛应用于基于正则化的知识迁移中。

通过对现有工作的调研发现，目前绝大多数基于模型的迁移学习方法都与深度神经网络进行结合。在赋予深度模型迁移学习的能力的方法中，参数微调是一种简单有效的、涉及模型参数的知识迁移技术。

6.4.2.4 基于关系的迁移学习

基于关系的迁移学习与上述方法具有截然不同的思路。上述方法都隐晦地假设数据样本是独立同分布的。但在实际应用中，数据样本含有关系结构。基于关系的迁移学习旨在构建源关系域和目标关系域之间关系知识的映射，其迁移基于以下假设：源域数据之间和目标域数据之间的关系具有共同的规律，因此在某种程度上可以基于关系特征来传递与域无关的关系知识。这种方法比较关注源域和目标域的样本之间的关系。图 6-7 形象地表示了学术领域与电影领域之间的相似关系。基于关系的迁移学习有两种机制，包括基于一阶关系的迁移学习和基于二阶关系的迁移学习。基于一阶关系的迁移学习方法假设如果两个关系域相关，则它们可以在跨域迁移的数据样本之间共享一些类似的关系（如图 6-7 中的一阶逻辑公式）；基于二阶关系的迁移学习方法假设两个相关的关系域存在相似的、独立于具体关系的通用结构规则，这些规则可以从源域中提取出来，然后迁移到目标域上（如图 6-7 中的二阶逻辑公式）。

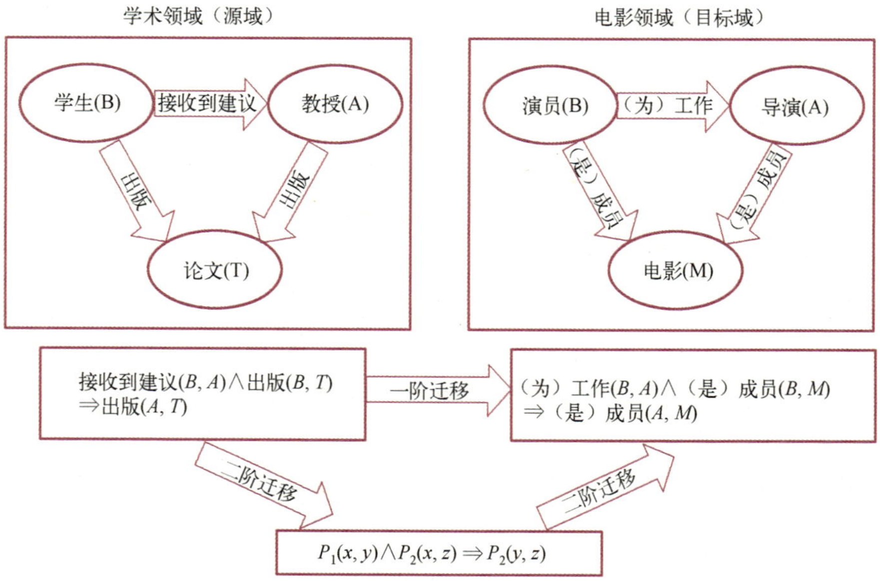

图 6-7　学术领域与电影领域之间的相似关系

6.4.3　迁移学习的前沿技术

6.4.3.1　异构迁移学习

迁移学习领域中大部分工作主要关注同构迁移学习，也就是源域数据和目标域数据具有相同的表示结构但是服从不同的概率分布的情况。异构迁移学习通过允许源域和目标域位于不同的特征空间或不同的标签空间，进一步扩大迁移学习的适用范围。也就是说，异构迁移学习允许将不同模态或不同方面的源域知识迁移到目标域。由于在异构迁移学习中，领域具有不同的特征表示或标签结构，必须依赖手动标注的对应关系来连接不同的域。如果源域样本的标签和目标域样本的标签在语义上很接近，那么可以推断出源域样本和目标域样本是对应的。这种对应关系是异构迁移学习算法构建样本映射或特征映射的先决条件，这样才能像同构迁移学习算法一样，使知识迁移成为可能。具体地说，异构迁移学习分为以下两种情况。

（1）解决特征空间不匹配时的知识迁移问题，即 $\mathcal{X}_s \cap \mathcal{X}_t = \varnothing$。主要方法分为两大类：一类为单层对齐，通过构建单层映射（样本映射或者特征映射）来对齐异构域；另一类为多层对齐，执行多个层次的映射以使不同的域对齐。根据映射的构建方式，有两类对齐策略：一类为基于隐空间的方法，学习由多个领域共享的隐变量构成的隐空间；另一类为基于翻译的方法，直接从源域特征空间翻译到目标域特征空间。基于隐空间的对齐策略可以通过隐式语义分析、字典学习、流行对齐、深度学习技术来实现。

（2）解决不同域的标签空间不一致时的知识迁移问题，即 $\mathcal{Y}_s \neq \mathcal{Y}_t$。这个方面已有的工作主要分为两种：域间的标签对齐和特征对齐。例如，可以借助标签分类将不同领域的标签联系起来，从而解决标签不匹配的问题；此外，还可以利用同构迁移学习中的基于特征的迁移学习，通过非监督学习在相同的特征空间但不同的标签空间中进行域间的知识迁移。

6.4.3.2　对抗式迁移学习

应用迁移学习的方式之一是使用无监督的生成模型来减少对有标签数据的依赖。在目标域中，有标签数据是有限的，但在源域中可能有大量无标签数据。生成模型可以利用这些无标签数据，作为一种无监督特征学习的方式实现知识向目标域的迁移。在众多生成模型中，生成对抗网络作为一种隐式生成模型，可以通过一种新的迁移学习方法——“数据拓展”来生成和增强目标域数据，这可以通过将源域样本“翻译”到目标域中，并且同时保留原始的标签信息来实现。基于学习的数据拓展方法与传统的基于实例的迁移学习模型的不同之处在于：基于学习的数据拓展方法创造了额外的目标域数据，而传统的基于实例的迁移学习模型只学习有标签的源域样本的权重。对抗学习还可以通过最小化源域中的任务损失和最大化域混淆损失来学习跨域的共享隐特征空间。与基于特征的迁移学习中的学习域不变特征不同，迁移学习的对抗式特征是通过求解最小-最大博弈问题来学习的。采用对抗式模型的迁移学习方法主要分为以下两大类。

（1）基于实例的对抗式迁移学习。①对抗式迁移学习将有标签的源域样本“翻译”到目标域，同时保留原始的标签信息。通过学习从源域样本到目标域样本的映射，从而创建有标签的目标域样本，典型模型有 SimGAN。②对抗式学习以一种完全无监督的方式在源域样本和目标域样本之间建立对应关系，学习两个域的样本之间的双向映射。成对数据是建立这种关系的必要条件，然而在对抗学习中，模型可以在没有成对数据的情况下发现跨域的关系，典型模型有 CycleGAN、DiscoGAN。

（2）基于特征的对抗式迁移学习。该类方法通过对抗式的目标函数找到一个公共特征空间。①对抗式域适配：使用有标签的源域数据和没有标签的目标域数据来学习一个适用于两个领域的识别分类器。②对抗式特征学习：采用自学习假设，先用大量无标签的源域数据构造高层抽象特征，然后用少量有标签的目标域数据学习一个分类器。学习公共特征空间的能力对于迁移学习至关重要。例如，域人工神经网络是一个可用于提取域不变特征的经典方法。在将源域和目标域中的数据映射到共享特征空间后，迁移学习任务便可以利用两个域的数据来完成。

6.4.3.3　传导式迁移学习

当源域和目标域之间没有直接联系且差异较大时，大多数传统迁移学习方法不能取得理想的效果（因为很容易出现负迁移）。然而，表面上看似无关的两个领域，它们也可以由中间的领域构成联系，也就是一种传递式的相似性。例如，从表面上看领域 A 和领域 B 完全不相似。那么，是否可以找到中间的一个领域 C，使得领域 C 与领域 A 和领域 B 都有一定的相似性？这样，知识原来不能直接从领域 A 迁移到领域 B，在加入领域 C 后，就可以先从领域 A 迁移到领域 C，再从领域 C 迁移到领域 B。这种新的学习范式称为传递式迁移学习。如图 6-8 所示，在传递式迁移学习中，源域和目标域几乎没有共同因子，但是它们可以通过一个或多个中间域中的共享因子连接。一般而言，传递式迁移学习范式对于扩展迁移学习的能力非常重要，因为它能够在巨大分布差异的域之间迁移知识，并有助于尽可能多地重用先前的知识。在设计传递式迁移学习范式时存在两个主要研究问题：①如何选择适当的中间域数据作为差异较大的源域和目标域之间的连接桥梁？②如何在各个域之间有效地迁移知识？下面简单介绍传递式迁移学习范式下的 3 种学习算法。

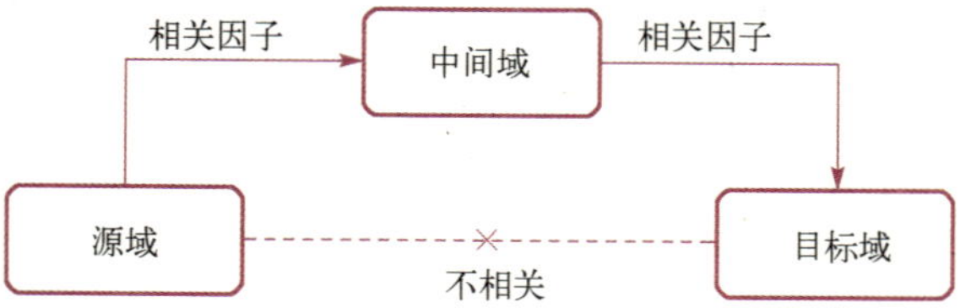

图 6-8　传导式迁移学习的主要思想

（1）手动选择一个中间域，并通过重启随机游走方法来实现知识迁移。该形式用于应对源域和目标域具有异构的特征空间的情况。然而，与异构学习相比，传递式迁移学习要更复杂。由于共现的数据通常包含很多噪声，Tan 等人提出了一种混合迁移算法来确定哪些是源域的样本和哪些特征有助于实现知识迁移。

（2）基于隐性特征表示的传导式迁移学习。在许多实际应用中，往往存在许多中间域且并不确定哪一个中间域对传递式迁移学习有帮助。此外，源域、目标域和中间域都可能有不同的数据来源，并且每对域中的数据分布不同。中间域的选择与特定任务相关，因此不同的问题通常需要不同的解决方案。任务难度和域距离是影响迁移学习性能的两个主要问题。例如，基于非负矩阵三因子分解算法可以学习得到源域和目标域之间的共同特征子空间，且源域中的标签信息可以通过得到的公共子空间传播到中间域数据和目标域数据。

（3）基于深度神经网络的传导式迁移学习。在某些实际应用中，源域和目标域并不能通过某一个中间域连接，而是需要多个中间域来连接源域和目标域。值得注意的是，并非中间域中所有的数据都与源域数据类似，其中一些数据可能完全不同。因此，仅使用所有中间域数据来连接源域和目标域可能无法正常工作。为此，Tan 等人提出选择性学习算法可以逐步从多个中间域中选择多子集的样本来连接源域和目标域，以在其内完成知识迁移。

6.5 联邦学习

6.5.1 联邦学习概述

6.5.1.1 背景介绍

在人工智能应用中，训练相关模型需要的数据量是非常大的。然而，在许多应用领域中，人们发现满足所需规模的数据量很难达到。很多时候，我们能够获得的通常都是“小数据”，即获得的数据要么规模较小，要么缺少相关标签或者部分特征。特别是在医学领域中获取可用的数据更加困难，首先是对于一些疾病患者比较少，很难获得相关数据；其次是由于医疗数据牵扯到患者隐私，一些患者会不愿意参与到数据采集过程或者因为患者的个人情况很难获得相关数据；此外对数据标记也会耗费大量资源。同时国内外监管环境也在逐步加强数据保护，陆续出台相关政策，如欧盟引入的新法案《通用数据保护条例》（GDPR），我国国家互联网信息办公室起草的《数据安全管理办法（征求意见稿）》，因此数据在安全合规的前提下自由流动，成为大势所趋；从用户和企业角度，商业公司所拥有的数据往往都有巨大的潜在价值。两个公司甚至公司间的部门都要考虑利益的交换，往往这些机构不会提供各自数据与其他公司做与单的聚合，导致即使在同一个公司内，数据也往往以孤岛形式出现。不足以支撑实现、不允许粗暴交换、不愿意贡献价值，这三点导致了大量数据孤岛的存在，以及隐私保护问题，故联邦学习应运而生。自 2016 年，Google 首次提出联邦学习的概念，以及杨强等人提出安全联邦学习的概念后，联邦学习作为未来人工智能技术的操作系统受到了产业界和学术界越来越多的关注。

6.5.1.2 定义

给定分布式系统中 N 个终端，即数据所有者为 $\{\mathcal{F}_1,\cdots,\mathcal{F}_N\}$，所以数据所有者的目的是利用各自的数据协同训练各自的本地机器学习模型。传统的做法是将所有数据集合起来，训练出一个共同的机器学习模型 $\mathcal{M}_{\text{SUM}}$ 作为各自的模型，这样做分布式系统终端的数据就有可能暴露。在联邦学习中数据所有者在不会将自己的数据暴露给其他人的情况下，协同训练出各自的本地机器学习模型 $\mathcal{M}_{\text{FED}}$。若存在一个非负实数 δ 使得

$$|\mathcal{V}_{\text{FED}}-\mathcal{V}_{\text{SUM}}|\leqslant\delta \tag{6-10}$$

其中，$\mathcal{V}_{\text{FED}}$ 和 $\mathcal{V}_{\text{SUM}}$ 分别表示 $\mathcal{M}_{\text{FED}}$ 和 $\mathcal{M}_{\text{SUM}}$ 的性能指标，如分类准确率等，则说明该联邦学习算法具有 δ 性能损失。若安全的联邦学习在分布式数据集源上构建机器学习模型，则此分布式模型的性能近似于把所有数据集中到一个地方构建的模型性能。

联邦学习是针对隐私保护的分布式系统的机器学习范式。分布式系统中的各个组件之间的通信需要加密，主要包括安全多方计算（SMC）、隐私保护、同态加密等。联邦学习也带了许多益处，由于其被设计为不需要直接数据交换或者收集的情形，因此参与者各方的用户隐私和数据安全得到了保护。联邦学习还允许若参与方协同训练一个机器学习模型，则各方可以得到一个比只使用自己数据训练性能更好的模型。

6.5.1.3 分类

根据多参与方之间数据分布的不同，联邦学习可以分为三大类：横向联邦学习、纵向联邦学习和联邦迁移学习。这里使用二维矩阵 $\boldsymbol{D}_i$ 表示数据拥有者 i 所持有的数据。$\boldsymbol{D}_i$ 中的每行均表示一个样本，每列均表示一个特征。为方便记忆把特征空间记为 $\mathcal{X}$，标签空间记为 $\mathcal{Y}$。同时使用 $\mathcal{I}$ 表示用户的 ID 空间。

6.5.2 横向联邦学习

6.5.2.1 横向联邦学习定义

横向联邦学习又被称为基于样本的联邦学习，是一种适用于不同数据拥有者的数据特征空间相同而样本不同情况下的联邦学习，如图 6-9 所示。例如，对于两个不同地区业务相同的银行，其用户交集很小，但是记录用户信息的特征空间可能一样，如户名、注册日期、余额等。横向联邦学习可以形式化表述为

$$\mathcal{X}_i=\mathcal{X}_j,\quad \mathcal{Y}_i=\mathcal{Y}_j,\quad \mathcal{I}_i\neq\mathcal{I}_j,\quad \forall\mathcal{D}_i,\quad \mathcal{D}_j,\quad i\neq j$$

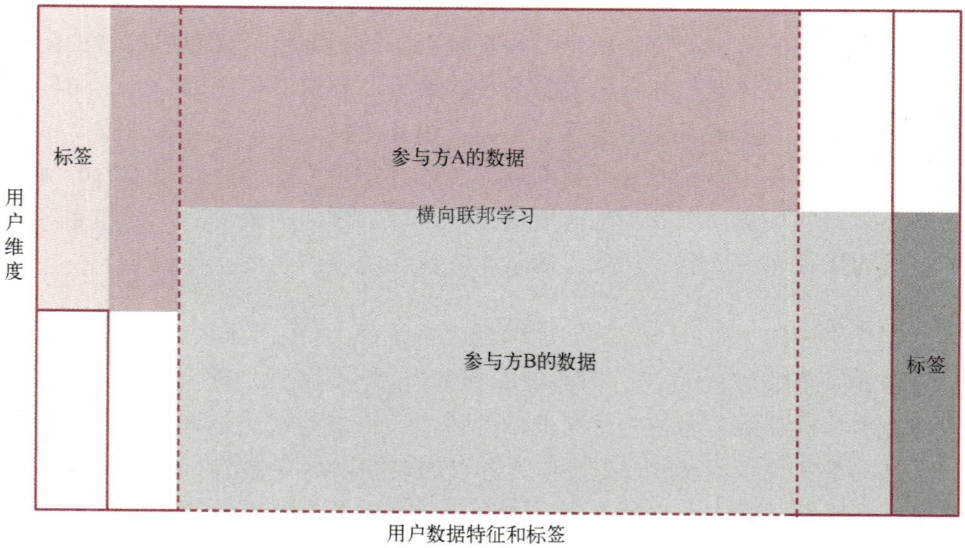

图 6-9 横向联邦学习

因为所有数据拥有者的信息都要汇总到统一的服务器，所以横向联邦学习通常假设系统的参与者都是诚实的，服务器是诚实但不是谨慎的，也就是说，只有服务器才会泄露数据隐私。横向联邦学习的本质是样本的联合，适用于参与者间业态相同但触达客户不同，即适用于特征重叠多、用户重叠少的场景，如不同地区银行间的业务相似（特征相似），但用户不同（样本不同）。

6.5.2.2　横向联邦学习分类

根据采用的分布式架构不同，横向联邦学习又可以分为客户-服务器架构横向联邦学习、对等网络架构横向联邦学习。

（1）客户-服务器架构横向联邦学习过程如下。

步骤 1：参与方在本地计算模型梯度时，使用动态加密，差分隐私或者秘密共享等加密技术，对梯度进行掩饰，并将掩饰后的结果（即加密梯度）发送给服务器。

步骤 2：服务器进行安全聚合操作，如使用基于同态加密的加权平均。

步骤 3：服务器将聚合后的结果发送给各参与方。

步骤 4：各参与方对接收到的梯度进行解密，并使用解密后的梯度结果更新各自模型的参数。

（2）对等网络架构横向联邦学习。

除了客户-服务器架构，横向联邦学习也能够利用对等网络架构，在该架构下，不存在中央服务器（或协调方）。在这种架构中，参与方也称为训练方或者分布式训练方。每个训练方均使用本地数据训练同一个机器学习模型。训练方之间使用安全链路相互传输模型参数信息。为了保证任意两方之间的通信安全，需要使用基于公共密钥的加密方法等类似的措施。由于对等网络架构中不存在中央服务器，因此训练各方需要提前商定发送和接收模型参数信息的顺序。

6.5.2.3　安全性分析

假设参与者都是诚实的，而服务器是诚实的但非谨慎的（Honest-But-Curious），因此从任何参与方到服务器的泄漏是不被允许的。若采用了安全多方计算或者同态加密来聚集梯度，则这种架构就可以用来预防半诚实（Semi-Honest）的服务器引起的数据泄露。但是在其他安全模式的联合训练过程中，横向联邦学习系统的架构很容易遭到恶意参与方的攻击。横向联邦学习中的协调方有可能会导致参与方隐私泄露。一些研究者建议取消横向联邦学习中的协调方（聚合服务器），对等网络架构是一个不错的尝试。横向联邦学习也面临着其他的挑战，如由于无法查看分布式系统的数据，因此横向联邦学习中超参数的设置很难进行。因为不了解训练数据，所以系统设计者很难为每个参与者选取合适的模型、优化器以及设置合适的学习率等，从而导致训练花费更多的资源；如何鼓励更多的企业和团体参与到横向联邦学习中也是一个现实问题，联邦学习的目的是使每个参与者都享受到大数据带来的福利，但是一些拥有大量数据的大企业出于一些因素的考虑不愿意参与到联邦学习过程中来。

6.5.3 纵向联邦学习

6.5.3.1 纵向联邦学习定义

纵向联邦学习又称为基于特征的联邦学习，是指适用于不同数据集、样本用户 ID 相同、特征空间不同的联邦学习，如图 6-10 所示。例如，位于同一个城市的一家银行和电子商务企业，因为所处区域相同，所以两者可能有很多共同的客户，但是由于经营业务的不同，记录用户信息的特征空间可能不太一样，如银行记录用户的财务收支情况、信用登记、电子商务公司记录用户的商品浏览记录、购买历史等信息。在协同训练各自的机器学习模型但不想泄露自己的数据给其他实体时，需要用到纵向联邦学习。纵向联邦学习使用一个服务器以隐私保护的方式聚合来自不同实体的样本特征，来计算损失和梯度并反馈各个参与者。纵向联邦学习的场景可以描述为

$$\mathcal{X}_i \neq \mathcal{X}_j,\quad \mathcal{Y}_i \neq \mathcal{Y}_j,\quad \mathcal{I}_i = \mathcal{I}_j,\quad \forall \mathcal{D}_i,\quad \mathcal{D}_j,\quad i \neq j$$

纵向联邦学习的本质是特征的联合，适用于用户重叠多、特征重叠少的场景，如同一地区的商超和银行，其用户都为该地区的居民（样本相同），但业务不同（特征不同）。

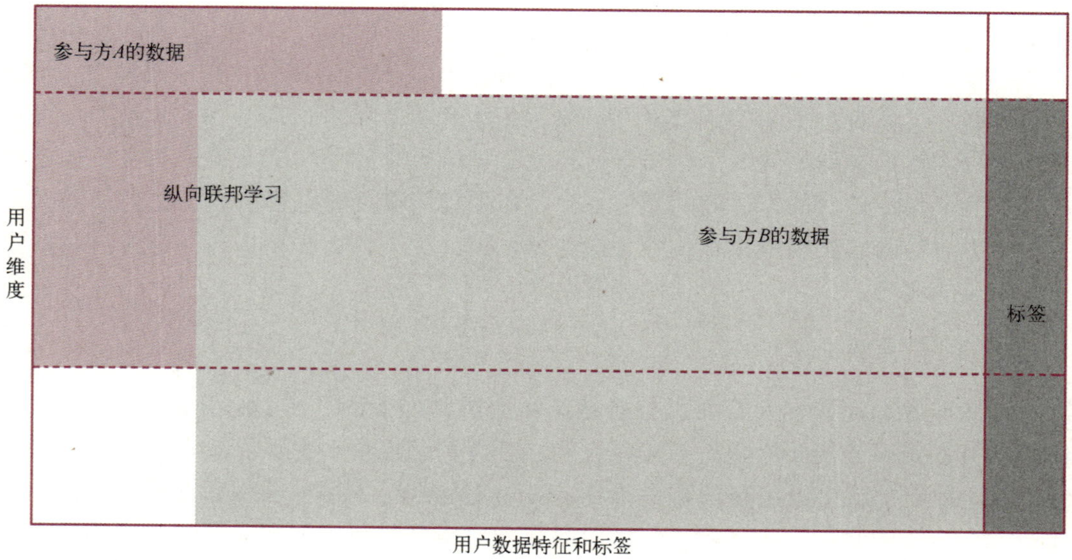

图 6-10 纵向联邦学习

6.5.3.2 纵向联邦学习的过程

纵向联邦学习的过程主要分两步，即加密样本对齐和基于对齐样本的模型加密训练。具体过程可以总结如下。

第一步：加密样本对齐。该步在系统级进行，因此在企业感知层面不会暴露非交叉用户。

第二步：基于对齐样本的模型加密训练分为以下 4 步。

步骤 1：由第三方 *C* 向参与方 *A* 和参与方 *B* 发送公钥，用来加密需要传输的数据。

步骤 2：参与方 A 和参与方 B 分别计算与自己相关的特征中间结果，并加密交互，用来求得各自梯度和损失。

步骤 3：参与方 A 和参与方 B 分别计算各自加密后的梯度并添加掩码发送给第三方 C，同时 B 计算加密后的损失发送给第三方 C。

步骤 4：第三方 C 解密梯度和损失后回传给参与方 A 和参与方 B，参与方 A 和参与方 B 去除掩码并更新模型。

6.5.3.3　纵向联邦学习的安全性分析

在实体对齐和模型训练的过程中，参与方 A 和参与方 B 的数据都被保存在本地，且数据参与训练的交集部分也不会导致数据隐私泄漏。第三方 C 引起的数据泄露可能或不可能被认为是隐私泄露（Privacy Violation）。在这个情境中，为了进一步预防第三方 C 学习来自参与方 A 和参与方 B 的信息，参与方 A 和参与方 B 会添加加密的随机掩码（Encrypted Random Mask）来向第三方 C 隐藏它们的信息。因此，两个参与方都到达了它们的目的，即通过联邦学习来联合训练一个公共模型。为了促进双方之间的安全计算，可以引入一个半诚实的第三方（Semi-Honest Third Party，STP），且假定其不与其他参与方串通。在学习结束后，每个参与方都只能持有与自身特征关联的模型参数。因此在推理时，双方需要一起合作来生成输出。

6.5.4　迁移联邦学习

6.5.4.1　迁移联邦学习的定义

迁移联邦学习是纵向联邦学习的一种推广。在纵向联邦学习的例子中，参与方 A 和参与方 B 只有很小的样本交集，希望学习到参与方 A 所有数据集的标签，如图 6-11 所示。纵向联邦学习框架只操作了数据的重叠部分，为了将其覆盖范围拓展到整个样本空间，引入了迁移联邦学习。这并没有改变纵向联邦学习整体的框架，但是参与方 A 和参与方 B 之间交换中间计算结果的细节改变了。具体来说，迁移联邦学习可以学到参与者方 A 和参与方 B 的共同特征表示，同时通过利用源域的标签，最小化预测目标域样本的预测误差。迁移联邦学习的场景可以描述为

$$\mathcal{X}_i \neq \mathcal{X}_j,\quad \mathcal{Y}_i \neq \mathcal{Y}_j,\quad \mathcal{I}_i \neq \mathcal{I}_j,\quad \forall \mathcal{D}_i,\quad \mathcal{D}_j,\quad i \neq j$$

6.5.4.2　迁移联邦学习的框架

本节介绍一种安全的、基于特征的迁移联邦学习框架。针对迁移联邦学习中两个参与方：A 方（源域方）、B 方（目标域方），该框架通过对齐样本的特征表征训练得到一个预测模型。用于预测 B 方（目标域）中未标记的样本标记。

考虑一个属于 A 方的数据集 $\mathcal{D}_A := \{(x_i^A, y_i^A)\}_{i=1}^{N_A}$，其中 $x_i^A \in R^a$ 且 $y_i^A \in \{+1,-1\}$ 是第 i 个标签。一个属于 B 方的数据集 $\mathcal{D}_B := \{(x_i^B, y_i^A)\}_{i=1}^{N_B}$，其中 $x_i^B \in R^a$。$\mathcal{D}_A$ 和 $\mathcal{D}_B$ 分别由 A 方和 B 方拥有，且不能暴露给对方。假设存在一个大小有限的重叠样本集 $\mathcal{D}_{AB} := \{(x_i^A, x_i^B)\}_{i=1}^{N_{AB}}$，以及一个位于 A 方但针对 B 方数据的标签集合：$\mathcal{D}_C := \{(x_i^B, y_i^A)\}_{i=1}^{N_C}$，其中 N_c 是标签的数量。

图 6-11　迁移联邦学习示意图

假设所有的标签都在 A 方，但这里所描述也适用于标签都在 B 方的情况。这里可以用加密的掩码技术，在保护隐私的同时，匹配 A 方和 B 方具有相同 ID 的样本。在这里，假设 A 方和 B 方都已经找到或者已经提前知道双方的重叠样本 ID。在上述设置下，最终的目标是双方协作地建立一个迁移联邦学习模型，在不向对方公开数据的情况下，尽可能地为目标域中的 B 方预测标签。

近年来，深度神经网络已被广泛应用到迁移联邦学习中，以寻找隐式的迁移机制。在这里考虑 A 方和 B 方的隐藏表征是由两个神经网络 $u_i^A = \text{Net}^A(x_i^A)$ 与 $u_i^B = \text{Net}^B(x_i^B)$ 生成的，其中 $u^A \in \mathbb{R}^{N_A \times d}$ 且 $u^B \in \mathbb{R}^{N_B \times d}$，$d$ 是隐藏表征层的维度。

为了给目标域中的样本打上标签，一种通用的方法是引入预测函数

$$\varphi(u_j^B) = \varphi(u_1^A, y_1^A \cdots u_{N_A}^A, y_{N_A}^A, u_{B_j})$$

可以使用可用的标签数据集，训练的目标函数为：

$$\min_{\Theta^A,\Theta^B} \mathcal{L}_1 = \sum_i^{N_c} \ell_1(y_i^A, \varphi(u_i^B)) \tag{6-11}$$

其中 Θ^A 与 Θ^B 是 Net^A 与 Net^B 的训练参数。设 L_A 和 L_B 分别是 Net^A 和 Net^B 的层数。$\Theta^A = \{\theta_l^A\}_{l=1}^{L_A}$，$\Theta^B = \{\theta_l^B\}_{l=1}^{L_B}$，其中 θ_l^A 和 θ_l^B 分别表示第 l 层的训练参数；ℓ_1 是训练损失，此外还希望最小化 A 方和 B 方之间的对齐损失，即

$$\min_{\Theta^A,\Theta^B} \mathcal{L}_2 = \sum_i^{N_{AB}} \ell_2(u_i^A, u_i^B) \tag{6-12}$$

其中，ℓ_2 表示对齐损失，一般取 $-u_i^A(u_i^B)'$ 或者 $u_i^A - u_i^{B2}{}_F$，其中 $\|\cdot\|_F^2$ 表示 Frobenius 范数的平方。最终优化目标为

$$\min_{\Theta^A,\Theta^B} \mathcal{L} = \mathcal{L}_1 + \gamma\mathcal{L}_2 + \frac{\lambda}{2}(\mathcal{L}_3^A + \mathcal{L}_3^B) \tag{6-13}$$

其中，γ 和 λ 是权重参数，且 $\mathcal{L}_3^A = \sum_{l}^{L_A} \theta_l^{A2}{}_F$ 和 $\mathcal{L}_3^B = \sum_{l}^{L_B} \theta_l^{B2}{}_F$ 是正则化参数。

下一步是通过反向传播获得更新 Θ^A 和 Θ^B 的梯度。对于 $p = \{A, B\}$，有

$$\frac{\partial \mathcal{L}}{\partial \theta_l^p} = \frac{\partial \mathcal{L}_1}{\partial \theta_l^p} + \gamma \frac{\partial \mathcal{L}_2}{\partial \theta_l^p} + \lambda \theta_l^p \tag{6-14}$$

在 A 方和 B 方均不应暴露自己的原始数据的情况下，需要使用隐私保护方法计算上述两式，常用的隐私保护方法有同态加密和秘密共享。

6.5.4.3　安全性分析

在上面的安全性定义中，只要底层的加密方法是安全的，则联邦学习的训练和预测过程就都是安全的。在训练过程中，原始数据 $\mathcal{D}_A$ 和 $\mathcal{D}_B$，以及本地模型 Net^A 和 Net^B 从未公开并且只有加密的数据隐藏表征会发生交换。在训练过程中，每轮迭代 A 方和 B 方受到的唯一未经加密的数值是模型参数的梯度信息，梯度信息由所有变量聚合得到，且会用随机数值来掩藏。在训练过程的最后，每方都不会知晓另一方的数据结构，并且每方只能获得与自己特征相关的模型参数。在推理过程中，两方都需要另一方的参与才能计算出预测结果。虽然将迁移学习与联邦学习框架相结合的研究发展迅速，但是在现实应用中迁移联邦学习仍面临不少挑战：①需要制定一种学习可迁移知识的方案，该方案要能够有效地捕捉参与方之间的不变性。迁移联邦学习中迁移的知识通常由各参与方的本地模型共同学习到。每个参与方都对各自本地模型的设计和训练拥有完全的控制权。现有迁移联邦学习需要在模型的自主性和泛化性能之间寻求一种平衡；②需要确定如何在确保所有参与方的共同特征表征的隐私安全的前提下，在分布式的环境中学习迁移知识表征的方法。在迁移联邦学习框架中，迁移知识的表征不仅是以分布式方式学习得到的，还通常不允许暴露给任何参与方。因此，需要精确地了解每个参与方对共享表征做出的贡献，并考虑如何保护好每个参与方所贡献信息的隐私安全。

6.6　人工智能安全

6.6.1　人工智能安全概述

人工智能在逐渐改变人类的生活，自动驾驶、智能安防、智能投顾等新技术的发展推动着社会的进步与变革。但新技术的发展和应用通常存在两面性：人工智能在交通、金融、网络等各个领域中，以新的手段和途径发挥着防控经济社会风险、保障网络空间安全的作用；但同时，基于人工智能技术，更具有威胁性的攻击手段层出不穷。人工智能也会伴生其他的安全性问题，如冲击社会就业、引起法律伦理纠纷等。

如果人工智能被利用不当，那么该技术也能使针对安全问题的攻击方法突破原有的能力边界。在人工智能驱动下的自动化网络攻击是当前热门话题之一，黑客正在利用人工智能升级武器，其中在线验证码作为一种防御手段，正逐渐被成生式对抗网络攻破。根据 500 个样本，成生式对抗网络可以生成上亿的合成训练数据，训练出的模型可以在 0.5s 内破解 Captcha 在线验证码系统。2016 年，在国际顶级安全会议 BlackHat 上，来自 ZeroFOX 的团

队展示了一种自动化鱼叉式网络钓鱼方法，该方法具有递归神经网络侦查能力，在 Twitter 上能够向特定用户发送不同的钓鱼推文。该方法的攻击成功率为 30%～60%，而传统的广撒网式钓鱼的成功率只有 5%～14%，这体现出了人工智能可以使钓鱼攻击更加精准。在拥有足够训练数据的情况下，人工智能可以合成与原声相似的人造语音，根据文本描述生成逼真的图像，更换视频中的人脸而不产生违和感。这种运用人工智能产生的虚拟数据很可能会被不法分子用来实施诈骗活动。事实上，推销机器人在与人进行电话交谈时，对话自然流畅，富有情绪，已经骗过了很多人。

当前阶段的人工智能仍处于起步阶段，主要是面向特定领域的专用智能，属于弱人工智能。在不同领域中，这一阶段的人工智能还是暴露了一些安全性缺陷。其实，早在 2018 年 BlackHat 会议上，百度安全团队就通过对抗样本这一攻击手段令自动驾驶系统无法检测到其他车辆，系统中的这种缺陷很可能就是乘客在自动驾驶时，发生事故的原因。2015 年 8 月，在印度的汽车配件车间中，一个用于焊接金属板的维修机器人误将靠近的员工当作目标，把焊条刺入其腹部，对员工造成了严重的伤害。2018 年，亚马逊智能音箱 Alexa 会突然播放诡异的笑声，引起了大量用户的恐慌。相关技术人员解释这可能是因为智能音箱将某种信号错误地理解为“Alexa，laugh”这样的指令，但产生这种错误的具体原因是无法解释的。2021 年 3 月，一名中国台湾的 Tesla Model 3 车主在当地试用自动驾驶功能时发生事故，车辆在闯过红灯后撞上多台横向行驶的摩托车，并最终翻车。人工智能的这种不可解释性，增加了人们对于人工智能的不信任程度。

6.6.2 人工智能数据安全

人工智能的产生需要多个阶段的设计，每个阶段都存在脆弱性。近十几年来，大数据的蓬勃发展为机器学习等人工智能算法提供了大量的学习样本。数据是驱动人工智能浪潮全面兴起的重要基础，数据安全风险已经成为影响人工智能安全发展的关键因素。

数据集的质量影响着人工智能算法的性能。例如，图像分类算法常用的 CIFAR10 数据集包含了 50000 张训练图片和 10000 张测试图片，共有 10 个物体类别：飞机、汽车、鸟、猫、鹿、狗、青蛙、马、船和卡车。为了保证数据集的均衡性，每个类别对应的图像数量都相同。不均衡的数据集使数据样本的分布偏差较大，可能会造成人工智能算法的失效。对于一些更为复杂的任务，需要在规模更大的数据集上进行训练，包含 1000 多万张图片的 ImageNet 数据集就是一个常用的大规模数据集。大数据集和制作需要花费大量的人力进行数据的标注工作，这是影响数据集准确性的关键一步。以目标检测任务为例，可以先通过摄像头拍摄真实场景，然后对拍摄到的原始图像进行标注，即在这些图片上标注哪些是目标，如人、汽车、桌子等，圈出每个目标的外部轮廓（通常是矩形）。如果一些图片中都包含汽车这个目标类别，而标记人员没有将它们标记，那么用这些漏标记的图片去训练一个目标检测算法，很可能导致算法对汽车类别检测能力的下降。如果标记人员将人这一类别误标记为汽车类别，那么会对算法的检测能力造成更大的影响。因此，对数据的均衡性和准确性验证是保证数据和人工智能算法安全的一个重要前提。除了数据集的质量，还需要考虑数据中的隐私泄漏问题，人工智能可以提高数据挖掘分析的能力，同时也加大隐私泄露风险。人工智能可以基于其采集到无数个看似不相关的数据片段，通过深度挖掘分析，得到更多与用户隐私相关的信息，识别出个人行为特征甚至性格特征。人工智能可以通过对数据的再学习和再推理使现行的数据匿名化等安全保护措施无效，个人隐私变得更易被挖掘和暴露。

人为修改数据可以在很大程度上改变人工智能算法的执行效果，攻击者可以在训练人工智能模型时污染数据，令模型学习错误的数据特征，造成算法朝着攻击者预期的方向生效，这种攻击方式被称为数据投毒攻击。目前，很多数据的标注都通过众包的方法获取，攻击者可以轻易地接触到这些数据并修改其标注，因此数据安全是人工智能内在安全的重要组成部分。

相比于数据投毒攻击一种新出现的攻击方法——对抗样本，可以在不改变原始模型参数的情况下，对需要判定的目标 x 加以轻微的扰动 δ，变成对抗样本 x'，让算法的输出偏离人们的预期，如图 6-12 所示。一种经典的用于生成扰动 δ 的方法是投影梯度下降（Projected Gradient Descent，PGD），即对于参数为 θ 的深度网络模型增大，多次迭代求解损失函数 L 关于模型输入样本的导数为

$$\delta_{k+1} = \text{Clip}(a\,\text{sign}(\nabla_{x+\delta_k} L(f_\theta(x+\delta_k), y))) \tag{6-15}$$

其中，Clip 函数用于保证在每次迭代中，生成的扰动 δ 在一个小范围内，不易被人眼察觉，a 和 k 分别控制沿梯度方向的步长和迭代次数。近年来，对抗样本吸引了许多研究团队的关注，是人工智能安全的一个新热点。

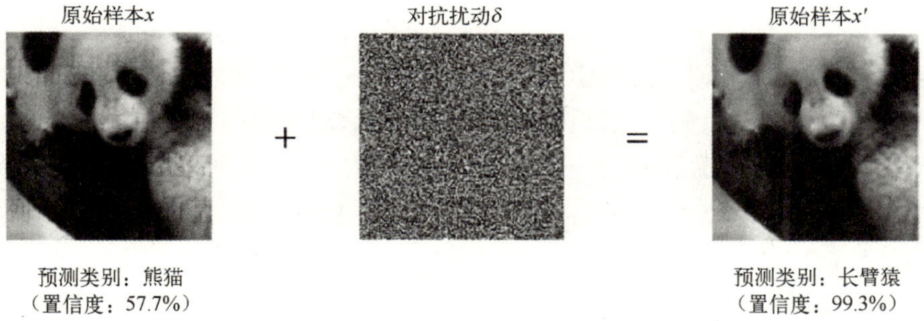

图 6-12　对抗样本的生成过程

注意，图 6-12 将对抗扰动 δ 增大以便显示，模型以 57.7%的置信度将原始样本 x 判断为熊猫类别，但以更高的置信度将对抗样本 x' 判断为长臂猿类别。

6.6.3　人工智能算法安全

人工智能的核心是算法模型的生成，而算法模型的生成主要涉及两点：一是提出、设计算法，这是解决问题的基础，如果没有好的算法，就很难有效解决问题；二是数据的积累，这是解决问题的保证，仅有算法没有数据也无法解决问题。上一节介绍了数据层面造成的人工智能内生安全问题，本节主要从算法层面介绍人工智能可能存在的内生安全问题。

算法设计或实施有误可产生与预期不符甚至伤害性的结果。算法的设计和实施有可能无法实现设计者的预设目标，导致决策偏离预期甚至出现伤害性结果。例如，2018 年 3 月，Uber 自动驾驶汽车因机器视觉系统未及时识别出路上突然出现的行人，导致与行人相撞，

致人死亡。Google、斯坦福大学、伯克利大学和 OpenAI 研究机构的学者根据错误产生的阶段将算法模型设计和实施中的安全问题分为三类：第一类是设计者为算法定义了错误的目标函数。例如，设计者在设计目标函数时，没有充分考虑运行环境的常识性限制条件，导致算法在执行任务时对周围环境造成不良影响。第二类是设计者定义了计算成本非常高的目标函数，使得算法在训练和使用阶段无法完全按照目标函数执行，只能在运行时执行某种低计算成本的替代目标函数，从而无法达到预期的效果或对周围环境造成不良影响。第三类是选用的算法模型表达能力有限，不能完全表达实际情况，导致算法在实际使用时面对不同于训练阶段的全新情况可能产生错误的结果。

当社会运转和人们生活越来越多地受到智能决策支配时，对决策算法进行监督与审查至关重要。但是算法黑箱或算法不透明性引发监督审查困境。算法黑箱或算法不透明性主要由三方面原因造成：一是拥有决策算法的公司或个人可以对决策算法主张商业秘密或者私人财产，拒绝对外公开；二是即使对外公布决策算法源代码，普通公众由于技术能力不足，无法理解决策算法的内在逻辑；三是由于决策算法本身具有高度复杂性，即使是开发它的程序员也无法解释决策算法做出某个决定的依据和原因。因此，对决策算法进行有效监督与审查是非常困难的。

在算法的可解释性层面，人工智能同样可能存在内生安全问题。神经网络虽然取得很好的效果，但是由于其缺乏可解释性，在图像处理、文本处理、音频处理等多个领域的相关问题上均存在对抗样本，即仅在原始数据上做了轻微修改生成的数据就能够造成深度神经网络运行错误。特别在一些对准确率要求高、可解释性要求强的场景中，神经网络的失误会造成巨大的损失。例如，在医学场景中，如果让智能算法自动识别某患者是否患病，神经网络不具有可解释性，仅会给出患者是否患病的分类结果；如果算法错误，那么影响会很大，如未被正确检测出患病的病人将会被耽搁治疗，而未患病的人被识别为患病则会使其产生心理恐慌。如果神经网络具有可解释性，那么即使其识别结果稍许不准，医生也能根据算法给出原因进行调整，这也是神经网络可解释性如此重要的原因之一。

对抗样本攻击可诱使算法识别出现误判、漏判，进而产生错误结果。目前，人工智能算法学习得到的只是数据的统计特征或数据间的关联关系，而并未真正获取反映数据本质的特征或数据间的因果关系。对抗攻击就是攻击者利用人工智能算法模型的上述缺陷，在预测/推理阶段，针对运行时的输入数据精心制作对抗样本以达到逃避检测、获得非法访问权限等目的的一种攻击方式。常见的对抗样本攻击包括两类：逃避攻击和模仿攻击。逃避攻击通过产生一些可以成功逃避安全系统检测的对抗样本，实现对系统的恶意攻击，给系统的安全性带来严重威胁。模仿攻击通过产生特定的对抗样本，使机器学习错误地将人类看起来差距很大的样本错分类为攻击者想要模仿的样本，从而达到获取受模仿者权限的目的。模仿攻击目前主要出现在基于机器学习的图像识别系统和语音识别系统中。相比于数据投毒攻击，对抗样本的攻击方法更容易被实施，因此成为人工智能内生安全的新关注点。

6.6.4 人工智能模型安全

关于人工智能的算法和模型，可以把算法理解为解决某问题的方法，如解决手写数字识别问题的多层神经网络、解决文本翻译问题的循环神经网络（RNN），而这些算法仅仅提供了解决问题的方法，大多数人工智能算法都需要根据样本数据进行训练，从而生成模型。一般而言，利用训练模型得到参数的过程比较耗时，而在调用模型执行任务时速度却十分快，因此模型便成为很重要的成果，可以看成通过数据学习得到的“精华”，即使这些精华还无法有效解释。既然模型是人工智能算法中很重要的环节，那么模型自身存在的安全问题将会在很大程度上造就人工智能的内生安全问题。

目前最有效的防御对抗样本攻击的方法是对抗训练，即将网络的训练转化为一个 min-max 优化问题，即

$$\min_{\theta} E_{(x,y)\sim D}\left[\max\|\delta\|_{\infty} \leqslant \varepsilon L(f_{\theta}(x+\delta),y)\right] \tag{6-16}$$

在训练时，用对抗样本 x' 替代数据集 D 中的样本 x，希望网络的输出仍然为真实标签 y。$\|\delta\|_{\infty} \leqslant \varepsilon$ 保证扰动的范围在约束 ε 内。

很多深度神经网络模型的参数数量巨大，一般通过服务器对这些参数进行存储，此时服务器的安全问题便会导致模型的存储和管理的安全问题。一旦神经网络模型参数被窃取，攻击者便可以利用这些参数对神经网络进行攻击，使图像识别、语音识别、自然语言处理等诸多应用场景受到严重影响。除了云端服务器可能被攻击而导致模型参数泄漏，在一些云边协同场景中，模型参数的传递、边缘端设备的存储和管理能力差也会导致模型的安全问题。例如，在工业互联网中，在云端可以利用大量的计算资源和数据资源训练模型，将训练得到的模型参数发送给边缘端设备，边缘端设备仅需根据模型进行检测，而不需要复杂的训练过程，就能很好地结合云端和边缘端的优势和特点。攻击者可能对云端模型参数传输过程进行攻击，或者直接对边缘端设备进行攻击，进而获取模型参数，并实施攻击。在这样的情况下，如果黑客获取了模型参数，便可以从边缘端入手攻击神经网络，造成目标检测失败等后果。因此，人工智能模型的设计者和使用者需要高度关注模型安全，在云端服务器上安全存储模型，并在云端和边缘端设备协同过程中注意模型参数的运输安全、管理安全等，从多个角度保障模型安全。

训练人工智能模型需要大量的数据和计算资源。随着人工智能算法的普及，很多开发者愿意将训练后的模型分享给更多用户。在这个过程中，攻击者便有机会对开源的模型进行攻击，通过下载或购买此类模型，向其中注入恶意行为，生成“变异”的神经网络模型并再次共享，从而造成恶劣的影响。

6.6.5　人工智能运行安全

利用数据对人工智能算法进行训练，能得到带有参数的模型，再利用模型就可以解决很多实际问题。人工智能模型需要进行实际部署才能应用，而在部署以后可能由于客观或者主观的原因导致人工智能模型运行时出现安全问题，这就是所说的运行安全问题。

从框架和模型层面，人工智能的框架自身可能存在安全漏洞，而开发人员在实现人工智能算法时，难免会出现内存越界、空指针引用等程序漏洞。这些客观存在的各种漏洞将是影响人工智能安全运行的重要因素。如果攻击者利用这些漏洞，那么攻击者不仅能盗取模型参数，更严重的后果是利用模型实施恶意的攻击行为，如让人脸识别模型不能正确识别人用户、让自动驾驶模型无视行人、路牌指示错误而引发交通事故等。因此，应从客观

上尽量保证人工智能模型的安全，从数据、框架、算法、模型等多个层面对人工智能模型进行安全检测，及时发现模型漏洞与不足，尽量避免由于客观原因造成的人工智能内生安全问题。

除了客观原因，人工智能内生安全也受到各种各样主观因素的影响。从数据分布层面，当人工智能模型完成部署并投入使用时，模型会根据使用时的数据进行再训练，更新模型参数等。但是由于各种利益驱使，攻击者可能向模型中注入不符合数据真实分布的数据，从而改变模型训练的样本数据分布，造成模型的失效。例如，本章介绍的数据投毒就是一个典型的例子，攻击者通过输入对自己有利的数据促使模型学到的经验更有利于攻击者，从而影响模型的正常运行。同样也有攻击者利用部署的人工智能模型进行攻击，造成模型的错误判断。例如，某网站设计优惠券投放的人工智能模型，经过历史数据的训练将以较高概率把优惠券投放给 30~40 岁的中高端消费群体，因为模型通过学习发现这个年龄段的中高端消费群体是该网站最有购买力的用户群，投放优惠券以后会产生更多的收益。然而现在很多“羊毛党”通过恶意注册账号和“养号”生成虚假网络身份，在其猜测出模型的投放倾向后，伪装成符合该年龄段的中高端消费群体，改变了该网站用户的真实分布，从而获得了大量的优惠券，但是并不能让网站产生收益，因此导致了该网站模型的失效，产生经济损失。

人工智能模型客观上存在安全漏洞，而攻击者又从主观上可以利用漏洞或者模型的脆弱点进行攻击。例如，拉金（Adnan Siraj Rakin）等人提出了 TBT（Targeted Bit Trojan，针对目标为木马的攻击）方法对神经网络模型实施攻击。TBT 方法可以找出模型的脆弱点并定位，通过位翻转技术翻转该模型参数的脆弱位，从而实现木马攻击；一旦攻击者翻转这些脆弱位，被攻击者的参数就会将人为输入全部移位分类为某个特定的类，造成很大的安全隐患。

人工智能是一种新技术，本章从数据安全、框架安全、算法安全、模型安全、运行安全共 5 个角度介绍了人工智能内生安全可能存在的问题。人工智能系统在数据层面上存在数据集质量、数据投毒、对抗样本等安全问题；在框架层面上，深度学习框架与各种库、模块高度依赖，库和模块的安全漏洞会影响人工智能系统的安全；在算法层面，缺乏可解释性的人工智能算法不仅存在遭受对抗样本攻击的可能性，而且在很多场景下也无法被完全采纳；在模型层面上，人工智能模型存在存储、管理的安全风险，同时开源的模型也可能被攻击者利用并实施攻击；在运行层面上，也存在客观和主观的原因，会导致人工智能系统的内生安全问题。

6.7 应用案例

6.7.1 人工智能在无人驾驶中的应用

6.7.1.1 概述

在人工智能发展过程中，几起几落，如今迎来又一次热潮，深度学习、计算机视觉和自然语言理解等各方面的突破，使得许多曾是天方夜谭的应用成为可能，无人驾驶汽车就是其中之一。作为人工智能等技术在汽车行业、交通领域的延伸与应用，无人驾驶近几年在世界范围内受到了产学界甚至国家层面的密切关注。人们越来越期望通过无人系统代替人类进行一些活动。小到帮助人们自动清扫地面的扫地机器人，大到协助有人机进行战场态势感知协同作战的无人机，无人系统已经渗透到人类活动的方方面面。无人车作为其中之一，其市场需求非常广泛，从战场作战、港口货运到乘用车驾驶等。近年来随着需求的推动，自动驾驶汽车领域取得了很多技术突破，同时吸引更多投资及科技力量投入其中，使其成为一个朝气蓬勃的新兴技术领域。

自动驾驶是通过自动驾驶系统部分或完全的代替人类驾驶员，安全地驾驶汽车。汽车自动驾驶系统是一个涵盖了多个功能模块和多种技术的复杂软硬件结合的系统。在机器学习、大数据和人工智能技术大规模崛起之前，自动驾驶系统和其他机器人系统类似，整体解决方案基本依赖于传统的优化技术。随着人工智能和机器学习在计算机视觉、自然语言处理及智能决策领域获得重大突破，学术界和工业界也逐步开始在无人车系统的各个模块中进行基于人工智能和机器学习的探索，目前已取得部分成果。而自动驾驶系统作为代替人类驾驶的解决方案，其设计思路和解决方法背后都蕴含了很多对人类驾驶习惯和行为的理解。现在，自动驾驶已经成为人工智能最具前景的应用之一。

自动驾驶汽车依靠人工智能、视觉计算、雷达、监控装置和全球定位系统协同合作，它是一个集环境感知、规划决策、多等级辅助驾驶等功能于一体的综合系统，它集中运用了计算机、现代传感、信息融合、通信、人工智能及自动控制等技术，是典型的高新技术综合体。

车辆实现自动驾驶，必须经由感知、处理、执行这三大环节，这种汽车和人一样会“思考”“判断”“行走”，让计算机可以在没有任何人类主动操作下，自动、安全地操作机动车辆。

6.7.1.2　人工智能在自动驾驶中的几种应用

1．人工智能在自动驾驶定位技术中的应用

定位技术是自动驾驶车辆行驶的基础。目前常用的技术包括线导航、磁导航、无线导航、视觉导航、激光导航等。

其中磁导航是目前最成熟可靠的方案之一，现有大多数应用均采用这种导航技术。磁导航技术通过在车道上埋设磁性标志来给车辆提供车道的边界信息，磁性材料具有好的环境适应性，它对雨天、冰雪覆盖、光照不足甚至无光照的情况都适应，不足之处是需要对现行的道路设施做出较大的改动，成本较高。同时磁性导航技术无法预知车道前方的障碍，因而不可能单独使用。

视觉导航对基础设施的要求较低，被认为是最有应用前景的导航方法之一。在高速公路和城市环境中，视觉方法受到了较高的关注。

2．人工智能在自动驾驶图像识别与感知中的应用

无人驾驶汽车感知依靠传感器。目前传感器性能越来越好、体积越来越小、功耗越来越低，其飞速发展是无人驾驶热潮的重要推手。反过来，无人驾驶又对车载传感器提出了更高的要求，又促进了其发展。

3．人工智能在自动驾驶深度学习中的应用

驾驶员的认知依靠大脑，无人驾驶汽车的“大脑”则是计算机。深度学习是无人驾驶技术成功的基础，深度学习是源于人工神经网络的一种高效的机器学习方法。深度学习可以提高汽车识别道路、行人、障碍物等的时间效率，并保障了识别的正确率。通过大量数据训练后，汽车可以将收集到的图形、电磁波等信息转换为可用的数据，进而利用深度学习算法实现无人驾驶。

在无人驾驶汽车通过雷达等收集数据时，对于原始的训练数据要首先进行数据的预处理，包括计算均值并对数据的均值做均值标准化、对原始数据做主成分分析、使用 PCA 白化或 ZCA 白化。例如，将激光传感器收集到的时间数据转换为车与物体之间的距离；将车载摄像头拍摄到的照片信息转换为对路障的判断、对红绿灯的判断、对行人的判断等；将雷达探测到的数据转换为各个物体之间的距离。

将深度学习应用于无人驾驶汽车中，主要包含以下步骤。

（1）准备数据，先对数据进行预处理再选用合适的数据结构存储训练数据和测试元组。

（2）输入大量数据，对第一层进行无监督学习。

（3）通过第一层对数据进行聚类，将相近的数据划分为同一类，随机进行判断。

（4）运用监督学习调整第二层中各个节点的阈值，提高第二层数据输入的正确性。

（5）用大量的数据对每层网络进行无监督学习，并且每次用无监督学习只训练一层，将其训练结果作为其更高一层的输入。

（6）输入之后用监督学习去调整所有层。

4．在自动驾驶信息共享中的应用

首先，利用无线网络进行车与车之间的信息共享。通过专用通道，一辆汽车可以把自己的位置、路况实时分享给队里的其他汽车，以便其他汽车的自动驾驶系统在接收到信息后做出相应调整。

其次，利用 3D 路况感应，汽车将结合超声波传感器、摄像机、雷达和激光测距等技术，检测出汽车前方约 5 米内的地形地貌，判断前方是柏油路还是碎石、草地、沙滩等路面，根据地形自动改变汽车设置。

另外，汽车还能进行自动变速，一旦探测到地形发生改变，可以自动减速，地形恢复正常后，再回到原先速度。

汽车信息共享所收集到的交通信息量巨大，如果不对这些数据进行有效处理和利用，就会迅速被信息所湮没。因此需要采用数据挖掘、人工智能等方式提取有效信息，同时过滤掉无用信息。考虑到在汽车行驶过程中需要依赖的信息具有很大的时间和空间关联性，因此有些信息的处理需要非常及时。

5．人工智能应用于自动驾驶技术中的优势

人工智能算法更侧重于学习功能，其他算法更侧重于计算功能。学习是智能的重要体现，学习功能是人工智能的重要特征，现阶段大多人工智能技术还处在学习阶段。无人驾驶实际上是类人驾驶，即智能车向人类驾驶员学习如何感知交通环境，如何利用已有的知识和驾驶经验进行决策和规划，如何熟练地控制方向盘、油门和刹车。

从感知、认知、行为三个方面看，感知部分难度最大，人工智能技术应用最多。感知技术依赖于传感器，如摄像头，由于其成本低，在产业界备受青睐。以色列一家名为 Mobileye 的公司在交通图像识别领域做得非常好，它通过一个摄像头可以完成交通标线识别、交通信号灯识别、行人检测，甚至可以区别前方是自行车、汽车还是卡车。

人工智能技术在图像识别领域的成功应用莫过于深度学习，近几年研究人员通过卷积神经网络和其他深度学习模型对图像样本进行训练，大大提高了识别准确率。Mobileye 目前取得的成果，正是得益于该公司很早就将深度学习当作一项核心技术进行研究。在认知与控制方面，主要使用人工智能领域中的传统机器学习技术，通过学习人类驾驶员的驾驶行为建立驾驶员模型，进而以人类驾驶的方式驾驶汽车。

6.7.1.3 无人驾驶示例

下面通过一个城市驾驶的实例说明无人车是如何向人类学习驾驶的。会开车的读者会有体会，在城市中驾驶大部分时间是在跟车行驶，即前面有一辆车，我们跟在后面。假如在高速公路上，两车车速较快，跟车太近容易追尾，必须减速以增加车距；假如在拥堵时，车速较慢，跟车太远则浪费道路资源，必须加速以减小车距；如果前车速度很快或正在加速，那么在不超速的情况下，我们也应该加速行驶；如果前车速度很慢或正在减速，那么我们也应该减速行驶甚至停下来。这说明跟车这个行为与两车相对距离、两车相对速度及本车当前速度这三个量有关，故可以建立一个神经网络模型，输入三个变量：两车相对距离、两车相对速度及本车当前速度，输出一个变量：期望加速度（加速度可以为负），训练数据来自人类驾驶员。无人车示例如图 6-13 所示。

（a）百度无人车“百智”　　（b）Google无人车　　（c）Uber无人车

图 6-13 无人车示例

那么如何采集训练数据呢？我们可以在普通汽车上加装一些传感器，如雷达和惯导设备，用来读取前方车辆的相对位置和速度及本车的速度和加速度。让一位经验丰富的驾驶员开着这辆车每天在不同时段、不同路段有目的性地行驶，经过一段时间的积累，采集的跟车数据会覆盖绝大多数可能发生的情况。经过这组数据训练出来的基于神经网络的跟车模型，给定一个两车相对距离、两车相对车速及本车当前速度，就会输出一个加速度，就像那位经验丰富的人类驾驶员开车特性一样，这就完成了跟车模式的机器学习。

6.7.2 智能问答

6.7.2.1 智能问答系统的发展简史

早期的智能问答系统大多针对特定的领域而设计，并且数据量也很有限，这些诞生在

20 世纪 50—60 年代的智能问答系统通常只接收特定形式的自然语言问句，而且可以供智能问答系统进行训练的数据也很少，所以无法进行基于大数据的开放领域的问答从而未被广泛使用。进入 20 世纪 90 年代之后，由于互联网的发展，大量可供训练的问答对在网上可以被搜集和找到。尤其是 TREC-QA 评测的推出，极大地推动了智能问答系统的发展，研究人员在该语料库上训练和测试各种问答模型，先后提出了基于逻辑推理的方法、基于模板匹配的方法、基于机器学习的方法和基于数据冗余性的方法等许多领先方法。在此阶段，人们主要利用信息检索或浅层语义理解技术从大量候选集中寻找答案从而构建智能问答系统，故检索式问答技术取得了巨大发展。但是检索式问答技术存在一个缺陷，就是答案中一定至少包含一个用户问句中含有的字或者词，但是这在实际情况中往往是不成立的。虽然浅层语义理解技术部分解决了这个问题，但是用户问句是自然语言，而自然语言有着天然的复杂性。由于存在以上缺陷，检索式问答技术不能真正很好地解决用户的需求。近年来，智能问答系统取得了很大的发展和进步，已经有很多智能问答系统产品问世。例如，IBM 研发的智能问答机器人 Watson 在美国智力竞赛节目“Jeopardy!”中战胜人了选手，其所拥有的 DeepQA 系统集成了统计机器学习、信息抽取、知识库集成和知识推理等深层技术。苹果公司的 Siri 系统和微软公司的 cortana 分别在 iPhone 手机中和 Windows 10 操作系统中都取得了很好的效果。

6.7.2.2　智能问答系统的研究前沿

智能问答系统尽管已经取得了令人瞩目的成就，但是还远远不够，智能问答系统涉及的领域很广，其中主要关键技术有知识的抽取和表示及用户问句的语义理解。只有对这些领域都进行深入的研究，才会得到更好的智能问答系统，然而这些领域都各自相对独立地存在并且采用了非常不同的方法，并且这些方法都有着各自的瓶颈。所以智能问答系统的现代研究基本围绕以下两方面展开。

1．自动信息抽取和构建知识图谱

智能问答系统的实现需要非常强大和全面的知识作为基础，而目前虽然互联网拥有海量的知识资源，但是这些资源绝大多数都是非结构化的知识，并且存在多种不同的结构，更加大了提取知识的难度，如何将这些大规模的异构数据融合在一起，并且进行理解和萃取，转换为计算机可以处理的形式是一大难题。事实上，科学家们一直都致力于构建更大、更完备的知识资源库。知识资源库大多是由各个领域的专家构建的各自领域的专业领域知识资源库。人工构建专家知识资源库的优点是知识质量高，缺点是进行大规模的知识资源库时费时费力，而且在转换领域时，必须人工构建另一个领域的知识资源库，并且各个领域的知识资源库的构建方法和构建完成的知识资源库的结构在一般情况下是不一致的。构建方法不具有通用性和知识资源库的结构不具有一致性，不能产生通用领域的智能问答系统。可以把智能问答系统中所用到的知识粗略地分为语言知识和世界知识，语言知识指的是语义单元的知识，包括词义信息、上下位关系等。关于这些语言知识的词汇知识库包括英文的 WordNet、FrameNet、中文词汇知识库 HowNet 等。世界知识则是对现实世界中实体及实体发生的事实的组织和表示，人们很早就以人工方式建立了一个世界知识库 Cyc。该常识知识库涉及了 50 万个概念、3 万个关系、数百万条事实，是目前为止全世界最大的完全由人工建立的常识数据库。不过即使如此，也远远不能满足开发领域智能问答系统对知识资源的需求。

实际上，现在绝大多数的知识都存在于非结构化的文本数据中。为了克服需要经过人工整理知识资源库费时费力的困难，研究者们希望通过强大的信息抽取技术自动从海量的非结构化文本中获取大规模知识来建立大规模的知识资源库。在这个过程中，需要先对文本进行实体识别，然后对实体进行分类和消歧，接着抽取出关系和事件，这样就能构建一个由实体、关系和事件组成的知识资源库，目前研究者们一般以 Wikipedia 作为构建知识资源库的一个来源。德国的马克思普朗克研究院通过融合 Wikipedia 和 WordNet 构建了一个大规模的知识库类别体系 YAGO，并且定义了几十种关系描述实体之间的关系。其他具有代表性的工作还包括：华盛顿大学图灵实验室的 TextRunner、ReVerb、R2A2、WOE、OLLIE；德国柏林工业大学 DSIM 组的 Wanderlust、KrakeN 等。这类研究同时也受到了搜索引擎巨头的极大关注。Google 于 2010 年收购了 Freebase 之后一直致力于构建相互关联的实体及其属性的巨大知识图谱，并由此出发加强了 Google 的语义搜索。我国各大搜索引擎巨头也纷纷建立了自己的知识图谱，如百度的知心、搜狗的知立方等。

2．问句理解和基于端对端的智能问答系统

不仅需要构建强大的知识资源库，还需要深入理解人们提出的问题。人们的问题都是以自然语言方式呈现的。问句理解要做的就是要将自然语言转化成计算机可以理解的形式化语言。让计算机理解人类语言是一件非常困难的事情，这也是自然语言处理（Natural Language Processing）要解决的核心问题。解决这一问题有两种不同的思路，一种是语义解析方法（Semantic Parsing）；另一种是基于信息检索的方法。语义解析方法非常符合人们的直觉，它将一个自然语言形式的问句按照特定语言的语法规则，解析成语义表达式，在得到语义表达式后，可以非常容易地将其转化为某种数据库的查询语言。首先对于语义解析方法，研究者们设计了很多方法实现自然语言问句到语义表达式的转换。其中最常用的方法是利用组合范畴语法 CCG，CCG 的核心是词汇。首先自然语言问句中的词汇被映射到语义表达式中的词汇。除了词汇，CCG 还按照特定的语法规则将词汇组合起来，进而得到最终的语义表达式。然而，在 CCG 等这一类方法中起到重要作用的词汇大部分都是由人工生成的，这样既限制了领域的转换和扩展，即若发生领域转换必须重新生成一批新领域的特定词汇，并且这类方法也存在人工生成的固有缺点，即在需要生成大规模词汇表时需要耗费大量的人力和时间。所以自动学习这种词汇成为研究者们探索的重点。

另外一种解决问句理解问题的方法是基于信息检索的方法。首先利用中文分词，命名实体识别等自然语言处理工具找到问句中所涉及的实体和关键词，然后到知识资源库中进行检索。例如，只针对 Freebase 来进行简单的事实类问答，首先用命名实体工具识别出问句中的实体，这一步相对比较容易，因为一个实体的表达方式是非常有限的；然后再找出问句中的关系，这一步相对困难一些，因为自然语言描述同一个关系的方式是多种多样的，如中文中表达“配偶”关系的就有老婆、老公、妻子、丈夫等多种说法，不过在 Freebase 中对于某一实体的关系数量是非常有限的。在实际应用中，可以利用各种方法很容易地排除掉很多无关的关系。在获得实体和关系后，最后可以很容易地在 Freebase 中找到答案。基于信息检索的方法比较成熟且简单实用，而且不需要像 CCG 那样人工生成词汇，所以避免了 CCG 等予以解析方法的领域转换需要生成新词汇和需要人工生成词汇的缺点。但是基于信息检索的方法的缺点是要求答案中必须至少包含问句中的一个字或词，所以不如语义解析方法精确。

从上面方法可以看出，自然语言问句的理解是智能问答系统中最核心也是最困难的一个环节，因为这个环节实际上要解决的问题是如何将自然语言最准确地转化为计算机可以表示和理解的形式。这个不仅是智能问答系统需要解决的问题，也是人工智能领域需要解决的最核心的难题之一。

6.7.2.3 总结与展望

总体来看，近年来，一方面，基于 Wikipedia 这种高质量且会动态更新的开发资源建立起来的知识资源库日趋成熟，包含的知识也越来越多；另一方面，基于统计机器学习的自然语言处理技术和知识推理技术有了极大的发展且日趋成熟。这两方面的进步分别为智能问答系统的发展奠定了资源基础和技术基础。尽管目前智能问答系统还难以达到实用的程度，但是相信随着深度学习技术的逐步发展和计算机硬件性能的进一步提升，能够自动进行问答的、结构非常统一的简洁的深度神经网络技术成为未来智能问答系统的绝对主流技术。

习题 6

从这八个字理解人工智能治理中国方案

1. 试分析梯度消失问题是否可以通过提高学习率来缓解？
2. 试分析为什么平方损失函数不适用于分类问题？
3. 证明在两类线性分类中，权重向量与决策平面正交。
4. 假设我们需要面对一个非平稳的两臂赌博机任务，即赌博机的真实价值随时间变化而变化。具体地说，对任意时间动作 1 和动作 2 的真实价值有 50%的概率是 0.1 和 0.2，50% 的概率是 0.9 和 0.8。在我们无法确认动作的真实价值时，如何计算得到最优的期望成功？
5. 设计三个符合 MDP 框架的任务，并确定每个任务的状态、动作和收益。要求这三个任务要尽可能不同，同时考虑是否存在不符合 MDP 框架的任务。
6. 如何为动作价值定义策略迭代？请用已给出的状态价值来完成动作价值的完整算法。
7. 从数据分布、数据标签、建模的角度简述迁移学习与传统机器学习有什么区别？
8. Pan 等人提出的 TCA 方法相比于基于 MMD 距离的 MMDE 方法有哪些优势？
9. 什么是深度网络的 Finetune？为什么深度网络需要 Finetune？
10. 试分析如何建立适当的激励机制使得参与方持续参与到联邦学习中？
11. 举例说明三种联邦学习的应用场景。
12. 试证迁移联邦学习的安全性。
13. 如何调整 PGD 攻击方法中的参数，使生成的对抗性扰动更强？
14. 除了修改对应像素值，还有哪些方式可以修改图像，以生成难以被人类察觉的对抗样本？
15. 如何提高对抗样本的多样性与迁移性？请列举出三种常用的方法。

第 7 章 新一代网络安全

7.1 物联网安全

7.1.1 物联网安全框架

物联网作为战略性新兴产业，在各国政府的大力推动下，正在迎来一轮建设高峰，由于物联网是一个融合计算机、通信和控制等相关技术的复杂系统，因此它所面临的信息安全问题更为复杂，并受到各方的高度重视。本章主要论述物联网安全的基本定义和特征，围绕物联网的安全体系架构，对物联网的感知层、网络层、应用层的安全问题及物联网安全的相关标准进行探讨。

7.1.1.1 物联网安全基本概念

1．物联网安全定义

物联网安全是指物联网硬件、软件及其系统中的数据受到保护，不受偶然或者恶意的原因而遭到破坏、更改或泄露，物联网系统连续可靠正常地运行，其提供的服务不会中断。

2．物联网安全体系架构

可以将物联网安全体系定义为一个采用自下而上的分层架构，包含感知层安全、网络层安全、应用层安全，各层功能描述如下。

（1）感知层安全。感知层安全是物联网安全体系架构的基础，由传感器及传感网组成，传感器负责信息采集，传感网负责信息传输。传感器通常包括条码、RFID 标签和多媒体采集器等，传感网通常包括远近距离数据传输技术、协同信息处理技术和信息采集中间件技术等。感知层是实现物联网全面感知的核心及关键，其标准化和产业化方面亟待突破，关键在于在解决低功耗、小型化和低成本的问题的基础上，使其具备更精确、更全面的感知能力。

（2）网络层安全。网络层安全是物联网安全体系架构的中枢，互联网上各种各样的物联网设备和网络设备对来自不同物联网传感器的数据进行传输和路由。网络层使用不同的技术（如 ZigBee、4G、Wi-Fi 和蓝牙等）来操作路由器、交换机、网关等各种网络设备。网络层利用无线和有线网络对感知层采集的数据进行编码、认证和传输，是物联网安全体系架构中标准化程度最高、产业化能力最成熟的部分，其关键在于对物联网应用进行优化和改进，形成协同感知的网络。

（3）应用层安全。应用层安全是物联网安全体系架构的体现，负责确保数据的保密性、真实性和完整性，同时提供丰富的基于数据的应用。将物联网与需求相结合，实现广泛智能化应用的解决方案集，关键在于行业融合、信息资源的开发利用、低成本高质量的解决方案、信息安全的保障以及有效的商业模式的开发。这一层定义应用程序的关键功能是根据应用类型向客户提供特定的服务，应用类型包括智能家居、智能物流、智能交通、智能健康等。

7.1.1.2 物联网安全特征

1．物联网安全属性

物联网安全具备以下 6 个方面的安全属性。

（1）数据机密性。通过使用不同机制为用户的敏感信息提供保护，使数据只能由授权用户访问。数据机密性的保障机制通常是数据加密和访问控制等。

（2）数据完整性。在数据传输或存储过程中，通过一些常用的技术方法（如数据完整性算法）防止数据被修改，以保护有用信息不受网络犯罪分子和外部干扰。

（3）数据可用性。保证授权用户在非正常情况下也能够立即访问其信息资源。一些针对服务的攻击（如 DoS 攻击）可以威胁到数据可用性。

（4）数据可认证性。为连接中的用户应用实体和数据提供认证。网络通信必须保证对等实体身份间的相互确认，即对双方或多方间身份进行认证，这是网络间有效通信的前提。

（5）数据可靠性。控制授权范围内的信息流向及行为方式。系统需要能够控制哪个用户能够访问系统或网络上的数据，以及如何访问，即对数据具有只读或是修改属性。

（6）数据不可否认性。用户不能否认自己曾做出的行为，也不能否认曾经接收到对方的信息。

2．互联网安全与物联网安全

基于物联网的复杂性不断增强，物联网设备资源持续受限等原因，物联网面临着大量安全挑战，互联网安全中的防御手段和隐私保护的解决方案不能轻易地部署在物联网上。

首先，与互联网设备不同，大多数物联网设备都是封闭的，一旦设备从工厂完成组装，就不能添加安全软件或补丁。因此必须将安全软件内置到物联网设备中，以确保其安全性。

其次，物联网系统由各类资源有限的节点组成，而互联网主要基于资源丰富的设备。因此，在大多数情况下只有轻量级算法才能在安全性和资源之间找到一个合适的平衡。

再次，物联网设备具备的一个共同特征是异构性。在未来会有更多的事物连接到物联网上，它们使用不同的技术，从而产生大量的异构数据，若管理不善则会带来安全风险，并且许多异构技术本身及其相关的技术存在安全漏洞。

此外，感知层是最难防范攻击的一层，原因如下：①技术异构性决定了难以只使用一种安全技术进行保护；②感知环境通常是开放的，在封闭的环境中使用的安全策略在开放环境中可能会导致一些新的问题；③应用层的隐私问题也极具挑战性，物联网设备在不停地收集用户的隐私信息，这带来巨大的潜在安全问题。

总之，物联网系统部署在更危险的异构环境中，资源有限，安全保障也更少。因此，需要实现轻量级的解决方案，以应对具有更大攻击范围的危险环境。表 7-1 对比了互联网安全和物联网安全之间的主要区别。

表 7-1　互联网安全和物联网安全之间的主要区别

互联网安全	物联网安全
附加安全性	内置安全性
资源不受限的复杂算法	资源受限设备的轻量级算法
隐私信息的收集受用户控制	物联网设备自动收集用户隐私信息
技术异构性小	技术异构性大
安全软件很多	安全软件很少
互联网设备部署在封闭的环境中	物联网设备部署在开放的环境中

7.1.1.3　物联网安全现状

物联网世界正在蓬勃发展，不仅为互联网行业，也为个人带来了诸多便利。尽管物联网的发展意义重大，但仍存在许多亟待解决的安全挑战和威胁。物联网体系结构由多个层次组成，每层都有多种设备、通信机制、协议，因此各层面临的安全风险和威胁的性质各不相同。并且各层与其设备之间的工作机制是建立在信任的基础上的，但是信任很难获得，如果没有具体的控制和对策，那么工作机制就会难以为继。此外，数据科学、机器学习等信息和通信技术的新发展也在改变物联网安全格局，攻击者正在使用新的方法来绕过当前的安全机制。因此，需要解决物联网各个方面的安全需求。

（1）身份验证和身份管理。身份验证和身份管理是一种过程和技术的组合，目的在于管理和保护对信息和资源的访问。身份管理唯一的标识对象，身份验证需要验证通信双方之间的身份。考虑如何在物联网中管理身份认证是至关重要的，因为多个用户和设备需要通过可信的服务彼此验证。

（2）用户隐私和数据保护。物联网环境无处不在，隐私是物联网安全中的一个重要问题。事物之间相互连接，数据通过互联网进行沟通和交换，使得用户隐私成为许多研究工作中的敏感话题。数据收集中的隐私、数据共享和管理及数据安全问题仍然是亟待解决的开放研究问题。

（3）信任管理。当许多事物在不被信任的物联网环境中进行通信时，信任在事物之间建立安全通信方面扮演着重要角色。物联网需要考虑两方面的信任：实体间交互的信任和用户对系统的信任。为了获得用户信任，在动态协同的物联网环境中，应该有一种有效的信任评估机制。在物联网框架下进行信任研究的主要方法有：一是建立新的去中心化信任模型；二是云计算信任机制的实现；三是基于节点信任的应用程序开发（如路由、数据聚合等）。信任评估机制必须是自动化的，最好是自主的。

（4）授权和访问控制。授权确定被识别的人员或对象是否允许拥有资源。访问控制是指根据各种标准通过授予或拒绝来控制对资源的访问。授权通常通过使用访问控制来实现。在大量设备和服务之间建立安全连接时，授权和访问控制非常重要。在这个场景中要解决的主要问题是使访问控制规则更容易创建、理解和操作。

通过以上分析，可以得出结论，物联网的多样性和异构环境需要特殊的安全考虑，需要提出新的对策和框架，以确保物联网中的端到端安全。

7.1.2 物联网安全攻防技术

物联网的飞速发展是过去十几年中最引人注目的现象之一。随着电子学和计算机科学的进步发展，物联网中智能设备能够提供的服务将仅受限于人类的想象力。但是高速发展带来了副作用：针对设备或个人的安全或隐私的潜在威胁数量也在急剧增加，并且大多数人并没有充分认识到这一点。因此需要深入研究和解决安全威胁和常见的隐私问题。本节将深入分析介绍物联网三层安全体系架构中各个层次的安全攻防技术。

7.1.2.1 感知层安全

通常情况下，感知层中节点的计算、存储能力较差，它们制作简单、功率较小，但是传感器数据也需要机密性、完整性和可用性的保护。因为不能将传统的跳频通信和公钥加密算法应用于安全保护，所以在感知层建立安全防护体系是非常困难的。同时，来自外部网络的拒绝服务等攻击也带来了新的安全问题。

1. 硬件木马

硬件木马是一种像病毒一样隐蔽的恶意组件，可以感染集成电路。随着设计和制造环节外包的日益增多，集成电路生命周期的各个阶段都容易受到攻击。这意味着硬件木马已经成为集成电路中的重大安全隐患，攻击者在制造之前或制造过程中对集成电路进行恶意修改后可以利用它来访问集成电路上运行的数据或软件。根据木马的触发机制可将硬件木马分为两类：①因外部事件而触发的外部木马；②因内部事件而触发的内部木马。图 7-1 展示了一个硬件木马的简化架构，触发时，木马将信号 s 修改为 s'，从而导致硬件故障。典型的硬件木马被设计成安静的潜伏模式，在被触发器激活之前是难以被察觉到的。硬件木马的成功部署和激活可能导致民用基础设施（航空航天、运输或能源领域等）的混乱，关键军事应用和任务的损坏和敏感机密信息的泄露等。

硬件安全领域已经提出了几种检测算法，诸如解封装、逆向工程和集成电路成像等非常昂贵的破坏性技术，只能应用于选定的集成电路。而非破坏性技术，如侧通道分析，通过审查集成电路的物理特性（功耗、定时变化、温度、布局结构）与可信的参考模型来检测恶意入侵。代码证明也是一种检测方法，供应商将构建一个符合某些安全特性的设计的正式证明，稍后由客户验证，以确保设计不受修改。一些研究人员建议使用额外的电路来监控芯片功能（如防御、RETC 等保护模块）和物理参数（扫描链），这些通常被称为侵入性检测技术。

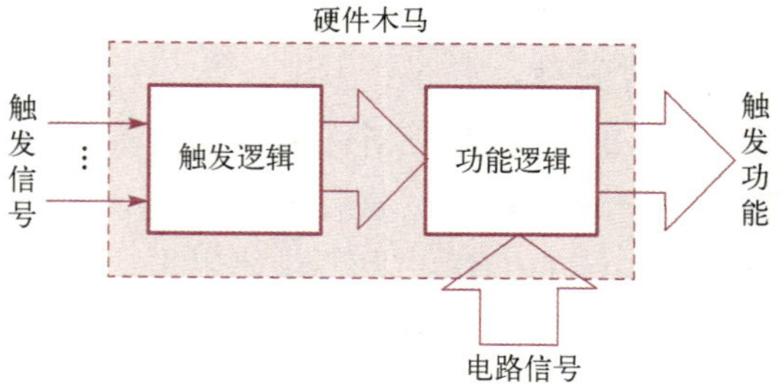

图 7-1 硬件木马的简化架构

2. 节点复制

无线传感器网络的部署相当便捷，管理员只需要将新的传感器放入现有网络中所需的位置即可。节点加入网络既不需要人为干预，也不需要与基站进行交互。新节点只需发起简单的邻居发现协议，广播其预先存储的凭据。但是传感器节点通常采用低成本的商品硬件组件，无法为其提供物理屏障保护。虽然物理屏障可以阻止传感器的内存、处理、传感和通信组件被访问，但对压力、电压和温度变化敏感的设备使用物理屏障是不切实际的。如果在开放环境中部署无屏障的传感器节点，那么攻击者就能够轻松捕获、复制，甚至在选定的网络位置插入重复的节点。攻击者通过复制一个节点的识别码，将一个新的恶意节点添加到现有的节点集合中。如图 7-2 所示，这种攻击会导致网络性能的显著下降。攻击者可以破坏或误导到达恶意节点的数据包，这种攻击通常会对系统造成严重的损害。

图 7-2　节点复制

7.1.2.2　网络层安全

1．恶意代码

恶意代码主要分为以下三大类。

（1）基于物联网设备漏洞的蠕虫，其典型代表是物联网僵尸网络 Mirai。当物联网设备被 Mirai 感染时，僵尸程序执行两项主要任务：一是它将扫描同一子网中的其他物联网设备，并尝试使用默认用户名和密码登录它们，当登录成功时，僵尸程序将向主服务器报告用户名和密码；二是当主服务器命令僵尸程序攻击某些受害者时，僵尸程序发送报文来执行 DDoS 攻击。

（2）面向物联网的勒索病毒。基于物联网技术的诸多实际应用，面向在物联网设备的勒索软件可以关闭车辆、关闭电源，甚至停止生产线。

（3）使用面向特定物联网目标的窃取软件窃取敏感信息数据，并可能进一步使用一个被破解的传播媒介向他人发送虚假数据，这意味着恶意代码需要访问传感器来获取数据，然后发送伪造数据。

表 7-2 展示了物联网中恶意代码的分类。

表 7-2　物联网中恶意代码的分类

恶意代码类型	介绍	基础活动	实例
物联网漏洞蠕虫	攻击者可以控制物联网设备	收发数据包	Marai，Reaper，IoTroop
物联网勒索病毒	在支付赎金之前无法使用设备	访问硬件资源，加密文件	对旧金山市政交通管理局的攻击
物联网间谍程序	从物联网设备窃取私有数据	访问传感器，并发送数据包	攻击 Hello Barbie

2．路由攻击

影响消息路由方式的攻击称为路由攻击。攻击者可以使用这种攻击来重定向、误导或丢弃通信级别的数据包。最简单的路由攻击类型是改变型攻击，攻击者改变路由信息，如通过生成路由循环或错误消息来改变路由信息。除了改变型攻击，还有以下两种典型的路由攻击。

（1）黑洞：黑洞攻击是指利用一个恶意节点来吸引网络中的所有流量，该节点宣称自己在网络中有通往目的地的最短路径。这样，所有的报文都会被发送到恶意节点，攻击者有选择地丢弃报文，或者丢弃经过其他路由的所有控制报文和数据报文。

（2）Hello Flood：Hello Flood 攻击的基础是节点必须广播 Hello 报文向邻居显示自己的存在。接收方假设自己处于发送方的通信范围内，但是这种假设可能是错误的。如果攻击者广播路由传输能力足够大,那么可以使网络中的每个节点都相信攻击者是自己的邻居。当大量节点尝试使用这条路由时，数据包会被抛弃，整个网络将处于混乱状态。

7.1.2.3 应用层安全

在应用层上，不同的应用环境对安全的需求是不同的，而数据共享是应用层的主要特征之一，这就产生了数据隐私、访问控制和信息泄露等问题。

1．完整性攻击

机器学习技术正迅速成为互联网和大规模系统应用的重要工具，它们可以推断出大型复杂数据集中隐藏的模式，适应新的行为，并为决策过程提供统计可靠性。开发人员可以利用机器学习来解决一系列与安全相关的问题，特别是识别恶意行为。学习算法事实上已经被用于或被提议作为一些安全敏感任务的解决方案，包括垃圾邮件、蠕虫、入侵和欺诈检测。但是在这些领域中，数据通常都是非平稳的，而且可能有敌对的成分。例如，在垃圾邮件检测中，对手会根据流行的垃圾邮件检测程序定期调整自己的方法以逃避或误导学习算法。

如表 7-3 所示，针对物联网系统中使用的机器学习算法，可以发起两种类型的攻击：因果型攻击和探索性攻击。其中完整性检测入侵点是否被归类为正常点，而可用性检测系统是否变得不可用、是否产生更多的错误分类。在因果攻击中，攻击者通过操纵训练数据集来改变训练过程，而在探索性攻击中，攻击者利用漏洞而不改变训练过程。

表 7-3 因果型攻击和探索型攻击对比

类别		完整性	可用性
因果型攻击	靶向性	允许特定的入侵	制造足够的错误，使系统对特定使用者或服务不可用
	无向性	允许至少一次入侵	制造足够的错误使学习者不可用
探索型攻击	靶向性	从少量的可能性中找出一个允许的入侵	找出学习者错误分类的一组点
	无向性	找到允许的入侵	

投毒攻击是一种较新的因果性攻击。大多数机器学习算法都假定它们的训练数据来自一个自然的或行为良好的分布。在基于边缘节点计算系统中，攻击者通过将恶意数据添加

到数据集中，甚至添加相当数量的恶意节点。其主要目的是通过操作数据集使分类算法偏离学习有效模型。这种攻击从实用的角度来看尤其重要，因为攻击者通常不能直接访问现有的训练数据库，但可以提供新的训练数据。图 7-3 展示了针对 MNIST 手写数字的支持向量机分类任务的投毒攻击的实验结果。从视觉上可以看出，投毒攻击试图将初始原型的外观模糊化为攻击类的外观。

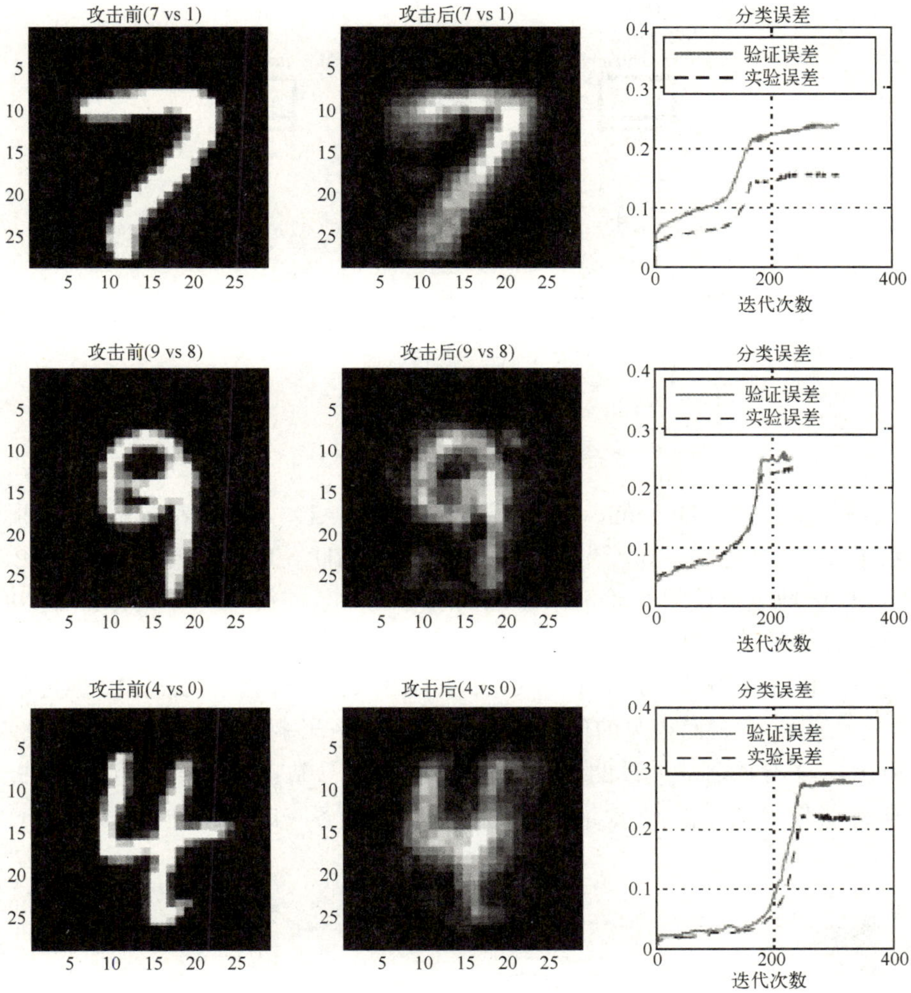

图 7-3 针对 MNIST 手写数字的支持向量机分类任务的投毒攻击的实验结果

2．嗅探攻击

嗅探攻击是一种物联网中常见的窃听攻击形式，是指程序或设备从特定网络的网络流量中获取重要信息。通过这种方式攻击者可以监控和捕获网络中的数据。攻击者的主要目的一般是窃取密码、文件（FTP 文件、电子邮件文件）和电子邮件文本。嗅探攻击是对数据保密性的一种攻击，嗅探器的基本目标是找出用户的密码和其他个人信息，这危及了用户的机密性。机密性是网络攻击者面临的主要挑战，大多数攻击者的目标是通过捕获在空中传播的数据来嗅探个人细节信息，以找到重要的数据。以下对两类嗅探攻击方法进行介绍。

（1）地址解析协议投毒：地址解析协议（Address Resolution Protocol，ARP）是一种将 IP 地址解析为 MAC 地址的无状态协议。如果 ARP 表中没有该 MAC 地址，那么节点将广播 ARP 请求，所有节点将与此比较它们的 IP 地址。只有一个节点标识 IP 地址，并使用 IP 地址进行响应。ARP 不提供真实性检查的手段。攻击者可以发送任意 IP 地址和 MAC 地址。受害者的计算机 ARP 表将存储这些恶意内容。图 7-4 展示了 ARP 投毒的过程。

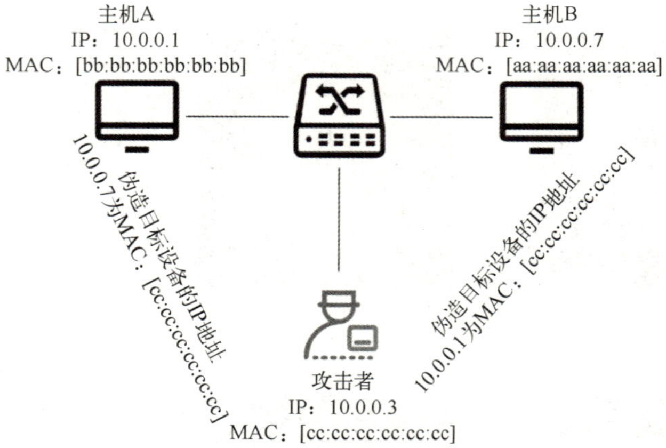

图 7-4　ARP 投毒的过程

ARP 投毒防御手段（Dynamic ARP Inspection，DAI）是对网络中的 ARP 报文进行校验。在启用 DAI 功能之前，必须先启用 DHCP 嗅探功能。DAI 对存储在 DHCP 嗅探数据库中的 IP - MAC 地址绑定进行检测。如果发现存在无效的绑定，那么将丢弃 ARP 报文。这样中间攻击者就被消灭了。

（2）动态主机配置协议（DHCP）攻击：DHCP 是一种向主机提供 IP 地址的客户端服务器协议。它还提供了配置相关的信息，如默认网关和子网掩码。以 DHCP 饥饿攻击为例，如图 7-5 所示，攻击者请求大量的 DHCPREQUEST，导致占用了所有可用的 IP 地址。这样 DHCP 服务器将无法发出 IP 地址，从而导致拒绝服务（Denial of Service，DOS）攻击。

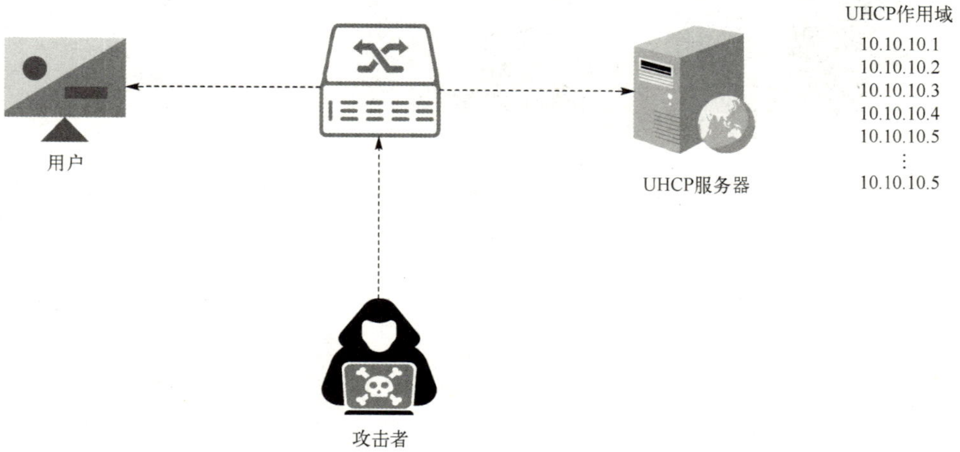

图 7-5　DHCP 饥饿攻击

DHCP 攻击防御手段：端口安全可以限制交换机端口的最大 MAC 地址数，从而避免

DHCP 攻击，为了防御非法 DHCP 服务器，可以在连接合法 DHCP 服务器的端口上配置 DHCP 嗅探功能，交换机具备 DHCP 嗅探功能。这样交换机将不允许其他端口响应 DHCP 请求。

7.1.3　物联网安全标准

在安全标准方面，国内外标准组织近年来不断推进物联网安全标准的制定。从标准的分布来看，由于国内外标准组织的出发点和利益点不同，因此在各自制定标准时也各有侧重。在国际主要标准化组织中，现有物联网安全标准聚焦在安全体系框架、网络安全、隐私保护、设备安全，侧重于基础框架和技术。产业联盟如 5G 汽车联盟（5GAA）工业互联网联盟（IIC）也在重点应用领域中开展了具体场景下的安全标准研制。

7.1.3.1　国内物联网安全标准

在通用网络安全领域中，全国信息安全标准化技术委员会（简称信息安全标委会，TC260）已发布 268 项国家信息安全标准中，在专门的物联网安全领域中，TC260 制定了 GB/T 37044—2018《信息安全技术—物联网安全参考模型及通用要求》等国家标准（详见表 7-4），并启动了医疗行业安全指南、工业互联网平台安全、智慧城市安全体系框架、汽车网络安全技术要求等标准的研究，总体呈现多点开花的形势。

表 7-4　物联网安全国家标准

主题	分类	标准名称	标准编号
安全管理与运维	安全运维	《信息安全技术—工业控制系统现场安全运维规范》	在研
应用与服务安全	垂直领域	《信息安全技术—工业控制系统安全管理基本要求》	GB/T 36323—2018
网络与交换安全	无线通信安全	《信息安全技术—射频识别系统密码应用技术要求第 1 部分：密码安全保护框架及安全级别》	GB/T 37033.1—2018
感控设备安全	感控终端安全	《信息安全技术—物联网感知设备终端应用安全技术要求》	20152007—T—469
	卡安全	《信息安全技术—智能卡安全技术要求（EAL4+）》	GB/T 36950—2018
	安全网关	《信息安全技术—物联网感知层网关安全技术要求》	GB/T 37024—2018
基础与通用安全	模型和框架	《信息安全技术—物联网安全参考模型及通用要求》	GB/T 37044—2018

7.1.3.2　国外物联网安全标准

1．国际标准

地球安全、网络安全和隐私保护分技术委员会（ISO/IEC JTC1/SC27）主要开展信息安全标准化工作，物联网及相关技术分委员会主要开展物联网相关技术标准化工作。在物联网安全方面，目前的安全标准主要集中在体系架构和安全技术，具体包括加密轻量化、隐私控制等方面，详见表 7-5。

2．行业联盟标准

（1）5GAA。5G 汽车联盟（5GAA）在 2018 年新成立了 ESP 工作组（Efficient Security Provisioning Task Force），专门讨论基于蜂窝网络的车联网安全相关问题。目前，5GAA ESP

主要围绕4个方向展开项目研究，分别是地区性隐私和安全法规及其需求研究、安全凭据管理系统（SCMS）简化机制研究、SCMS对基于蜂窝网络的车用无线通信技术（C-V2X）的影响分析研究，以及适用于各地区的车联网简化安全架构研究。

表 7-5 物联网安全国际标准

组织	标准名称	编号
ISO/IEC JTC1	Internet of Things (IoT) -Reference architecture	ISO/IEC 30141
	Information Security-Lightweight cryptography	ISO/IEC 29192
	Information technology-Security techniques-Guidelines for security and privacy in Internet of Things （IoT）	ISO/IEC 27030

（2）IIC。工业互联网联盟（IIC）通过建立开放式互通性标准来促进物理世界和数字世界的融合，推动工业互联网加快落地。在工业物联网安全方面，IIC于2016年发布了《工业物联网安全参考框架》，旨在推动产业界对于如何保障工业物联网（IIoT）安全达成共识，描述了自身安全性、隐私权、弹性、可靠性、保他安全性五大特性的细节，有助于定义风险、评估、威胁、评量与性能指标。

3．其他标准

除了国际通用标准，在其他国家和地区，物联网安全标准的发展也取得了一些丰硕的成果。比较知名的代表性组织有国际电信联盟远程通信标准化组（ITU-T）、国际互联网工程任务组（IETF），标准详见表7-6、表7-7。

表 7-6 ITU-T 标准

组织	标准名称	编号
ITU-T	Reference architecture for IoT device capability exposure 物联网设备能力开放的参考架构	Y.4115
	Internet of things (IoT) security 物联网安全系列标准	X.1360-X.1369

表 7-7 IETF 标准

组织	标准名称	编号
IETF	Use Cases for Authentication and Authorization in Constrained Environments 受限环境下认证和授权的案例	RFC7744
	The Transport Layer Security (TLS) Protocol Version 1.3 传输层安全（TLS）协议 V1.3	RFC8446

7.1.4 物联网安全实例

7.1.4.1 僵尸网络攻击事件

Mirai是一种极具破坏性的僵尸网络，最早可追溯到2011年，自从2014年从冰箱上发动首个物联网僵尸网络攻击后，臭名昭著的Mirai物联网僵尸网络在2016年引起人们的强烈关注。

2016年10月21日，美国东海岸地区遭受大面积网络瘫痪，是由美国域名解析服务提供商 Dyn 公司当天受到强力的 DDoS 攻击所导致的。Dyn 公司称此次 DDoS 攻击涉及千万级别的 IP 地址（攻击中的 UDP/DNS 攻击源 IP 几乎均为伪造 IP，因此 IP 数量不代表僵尸数量），其中部分重要的攻击来源于物联网设备，攻击活动从上午 7:00（美国东部时间）开始，直到下午 1:00 才得以缓解，黑客发动了三次大规模攻击，但是第三次攻击被阻碍，未对网络访问造成明显影响。此次攻击是一次跨越多个攻击向量及互联网位置的复杂攻击，Flashpoint 与 Akamai 分析确认攻击流量的来源之一是感染了 Mirai 僵尸的设备，因为部分离散攻击 IP 地址来自 Mirai 僵尸网络。Mirai 僵尸网络在黑客 Anna-senpai 公布源码后，被黑客利用并快速地形成大量的僵尸网络，其中部分黑客参与了此次攻击，并不排除黑客 Anna-senpai 也参与了本次攻击，其拥有大概 30 万~40 万的 Mirai 僵尸。启明星辰 ADLab 分析发现，Mirai 僵尸网络借鉴了 QBOT 的部分技术，并在扫描技术、感染技术等方面做了优化，大大提升了感染速度。通过对僵尸源码的分析发现，该僵尸网络具备如下特点。

（1）黑客服务端实施感染，而非僵尸自己实施感染。

（2）采用高级 SYN 扫描，扫描速度提升 30 倍以上，提高了感染速度。

（3）强制清除其他主流的物联网僵尸程序，干掉竞争对手，独占资源。如清除 QBOT、Zollard、Remaiten Bot、anime Bot 及其他僵尸。

（4）一旦通过 Telnet 服务进入，便强制关闭 Telnet 服务，以及其他入口，如 SSH 和 Web 入口，并且占用服务端口防止这些服务复活。

（5）过滤掉通用电气公司、惠普公司、美国国家邮政局、国防部等公司和机构的 IP，防止无效感染。

（6）利用特殊的 GRE 协议进行洪水攻击，加大了攻击力度。

图 7-6 简单显示了 Mirai 僵尸的感染过程，与普通僵尸感染不同的是，其感染端是通过黑客服务端实施的，而不是靠 Bot 来实施的。

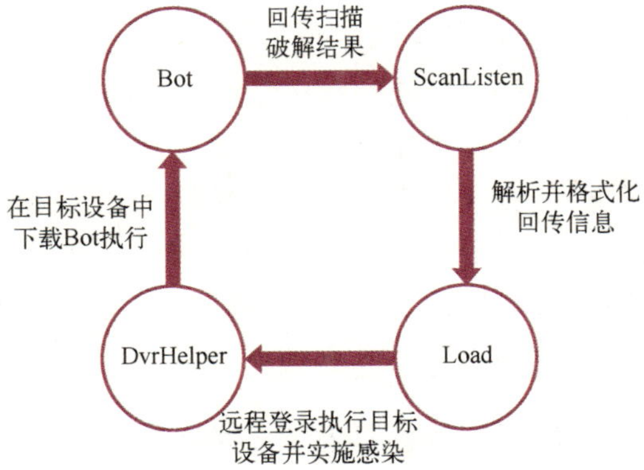

图 7-6　Mirai 僵尸的感染过程

受感染的设备端的 Bot 程序通过随机策略扫描互联网上的设备，并会将成功猜解的设备用户名、密码、IP 地址，端口信息以一定格式上传给 Sanlisten，Sanliten 解析这些信息后交由 Load 模块来处理，Load 模块通过这些信息来登录相关设备对设备实施感染，感染方式有 echo 方式、wget 方式和 tftp 方式。这三种方式都会向目标设备推送一个具有下载功能的微型模块，这个模块被传给目标设备后，被命名为 DvrHelper。最后，DvrHelper 远程下载 Bot 执行，Bot 再次实施 Telnet 扫描并进行密猜解，由此周而复始地在网络中扩散。这种感染方式是极为有效的，Anna-senpai 曾经每秒会得到 500 个成功爆破的结果。

2019 年，恐怖的 Mirai 僵尸网络继续保持高速增长，同时也改变了其 TTP（战术、技术和程序）。据研究人员分析，Mirai 僵尸网络的活动在 2018 年第一季度至 2019 年第一季度之间几乎翻了一番。安全分析人员指出，在过去的一年中，Mirai 僵尸网络的技术提高了，以瞄准更多的处理器和更多的企业级硬件。

事实证明，ADSL 调制解调器、无线路由器和网络摄像头都是最容易受到攻击的设备。由于 Mirai 僵尸网络采用自动化扫描机制，能够不断在互联网上搜索潜在的不安全联网设备，然后使用默认登录凭证进行劫持尝试，而一般用户是很难注意到被感染的状况的，这也导致其危害性的进一步提升。

7.2 云计算安全

7.2.1 云计算安全体系

7.2.1.1 云计算安全的定义与特征

1. 云计算安全的定义

云计算安全（也称云安全）一直以来都是云计算发展中最为重要的问题之一。现阶段对云计算安全的定义主要有以下两种。

定义一：云计算安全即云计算信息系统自身的安全防护，包括云计算的数据中心安全、基础设施安全、业务系统安全、应用服务安全、用户数据安全等。

定义二：云计算安全也称为云计算安全服务，即使用云计算的形式提供和交付安全能力，提升安全系统的服务能力，是云计算技术在信息安全领域中的具体应用，如基于云计算的防病毒技术、挂马检查技术等。

云计算安全主要有三种研究方向：第一种是研究云系统自身及云上数据和应用的安全；第二种主要研究安全基础设备的云化，即使用云计算技术整合安全设施资源，优化安全防护机制；第三种就是通过云的方式为用户提供安全服务。

2. 云计算安全的特征

云计算安全与传统的信息安全的目标一致，都是保护系统免受攻击，保证数据的机密性、完整性、可用性。云安全防护中会有传统安全防护的手段，除此之外，云环境下的安全防护又有一些新特点：与传统信息系统架构不同，云计算和存储资源高度整合，网络架构统一化，导致物理安全边界消失；在云计算数据中心中存在大量的虚拟机，虚拟机之间存在隔离和通信问题；数据拥有者和数据之间物理隔离，多租户共享存储资源，因此数据的访问控制也是新的问题。

7.2.1.2 云计算安全参考模型

美国国家标准与技术研究院（NIST）给云计算定义了 5 个关键特征、3 个服务模型、4 个部署模型。5 个关键特征为：按需自服务、宽带接入、虚拟化的资源池、快速弹性架构、可测量的服务；3 个服务模型为：云软件作为服务（SaaS）、云平台作为服务（PaaS）、云基础设施作为服务（IaaS）。4 个部署模型为公共云、私有云、社区云、混合云。

对于云计算安全系统的建设，有以下两个知名模型可以参考。

（1）CSA 模型。云安全联盟（Cloud Security alliance，CSA）是业界比较认可的云安

全研究论坛，它提出了一种包含云部署实现的不同方式和基本云服务的组合构成的不同云服务消费模式的模型。如图 7-7 所示，该模型实现了技术架构、安全架构和法规及安全标准架构之间的映射关系。

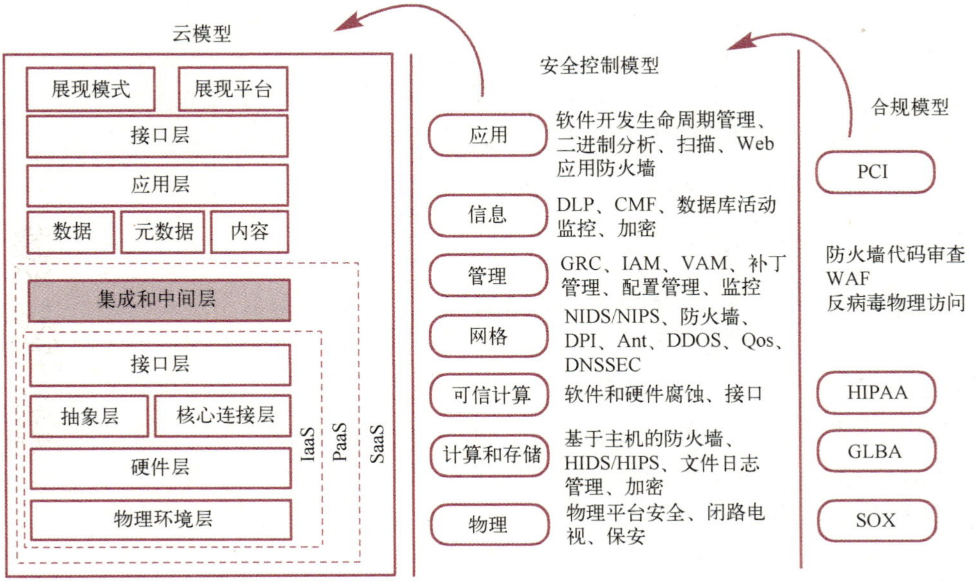

图 7-7 云服务安全参考模型

（2）云计算安全参考模型。NIST 发布的云计算安全参考架构（见图 7-8）基于云生态中的 5 种角色：云服务消费者、云服务提供商、云服务代理商、云计算审计员和云服务承运商。

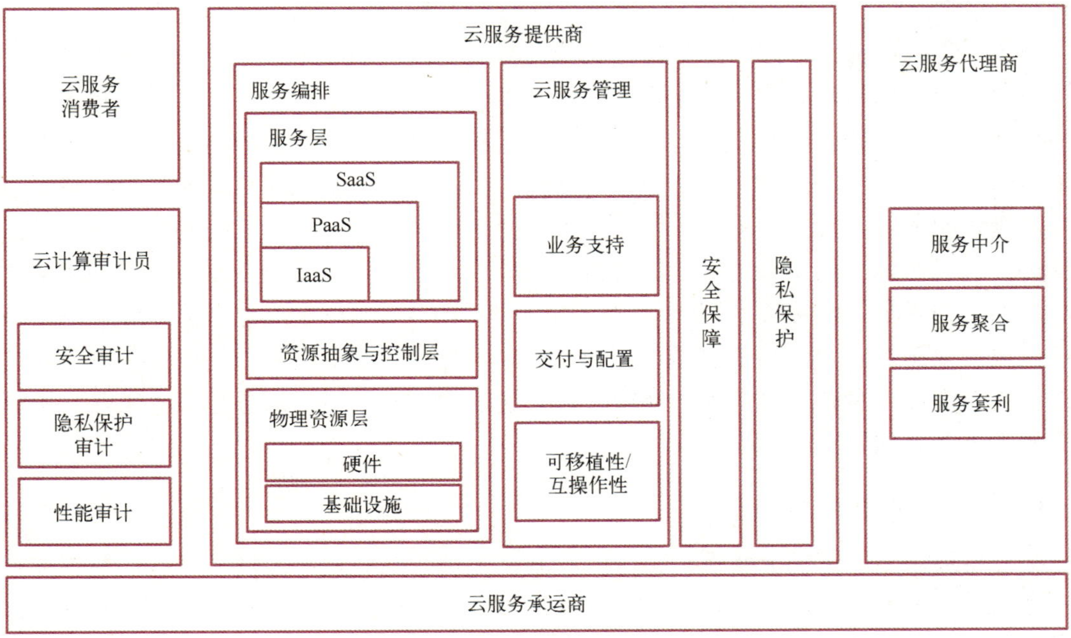

图 7-8 NIST 模型

7.2.2 云计算区域边界安全

在传统的边界防护中，数据中心属于公司或组织内部，一种应用部署在明确的一台物理机上，网络区域划分也是按照资源重要程度和种类进行的。因此，各区域之间边界明确，可以在不同的区域采取不同的边界防护措施，如防火墙、入侵检测、身份认证和访问控制策略等阻止网络攻击。然而在云环境下，采用了虚拟化技术，打破了传统的网络边界。如多个系统可能都运行在同一台物理主机上，这使得网络边界从物理边界变为逻辑边界。因此，在虚拟化的环境下，区域边界安全也是一个新问题。

7.2.2.1 云环境整体边界安全

如前所述，云环境中不存在物理上的安全边界，在这种情况下，传统的基于安全域的边界防护较难实现。因此安全服务部署应该首先考虑整个云计算网络的安全防护，以适应这种逻辑隔离的物理模型。整体边界防护面向外网，在云数据中心中划分出一个安全域，此安全域除部署防火墙、防 DDoS 措施外，还要部署应用防火墙（Web Application Firewall，WAF）及入侵检测与拦截设备（Intrusion Detection System/Intrusion Prevention System，IDS/IPS）以保护基础网络安全。

7.2.2.2 用户级边界安全

在上述的基础网络防护下，不同的云租户、不同的业务系统会实施不同的安全策略，为了适应该安全需求，要对防护设备进行虚拟化改造。以防火墙为例，在云计算环境下，普遍采用虚拟防火墙技术，通过对一台物理防护墙设备对虚拟设备资源进行划分，经过虚拟化之后的防火墙能够为不同的业务系统提供自定义的不同防火墙策略。

在云环境下，身份管理也面临新的挑战。云服务面对的是来自不同领域的大量用户，不同用户所具有的身份属性千差万别，如何从多个身份属性中选择出一个属性集合使得每组属性信息和具有特定权限的用户一一对应是比较困难的；云数据的所有者可能会将数据的某些访问和操作权限授予其他用户，因而同一用户可能有多重身份，即该用户对于自己的数据来说是所有者身份、对某些数据来说可能是访客身份、对于其他数据来说则是非授权身份，如何对同一用户设定不同的身份并严格地进行授权是比较困难的；不同领域的数据具有不同的安全等级标准，同一用户所拥有的数据也有敏感度高低之分，如何制定访问策略使数据能满足安全性需求也是比较困难的。另外，云服务提供商还必须考虑云服务使用人员的合法性，否则攻击者就可能向云端发送恶意数据，对云服务进行攻击等，给云服务安全带来极大的风险。

7.2.2.3 虚拟机边界安全

对于高级别的等级保护要求，如访问控制、入侵防范、攻击定位等，就需要在虚拟机级别进行进一步的安全部署。在虚拟机环境下，在一台物理服务器被虚拟成多台虚拟机后，虚拟机之间的数据交换是在物理服务器内部完成的，但从安全角度出发，不同的虚拟机也应该像物理服务器一样被划分到不同的安全域，采取不同的边界隔离。虚拟机之间的流量称为东西向流量，虚拟机之间直接交换流量无法通过外部防火墙等设备进行检测，Hypervisor 层的虚拟交换机（vSwitch）可以实现一些基本的访问允许或拒绝，但是不能实现更高级的安全检测防护策略以实现虚拟机之间的流量漏洞攻击的行为检测。要做到更深度的安全检测，目前主要有以下两种技术方式。

（1）基于虚拟机的安全防护。直接在服务器内部部署虚拟机安全软件，将所有虚拟机之间的流量交换在进入到 vSwitch 之前，先引入到安全虚拟机中，接受虚拟机安全软件的检查。可以根据需求将不同的虚拟机划分到不同的安全域，并配置各种安全域间隔离和互访的策略。该方法的不足之处是每个主机都需要花费额外的资源来运行安全虚拟机，对系统的资源占用大，这样不仅影响其他虚拟机的性能，还会导致服务器投资的增加。

（2）基于重定向技术的防护模型。该方法采用边缘虚拟桥技术，该技术通过虚拟以太端汇聚器（Virtual Ethernet Port Aggregator，VEPA）等技术实现将虚拟机产生的流量先引入到外部的物理交换机。利用物理交换机上深度报文检查、安全策略配置等功能来允许或拒绝其访问。这种实现方式的优点是不需要服务器进行安全防护，而使用高性能的外部安全设备，可以在不损失服务器资源的情况下实现万兆甚至十万兆的安全检测能力，管理员也很容易实现对这些外置安全设备的管理与维护。同时因为该标准的相对开放性，相关的网络安全厂商都可以参与到这个方案当中来，减少了客户对于单一网络安全厂商的依赖。但该方法部署相对复杂，需要在机房中调整布线，如在旁路安装防火墙等设备。

7.2.3 云服务计算环境安全

在本节开始之前，要首先明确一对概念：“云计算”和“云服务”，它们看起来相似却又略有不同。从概念上来讲，云计算是指一种技术架构，而云服务是指在云计算技术架构支撑下对外提供的按需分配、可计量的 IT 服务。因此从层次上看，云服务是运行在云计算之上依托于云计算的，让云计算能够有更充分的价值，而且还具备产品的性能，能够为云计算大大增值。从使用角度看，云服务更多是站在客户角度，而云计算则是站在服务提供者的角度。对以上角度进行一个总结，就是云厂商通过云计算给客户提供云服务。

7.2.3.1 云计算安全责任共担模型

随着云计算产业市场规模的逐渐扩大，云计算安全问题日益凸显，安全性成为服务商与用户在考虑云计算时的首要因素。与传统 IT 安全架构不同的是，云计算安全体系强调在不同服务模式中云服务厂家和用户的责任共担，安全不再由服务商大包大揽，用户也应承担相应职责。本章参考云计算开源产业联盟（OpenSource Cloud Alliance for Industry，OSCAR）发布的《云计算安全责任共担白皮书（2020）》对云安全责任共担模型展开介绍。

1．云计算安全责任共担的必要性

首先，安全责任的承担与落实影响云计算整体安全。在实际运营中，云计算的服务产业链纵深延长，服务关系存在多级嵌套的情况。云计算提供商向云计算用户交付云服务，云计算用户利用云服务，可以向其用户交付其他应用服务，而这些应用服务又可以形成下一级的“提供者-用户”关系。因此安全威胁所带来的风险也将依附服务产业链不断渗透，影响范围和危害程度不断扩大。不仅云计算提供者与用户风险依存，看似独立、毫无关系的用户之间也会产生影响，一个小的安全问题就可能导致云平台的大范围安全事故，牵一发而动全身。

2.云计算安全责任共担模型现状

（1）责任共担已成共识，企业组织助力责任共担模型发展。

云计算安全体系复杂，涉及责任繁多，安全责任必然无法由提供商全部承担，云计算提供商与云计算客户进行责任共担的模式成为行业共识和最佳方案。亚马逊、微软、阿里、腾讯、华为等国内外知名云服务均推出了自己的云计算安全责任共担模型，各模型融合了云服务商业务场景和特色，均有差异，但大致可以分为以 AWS（在云服务商和云客户间划清责任界限）和 Azure（中间责任带由云服务商和云客户共同分担）为代表的两类模型。

（2）从行业角度出发，相关标准与指南不断成熟。

①《信息安全技术—网络等级保护基本要求》（GB/T 22239—2019）中规范了不同云计算服务模式下云服务商和云服务客户的安全管理责任，云服务商和云服务客户对计算资源拥有不同的控制范围，控制范围则决定了安全责任的边界。

②《信息安全技术—云计算服务安全指南》（GB/T 31167—2014）规范了云服务商、客户和第三方评估机构三大云计算服务安全管理主要角色的责任。在该标准的新修订版本中，进一步引入云服务安全提供商角色，同时给出了政务云中的责任划分实践与参考。

3．云计算安全责任共担模型框架

为建立更加精细可落地、普遍适用于云计算行业的安全责任共担模型，提升云服务客户责任共担意识与承担水平，自 2019 年起，由中国信通院、云计算开源产业联盟牵头，联合数十家云服务商，开展了云计算安全责任共担的相关研究，制定了《云计算安全责任共担模型》行业标准，并将云计算安全责任共担模型成果进行分享，以供行业相关企业、人员参考。

7.2.3.2 服务器虚拟化安全

1．服务器虚拟化安全问题

（1）虚拟机蔓延：随着虚拟化技术的成熟，虚拟机的创建会越来越容易，数量也会越来越多，没有严格的虚拟机生命流程管理，这些虚拟机的清理和回收就会变得难以控制，这种虚拟机随意创建难以回收的现象称为虚拟机蔓延。虚拟机蔓延的具体表现形式有：僵尸虚拟机、幽灵虚拟机、虚胖虚拟机等。

（2）虚拟机窃取和篡改：攻击者在获得了主机操作权限之后，可以通过网络将虚拟磁盘文件迁出，将其加载到一个新的虚拟机上或者通过工具将其内容映射到物理机上，再使用口令破解工具突破身份认证，就可以随意读取磁盘中的敏感数据。由于攻击者访问的是虚拟机的副本，而不是虚拟机本身，因此虚拟机上不会显示任何入侵记录。

（3）虚拟机跳跃：虚拟机跳跃是指攻击者利用虚拟机之间通信技术的漏洞，从虚拟机获取到同一主机上或在相同虚拟机管理程序控制下的另一个对等虚拟机上的权限。攻击者可以监控受害虚拟机的资源使用情况、修改其配置和删除存储的数据，从而对受害虚拟机造成危害。

（4）虚拟机逃逸：虚拟机逃逸是指在虚拟机上运行的应用程序可以通过绕过虚拟机管理程序直接访问主机，获取宿主机的权限。与虚拟机跳跃不同，虚拟机逃逸破坏 Hypervisor 或获取 Hypervisor 权限，并且主机操作系统及其上的虚拟机都能被攻击者访问。

（5）基于虚拟机的 Rootkit 攻击（VMBR）：攻击者利用 Rootkit 工具来隐藏计算机中的恶意程序和攻击入侵行为。

（6）虚拟机拒绝服务攻击：攻击者利用单个虚拟机不断地向 Hypervisor 索要资源，导致资源匮乏的虚拟机不能正常运行。这是由于虚拟机资源分配策略不合理造成的。

（7）跨虚拟机的侧信道攻击：如跨虚拟机 cache 侧信道攻击，攻击者通过某种方式观察或测量另一台虚拟机算法执行期间产生的 cache 侧信道信息，就可以推断对应的 cache 行为（程序执行期间的内存访问信息，包括访问了哪些内存位置的数据，使用了哪些内存页面，或者执行了哪些指令序列等），并进一步得到内存访问的一些关键信息。

（8）虚拟机镜像安全问题：云中使用和发布公开共享的虚拟机镜像会引起一些安全问题，如在制作公共虚拟机镜像时，无意中将 API 密钥、私钥（如 SSH 私钥和 SSl）、软件源代码，敏感的个人信息和软件源代码包括在镜像中。此外，恶意镜像发布者会在镜像中创建 SSH 后门、恶意软件及引入漏洞（称为恶意虚拟机）。

（9）远程攻击：虚拟机可以访问外部网络（互联网），所以云计算中也存在传统网络安全问题，如 DoS 攻击、中间人攻击、XML 相关攻击、重放攻击、字典攻击、注入攻击、输入验证相关攻击和传播恶意软件等。

2．服务器虚拟化安全防护

（1）宿主机安全：虚拟环境中的主机被认为是控制点，宿主机能够监视并与正在运行的虚拟机应用程序进行通信，对虚拟机进行各种操作。因此，宿主机安全关系到整个虚拟化系统的安全，严格保护主机比保护独特的虚拟机更有必要。宿主机安全防护采用的措施有：宿主机设置严格的访问控制和认证策略，如使用高强度密码；关闭宿主机中不必要的服务进程，特别是网络服务；在宿主机上部署防火墙和入侵检测系统；及时对宿主机操作系统进行更新和补丁升级。当前，这些传统的防护技术已经十分成熟，可以有效地对主机进行安全防护。

（2）Hypervisor 安全：虚拟化的一个关键部分是功能强大的虚拟机管理程序，它管理物理平台并可以访问其所有资源，包括分配给来宾虚拟机（VM）的内存。虚拟机监控程序一旦被攻陷，就能赋予自己（或某些虚拟机）窥探某些目标虚拟机的内存的能力。保护 Hypervisor 安全的方法如下。

① 构建轻量级 Hypervisor：把传统的 VMM（Hypervisor）拆分成 Micro Hypervisor 和 VMM。Micro Hypervisor 保留了原来的特权，VMM 运行在用户级层面，不再拥有特权，包含既不够安全，也不够重要的功能，由于受损的 VMM 只会损害其关联的虚拟机，因此虚拟机监控程序和其他虚拟机的完整性、机密性和可用性将不受影响。

② 优化 CPU 调度算法：物理服务器上的物理 CPU 数量小于虚拟机的 CPU 总数，因此虚拟机对物理 CPU 存在分时复用。CPU 调度算法存在的漏洞可能会导致虚拟机拒绝服务攻击，如 Xen 的调度程序容易受到基于时间片的操作，即使 Xen 为每个虚拟机的 CPU 使用率设置了“上限”，有的攻击也能够逃避其限制使一个虚拟机占用高达 85%的总 CPU

周期。因此针对 CPU 调度算法的漏洞进行优化也是防护 Hypervisor 的一种途径。

以上两种方法都需要对 Hypervisor 进行修改，技术实现难度较高，且在已有的大规模云计算部署和防护中不太适用。相比之下，一些传统的安全防护技术更加容易实现：合理分配主机资源，避免拒绝服务攻击，优化远程控制台配置，限制 Hypervisor 的访问授权

（3）虚拟机安全。

① 虚拟机隔离机制。主要的虚拟机隔离机制有：基于访问控制的逻辑隔离机制，如 Sailer 等人提出的基于 Xen 的访问控制模型 sHype，将 Hypervisor 中的资源控制、虚拟机隔离等功能存放到访问控制模块中，每当虚拟机发起访问资源（包括网络通信、标准 I/O 通信和共享内存）请求时，访问控制模块会根据虚拟机的信息来判定该虚拟机是否有资格请求该资源，以此执行强制访问控制（Mandatory Access Control，MAC）策略。

通过硬件实现隔离，林昆基于 Intel VT.d 技术提出了硬件协作的安全内存管理（SMM）模型，通过硬件实现对虚拟机内存进行隔离。在 SMM 架构中，Hypervisor 只将 SMM 控制的内存分配给虚拟机，硬件中 TPM 系统为虚拟机生成并分发密钥，SMM 利用该密钥对虚拟机内存中的数据加解密。这样其他虚拟机看到的该虚拟机内存数据都是加密过的。

② 虚拟机监控。利用 Hypervisor 在单独的虚拟机中部署安全工具，能够对目标虚拟机进行检测。这种对监控工具的隔离方法能够保证其有效性和防攻击性，这种技术的主要实现方式有内部监控和外部监控两种，如图 7-9 所示。

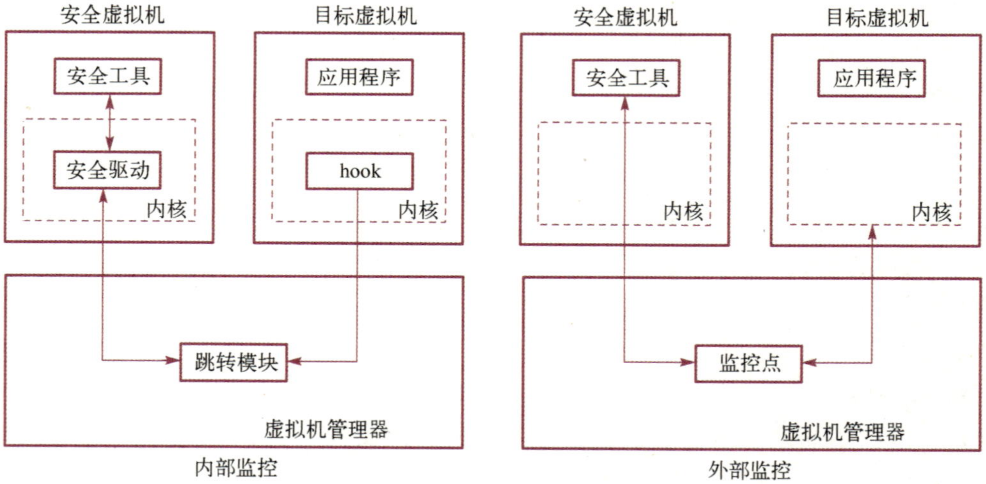

图 7-9　内部监控和外部监控模型

内部监控（主动监控架构）：安全工具部署在一个隔离的虚拟域中，它通过在被监控的虚拟机中插入监控点来截获系统状态的改变（如进程创建、文件读/写等）。再通过跳转模块将事件发送到安全域中，安全域的安全工具采取相应的安全措施。内部监控的典型代表是 Lares、SIM。

外部监控（虚拟机自省的监控架构）：与内部监控架构不同的是，外部监控架构的监控点部署在 Hypervisor 中，它不仅是安全域中的安全工具和目标虚拟机之间通信的桥梁，还用于拦截目标虚拟机中发生的事件，并重构出高级语义，然后传递给目标虚拟机。由于

Hypervisor 位于目标虚拟机的底层，监控点可以观测到目标虚拟机的状态（如 CPU 的信息、内存页面等），故在 Hypervisor 的辅助下，安全工具能够对目标虚拟机进行检测。典型代表是 Livewire 系统。

③ 入侵检测与防护。入侵检测系统（Intrusion Detection System，IDS）和入侵防御系统（Intrusion Prevention System，IPS）是常见的计算机网络安全设施，它能够即时的中断、调整或隔离一些不正常或具有伤害性的网络资料传输行为。

④ 虚拟化环境下流量防护。虚拟机环境下的流量可以划分为纵向流量和横向流量。纵向流量包括从客户端到服务端的远程流量，以及不同虚拟机间经过三层转发的流量。纵向流量的防护措施与传统数据中心的安全防护类似，采用防火墙和入侵检测系统。

横向流量是相邻虚拟机之间在同一个虚拟交换机和端口组上传输的流量，该流量只存在于物理主机内部的虚拟网络中，传统的物理防火墙无法对这些流量进行防护。横向流量问题是虚拟化环境下产生的新问题，横向流量的防护目前有两种：基于虚拟机的安全服务模型，这种方法是将虚拟机之间的流量先引入到虚拟机安全软件中进行检查，确定安全之后才允许进入虚拟交换机；基于边缘虚拟桥（EVB）技术实现流量重定向的安全检测模型，利用边缘虚拟桥技术，将流量重定向到外部交换机，利用现成的检测设备来防护东西向流量。

（4）容器安全：镜像在创建过程中可能存在漏洞，会给攻击者篡改镜像、植入恶意代码的机会；镜像来源不安全，一些镜像存在于可信公开仓库中，还有一些镜像由第三方或个人创建，这些镜像可能就是恶意镜像。可采取的防护措施有对镜像进行安全扫描、添加镜像签名、通过 HTTPS 下载镜像及使用安全仓库中的可信基础镜像。

此外，与虚拟机不同，容器和主机共享同一个操作系统内核（如 Linux），操作系统使用 Namespace 与 Cgroups 这两项技术，能使容器内的资源与宿主机隔离。操作系统内核产生的漏洞可能会被攻击者用来攻击容器，最常见的是容器逃逸攻击，即容器利用主机的内核漏洞提升用户权限，进而逃逸至主机获取完全控制权限。可采取的防护措施有对主机进行加固、轻量化操作系统内核、避免主机直接运行程序、将程序尽量存放到容器中执行，这样可以减少内核的漏洞数量。避免赋予容器 Root 权限，使用强制访问控制技术限制容器对主机资源的访问。

除了内核漏洞，还存在另一种安全隐患，即容器和主机之间没有了 Hypervisor 中间层，无法对容器进行监控和审计。可以在一个安全容器中运行监控与审计程序，将用户容器的日志发送到该容器，对于非法操作及时做出阻塞进程、告警等措施，并做记录以备审计。

7.2.3.3 数据安全

根据《信息技术词汇第 8 部分：安全》（GB/T 5271.8—2001），数据安全是指适用于数据的计算机安全，而计算机安全是指采取适当行动保护数据和资源，使它们免受偶然或恶意的操作。用户数据的储存有一定的生命周期，分为数据生成、数据存储、数据使用、数据共享、归档、销毁等几个阶段，云计算在对数据进行处理的过程中，都会经过这几个阶段的转换，并且在每个阶段中都会面临不同程度的安全威胁。

近年来，云安全引发的数据安全及相关企业的内部安全事件不断发生。2019 年，有媒体报道了阿里云云效平台的源代码泄露问题，涉及 40 家企业，共 200 余项目，甚至还波及用户隐私和敏感数据。云计算的优势毋庸置疑，但由其引发的这些事故使用户和云服务供应商警醒，也加深了人们对云计算安全性的怀疑。如何保障云中数据安全，已经成为云安全的关键挑战之一。

在传统信息系统中，数据安全主要关注的是数据的加密存储和传输、安全审计和容灾备份；而云计算作为一种新的服务模式，除上述内容外，还有更多的关注点。根据云计算的特点和信息安全防护要求，目前通常需要采用数据安全隔离、访问控制、数据加密与检索、完整性验证，以及备份和恢复等技术手段来为云计算用户提供信息安全和隐私保护。

1．数据安全隔离

云计算模式一般都采用多租户架构，租户的数据既有隔离又有共享，从而决定数据存储的方式。租户数据隔离技术是保护数据安全的重要措施，采用不同的技术方案实现不同租户之间数据和配置信息的安全隔离，以防止租户在数据存储过程中信息被他人窃取。对于多租户数据的存储隔离技术，主要存在以下三种模式。

（1）独立数据库，隔离数据架构。此模式下，每个租户都被提供独立的数据库，可以保证租户根据自身需求定制个性化服务，同时确保其他租户数据不受影响。该模式的数据间的隔离性最高，安全级别最高，易维护，但是维护和购置成本最高。

（2）共享数据库，独立数据架构。此模式下，不同租户可共享数据库，但不同租户拥有自身独立的逻辑表，互不干涉。该模式具有一定的隔离性且每个数据库支持更多的租户数量，但如果出现故障，数据恢复会比较困难。

（3）共享数据库，共享数据架构。此模式下，共享程度最高，相应的隔离程度最低。该模式的维护和购置成本低，但是安全性也低，加大了安全方面的开发难度。

另外，租户数据还可在网络隔离、软件隔离等层面展开不同的隔离技术研究。总之，无论何种模式，都应从安全、成本、租户数量、租户要求及技术储备等方面进行权衡和选择。

2．数据访问控制

访问控制是数据访问权限的选择性限制，是进行身份验证和权限管理的机制，通常用于系统管理员控制用户对资源的访问，是保证系统保密性、完整性和可用性的有效手段。访问控制系统主要以三种方式描述：访问控制策略、访问控制模型和访问控制机制。策略定义了访问控制必须遵循的高级规则，模型提供了访问控制策略的正式表示，机制定义了低级功能，而这些功能实现了由策略强加的并在模型中正式声明的控制。

传统的访问控制策略有三个主要类别：自主访问控制（DAC）、强制访问控制（MAC）和基于角色的访问控制（RBAC）。自主访问控制基于主体身份对其客体进行管理，在自主访问控制下，用户可按照自己意愿进行设定和更改。强制访问控制基于系统中设定的安全规则进行访问控制，每个主体和客体都被赋予一定的安全级别，系统通过安全级别来决定主体是否可以访问客体。通过强制访问控制，安全策略由安全策略管理员集中控制。基于角色的访问控制中，对系统操作的各种权限不是直接授予具体的用户，而是在用户集合与权限集合之间建立一个角色集合。每种角色都对应一组相应的权限，一旦用户被分配了适当的角色后，该用户就拥有此角色的所有操作权限。简化了用户的权限管理，减少了系统开销。

在云计算环境不断发展的情境下，数据的计算和存储模式都已发生了巨大的变化。访问控制技术面临着权限管理策略、隐私数据保护、动态访问控制、分布式部署等需求和挑战。为了适应新需求，有效维护数据安全共享，研究人员提出的很多基于密码技术实现细粒度的访问控制成为研究热点，如基于身份加密、基于属性加密、基于代理重加密等机制。近年也有不少学者专注基于区块链的访问控制技术研究。

3．数据加密与检索

从目前的技术条件看，加密是确保云中所存储数据的机密性和隐私性的主要方法和重要手段。在以密文形式存储数据的云存储中，实现数据共享的方法通常是发送者将密文下载至本地，将密文解密成明文，后再用所分享用户的密钥加密并发送。但也由于数据被加密，使其失去了原有的结构特性，用户不能在大量文件中搜索特定文件，因此密文检索技术也显得同样重要。

数据的加密和解密过程是通过密码体制和密钥来控制的。根据密钥的特点，可将密码体制分为对称（私钥）和非对称（公钥）密钥密码体制两种。私钥加密体制对数据的加密速度快，适合数据量大的加解密处理，但在通信时，密钥必须被双方保密。在公钥加密系统中，公开密钥向公众公开，私有密钥只有解密人自己知道，非法使用者根据公开的加密密钥无法推算出私有密钥，安全性更好，可以很好地解决密钥的分发和管理问题，并且能实现数字签名。但加密和解密花费时间长、速度慢，只适合对少量数据进行加密。研究者也在探索新的加密技术，如具有密文检索功能的可搜索加密（Searchable Encryption，SE）技术，该技术可以在海量密文数据中实现高效查找想要的特定数据，并且保证在一定程度上不泄露用户数据及相关隐私。

4．完整性验证

数据完整性验证具体是指验证数据所有权并检测任何未经授权的修改。一方面，考虑到从云服务器下载数据进行检查会产生巨大的数据量和计算开销，此方案不切实际；另一方面，由于存在如此多的内外部漏洞和遗漏的数据报告，云用户也不完全信任云服务提供商提供的数据完整性报告。因此需要有一种有效的方法可远程审计外包给云服务器的数据的完整性。

根据数据完整性验证者的身份可将验证模式分为两种：数据拥有者审计和可信第三方审计。由于后者可以减轻用户验证时产生的计算负担，以及解决用户与云端可能出现纠纷的问题，因此主流的数据完整性审计方案都是通过引入第三方来实现验证的。

另外，还根据是否对数据进行容错处理和能否恢复受损数据，数据完整性验证方案分为可证明数据持有（Provable Data Possession，PDP）与数据可恢复证明（Proofs of Retrievability，POR）两种比较经典的方案。

PDP 方案引用了同态线性认证标签技术，验证时不需要完整数据，对数据分块，通过判定采样数据块的正确性，以概率的方式验证整个数据的完整性。

POR 方案基于哨兵机制，即在文件中随机嵌入一些检查块，并使用加密算法加密整个文件，使之与其他文件块无法区分，用户可通过指定哨兵的位置来要求服务器返回哨兵值来进行验证，如果数据文件被修改或删除，那么服务器无法做出有效应答。另外，POR 方案中使用了纠错码技术来以一定程度恢复被损坏的数据，克服了 PDP 方案在这一方面的局限性。

经过多年在 PDP 与 POR 两种方案上进行的改进和发展，研究人员逐步提出并实现了支持公开审计、多副本、支持多用户批量验证、支持数据动态更新等功能的方案。而现阶段，云存储服务的模式发生了从单云到多云的转变，用户不仅局限于在单个云环境中进行数据存放，且用户对云服务的实用性要求越发注重。同时审计协议的应用场景变得复杂，各种智能终端如手机、平板电脑等由于其资源受限而影响数据审计过程。针对这些问题，如何能实现更加高效、可靠的验证技术仍然是有待解决的热点问题。

5．备份与恢复

无论是自然灾害或者人为事故都有可能对云存储数据造成破坏和丢失，数据是宝贵的资产，为保证数据的可用性和可靠性，在具有大量数据流的云服务器中，容错功能即数据备份、容灾与恢复技术必不可少。

7.2.4 云计算安全管理

信息安全管理是通过运用各种技术手段维护信息安全，对组织所有的信息资产进行管理和保护的体制，也是用于指导和管理各种控制信息安全风险的一组相互协调的活动。云计算作为新一代技术和服务模式，带来了技术优势的同时也带来新的安全风险，因此很有必要重视其安全管理措施的部署。云计算安全管理包括安全管理制度、安全管理机构、人员安全管理、系统建设管理和系统运维管理。

安全管理制度包括管理制度的制定和发布、评审和修订。安全管理制度的制定是对日常管理活动中的各类管理内容建立操作规程，这些管理内容应该覆盖物理、网络、主机系统、数据、应用、建设和运维等，还包括制定信息安全工作的总体方针和安全策略，来说明机构安全工作的总体目标、范围、原则和安全框架等。而后统一格式，通过正式且有效的方式发布，并进行版本控制。由信息安全小组组织相关部门或人员，定期对安全管理制度的合理性和实用性进行检查和审定，并对需要改进的内容进行修改和维护。

安全管理机构需要具有完善的岗位设置和人员配备，以及授权与审批、沟通合作、审核检查等方面的功能。应当设立安全管理各个方面的职能部门和负责人岗位，配备一定数量的系统管理员、网络管理员、审计管理员、安全管理员等，明确不同岗位的职责。根据各个部门和岗位职责，明确授权审批事项、审批部门和批准人，在系统投入运行、网络系统接入和重要资源的访问等关键活动进行时，授权审批部门以及批准人需要对系统变更、重要操作、物理访问和系统接入等活动执行审批过程并记录保存，另外应该定期对审批项目、审批人的信息进行更新。最后，还要定期对系统日常运行、漏洞、数据备份等内容进行检查，查看现有安全技术措施是否有效，安全配置与策略是否一致，安全管理制度的执行情况是否达标并做好记载，汇总生成检查报告。

人员安全管理的内容包括人员的录用、离岗、考核、安全知识教育与培训、外部人员访问管理等方面。云服务提供商在录用人员之前，应对被录用候选人身份、能力背景、专业资质进行审查和权衡，降低以后发生安全事故的可能性。提供商需与被录用人员签署合同和岗位责任协议，包含相关规范、职责要求等条款。在任用人员过程中，还需不定期对不同岗位的人员进行技能培训和考核，培训内容包括员工职责、安全知识、法律法规、操作行为规范、应急处理、惩戒措施等。组织内部的职务、职责应划分清晰，规范协调。对于离岗人员，云服务提供商需及时终止其相关权限，让其归还资产，如软硬件设备。当外部人员访问时，应让其先提出书面申请，相关部门或技术专家根据审批流程对申请进行审批，之后专门开设账户，分配权限，并进行备案，将备案材料报至主管部门。

系统建设管理包括系统定级、安全方案设计、产品采购和使用、软件开发、工程实施、测试验收、系统交付、安全服务商选择等方面内容。首先信息系统的边界和安全保护等级应该由相关部门和安全技术专家进行评定和明确，并对其安全性和正确性进行论证。其次根据等级划分的情况，对系统的安全建设进行总体规划，全面考虑安全技术框架、安全管理策略以及详细的设计方案。在产品采购和使用过程中，需符合国家的有关规定和主管部门的要求，指定专门的部门来进行采购。对于开发软件，应该制定合理的需求分析、软件设计、开发、测试和验收过程的控制方法以及人员管理制度。在工程实施方面，首先需要制定详细的工程实施方案控制实施过程，解释说明控制方法和人员行为准则，然后由专门的负责人或部门对工程实施过程进度和质量进行把控。在系统测试验收方向，需根据设计方案制定验收方案，并邀请公正第三方测试单位对系统的安全性进行测试，生成测试结果报告，然后指定专门的负责人来管理和完成系统测试验收工作。在系统交付时需要指定交付清单，根据清单对所有内容进行清点，交付所有内容，此外提交方还需提供系统建设过程文档和指导用户方进行运行维护的文档。对于用户方来说，在选择安全服务商过程中，应仔细阅读相关服务内容，确保服务商符合国家有关规定，确保提供了技术培训和服务承诺，并签订安全相关协议，定期监督核查供应商提供的服务是否符合约定。

系统运维管理用于保障系统的正常运行，主要集中在性能管理与故障管理，具体体现在环境、资产、介质与设备、网络安全、系统安全等方面的管理，另外还有恶意代码防范管理、密码管理、备份与恢复管理、安全事件处置、应急预案管理、变更管理。环境管理是指运维人员建立机房管理制度，定期对机房供配电、空调、湿温度、消防设备等，以及机房进出人员记录进行管理。资产管理需要编制与信息系统相关的资产清单，清单内容包括资产类别、资产责任部门、重要程度和所处位置等。介质与设备管理包括对存储、传输的介质及系统中各种软硬件设备、网络线路进行规范化管理，涉及它们的存放和使用，以及维修和销毁等处理。网络安全管理内容包括专业人员对运行日志、网络监控记录的日常维护，对意外事故报警处理和原因分析，并建立完善的网络安全管理制度，对网络配置信息、安全策略、漏洞补丁方面做出说明。系统安全管理由系统管理员承担主要责任，承担的具体职责、权限和风险会根据系统管理员角色的不同而不同。当外来计算机或者存储设备接入系统时，必须首先进行恶意代码检查，恶意代码防范管理从建立起防范管理制度，制定有效的防范措施开始，然后对其有效性进行定期验证，运维负责人需对捕捉到的恶意代码做记载上报并汇总分析。密码管理员即安全管理员应该遵循相关国家或行业的密码标准来对密码进行管理，检查产品是否获得了密码管理部门的检测报告和证书。备份与恢复管理需要在其管理制度中根据数据的重要程度定期备份数据信息，明确备份的方式、恢复的策略、保质期、频度等。安全事件处置需制定安全事件的报告，响应和针对事件的处理方法。应急预案管理则要求针对不同事件制定各自的应急预案，需要具备应急处理流程、恢复流程、事后经验学习等内容。最后，如果系统需要发生变更，那么变更管理需在变更前根据变更需求制定包含变更类型、原因、过程、评估的变更方案，经过评审后实施，实施变更过程应做记录。

7.2.5 云计算安全标准

随着云计算在市场需求推动下的蓬勃发展，其安全问题日益凸显，相关企业乃至政府都极力促进云计算产业的规范与健康发展。云计算安全标准的研究和制定便是一个强有力的手段，因此它已经成为云计算安全研究中一个重要组成部分，也是当今国内外标准化工作的热点之一。云计算安全标准是为了在云计算安全领域内获得最佳秩序，经协商一致制定并由公认机构批准，为各种云计算安全活动或其结果提供规则、指南或特性，供业界共同和重复使用的一种文件。云计算安全标准的存在使得相关的企业与平台产品的建设有了标杆，有利于行业内部的合规发展，对形成一个完善的云计算安全产业有所助力。在本节中，将从国内和国外两个方面介绍当今云计算安全标准研究的成果。

7.2.5.1 国内云计算安全标准的研究

2012 年 3 月 12 日，全国信息安全标准化技术委员会于四川成都召开了“云计算安全管理及标准研讨会”，与会专家一致认同云计算领域安全问题的重要性与通过发布云计算安全标准来引导行业健康发展的迫切性。自此，我国云计算安全标准的编制工作拉开了帷幕。在 2014 年，云计算安全标准领域的两项重要国家标准《信息安全技术—云计算服务指南》（GB/T 31167—2014）和《信息安全技术—云计算服务安全能力》（GB/T 31168—2014）正式发布实施，为之后的安全标准研究工作提供了重要参考。自 2016 年起，云计算安全标准的编制工作交由全国信息安全标准化技术委员会设立的大数据安全标准特别工作组负责，在之后的数年间，在各方领域专家的支持帮助下，我国在云计算安全标准化领域成绩斐然，已发布国家标准十余项，详情如表 7-8 所示。

表 7-8 云计算安全国内标准

序号	标准号	标准名称	实施日期
1	（GB\T 31167—2014）	《信息安全技术—云计算服务安全指南》	2015 年 4 月 1 日
2	（GB\T 31168—2014）	《信息安全技术—云计算服务安全能力要求》	2015 年 4 月 1 日
3	（GB\T 34942—2017）	《信息安全技术—云计算服务安全能力评估方法》	2018 年 5 月 1 日
4	（GB\T 35279—2017）	《信息安全技术—云计算安全参考框架》	2018 年 7 月 1 日
5	（GB\T 22239—2019）	《信息安全技术—网络安全等级保护基本要求》	2019 年 12 月 1 日
6	（GB\T 25070—2019）	《信息安全技术—网络安全等级保护安全设计技术要求》	2019 年 12 月 1 日
7	（GB\T 28448—2019）	《信息安全技术—网络安全等级保护测评要求》	2019 年 12 月 1 日
8	（GB\T 37950—2019）	《信息安全技术—桌面云安全技术要求》	2020 年 3 月 1 日
9	（GB\T 37972—2019）	《信息安全技术—云计算服务运行监管框架》	2020 年 3 月 1 日
10	（GB\T 37956—2019）	《信息安全技术—网站安全云防护平台技术要求》	2020 年 3 月 1 日
11	（GB\T 38249—2019）	《信息安全技术—政府网站云计算服务安全指南》	2020 年 5 月 1 日

7.2.5.2 国外云计算安全标准的研究

1. 国际标准

在云计算安全国际标准的编订工作组织中，具有代表性的是 ISO/IEC JTC1/SC27（信息安全、网络安全和隐私保护分技术委员会），该组织是国际标准化组织 ISO 和国际电工委员会 IEC 的第一联合技术委员会中专门从事信息安全标准化制定的分技术委员会。SC27 在云计算安全标准上专注于信息安全管理、身份管理和隐私保护技术、信息安全技术，研究成果如表 7-9 所示。

表 7-9 云计算安全国际标准

领域	标准号	标准名称	发布时间
信息安全管理	ISO/IEC 17789：2014	《信息技术—安全技术—基于 ISO/IEC 27002 的云服务信息安全控制措施的实施规程》	2015 年 12 月
	ISO/IEC 19086-4：2019	《信息技术—云计算服务水平协议（SLA）框架—第 4 部分：PII 保护与 PII 安全的组件》	2019 年 1 月
身份管理和隐私保护技术	ISO/IEC TS 27018：2019	《信息技术—安全技术 PII 处理者在公有云中保护 PII 的实践指南》（2014 版的修订版）	2019 年 1 月
信息安全技术	ISO/IEC 27036-4：2016	《信息技术—安全技术—供应商关系信息安全—第 4 部分：云服务安全指南》	2016 年 10 月

2. 行业联盟标准

云安全联盟（Cloud Security Alliance，CSA）于 2009 年的 RSA 大会上宣布成立，其成立的目的是在云计算环境下提供最佳的安全方案。作为一个非营利组织，CSA 发展极其迅速，已成为业界内的权威组织。云安全联盟发布的相关报告与标准文件是研究云计算安全标准的重要参考，其成果有于 2009 年 4 月 1 日发布的《云安全指南》(第 1 版)，并一直随着云计算产业的发展而更新，至今已更新到《云安全指南 4.0》；《云计算安全技术要求》（CSA001—2016 标准版）对云服务开发商开发产品与解决方案以及用户判断云服务提供商所提供的安全能力等级提供了参考。

3. 国家/地区标准

在一些国家和地区，云计算安全标准同样是一大热点，并取得了一些成果。比较知名的代表性组织有美国国家标准与技术研究院（NIST）、欧盟网络与信息安全局（ENISA）和澳大利亚政府信息管理办公室（AGIMO），具体标准研究成果如表 7-10 所示。

表 7-10 其他国家/地区标准

国家/地区	制定机构	标准名称	发布日期
美国	NIST	SP 800-144《公有云中的安全和隐私指南》	2011 年 12 月
		SP 500-299《云安全参考架构》	2013 年 5 月
		SP 500-291 NIST《云计算标准路线图》（第 2 版）	2013 年 6 月
		SP 500-293《美国政府云计算技术路线图》	2014 年 10 月
		《云安全自动化框架》	2017 年 10 月

续表

国家/地区	制定机构	标准名称	发布日期
欧盟	ENISA	《云计算信息保障框架》	2009 年 11 月
		《云计算合同安全服务水平监测指南》	2012 年 2 月
		《关键云计算——CIIP 视角下的云计算服务》	2012 年 12 月
		《安全部署政府云的实践指南》	2014 年 1 月
		《政府云安全框架》	2014 年 12 月
澳大利亚	AGIMO	《澳大利亚政府机构的隐私及云计算》	2013 年 2 月
		《云计算管理盘点》	2014 年 3 月

7.2.6 云计算安全实例分析

作为我国云计算市场巨头，阿里云致力于提供开放、安全、可靠的计算和数据处理能力。据《阿里云安全白皮书》介绍，其安全体系主要包括以下内容。

在安全责任共担方面，阿里云将安全责任分为云平台安全责任和客户安全责任。云平台主要负责物理设备、基础设施以及分布式系统和产品的安全，同时为客户提供一系列数据保护手段以提高云服务平台的可用性和安全性。客户则主要负责以正确和安全的方式配置管理和使用各种产品。在这种责任共担模式下，既能降低客户对安全性的顾虑，又能让阿里云平台提供安全服务给用户。

阿里云使用的安全架构如图 7-10 所示，包括中间四个用户层安全和一个云平台安全，两边分别为用户账户安全、用户安全监控和运营。每个部分都有其特点和相应的安全措施。云平台安全中的重点是云平台提供的基础安全能力如物理安全、硬件安全等，以及云平台内部身份与访问控制和监管运营，为用户提供基本的环境安全与保障。用户基础安全体现在主机、容器、网络三个方面的安全，这涉及将用户使用的资源以及网络进行防护与隔离。用户数据安全主要是数据的加密、密钥管理和保护。用户应用安全是对应用环境、应用配置、应用保护三个维度的安全进行展开的，其中包含了漏洞扫描、代码审计、Web 应用防火墙等关键技术。用户业务安全主要是面对不同用户的不同应用场景，云平台需要提供身份认证、内容检测、风险控制等安全功能。除了以上这些内容，用户账户安全也是一个贯穿始终的重要层面，它对用户账号、身份信息进行认证和管控。而用户安全监控与运营则是为用户提供安全态势的感知和云资源配置安全的监控，并可以为用户提供业务环境的安全测试、响应和咨询服务。

阿里云在各个层面都提供了安全产品，下面以容灾备份与新零售商业模式为例，介绍阿里云平台的一些典型的核心产品及其功能。

（1）容灾与备份解决方案。两个不同地理位置建立起两套或者多套功能相同的系统，当其中某一处系统意外停止工作时，整个系统功能进行切换，从而系统业务可以不受影响，这一功能称为容灾。备份则可以对数据进行多份的保存，对数据丢失问题的解决多了一份保障。阿里云容灾备份的核心产品主要有：SLB 负载均衡、ECS 快照备份与镜像备份、RDS 按照备份和指定时间点对数据进行恢复、Redis 容灾架构。客户可以根据实际需求来选择合适的方案。

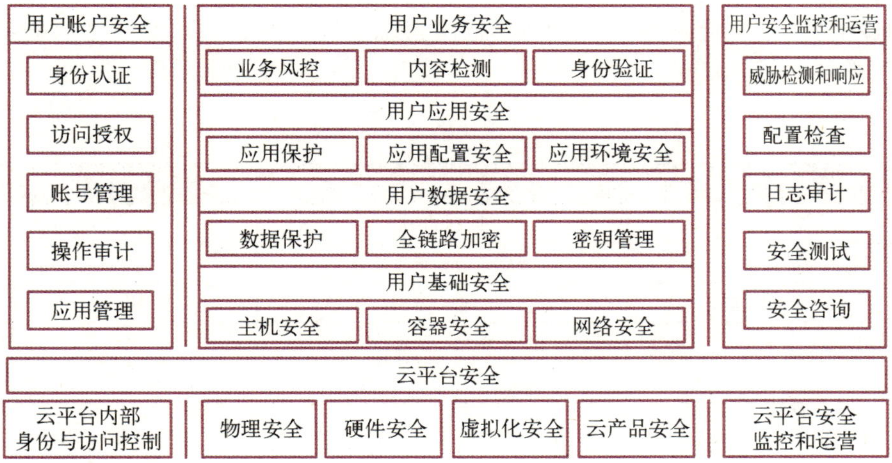

图 7-10　阿里云使用的安全架构

（2）新零售安全解决方案。新零售概念是近些年被提出的，是通过大数据和互联网重构“人、货、场”等商业要素而形成的一种新的商业模式。它将现在的线上交易与线下高度结合，并且运用了大数据、云计算等技术。如今已经与我们每个人的生活密切相关，但交易系统包含大量的用户数据以及资金交易，其在快速的发展过程中，同时也面临着诸多的安全挑战，如数据泄露、业务欺诈、恶意登录或注册等。与诸多安全挑战对应的，阿里云针对新零售安全问题开发的安全核心产品有 DDoS 高防 IP、VPC、Web 应用防火墙、漏洞扫描、SSL 证书、安骑士、数据库审计、堡垒机、安全管家、态势感知等。伴随着安全系统功能的完善、云计算以及物联网技术的成熟，新零售行业也将进一步发展，朝着自动化、智能化的方向迈进。

7.3　区块链安全

7.3.1　区块链技术与区块链安全

本节将要探讨区块链模型相关技术及其应用的安全问题。2008 年，中本聪发表了名为《比特币：一种点对点式的电子现金系统》的白皮书，旨在应对金融市场中存在的挑战。该白皮书致力于开发一个允许一方到另一方的在线支付，却无须通过金融机构中介的平台。区块链被认为是一个与 20 世纪 90 年代的互联网产业一样持续增长的产业，它很有可能在未来打破许多技术领域的上限与壁垒。但作为一个新兴的发展中技术，安全方面的问题阻碍了区块链的发展。它的安全问题不仅来自分布式计算问题或密码算法问题，还来自一些意想不到的领域。本节对区块链的安全问题进行分类与解读，并列举一些产品级的区块链防御与增强应用。

区块链技术自诞生以来，就显示出了广阔的应用前景。从最初的加密货币到现在的智能合约，区块链已经应用到很多领域中。虽然已有一些关于区块链安全和隐私问题的研究，但缺乏对区块链系统安全性的系统研究。这里采用 5 层架构体系展现区块链技术在不同层的不同特征和遇到的安全问题，自上而下依次为应用层、业务层、治理层、基础设施层和数据层，如表 7-11 所示。

表 7-11　区块链安全体系架构

层次	特征	安全问题
应用层	接口封装	监管缺失
业务层（合约层）	智能合约、沙盒环境	开源漏洞、隐私保护
治理层（共识层+激励层）	共识机制、激励分配	机制缺陷、激励不相容
基础设施层（网络层）	传输、验证	P2P 网络安全、网络拓扑
数据层	区块、信息、链状结构	密码组件、密钥管理

（1）应用层。应用层封装了区块链的各种应用场景和案例，类似于计算机中的各种软件程序，是可以直接使用的产品。与任何基础设施一样，利用业务逻辑对业务规则进行编码，以便与存储的数据进行交互，从而解决创建应用程序要解决的问题。在区块链栈的应用层中，使用智能合约封装业务逻辑，将现实世界的规则集成到区块链网络中。智能合约在网络节点中自动执行，并产生最终的事务。应用层需要具备 API 接口、跨链异构和监管技术。从当前区块链应用发展来看，应用层设计面临跨链操作难、监管技术缺失和应用层攻击等问题。

（2）业务层。业务层处理区块链系统中的代码、逻辑业务，封装区块链系统的各类脚本代码、算法以及由此生成的更为复杂的智能合约，是实现区块链系统灵活编程和操作数据的基础。智能合约是业务层的核心，最早在 1994 年由学者 Nick Szabo 提出，其设计初衷是希望通过将智能合约内置到物理实体来创造各种灵活可控的智能资产。由于计算手段的落后和应用场景的缺失，智能合约并未受到研究者的广泛关注。区块链技术的出现重新定义了智能合约，在区块链中，智能合约是由事件驱动的、具有状态的、运行在可复制的共享区块链数据账本上的计算机程序，能够实现主动或被动地处理数据，具有接收、储存和发送价值，以及控制和管理各类链上智能资产等功能。但是由于智能合约代码是开源的，因此业务层面临代码漏洞、外部数据源调用、难以实现隐私保护等问题。

（3）治理层。治理层由传统意义上的共识层与激励层构成，封装网络节点的各类共识算法，并将经济因素集成到区块链技术体系中。在区块链技术的发展中出现了多种共识机制，如工作量证明（PoW）共识、权益证明（PoS）共识和授权股份证明（DPOS）共识等，这些共识机制的存在使区块链这个决策权分散的系统达成一致，同时适度的激励机制可以保证大规模节点参与区块链的安全验证工作，在节点达成共识的情况下进行激励以保证区块链的运作，这是称之为治理层的原因。但是治理层的特性也导致了很多安全问题，不完善、不同类型的共识机制会面临内部与外部的各种攻击威胁，如在激励不相容问题发生时，矿工们会以自身收益最大化为目的来进行挖矿，这破坏了区块链的整体效率和稳定性。

（4）基础设施层。基础设施层也称为网络层，在这一层中实现了区块链网络中节点与节点之间的信息交流，确保区块链节点的合法加入和有效通信，这样可以使得区块链系统中每个节点都能参与校验与记账的过程。网络层主要包括 P2P 组网机制、数据传播和验证机制。正是由于区块的 P2P 特性，数据传输是分散在各个节点之间进行的，并且全链上的数据都同时存在于所有的节点之上，部分节点或网络遭到破坏对其他部分影响很小，即使部分节点失效了，只要存在一个正常运行的节点，那么整条链也可以完全恢复所有数据。总体来说，网络层的安全问题主要包括 P2P 网络的安全问题、网络拓扑攻击以及网络层面的隐私保护问题。

（5）数据层。从还没有记录交易信息的创世区块起，直到现在仍一直在新添加的区块构成的链式结构，是整个区块链技术中最底层的数据结构，其中包含了哈希值、随机数、认证交易的时间戳、交易信息数据、公钥和私钥等，称之为数据层。从区块链的区块结构中可以看出，每个区块都保存着上一个区块的哈希值，这样就使得整条链连接了起来，另外交易数据也会保存在区块中，这是从数据角度看区块的两个重要用途。从数据层的结构组件来看，数据层面临着量子计算威胁、密钥管理不当、交易关联性紧密和密码组件代码漏洞等安全性问题。

7.3.2　区块链技术面临的安全挑战

区块链技术正在不断融合到各行各业中，并且展现出较为良好的发展态势。但是想要将区块链的价值真正发挥出来，还有很多的安全挑战需要解决，在上一节中介绍了区块链技术的层次体系与各层中的安全问题，本节介绍区块链技术在 5 层体系中不同层次面临的安全挑战，使用矩阵表将不同层次中的安全挑战进行呈现，如表 7-12 所示。

表 7-12　区块链不同层次中的安全挑战

安全挑战	应用层	业务层	治理层	基础设施层	数据层
隐私问题	√	√	√	√	√
去中心化无法绕开开发者		√	√		
软件故障	√	√	√	√	√
数据冗余				√	√
监管挑战	√	√			√

（1）隐私问题（链上没有隐私）。在讨论区块链时，去中心化与不可篡改是无法绕过的。为了实现这两个特性，参与者在生产出新的区块加入区块链时，需要同步所有的区块链数据。换句话说，在区块链的网络中，新产生的区块的信息需要被广播出去，以便让链上的其他节点对其进行真实性认证，从创世区块到当前区块，所有发生过的历史交易都会被同步到每个节点，这就导致了每个节点都拥有并存储了一本完整和一致的交易总账本，所以区块链网络中的每个节点和每位参与者都可以追溯和查询到该链上其他所有节点的交易数据。

当一位区块链的参与者接入了某一区块，他同时也可以看到该区块上存储的信息记录即这条区块链上所有历史交易的详细信息。因此，区块链上存储的所有数据及其“上传者”可以说是没有隐私的，这也是去中心化与不可篡改特性的代价。

（2）去中心化无法绕开开发者（监守自盗困局）。提到区块链，基本上都会想到“去中心化、不可篡改”，在传统的中心化网络中，黑客只要对中心节点发动攻击即可摧毁整个网络的上下游，而区块链系统的去中心化为系统用户提供了一种保护，使其免受攻击。但是因为源码的开发是依赖于少部分开发者的，所以区块链网络可能会被完全了解网络布局的开发人员利用漏洞进行局部偷窃或全面攻击，一些主流的数字货币（如比特币）、以太坊的社区用户们信任那些知名的开发者，但是其他绝大部分的区块链网络的开发者不被其社区用户所知晓，而且相当一部分开发者是处于匿名状态去进行开发的，如果这些负责开发与运维的开发者监守自盗，那么即使是分布式的系统也无法避免从内部被摧毁的命运。

（3）软件故障（永远存在的 bug）。软件存在 bug 是一件非常常见的事情，包含恶性 bug 或者架构糟糕的软件通常容易受到黑客攻击。对于区块链系统来说，随着分布式节点的展开，软件变得越来越复杂，并且区块链网络中的各个节点之间互相连接，整个系统的可靠性下降，软件故障率大幅上升。

（4）数据冗余（不能停止复制）。去中心化系统中的每个区块都拥有过去所有区块记录的信息，并且随着新区块的产生与交易的进行，每个区块还要再继续同步这些新产生的内容。换句话说，为了避免传统的集中式数据库，区块链采用了分布式的数据库，即每个独立的区块都是一个数据库或者称数据的副本，所有的区块上都有这么一个相同的副本。对于旧区块来说，它们需要接收新生区块与新交易的广播并对其数据进行同步即写入自己的数据库中。对于新区块来说，它们首先要根据上个区块的哈希值来接入整条链，再对从创世区块至今的所有数据进行同步随着区块数量与交易规模的增加，每个区块同步数据的代价与消耗也会增加，持续进行不能停止的复制，造成了类似数据冗余的一种问题。

（5）监管挑战（无监督即混乱）。数字货币和区块链从诞生起就面向整个全球化市场，但是因为数字货币不是由任何一个国家或政府进行主导发行而是由区块链系统的奖励给出，相对不具有公信力。再加上其匿名化导致数字货币在黑市、暗网的大规模流通与使用，天生就带上了一层非法、地下的特性。各国政府目前尚没有出台较为具体、有效的对数字货币与区块链进行监管的法规，只有一些较为模糊的法院判例能勉强作为参考。具体的法律法规，是成立该领域特定监管单位与体系的必要前提，此后才是根据事实与经验对监管进行补充修改，持续完善。就目前而言，第一步还没有完成，那么整个市场就处于一种无监督或者极少监督的状态，进而导致了币价大幅涨跌，矿卡价格失控等糟糕的混乱状况。

7.3.3 区块链技术面临的攻击

区块链作为一种新兴技术，由于其去中心化和透明化的特点，自诞生之初就受到广泛关注和深入研究，并被应用于金融、医疗保健、风险管理等多个领域。尽管区块链技术的特性保证了可靠、便捷的服务，但更重要的是要考虑到这一创新技术背后的安全和隐私问题。近年来，安全攻击和安全事件频繁发生，造成了巨大的经济损失。就像其他任何软件程序一样，区块链也有自己的漏洞，攻击者可以利用这些漏洞未经授权地访问系统并执行恶意操作。

区块链技术还处于快速发展的初级阶段，安全性远远落后于发展的需要，故其本身的安全问题很容易被忽视。

从架构分层的角度来看，区块链的每层都有其相应的安全问题和网络攻击，图 7-11 对区块链攻击按照区块链 5 个层次进行了划分。

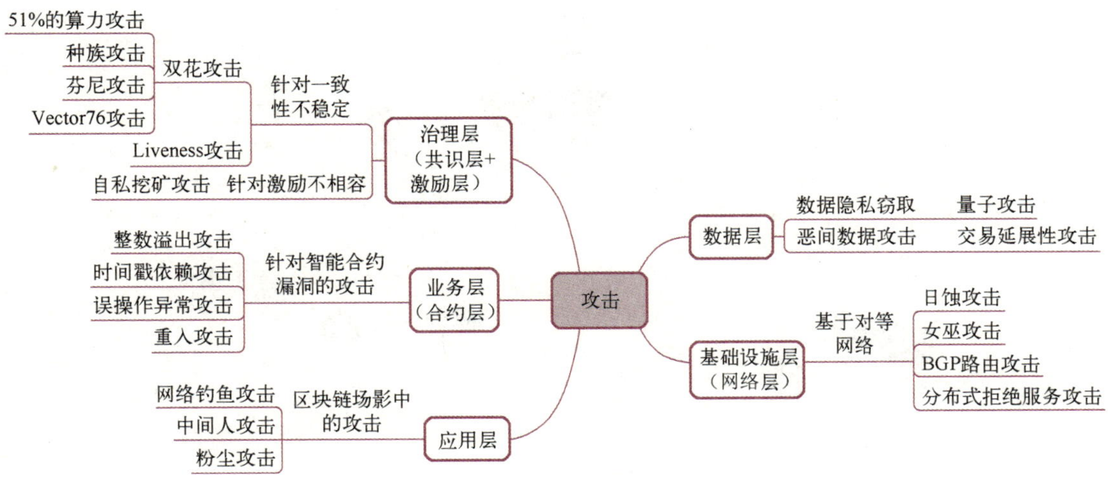

图 7-11　区块链各层面临的攻击

7.3.3.1　应用层

1．网络钓鱼攻击

网络钓鱼攻击和社会工程诈骗是当今加密货币中最普遍的攻击手段。在这些攻击中，攻击者使用各种手段获取用户的信用卡信息、用户名、密码、网络凭据等机密信息。随着技术的发展，网络钓鱼攻击不仅可以托管各种恶意软件和勒索软件攻击，而且更糟糕的是这些攻击正在呈现不断上升的趋势。网络钓鱼攻击试图复制真实企业的在线身份，以欺骗用户认为自己正在从官方接收信息。攻击者通常通过开发模仿加密货币相关公司的复制身份来欺骗用户。他们将复制公司的全部身份信息，包括电子邮件签名、社交媒体账号、网址设计和网站设计。网络钓鱼电子邮件包括一条看似官方的消息，实则描述了一个带有紧迫感（通常是倒计时）的场景，在其中嵌入虚假的消息或“免费”获得数字货币的机会来欺骗用户点击邮件中的网页链接，从而对“上钩”的用户实施进一步的诈骗。

网络钓鱼攻击的发生是一般是由于人们不注意细节造成的。例如，2018 年，比特币钱包 Electrum 的用户群一直遭到黑客攻击，因为用户可能没有意识到他们实际上使用的是一个假钱包。由于这次网络钓鱼攻击，攻击者窃取了近 250 枚比特币，当时这些比特币价值 88 万美元。Electrum 随后证实，这次攻击主要包括创建一个伪造的钱包，欺骗用户提供密码信息。因此用户应该仔细检查自己下载的钱包或其他区块链软件的域名。如果用户正在以太坊上开发智能合约并想利用 Metamask，那么用户需要直接访问 Metamask.io，而不要去其他域、软件库，甚至 Metamask.com 或.net。如果用户足够注意细节，那么这些网络钓鱼攻击通常是可以预防的。

2．中间人攻击

中间人攻击是指一个未经授权的参与者，将其系统或访问工具置于用户和信任方之间的传输途径中，以便捕获或阻止如图 7-12 所示的数据。这种情况可以发生在任何形式的在线交流中，如电子邮件、网上冲浪、社交媒体等。攻击者不仅试图窃听用户的私人对话，还可以窃听设备内部的所有信息。

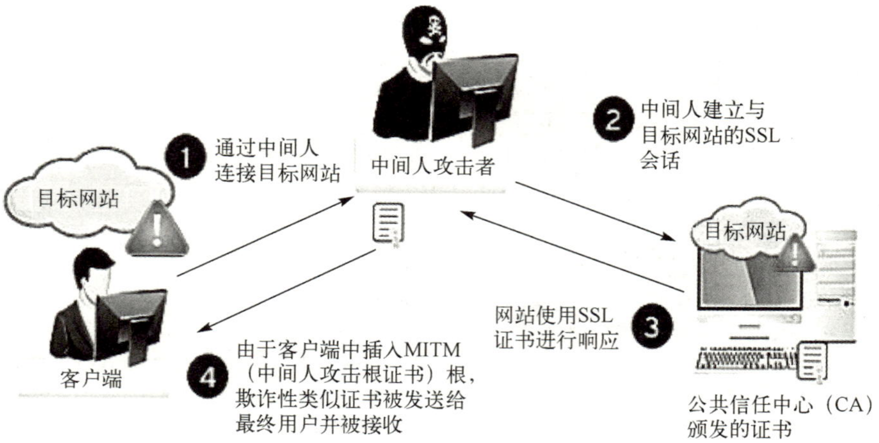

图 7-12　中间人攻击

中间人攻击有两种类型。第一种类型是普通攻击，是指目标附近的未经授权的参与者可以访问不安全的网络，如无线路由器；第二种类型涉及恶意软件的使用，攻击者将恶意软件注入用户的系统，并在用户不知情的情况下，将窃取的用户私密数据发送到可信第三方网站（如银行、公司）。当涉及用户的加密数据时，攻击者可能有一个伪造的公钥，通过使用这个密钥，可以轻松地解密敏感数据。在区块链中，每个区块都应该有与其之前和之后的第一个区块连接的哈希链接，因此公钥是不可变的，那么区块链就不应该受到任何与伪造密钥相关的攻击。但是，在新区块产生并与前一个区块进行认证的这段时间里，连接设置是不可靠且不安全的，攻击者可以在此改变认证信息并留下后门，为以后能发动中间人攻击提供保证。

7.3.3.2　业务层

1．整数溢出攻击

智能合约本质上是一系列程序代码，其整数型变量都存在上限或下限，若变量值超过上限，则变为 0。当变量存储的值低于下限时，将成为其整数取值范围内的最大数。除了变量存储过程，在计算和值类型转换过程中，还可能出现整数溢出问题。利用这个漏洞，攻击者可通过输入异常参数致使整数溢出，从而达到修改地址指针，达到代码异常调用的目的。2010 年 8 月，由于验证机制中存在大整数溢出漏洞，比特币区块链中凭空出现了一条包含大量比特币的交易。2018 年 7 月，BeautyChain（BEC）智能合约中遭受了灾难性的整数溢出攻击，造成约 10 亿美元的损失。

2．时间戳依赖攻击

时间戳依赖是指智能合约的执行依赖当前区块的时间戳，随着时间戳的不同，合约的执行结果也有差别。如图 7-13 所示，以一个抽奖合约为例，假设智能合约需要根据当前时间戳和其他可提前获知变量计算出一个“幸运数”，若此数字与官方提出的数字相同，则可以获得奖品。攻击者可以在挖矿过程中提前尝试使用不同的时间戳来计算“幸运数”，从而将奖品送给自己想给的获奖者。

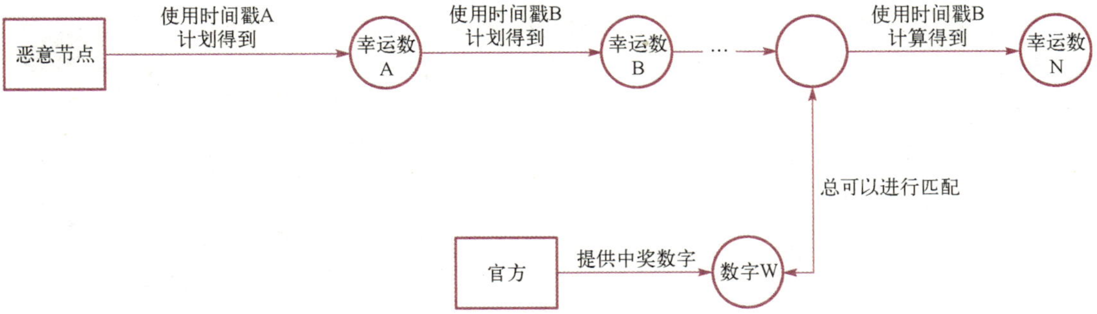

图 7-13　时间戳依赖攻击

7.3.3.3　治理层

1．激励不相容

激励不相容主要体现在自私挖矿问题上，自私挖矿攻击是指攻击者（即自私矿工）为了获得不正当的奖励或滥用诚实矿工的计算能力而进行的攻击。在基于 PoW 的系统中，自私挖矿是不公平的策略。攻击者私下持有已发现的区块，并试图分叉一个私有链。由于他们私人持有更多新勘探的区块，因此自私的矿工会在这条私有链上采矿，并尝试维持比公共分支更长的私有分支。与此同时，诚实的矿工仍继续在公共链上采矿。当公共分支接近私有分支的长度时，攻击者挖出的新区块就会被发现，由于自私矿工会在诚实矿工之前公布他们的新区块，因此诚实矿工就会因计算能力浪费而得不到任何回报。最终，自私矿工获得了竞争优势，诚实矿工将被激励加入自私矿工维持的分支。这种攻击通过进一步巩固对攻击者有利的采矿权，破坏了区块链的去中心化本质，具体流程如图 7-14 所示。

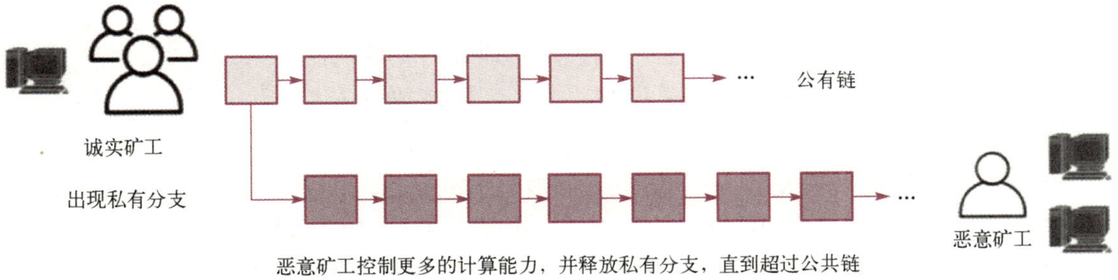

图 7-14　自私挖矿攻击

在自私挖矿攻击中，与单纯采矿相比，自私矿工可以获得相对固定的收入。然而，这对遵循 PoW 所描述的协议的诚实节点是极不公平的。

2．一致性不稳定

（1）双重支付攻击/双花攻击。所谓的双花攻击，其实就是指消费者多次使用相同且等额的加密货币进行交易的行为，如图 7-15 所示。

由于交易是通过解决数学问题来验证的，因此在确认交易前需要一段时间间隔。当通过网络宣布未处理的支付时，或者当网络的节点更新了尚未确认的交易时，广播可能在不同的时段中断。在比特币中，成功解决一个问题通常需要 10 分钟。这涉及整矿工的处理能力，是由计算的难度决定的。比特币自 2009 年问世以来，一直在致力解决双重支付的关键技术问题，但并非所有加密货币都使用相同的共识算法。因此，仅因为比特币保护了用户免受双花攻击的侵扰，就认为消费者的所有交易都是安全的，这种想法是不正确的。

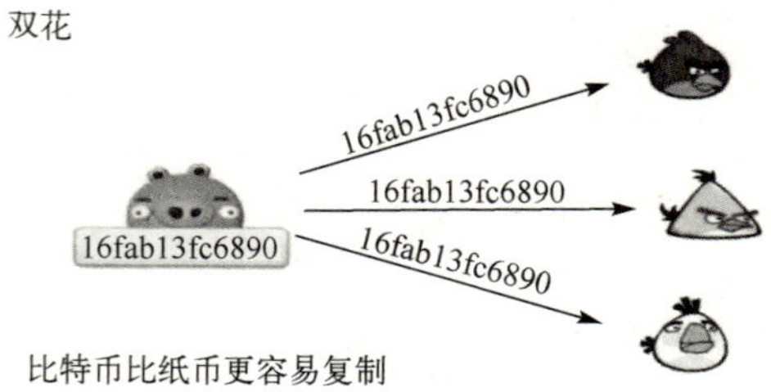

图 7-15　双花攻击

假设一个消费者去星巴克花费 5 美元买了一杯咖啡，并通过现金支付。现在，这 5 美元现金已存入星巴克的现金仓库中，无论如何，消费者再也无法花费相同的 5 美元来进行其他购买。当其用这 5 美元付款时，星巴克的服务提供商立即确认该顾客已付款，并以咖啡来换取这笔钱。但是比特币是数字货币，而不是实物现金。加密货币作为一个数字文件，由于没有集中的权限来控制交易，因此用户可以轻松地复制它，并使用其副本进行另一笔交易，同时将原始货币保存在钱包中。

7.3.3.4　基础设施层

1．日蚀攻击

日蚀攻击允许拥有大量 IP 地址的攻击者，垄断被攻击者和其他网络对等体之间的所有传入和传出连接，从而防止最新的块信息进入日蚀节点，将被攻击者从对等网络中分离出来，如图 7-16 所示。利用这一点，攻击者可以在特定的矿工和公共网络之间强制进行网络分区。若攻击者成功做到，则它可以发起自私挖矿、N 确认和 0 确认双花攻击等一系列攻击，由此可见，日蚀攻击为其他攻击奠定了基础。

针对比特币对等网络有两种类型的日蚀攻击，即僵尸网络攻击和基础设施攻击。僵尸网络攻击是由拥有各种 IP 地址的僵尸发起的，而基础设施攻击则模拟了来自具有融合 IP 地址的互联网服务提供商、公司或国家的威胁。由于日蚀攻击，区块链被攻击者的视图会被过滤，或者使其计算能力浪费在过时的区块链视图上。

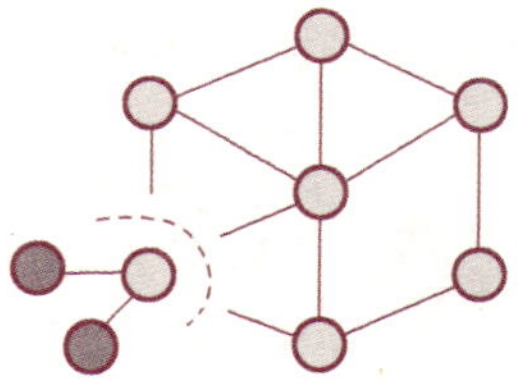
图 7-16　日蚀攻击

Yves-Christian 等人开发了一种实现日蚀攻击的新方法，该方法可以预先阻止仅拥有少量 IP 地址的诚实节点的所有连接。Walck 等人提出了发生在比特币网络中的 TendrilStaller。TendrilStaller 可以使攻击者将块传播到受害者的时间延迟 10 分钟，从而使受害者无法获取区块链的最新状态。由于执行日蚀攻击仅需要一个比特币完整节点和两个轻量级节点，因此该类攻击非常容易发生。

在日蚀攻击中，通过获得对节点连接的控制，攻击者可以完全控制节点的分布式分类账视图和网络操作，这就为攻击者对孤立节点进行双花攻击创造了条件。在这种设置下，攻击节点可以很容易地先向被攻击者节点发送显示支付证明的交易，然后使用相同的货币向整个网络发送另一个交易。考虑到受害者节点被隔离，若只从恶意节点接收数据，则它将继续相信区块链的错误状态。

2．女巫攻击

日蚀攻击的目标是具体客户，而女巫攻击侧重于整个系统。攻击者在对等网络中通过建立大量的假名身份，利用区块链的冗余性和匿名性控制区块链网络系统，破坏信誉系统。

如果要求节点在加入网络之前证明自己的身份，那么就像在许可或私有区块链中的情况一样，它们将不能伪造身份。如图 7-17 所示，大量女巫节点围绕一个节点，并阻止该节点连接到网络上的诚实节点，无论这些假冒身份的用户看起来多么像随机的正常的人，在背后均由一个单一实体同时控制着多个身份。这些身份可以充当通过身份验证的节点，并执行恶意交互，以有意提高或降低目标节点的信誉分数。

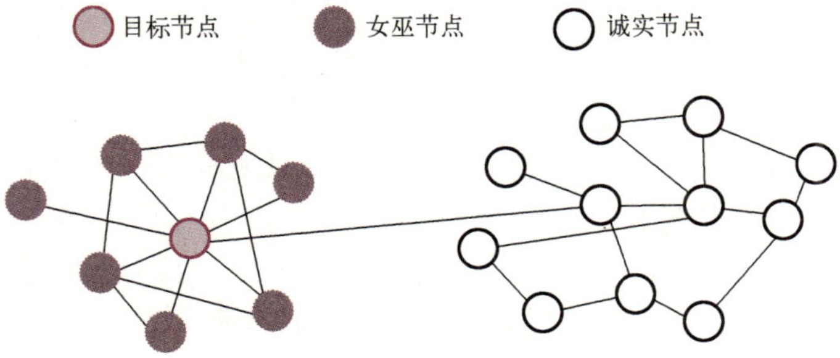

图 7-17　女巫攻击

一个对等网络维护一个区块链。诚实的销售人员就像网络上的任何一个诚实节点一样，渴望与其他节点连接，以便与它们建立联系。试想一个恶意节点，它能够在网络中创建如此多的身份，在网络内部，这个恶意节点看起来像是一组巨大的节点，其代表了网络的很大一部分。由于数据具有多种不同来源（即随机性），因此其他诚实节点或许无法检测到该种行为，并可能接收来自恶意节点的共享信息，这也就暗示了女巫攻击的目标是整个网络而不是某个特定的节点。目前，许多加密货币都使用 PoW 等对策来防止采矿期间的女巫攻击，PoW 要求每个希望参与挖掘过程的节点需在加密难题中竞争。对攻击者来说，创建多个身份仍然是可行的，但是，对每个假身份提供计算能力来绕过 PoW 机制也是一大难题。女巫攻击涉及虚假身份和隐藏动机，在它们持续出现并变得明显之前，很难检测和阻止它们。尽管如此，实施预防措施相结合的网络仍能增强抵御女巫攻击的能力，从而减轻攻击的潜在严重性。

7.3.3.5　数据层

1．数据隐私窃取

数据隐私窃取问题主要体现在量子攻击上，量子攻击是对区块链密码部分的攻击，其核心是解决密码依赖的数学问题。区块链平台的鲁棒性高度依赖于公钥加密和哈希函数，如 RSA 加密方案和椭圆曲线密码等。然而，使用数学加密方法似乎已经不能保证这些平台的安全性，特别是随着量子计算的快速发展，这项技术将能够有效解决当今无法实际解决的数学问题。事实上，量子计算机能够破解目前大多数的加密算法。Grover 算法借助量子计算机加速了哈希的生成，Shore 算法方便了离散对数的搜索和整数的因子分解，这对公钥加密和哈希函数均造成了一定威胁。椭圆曲线数字签名算法（ECDSA）具有单向性，即私钥可以生成公钥，反之则不成立。若利用 Shore 算法来破解密码算法，则攻击者可能会从公钥中生成私钥，实现数字签名的伪造。Khalifa 等人提出了针对量子弹性区块链的一般防御措施，并对量子后签名方案进行了深入分析，以选择合适的替代方案来应对传统数字签名中最严重的威胁。

2．恶意数据攻击

交易延展性也称为交易可锻性，它源于比特币源代码中的一个设计缺陷，这个缺陷意味着交易从创建后到被添加到块之间可能会被改变。利用椭圆曲线的对称性，在不改变交易内容（源地址、目的地址及交易金额）的情况下，改变交易哈希（TX ID），可达到让用户混淆的目的。MT.GOX 曾经是比特币最大的交易所，其交易量一度达到所有比特币交易量的 80%，攻击者利用 MT.GOX 通过 TX ID 管理交易这一点提交提现请求，修改 TX ID，然后声称提现失败。由于 TX ID 的改变，MT. GOX 无法验证交易状态，因此攻击者能够以欺诈的方式提取资金。

以比特币系统为例，假设一个不诚实的用户在交易所拥有 N 个比特币，并希望提取这些货币。用户请求交易所将比特币发送到其指定的地址，在这种情况下，可以自动生成一笔交易 A，然而用户可以假装没有收到货币，并利用交易延展性缺陷重现原始交易。在交易 A 确认之前，他通过修改某些交易数据，使得交易的唯一标识（TX ID）发生改变，并使用新的 TX ID 重新传输交易 B。假设交易 B 先被记录到比特币账本中，那么矿工会认为交易 A 存在双重支付问题，拒绝打包进区块中。此时，不诚实用户可以向交易所申诉，尝试获取交易 A 中标明的货币数量。当交易系统进行检查，发现区块链上没有其 ID 的记录时，会再次转账给攻击者。也就是说，一笔未被确认的比特币交易有可能被黑客创造出两笔甚至多笔合法的交易，导致交易所资金大量流失。

7.3.4 区块链技术的防御/加强手段

区块链技术初生时就以匿名与安全特性著称，从 2008 年诞生至今，相关的理论与实践研究逐步深入，虽然表面上以比特币为代表的数字货币价格一路水涨船高，但是各种针对区块链技术的攻击层出不穷，针对区块链安全的防御技术却一直没有形成完善的体系。本节介绍几种代表性的防御产品。

7.3.4.1 智慧矿池

由于比特币每日产出的区块基本是固定的，因此在全网算力提升到了一定程度后，单台机器挖到块的概率变得非常的低。这种现象的发展促使一些“bitcointalk”上的“极客”开发出一种可以将少量算力合并联合运作的方法，使用这种方式建立的网站便被称作矿池（Mining Pool）。矿池其实就是聚集矿工的算力组成一个团队，团队里有任何一台矿机挖出区块，矿池就会按区块中获得的奖励按照不同的分配模式分给矿工。矿池的存在提升了比特币开采稳定性，使矿工收益趋于稳定。

矿池实际上并不是在区块链而是在私人网站上基于不同的分配模式建立的，这就导致了信任问题以及最典型的大比例算力攻击等问题。2017 年，新加坡国立大学的 Loi Luu 等人提出了智慧矿池的设计。智慧矿池（Smart Pool）是一种用于分散式矿池的新颖协议设计，其利用智能合约去中心化加密货币挖矿的权力，从而使得掌握较大比例算力的矿池不会对本区块链造成威胁。此外相较传统的 P2P 矿池，智慧矿池的效率更高，安全性也更高。

智慧矿池的流程如图 7-18 所示，首先智慧矿池的客户机端先从以太坊节点客户机端获得挖矿任务的信息，然后将其分发给各个矿工，在矿工完成挖掘任务后将结果提交回智慧矿池客户机端，当智慧矿池客户机端收集到的已完成任务达到一定额度时，这些任务会被统一提交到部署在以太坊的智慧矿池智能合约，在该智能合约确认之后会将奖励发送回客户机端。

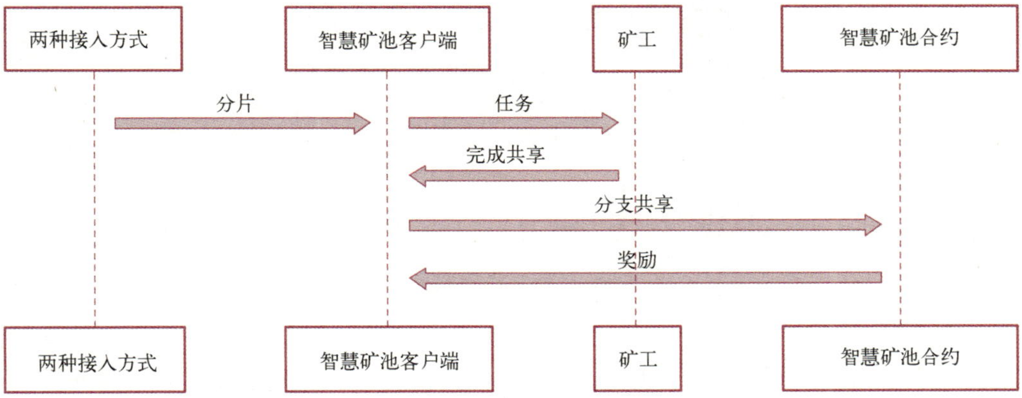

图 7-18　智慧矿池的流程

由智慧矿池的智能合约而不是中心化团队来分配收益，原先的私人网站集中分配激励模式直接被摧毁了，这就从根本上去除了信任问题，同时由于智慧矿池依据智能合约进行分配，因此原来私人网站统筹分配造成算力中心化现象乃至发生大比例算力攻击的情况也一去不复返。

其实在传统的中心化矿池与智慧矿池之间还诞生了一种 P2Pool，这种矿池也是为了打破传统矿池的中心化诞生的，但是随着越来越多的“散户”使用 P2Pool，挖掘所需要的难度变得越来越大，更关键的是 P2Pool 的支付逻辑导致了发生恶意扣留区块事件的可能，以一人之力即可破坏参与整个区块工作其他所有人的支付奖励。智慧矿池汲取传统矿池与 P2Pool 的优点，极大改善了区块链技术遭遇信任问题与被大比例算例攻击的环境。

7.3.4.2　量化框架

量化框架是对抗双重支付/双花问题和自私挖矿攻击的框架，用来分析工作量证明机制和安全规定，经过二次处理输出最有效的对抗攻击策略，为区块链构建安全保障。该框架由以苏黎世联邦理工学院的 Arthur Gervais 为代表的团队设计，用于分析基于 PoW 的区块链的执行性能和安全条款。如图 7-19 所示，该框架包含两个组件：区块链模拟器和安全模型。该模拟器模拟区块链的执行，其输入是协商协议和网络的参数。通过仿真分析，可以得到目标区块链的性能统计信息，包括块传播时间、块大小、网络延迟、陈腐区块速率、吞吐量等，陈腐区块（Stable Block）指的是挖掘但未写入公共链的块，吞吐量（Throughput）是区块链每秒可以处理的事务数。将陈腐区块速率作为一个参数传递给基于 MDP（Markov 决策过程）的安全模型组件，以克服双重开销和自私挖矿攻击。该框架最终输出了针对攻击的最佳对抗策略，并有助于为区块链构建安全规则。

该框架第一个提出定量评估陈腐区块对 PoW 区块链最优双重支付和自私采矿阻力造成的影响，这样可以基于交易的价值定量和区块确认流程捕获交易的安全级别，如通过著名的比特币需要 6 个区块进行确认来有效量化安全级别。

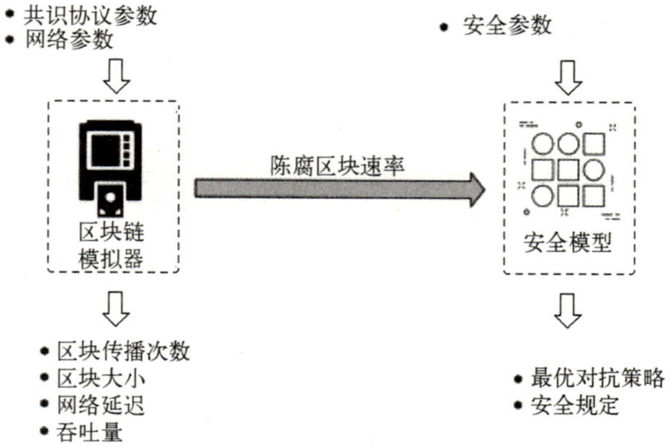

图 7-19 量化框架

7.3.5 区块链安全实际案例

截至 2019 年，在全球范围内，已经出现了近 2000 种数字加密货币，2018 年全年区块链领域因安全问题损失超过 50 亿美元，因区块链安全事件损失的金额一直在攀升。从 IOTA“邮件门事件”、USDT“假充值漏洞”，到 BTG“51%算力攻击”等，引发了社会对区块链安全事件的持续关注。

比特币在经过十多年的发展后，中本聪原先设定的每个区块 1MB 容量导致了较为严重的问题，作为存储交易信息的区块数量是远小于发生的交易数量的，随着参与区块链、使用比特币交易的用户的数量激增，比特币网络中就积压了越来越多的交易信息，这样使得交易的确认变得异常缓慢，用现实生活中的事情来做比喻就是某条公路的宽度是双向四车道，但是涌入这条公路的车辆需要双向十六车道甚至更多的并行通道才能够容纳，那么就需要对这条公路或者车辆进行改造才能解决问题。对于比特币来说，解决的方法就是对链进行分叉，而分叉又分为两种方法：一种是软分叉，是指在原有的比特币网络中通过优化等手段提升区块的容量至 2MB、4MB 乃至更大，用公路汽车举例，就是在原来那条路的旁边或者上面再建造一条路，帮助原来这条堵住的公路分流来解决拥堵问题；另一种是硬分叉，是指对比特币系统进行重构升级，将区块的容量彻底改变，在公路汽车问题上就是放弃原来这条路，到另外一个地方重新设计建造使用一个全新的先进大容量交通系统。我们知道，软件的分类是常见现象，像树分叉一样会枝繁叶茂，如 Linux 就分为 Ubuntu、Debian、CentOS、Redhat 等几大分支，每个分支还有很多细小分支，但是各个分支之间都是和平共处的。而在区块链领域或者“币圈”则大相径庭，在比特币分叉事件中，在区块链上拥有不同大小记账权的用户并没有达成共识，两种分叉方法各有优劣，对不同用户的利益造成了不同的影响。在各种技术与利益争论之后，比特币主动根据两派用户妥协的产物 SegWit2x 协议进行了硬分叉，其后至今又进行了多次分叉，最终的结果如图 7-20 所示。

比特币分叉是一个内部进行的主动分叉行为，而以太坊则不同。2016 年，黑客利用智能合约的代码漏洞对以太坊上的一个叫作“The Dao”的去中心化自治项目发起了重入攻击。首先，攻击者发布了一个恶意的智能合约，它在回调函数中包含了对 DAO 的一个 withdraw()函数调用。Withdraw()将以调用的形式将以太币发送给被调用方。因此，它将再次调用恶意智能合约的回调函数。通过这种方式，攻击者就能够从 DAO 窃取所有的以太币。最终约有 360 万枚以太币被盗走，但是根据智能合约的设计，黑客不被允许立刻提取这些货币，这就给了以太坊管理者和用户决策处理的时间，最终方案是以太坊进行了硬分叉，做出一个向后不兼容的改变，让所有的被盗走与没有盗走的以太币回归原处，不接受这次分叉的区块则转变成以太坊经典（Ethereum Classic，简称 ETC）。在此之后，为解决以太坊难度炸弹问题，以太坊又主动进行了拜占庭、君士坦丁堡、谬尔冰川等硬分叉操作。而“The Dao”则是目前唯一一次以太坊被迫进行分叉的事件，这对时下红火的“炒币”“挖矿”行为而言是历史的警告，对研究者则是历史的激励.希望将来区块链的技术本质能取代狂热的炒币 dmj 成为人们关注的重点，也希望区块链安全能够得到更多更可靠的保障。

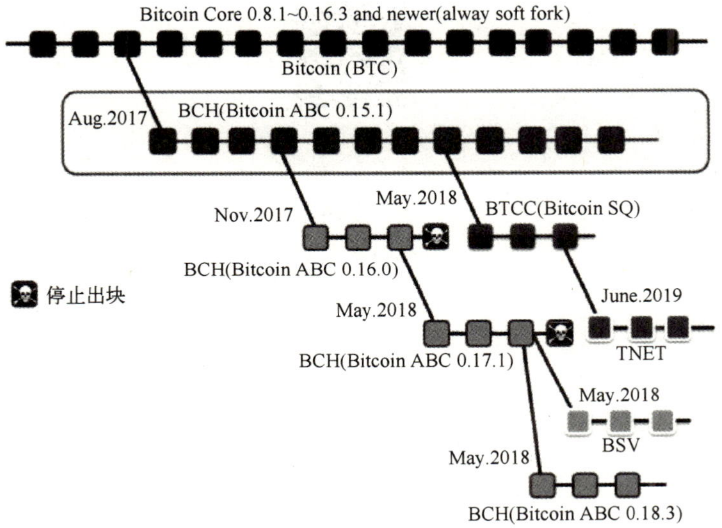

图 7-20　比特币分叉的结果

习题 7

1. 试析梯度消失问题是否可以通过增加学习率来缓解？
2. 试析为什么平方损失函数不适用于分类问题
3. 证明在两类线性分类中，权重向量与决策平面正交。
4. 假设我们需要面对一个非平稳的 2 臂赌博机任务，即赌博机的真实价值随时间变化而变化。具体来说，对任意时间动作 1 和动作 2 的真实价值有 50%的概率是 0.1 和 0.2，50% 的概率是 0.9 和 0.8。在我们无法确认动作的真实价值时，如何计算得到最优的期望成功？
5. 设计三个符合 MDP 框架的任务，并确定每个任务的状态、动作和收益。这三个任务应当尽可能不同。同时考虑是否存在不符合 MDP 框架的任务。
6. 如何为动作价值定义策略迭代？请用已给出的状态价值来完成动作价值的完整算法。
7. 从数据分布、数据标签、建模的角度简述迁移学习与传统机器学习有什么区别？

8．Pan 等人提出的 TCA 方法相比于基于 MMD 距离的 MMDE 有哪些优势？
9．什么是深度网络的 finetune？为什么深度网络需要 finetune？
10．试析如何建立适当的激励机制使得参与方持续参与到联邦学习；
11．举例说明三种联邦学习的应用场景；
12．试证联邦迁移学习的安全性。
13．如何调整 PGD 攻击方法中的参数，使生成的对抗性扰动更强？
14．除了修改对应像素值，你认为还有那些方式可以对修改图像，生成难以被人类察觉的对抗样本？
15．如何提高对抗样本的多样性与迁移性，请你列举出三种常用的方法？

中国代表呼吁构建更加和平安全的网络空间

参考文献

[1] 陈国良. 并行计算：结构·算法·编程[M]. 北京：高等教育出版社，1999.

[2] MCNAIRY C, BHATIA R. Montecito: A Dual-Core, Dual-Thread Itanium Processor[J]. IEEE Micro, 2005, 25(2): 10-20.

[3] PHAM D, ASANO S, BOLLIGER M, et al. The design and implementation of a first-generation CELL processor[C]//ISSCC. 2005 IEEE International Digest of Technical Papers. Solid-State Circuits Conference, 2005. San Francisco, CA, USA: IEEE, 2005: 184-592.

[4] GRAY J, NAYLOR A, ABNOUS A, et al. VIPER: a VLIW integer microprocessor[J]. IEEE Journal of Solid-State Circuits, 2002, 28(12): 1377-1382.

[5] CURCIO I D D. ASAP—a simple assertion pre-processor[J]. ACM Sigplan Notices, 1998, 33(12): 44-51.

[6] TRUONG D N, CHENG W H, MOHSENIN T, et al. A 167-processor computational platform in 65 nm CMOS[J]. IEEE Journal of Solid-State Circuits, 2009, 44(4): 1130-1144.

[7] NOETHEN B, ARNOLD O, ADEVA E P, et al. 10.7 A 105GOPS 36mm 2 heterogeneous SDR MPSoC with energy-aware dynamic scheduling and iterative detection-decoding for 4G in 65nm CMOS[C]//2014 IEEE International Solid-State Circuits Conference Digest of Technical Papers (ISSCC). San Francisco, CA, USA: IEEE, 2014: 188-189.

[8] 续蕾. RISC 架构下的 ARM 微处理器应用研究[J]. 计算机与信息技术，2008（7）：67-68.

[9] 雷理. 基于 FPGA 平台的多核片上系统关键技术研究[D]. 西安，西安电子科技大学，2012.

[10] DALLY W J, TOWLES B. Route packets, not wires: on-chip inteconnection networks[C]//Proceedings of the 38th annual Design Automation Conference. New York, NY, USA: Association for Computing Machinery. 2001: 684-689.

[11] EL-GHANY M, EL-MOURSY M A, KORZEC D, et al. High Throughput architecture for OCTAGON Network on Chip[C]//2009 16th IEEE International Conference on Electronics, Circuits and Systems. Yasmine Hammamet, Tunisia: IEEE, 2009: 101-104.

[12] 乔保军，石峰，计卫星. 多核处理器核间互连的新型互连网络[J]. 北京理工大学学报，2007，27（6）：511-516.

[13] YU Y, YANG M, YANG Y, et al. A RDT-based interconnection network for scalable network-on-chip designs[C]//International Conference on Information Technology: Coding and Computing (ITCC'05) -

Volume II. Las Vegas, NV: IEEE, 2005, 2: 723-728.

[14] COPPOLA M, LOCATELLI R, MARUCCIA G, et al. Spidergon: A novel on-chip communication network[C]//2004 International Symposium on System-on-Chip, 2004. Proceedings. Tampere, Finland: IEEE, 2004: 15.

[15] GU H, WANG S, YANG Y, et al. Design of butterfly-fat-tree optical network on-chip[J]. Optical Engineering, 2010, 49(9): 095402-095402-7.

[16] RANTALA V, LEHTONEN T, PLOSILA J. Network on chip routing algorithms[M]. Turku: Turku Centre for Computer Science, 2006.

[17] 谢佩博，顾华玺，贾林. 片上网络路由算法的研究[J]. 计算机工程与设计，2009（13）：3078-3081.

[18] TOWLES B, DALLY W J, BOYD S. Throughput-centric routing algorithm design[C]//Proceedings of the fifteenth annual ACM symposium on Parallel algorithms and architectures. New York, NY, USA: Association for Computing Machinery, 2003: 200-209.

[19] CHIU G M. The odd-even turn model for adaptive routing[J]. IEEE Transactions on Parallel and Distributed Systems, 2000, 11(7): 729-738.

[20] 李旺远，王长山. Mesh 跳步容错路由算法[J]. 计算机与现代化，2010（3）：39-42.

[21] 欧阳一鸣，董少周，梁华国. 基于 2D Mesh 的 NoC 路由算法设计与仿真[J]. 计算机工程，2009，35（22）：227-229.

[22] DALLY W J, SEITZ C L. Deadlock-free message routing in multiprocessor interconnection networks[J]. IEEE Transactions on Computers, 1987, 100(5): 547-553.

[23] DALLY W J. Virtual-channel flow control[J]. IEEE Transactions on Parallel and Distributed Systems, 1992, 3(2): 194-205.

[24] ALI M, WELZL M, HELLEBRAND S. A dynamic routing mechanism for network on chip[C]//2005 NORCHIP. Oulu, Finland: IEEE, 2005: 70-73.

[25] DANESHTALAB M, SOBHANI A, AFZALI-KUSHA A, et al. NoC hot spot minimization using AntNet dynamic routing algorithm[C]//IEEE 17th International Conference on Application-specific Systems, Architectures and Processors (ASAP'06). Steamboat Springs, CO, USA: IEEE, 2006: 33-38.

[26] Di CARO G, DORIGO M. AntNet: Distributed stigmergetic control for communications networks[J]. Journal of Artificial Intelligence Research, 1998, 9: 317-365.

[27] FEN G E, NING W U. Genetic algorithm based mapping and routing approach for network on chip architectures[J]. Chinese Journal of Electronics, 2010, 19(1): 91-96.

[28] EMRANI Z, MOHAMMADI K. A technique for NoC routing based on extended compact genetic optimization algorithm[C]//2011 19th Iranian Conference on Electrical Engineering. Tehran, Iran: IEEE, 2011: 1-4.

[29] DEHYADGARI M, NICKRAY M, AFZALI-KUSHA A, et al. Evaluation of pseudo adaptive XY routing using an object oriented model for NOC[C]//2005 International Conference on Microelectronics. Islamabad, Pakistan: IEEE, 2005: 204-208.

[30] HU J, MARCULESCU R. Dyad: smart routing for networks-on-chip[C]//Proceedings of the 41st annual Design Automation Conference. New York, NY, USA: Association for Computing Machinery, 2004:

260-263.
[31] 集微网. 「芯视野」量子计算芯片与传统芯片有何不同？[EB/OL] (2020-11-02).
[32] 赵成贵. 若干多级互连网络的扩展 Cayley 图模型[J]. 计算机工程与应用，2010，46（36）：118-121.
[33] 李明. 多处理机系统的并行处理算法[C]//全国计算机体系结构会议. 无锡：无锡五十六研究所，1986：12.
[34] 方志斌，安学军，胡鹏. 多处理器芯片组中交叉开关的设计与性能优化[J]. 计算机工程，2008，34（5）：36-38.
[35] 巫小婷，邓家先. 基于 OpenMP 的压缩感知并行处理算法[J]. 计算机应，2012，32（3）：617-619.
[36] 刘衍伟，陈渊睿. 基于 RS485 总线的监控系统研究与设计[J]. 微处理机，2011，32（2）：64-67.
[37] CULL P, LARSON S M. The Mobius cubes[J]. IEEE Transactions on Computers, 1995, 44(5): 647-659.
[38] CHARTRAND G, KAPOOR S F, LESNIAK L, et al. Generalized connectivity in graphs[J]. Bull. Bombay Math. Colloq, 1984, 2(1): 1-6.
[39] DAY K, TRIPATHI A. Unidirectional star graphs[J]. Information Processing Letters, 1993, 45(3): 123-129.
[40] EFE K. The crossed cube architecture for parallel computation[J]. IEEE Transactions on Parallel & Distributed Systems, 1992, 3(05): 513-524.
[41] FÀBREGA J, FIOL M A. On the extraconnectivity of graphs[J]. Discrete Mathematics, 1996, 155(1-3): 49-57.
[42] HARARY F, HAYES J P, WU H J. A survey of the theory of hypercube graphs[J]. Computers & Mathematics with Applications, 1988, 15(4): 277-289.
[43] HARARY F. Conditional connectivity[J]. Networks, 1983, 13(3): 347-357.
[44] LIN C K, ZHANG L, FAN J, et al. Structure connectivity and substructure connectivity of hypercubes[J]. Theoretical Computer Science, 2016, 634: 97-107.
[45] LATIFI S, ZHENG S Q. On link-disjoint Hamiltonian cycles of torus networks[J]. Computers & electrical engineering, 1997, 23(1): 25-32.
[46] LATIFI S, HEGDE M, NARAGHI-POUR M. Conditional connectivity measures for large multiprocessor systems[J]. IEEE Transactions on Computers, 1994, 43(2): 218-222.
[47] FAN J. Hamilton-connectivity and cycle-embedding of the Möbius cubes[J]. Information Processing Letters, 2002, 82(2): 113-117.
[48] CHEN S D, Shen H, Topor R. An efficient algorithm for constructing Hamiltonian paths in meshes[J]. Parallel Computing, 2002, 28(9): 1293-1305.
[49] WANG D. On embedding Hamiltonian cycles in crossed cubes[J]. IEEE Transactions on Parallel and Distributed Systems, 2008, 19(3): 334-346.
[50] 陈雨昊. 数据中心网络的容错诊断研究[D]. 南京，南京邮电大学，2020.
[51] Al-FARES M, LOUKISSAS A, Vahdat A. A scalable, commodity data center network architecture[J]. ACM SIGCOMM computer communication review, 2008, 38(4): 63-74.
[52] BALLANI H, COSTA P, KARAGIANNIS T, et al. Towards predictable datacenter

networks[C]//SIGCOMM. Proceedings of the ACM SIGCOMM 2011 Conference. New York, NY, USA: Association for Computing Machinery, 2011: 242-253.

[53] CHWA K Y. On Fault Identification in Diagnosable Systems[J]. IEEE Transactions on Computers, 1981, 100(6): 414-422.

[54] DALLY W J. Performance analysis of k-ary n-cube interconnection networks[J]. IEEE transactions on Computers, 1990, 39(6): 775-785.

[55] FÀBREGA J, FIOL M A. On the extraconnectivity of graphs[J]. Discrete Mathematics, 1996, 155(1-3): 49-57.

[56] FENG Y, LI B, LI B. Postcard: Minimizing costs on inter-datacenter traffic with store-and-forward[C]// 2012 32nd International Conference on Distributed Computing Systems Workshops. Macau, China: IEEE, 2012: 43-50.

[57] GREENBERG A, HAMILTON J R, JAIN N, et al. VL2: A scalable and flexible data center network[C]//Proceedings of the ACM SIGCOMM 2009 conference on Data communication. New York, NY, USA: Association for Computing Machinery, 2009: 51-62.

[58] GUO C, WU H, TAN K, et al. Dcell: a scalable and fault-tolerant network structure for data centers[C]//Proceedings of the ACM SIGCOMM 2008 conference on Data communication. New York, NY, USA: Association for Computing Machinery, 2008: 75-86.

[59] GUO C, LU G, LI D, et al. BCube: a high performance, server-centric network architecture for modular data centers[C]//Proceedings of the ACM SIGCOMM 2009 conference on Data communication. New York, NY, USA: Association for Computing Machinery, 2009: 63-74.

[60] GUO C, LU G, WANG H J, et al. Secondnet: a data center network virtualization architecture with bandwidth guarantees[C]//Proceedings of the 6th International Conference. New York, NY, USA: Association for Computing Machinery, 2010: 1-12.

[61] GUO D. Aggregating uncertain incast transfers in BCube-like data centers[J]. IEEE Transactions on Parallel and Distributed Systems, 2016, 28(4): 934-946.

[62] GU Q P, PENG S. Unicast in hypercubes with large number of faulty nodes[J]. IEEE Transactions on Parallel and Distributed Systems, 1999, 10(10): 964-975.

[63] HAMEDAZIMI N, QAZI Z, GUPTA H, et al. Firefly: A reconfigurable wireless data center fabric using free-space optics[C]//Proceedings of the 2014 ACM conference on SIGCOMM. New York, NY, USA: Association for Computing Machinery, 2014: 319-330.

[64] HARARY F. Conditional connectivity[J]. Networks, 1983, 13(3): 347-357.

[65] Cisco Americas Headquarters. Cisco data center interconnect design and implementation guide system release 1.0[M]. San Jose, CA: Cisco Systems, 2009.

[66] LAI P L, TAN J J M, CHANG C P, et al. Conditional diagnosability measures for large multiprocessor systems[J]. IEEE Transactions on Computers, 2005, 54(2): 165-175.

[67] LAM T, VARGHESE G. NETSHARE: Virtualizing bandwidth within the cloud[J]. UCSD, San Diego, CA, USA, Tech. Rep, 2009: 2013-2015.

[68] LAM V T, RADHAKRISHNAN S, PAN R, et al. Netshare and stochastic netshare: predictable

bandwidth allocation for data centers[J]. ACM SIGCOMM Computer Communication Review, 2012, 42(3): 5-11.

[69] LAOUTARIS N, SIRIVIANOS M, YANG X, et al. Inter-datacenter bulk transfers with netstitcher[C]//Proceedings of the ACM SIGCOMM 2011 Conference. New York, NY, USA: Association for Computing Machinery, 2011: 74-85.

[70] LATIFI S, HEGDE M, NARAGHI-POUR M. Conditional connectivity measures for large multiprocessor systems[J]. IEEE Transactions on Computers, 1994, 43(2): 218-222.

[71] LI D, GUO C, WU H, et al. Scalable and cost-effective interconnection of data-center servers using dual server ports[J]. IEEE/ACM Transactions on Networking, 2010, 19(1): 102-114.

[72] LI X, FAN J, LIN C K, et al. The extra connectivity, extra conditional diagnosability and t/k-diagnosability of the data center network DCell[J]. Theoretical Computer Science, 2019, 766: 16-29.

[73] LI Y, WANG H, ZHANG P, et al. D4D: Inter-datacenter bulk transfers with ISP friendliness[C]//2012 IEEE International Conference on Cluster Computing. Beijing, China: IEEE, 2012: 597-600.

[74] LI Y, PENG S, CHU W. An efficient algorithm for fault tolerant routing based on adaptive binomial-tree technique in hypercubes[C]//LIEW, KM., SHEN, H., SEE, S., CAI, W., FAN, P., HORIGUCHI, S. International Conference on Parallel and Distributed Computing: Applications and Technologies. Berlin, Heidelberg: Springer, 2004: 196-201.

[75] LIAO Y, YIN D, GAO L. Dpillar: Scalable dual-port server interconnection for data center networks[C]//2010 Proceedings of 19th International Conference on Computer Communications and Networks. Zurich, Switzerland: IEEE, 2010: 1-6.

[76] LIU Y J, GAO P X, WONG B, et al. Quartz: a new design element for low-latency DCNs[J]. ACM SIGCOMM Computer Communication Review, 2014, 44(4): 283-294.

[77] MACNG J, MALEK M. A Comparison Connection Assignment for Self-Diagnosis of Multicomputer Systems[C]//Proceedings of the 11th International Symposium on Fault-Tolerant Computing. Zurich, Switzerland: IEEE, 1981: 173-175.

[78] NANDAGOPAL T, PUTTASWAMY K P N. Lowering Inter-datacenter Bandwidth Costs via Bulk Data Scheduling [C]//2012 12th IEEE/ACM International Symposium on Cluster, Cloud and Grid Computing (ccgrid 2012). Ottawa, ON, Canada: IEEE, 2012: 244-251.

[79] PREPARATA F P, METZE G, CHIEN R T. On the Connection Assignment Problem of Diagnosable Systems[J]. IEEE Transactions on Electronic Computers, 1967 (6): 848-854.

[80] SENGUPTA A, DAHBURA A T. On Self-Diagnosable Multiprocessor Systems: Diagnosis by the Comparison Approach[J]. IEEE Transactions on Computers, 1992, 41(11): 1386-1396.

[81] SHIEH A, KANDULA S, GREENBERG A, et al. Sharing the Data Center Network[C]//NSDI. 8th USENIX Symposium on Networked Systems Design and Implementation (NSDI 11). USA: USENIX Association, 2011: 309-322.

[82] SOMANI A K, PELEG O. On diagnosability of large fault sets in regular topology-based computer systems[J]. IEEE Transactions on Computers, 1996, 45(8): 892-903.

[83] WANG S, HAN W. The g-good-neighbor conditional diagnosability of n-dimensional hypercubes under

the MM□ model[J]. Information Processing Letters, 2016, 116(9): 574-577.
[84] WU J. Reliable unicasting in faulty hypercubes using safety levels[J]. IEEE Transactions on Computers, 1997, 46(2): 241-247.
[85] WU J. Adaptive fault-tolerant routing in cube-based multicomputers using safety vectors[J]. IEEE Transactions on Parallel and Distributed Systems, 1998, 9(4): 321-334.
[86] FENG Y, LI B, LI B. Postcard: Minimizing Costs on Inter-Datacenter Traffic with Store-and-Forward[C]//Distributed Computing Systems Workshops (ICDCSW), 2012 32nd International Conference on. IEEE, 2012.
[87] ZHANG Z, DENG Y, MIN G, et al. HSDC: A Highly Scalable Data Center Network Architecture for Greater Incremental Scalability[J]. IEEE Transactions on Parallel and Distributed Systems, 2019, 30(5):1105-1119.
[88] ZHANG S, YANG W. The g-extra conditional diagnosability and sequential t/k-diagnosability of hypercubes[J]. International Journal of Computer Mathematics, 2015, 93(3): 482-497.
[89] 张琴，杨帆. 云计算在科技型小微企业人力资源管理中的应用浅析[A]. //四川劳动保障杂志出版有限公司.劳动保障研究会议论文集（五）[C]. 四川劳动保障杂志出版有限公司：四川劳动保障杂志出版有限公司，2020：4.
[90] 刘业峰，周丽超，赵贺兵，等. 云计算下智能车间安全数据存储研究[A]. //中国自动化学会过程控制专业委员会、中国自动化学会. 第 31 届中国过程控制会议（CPCC 2020）摘要集[C]. 中国自动化学会过程控制专业委员会、中国自动化学会：中国自动化学会过程控制专业委员会，2020：1.
[91] 余祥，姚建波，李强. 我国云计算安全风险和应对[A]. //中国指挥与控制学会(Chinese Institute of Command and Control). 第八届中国指挥控制大会论文集[C]. 中国指挥与控制学会(Chinese Institute of Command and Control)：中国指挥与控制学会，2020：5.
[92] 杨晋秀. 谈“云计算”环境中的计算机网络安全[A]//中国教育发展战略学会教育教学创新专业委员会. 中国教育发展战略学会教育教学创新专业委员会论文集卷四[C]. 中国教育发展战略学会教育教学创新专业委员会，2019：2.
[93] 董汉霞，吕东锋，商乙山. 面向云计算的计算机数据可视化技术研究[J]. 电脑编程技巧与维护，2021（05）：92-93.
[94] 刘梦荞，林岩，李瑶，等. 基于云计算的物联网技术分析[A]//中国通信学会. 2019 中国信息通信大会论文集（CICC 2019）[C]. 中国通信学会：人民邮电出版社电信科学编辑部，2019：3.
[95] 李瑜，霍川. 基于物联网和云计算在农产品质量安全监控中应用现状和对策的研究[A]//《中国标准化》编辑部.新疆标准化[C].《中国标准化》杂志社有限公司，2020：3.
[96] 赵新博，曾琦. 大数据与云计算技术的研究[J]. 中小企业管理与科技（中旬刊），2021，186-187.
[97] 张自成. 大数据、云计算及物联网技术融合应用研究[A]. 中国智慧工程研究会智能学习与创新研究工作委员会. //2020 万知科学发展论坛论文集（智慧工程三）[C]. 中国智慧工程研究会智能学习与创新研究工作委员会：中国智慧工程研究会智能学习与创新研究工作委员会，2020：10.
[98] 陈国良，明仲. 云计算工程[M]. 北京：人民邮电出版社，2016.
[99] 程克非，罗江华，兰文富. 云计算基础教程：第 2 版 [M]. 北京：人民邮电出版社，2018.
[100] 李大为，赵逢禹. 私有云平台的虚拟机内存调度策略[J]. 计算机应用，2014，34（09）：2523-2526.

[101] 刘鹏. 云计算：第 2 版[M]. 北京：电子工业出版社，2011.
[102] 冯昊，邹涛，张龙军，等. 云计算基础架构综述[J]. 电子世界，2012（18）：13-15.
[103] 徐文义，曾志. 云计算基础架构与实践[M]. 人民邮电出版社，2017.
[104] 祁伟，刘冰，路士华，等. 云计算：从基础架构到最佳实践[M]. 北京：清华大学出版社，2013.
[105] 吴家菊，刘刚，席传裕. 基于 Web 服务的面向服务（SOA）架构研究[J]. 现代电子技术，2005（14）：1-4.
[106] 张贺，王忠杰，陈连平，等. 面向持续软件工程的微服务架构技术专题前言[J]. 软件学报，2021，32（05）：1229-1230.
[107] 龚鹏. 微服务分布式构架开发实战[M]. 人民邮电出版社，2018.
[108] MELVIN E. CONWAY. How Do Committees Invent[C]. Design organization criteria 1968.
[109] 纽曼. 微服务设计[M]. 崔力强，张骏，译. 北京：人民邮电出版社，2016.
[110] 王鹏，黄焱，安俊秀，等. 云计算与大数据技术[M]. 人民邮电出版社，2014.
[111] 郎为民，安海燕，姚晋芳. 移动云计算架构研究[J]. 电信快报，2016（11）：3-6.
[112] 廖智博. 移动云计算的应用与挑战[J]. 山西科技，2015（02）：108-110.
[113] 王国峰，刘川意，潘鹤中，等. 云计算模式内部威胁综述[J]. 计算机学报，2017，40（02）：296-316.
[114] 王庆波. 虚拟化与云计算[M]. 北京：电子工业出版社，2009.
[115] 陈国良，明仲. 云计算工程[M]. 北京：人民邮电出版社，2016.
[116] 英特尔开源软件技术中心. 系统虚拟化：原理与实现[M]. 北京：清华大学出版社，2009.
[117] 吴松，金海. 存储虚拟化研究[J]. 小型微型计算机系统，2003，24（4）：732-738.
[118] 梁浩. 容灾备份体系建立[J]. 电工技术：理论与实践，2016，0（3）：270.
[119] 张宇超，徐恪. 云计算和边缘计算中的网络管理[M]. 张宇超，译. 北京：机械工业出版社，2021.
[120] 邓维，刘方明，金海，等. 云计算数据中心的新能源应用：研究现状与趋势[J]. 计算机学报，2013，36（3）：582-598.
[121] 张朝昆，崔勇，唐翯翯，等. 软件定义网络（SDN）研究进展[J]. 软件学报，2015，26（1）：62-81.
[122] 王蒙蒙，刘建伟，陈杰，等. 软件定义网络：安全模型、机制及研究进展[J]. 软件学报，2016，27（4）：205-228.
[123] 刘开南. 云数据中心基于遗传算法的虚拟机迁移模型[J]. 计算机应用研究，2020，37(4)：1115-1118.
[124] 叶春苹. 云数据中心节能虚拟机迁移算法[D]. 西安：西安电子科技大学，2020.
[125] 黄梅根，袁雪，吴令令，等. 软件定义网络中基于时延和负载的多控制器部署策略研究[J]. 电子与信息学报，2021：1-7.
[126] 蒋雯丽，梁思远，赵芳利，等. SDN 中区分交换机等级的控制器负载均衡算法[J]. 计算机应用与软件，2020，37（6）：148-153.
[127] 冯秀玲. 云计算环境下的负载均衡算法的研究与设计[D]. 北京：北京邮电大学，2012.
[128] 李攀攀，张宏莉. 云计算服务质量评价研究综述[J]. 智能计算机与应用，2015，5（5）：4-7.
[129] 贾琦. 云环境服务质量模型研究及应用[D]. 成都：电子科技大学，2016.
[130] 施巍松，孙辉，曹杰，等. 边缘计算：万物互联时代新型计算模型[J]. 2017. 54（05）：907 - 924.
[131] 顾笛儿，卢华，谢人超，等. 边缘计算开源平台综述[J]. 网络与信息安全学报. 2021. 7（02）：22-34.
[132] 高頔. 边缘计算在车路协同中的场景应用分析[J]. 广东通信技术，2021. 41（05）：58-60.

[133] 杨红梅，王亚楠. 5G 边缘计算安全关键问题及标准研究[J]. 信息安全研究，2021. 7（05）：390-395.

[134] 宋乐乐，罗威，刘畅，等. 面向 5G 的电力 MEC 部署探讨[J]. 电力信息与通信技术，2021. 19（04）：38-43.

[135] 王强，马鑫，王俊. 基于边缘计算的 MES 系统微服务架构研究及应用[J]. 仪器仪表标准化与计量，2021（02）：9-11.

[136] 董思岐，李海龙，屈毓锛，等. 移动边缘计算中的计算卸载策略研究综述[J]. 计算机科学，2019. 46（11）：32-40.

[137] 刘雷，陈晨，冯杰，等. 车载边缘计算卸载技术研究综述[J]. 电子学报，2021. 49（05）：861-871.

[138] 梁广俊，王群，辛建芳，等. 移动边缘计算资源分配综述[J]. 信息安全学报，2021. 6（03）：227-256.

[139] 陈玉平，刘波，林伟伟，等. 云边协同综述[J]. 计算机科学，2021. 48（03）：259-268.

[140] 王友祥，陈杲，黄蓉. 云边协同技术发展分析 [J]. 邮电设计技术，2021（03）：1-6.

[141] 李豹，从“云-端”到“云-边-端”——边缘计算在金融领域的应用与挑战 [J]. 金融科技时代，2021. 29（04）：57-60.

[142] 李子姝，谢人超，孙礼，等. 移动边缘计算综述[J]. 电信科学，2018. 34（01），87-101.

[143] 梁哲恒，何恒靖，张乐平，等. 基于数据边缘计算的智能集中器设计与应用[J]. 测控技术，2021. 40（05）：91-96.

[144] 王侃，赵楠，李军怀，等. 移动边缘计算网络中联合无线多播的服务功能链部署算法[J].通信学报.2020. 41（10）：37-47.

[145] MARSTPM S, LI Z, BANDYOPADHYAY S, et al. Cloud computing—The business perspective[J]. Decision support systems, 2011, 51(1): 176-189.

[146] MAES R, SCHELLEKENS D, VERBAUWHEDE I. A pay-per-use licensing scheme for hardware IP cores in recent SRAM-based FPGAs[J]. IEEE Transactions on Information Forensics and Security, 2011, 7(1): 98-108.

[147] HALL K B, GILPIN S, MANN G. Mapreduce/bigtable for distributed optimization[J]. 2010.

[148] WHITE T. Hadoop: The definitive guide[M]. " O'Reilly Media, Inc.", 2012.

[149] SITARAM D, HARWALKAR S, ASHWIN N, et al. Secure Orchestration Based Federation in Hybrid Cloud Environments[C]// 2015 International Conference on Information Technology (ICIT). IEEE, 2015.

[150] 吕云，柏燕峥，许鸿智等. 云计算导论. 第 2 版[M]. 北京：清华大学出版社，2020.

[151] GHEMAWAT S. The Google File System [J]. ACM Sigops Operating Systems Review, 2003, 37(5): 29-43.

[152] DEAN J, GHEMAWAT S. MapReduce: Simplified data processing on large clusters[J]. 2004.

[153] CHANG F, DEAN J, GHEMAWAT S, et al. Bigtable: A distributed storage system for structured data[J]. ACM Transactions on Computer Systems (TOCS), 2008, 26(2): 1-26.

[154] 徐小龙. 云计算技术及性能优化[M]. 北京：电子工业出版社，2017.

[155] 彭力. 云计算导论[M]. 陕西：西安电子科技大学出版社，2013.

[156] 过敏意. 云计算原理与实践[M]. 北京：机械工业出版社，2017.

[157] 阿里云[EB/OL]. http://baike.baidu.com/view/2817287.html.

[158] 腾讯云[EB/OL]. http://baike.baidu.com/item/%E8%85%BE%E8%AE%AF%E4%BA%91/9905046?fr=Aladdin

.[159] 云医疗[EB/OL]. http://baike.baidu.com/item/%E4%BA%91%E5%8C%BB%E7%96%97/8695884?fr=aladdin.

[160] 薛命灯. Kafka 权威指南[M]. 北京：人民邮电出版社，2017.

[161] 张岩峰，王方京. Spark 权威指南[M]. 北京：中国电力出版社，2020.

[162] 杨强，刘洋. 联邦学习[M]. 北京：电子工业出版社，2020.

[163] 微服务架构[EB/OL]. https://www.cnblogs.com/imyalost/p/6792724.html.

[164] 丁鑫.基于 BSP 模型的分布式图计算系统性能优化研究[D]. 复旦大学，2014.

[165] 韩小改.大数据时代电子商务物流信息反馈机理研究[J]. 江西社会科学，2014（8）：232-235.

[166] 梁天一，梁永全，樊健聪，等.基于用户兴趣模型的协同过滤推荐算法[J]. 计算机应用与软件，2014（11）：260-263.

[167] 刘炯. 基于大数据"4V"特征视角的现代大学变革分析[J]. 牡丹江大学学报，2018，27（12）：163-165+169.

[168] 李星，李涛. 基于 Spark 的推荐系统的设计与实现[J]. 计算机技术与发展，2018，28（10）：201-205.

[169] 孟小峰，慈祥. 大数据管理：概念、技术与挑战[J].计算机研究与发展，2013，50（001）：146-169.

[170] 乔岚. 基于大数据的电子商务个性化信息推荐服务模式研究[J]. 电子测试，2017（21）：112-113.

[171] 章光明，黄文志.大数据在犯罪侦查中的应用[J].上海公安高等专科学校学报，2016(1)：84-89.

[172] JI C,LI Y,QIU W,et al. Big data processing in cloud computing environments[C]//2012 12th international symposium on pervasive systems, algorithms and networks.IEEE,2012:17-23.

[173] HU H, WEN Y, CHUA T S, et al. Toward scalable systems for big data analytics: A technology tutorial[J]. IEEE access, 2014, 2: 652-687.

[174] HARTIGAN J A，WONG M A. A K-Means Clustering Algorithm[J]. Applied Statistics，1979，28(1).

[175] HU S，LIU W，RABL T，et al. DualTable：A Hybrid Storage Model for Update Optimization in Hive[C]// 2015 IEEE 31st International Conference on Data Engineering. IEEE，2015.

[176] LI X，YU C，KAI Z. Integration of machine learning and human learning for training optimization in robust linear regression[C]// 2016 IEEE International Conference on Acoustics，Speech and Signal Processing (ICASSP). IEEE，2016.

[177] YANG C, HUANG Q, LI Z, et al. Big Data and cloud computing: innovation opportunities and challenges[J]. International Journal of Digital Earth, 2017, 10(1): 13-53.

[178] MITCHELL T M. Machine Learning[M]. McGraw-Hill，2003.

[179] CHEN M, MAO S, LIU Y. Big data: A survey[J]. Mobile networks and applications, 2014, 19: 171-209.

[180] NADAEU D, SEKINE S. A survey of named entity recognition and classification[J]. Lingvisticae Investigationes, 2007, 30(1): 3-26.

[181] PATEL A B, BIRLA M, NAIR U. Addressing big data problem using Hadoop and Map Reduce[C]//2012 Nirma University International Conference on Engineering (NUiCONE). IEEE, 2012: 1-5.

[182] RAJ K, AITHAL P S. The Significance of Big Data for the Base of the Pyramid Segment[J].

International Journal of Applied Engineering and Management Letters (IJAEML), 2018, 2(1): 72-81.
[183] RASMUSSEN C E, Nickisch H. Gaussian processes for machine learning (GPML) toolbox[J]. The Journal of Machine Learning Research, 2010, 11: 3011-3015.
[184] SHUKLA A, SIMMHAN Y. Model-driven scheduling for distributed stream processing systems[J]. Journal of Parallel and Distributed Computing, 2018, 117: 98-114.
[185] TIPPING M E. Sparse Bayesian Learning and the Relevance Vector Machine[J]. Journal of Machine Learning Research，2001，1(3)：211-244.
[186] WANDELT S，LESER U. Adaptive efficient compression of genomes[J]. Algorithms for Molecular Biology，2012，7(1)：30.
[187] WANDELT S，LESER U. Sequence factorization with multiple references[J]. Plos One，2015，10(9)：e0139000.
[188] Ya-Kun W U，Guo H X，Wang X M，et al. Research Overview on Big Data Technology[J]. Journal of Liaoning University(Natural Sciences Edition)，2015.
[189] ZAHARIA M，XIN R S，WENDELL P，et al. Apache Spark：a unified engine for big data processing[J]. Communications of the Acm，2016，59(11)：56-65.
[190] 袁勇, 王飞跃. 区块链技术发展现状与展望[J]. 自动化学报, 2016, 42(94): 481-494.
[191] Kaur, Sivleen , et al. "A Research Survey on Applications of Consensus Protocols in Blockchain." Security and Communication Networks 2021.9(2021):1-22.
[192] BUTERIN V. A next-generation smart contract and decentralized application platform[J]. white paper, 2014, 3(37): 2-1.
[193] 王化群，吴涛. 区块链中的密码学技术[J]. 南京邮电大学学报(自然科学版)，2017，37(06)：61-67.
[194] 长铗,韩锋.区块链:从数字货币到信用社会[M].中信出版集团股份有限公司,2016.
[195] 杨晓晨，张明. 比特币：运行原理、典型特征与前景展望[J]. 金融评论，2014，6(01)：38-53+124.
[196] 张奥，白晓颖. 区块链隐私保护研究与实践综述[J]. 软件学报，2020，31(05)：1406-1434.
[197] 赵振龙. 带有主动恢复的拜占庭容错算法在区块链中的应用[D]. 浙江大学，2018.
[198] XUE T, YUAN Y, AHMED Z, et al. Proof of contribution: A modification of proof of work to increase mining efficiency[C]//2018 IEEE 42nd annual computer software and applications conference (COMPSAC). IEEE, 2018, 1: 636-644.
[199] 蔡晓晴, 邓尧, 张亮, 等. 区块链原理及其核心技术[J]. 计算机学报, 2021, 44(1): 84-131.
[200] NGUYEN G T，Kim K. A survey about consensus algorithms used in blockchain[J]. Journal of Information processing systems，2018，14(1)：101-128.
[201] 中国区块链技术产业发展论坛. 中国区块链技术和产业发展论坛标准[EB/OL]. http：//http：//www. cbdforum. cn/bcweb/index/bz/1-0. html.
[202] 欧阳丽炜, 王帅, 袁勇, 等. 智能合约: 架构及进展[J]. 自动化学报, 2019, 45(3): 445-457.
[203] 贺海武，延安，陈泽华. 基于区块链的智能合约技术与应用综述[J]. 计算机研究与发展，2018，55(11)：2452-2466.
[204] 王化群. 智能合约中的安全与隐私保护技术[J]. 南京邮电大学学报：自然科学版，2019，39(4)：63-71.

[205] WOOD G. Ethereum：A secure decentralised generalised transaction ledger[J]. Ethereum project yellow paper，2014，151(2014)：1-32.

[206] ANDROULAKI E，BARGER A，BORTNIKOV V，et al. Hyperledger fabric：a distributed operating system for permissioned blockchains[C]//Proceedings of the thirteenth EuroSys conference. 2018：1-15.

[207] KAUSHAL P K，BAGGA A，SOBTI R. Evolution of bitcoin and security risk in bitcoin wallets[C]//2017 International Conference on Computer，Communications and Electronics (Comptelix). IEEE，2017：172-177.

[208] KHOVRATOVICH D，LAW J. Bip32-ed25519：Hierarchical deterministic keys over a non-linear keyspace[C]//2017 IEEE European Symposium on Security and Privacy Workshops (EuroS&PW). IEEE，2017：27-31.

[209] COURTOIS N T，Mercer R. Stealth Address and Key Management Techniques in Blockchain Systems[J]. ICISSP，2017，2017：559-566.

[210] NOETHER S .Ring SIgnature Confidential Transactions for Monero.[J]. 2015.

[211] 刘明达，陈左宁，拾以娟，等. 区块链在数据安全领域的研究进展[J]. 计算机学报，2021，44(1): 1-27.

[212] YAGA D，MELL P，ROBY N，et al. Blockchain technology overview[J]. arXiv preprint arXiv：1906. 11078，2019.

[213] ZHENG L , HELU X , LI M ,et al.Automatic Discovery Mechanism of Blockchain Nodes Based on the Kademlia Algorithm[C]//International Conference on Artificial Intelligence and Security.Cyberspace Institute of Advanced Technology (CIAT), Guangzhou University, Guangzhou 510006, China, 2019.

[214] 梅兰妮，斯万. 《区块链：新经济蓝图及导读》[J]. 金融电子化, 2016 (3): 96-96.

[215] 喻辉，张宗洋，刘建伟. 比特币区块链扩容技术研究[J]. 计算机研究与发展，2017，54(010)：2390-2403.

[216] 曾帅，袁勇，倪晓春，等. 面向比特币的区块链扩容：关键技术，制约因素与衍生问题[J]. 自动化学报，2019，45(6).

[217] 王醒，翁健，张悦，等. 基于信誉值创建数字资产的区块链系统[J]. 信息网络安全，2018，No. 209(05)：65-71.

[218] 潘晨，刘志强，刘振，等. 区块链可扩展性研究：问题与方法[J]. 计算机研究与发展，2018，55(10)：7-18.

[219] 曾友露. 支持高吞吐量区块链的块结构研究[D]. 电子科技大学, 2020.

[220] 路爱同. 基于 Hyperledger Sawtooth 的区块链跨链技术研究[D]. 吉林大学, 2020.

[221] BACK A，CORALLO M，DASHJR L，et al. Enabling blockchain innovations with pegged sidechains[J]. 2014.

[222] 魏昂. 一种改进的区块链跨链技术[J]. 信息安全与技术，2019，010(006)：40-45.

[223] 李祖建. 基于哈希时间锁定协议的区块链跨链算法研究与应用[J]. 郑州：郑州大学, 2020.

[224] 李芳，李卓然，赵赫. 区块链跨链技术进展研究[J]. 软件学报, 2019, 30(6): 1649-1660.

[225] GOODFELLOW L，BENGIO Y. 深度学习[M]. 人民邮电出版社. 2017. 7

[226] 焦李成,赵进,杨淑媛,等.深度学习,优化与识别[M].清华大学出版社,2017.

[227] 陈先昌.基于卷积神经网络的深度学习算法与应用研究[D]. 浙江工商大学，2014.

[228] 刘鹏.深度学习. 高级大数据人才培养丛书[M]. 电子工业出版社，2018. 3.

[229] 张若非,付强,高斌,等.深度学习模型及应用详解[M].电子工业出版社,2019.

[230] 杨强，张宇，戴文渊等. 迁移学习[M]. 庄福振.机械工业出版社，2020.

[231] 杨强.联邦学习:人工智能的最后一公里[J].智能系统学报, 2020, 15(1):4.

[232] 杨强，刘洋，程勇等. 联邦学习[M]. 电子工业出版社，2020.

[233] 方滨兴.人工智能安全[M].电子工业出版社,2020.

[234] 人工智能数据安全白皮书[R]. 中国信息通信研究院安全研究所. 2019.

[235] 纪守领，李进锋等. 机器学习模型可解释性方法、应用与安全研究综述[J]. 计算机研究与发展. 2019.

[236] 陈晓博.发展自动驾驶汽车的挑战和前景展望[J].综合运输,2016 (11): 9-13.

[237] 余阿东，陈睿炜. 汽车自动驾驶技术研究[J]. 汽车实用技术，2017(2)：124-125.

[238] 朱敏慧. 逐步实现自动驾驶 5 个层级[J]. 汽车与配件，2016（11）：4.

[239] 高洪波，张新钰，张天雷，等. 基于云模型的智能驾驶车辆变粒度测评研究[J]. 电子学报，2016，44(2)：365-373.

[240] 郭旭. 人工智能视角下的无人驾驶技术分析与展望[J]. 电子世界，2017(20)：64-65.

[241] 王科俊，赵彦东，邢向磊. 深度学习在无人驾驶汽车领域应用的研究进展[J]. 智能系统学报，2018，13(1)：55-69.

[242] GANIN Y, USTINOVA E, AJAKAN H, et al. Domain-adversarial training of neural networks[J]. The journal of machine learning research, 2016, 17(1): 2096-2030.

[243] HUANG J, GRETOON A, BORGWARDT K, et al. Correcting sample selection bias by unlabeled data[J]. Advances in neural information processing systems, 2006, 19.

[244] KIM T, CHA M, KIM, H, et al. Learning to discover cross-domain relations with generative adversarial networks[C]//International conference on machine learning. PMLR, 2017: 1857-1865.

[245] MOU L, MENG Z, YAN R, et al. How transferable are neural networks in nlp applications?[J]. arXiv preprint arXiv:1603.06111, 2016.

[246] PAN S J, YANG Q. A survey on transfer learning. ieee transactions on knowledge and data engineering[J]. 22 (10), 1345.

[247] PAN S J, TSANG I W, KWOK J T, et al. Domain adaptation via transfer component analysis[J]. IEEE transactions on neural networks, 2010, 22(2): 199-210.

[248] SCHWAIGHOFER A, Tresp V, Yu K. Learning Gaussian process kernels via hierarchical Bayes[J]. Advances in neural information processing systems, 2004, 17.

[249] SHRIVASTAVA A, PFISTER T, TUZEL O, et al. Learning from simulated and unsupervised images through adversarial training[C]//Proceedings of the IEEE conference on computer vision and pattern recognition. 2017: 2107-2116.

[250] SUGIYAMA M, SUZUKI T, NAKAJIMA S, et al. Direct importance estimation for covariate shift adaptation[J]. Annals of the Institute of Statistical Mathematics, 2008, 60: 699-746.

[251] TAN B, ZHONG E, Ng M K, et al. Mixed-transfer: Transfer learning over mixed

graphs[C]//Proceedings of the 2014 SIAM International Conference on Data Mining. Society for Industrial and Applied Mathematics, 2014: 208-216.

[252] TAN B, Zhang Y, Pan S, et al. Distant domain transfer learning[C]//Proceedings of the AAAI conference on artificial intelligence. 2017, 31(1).

[253] DAI W, YANG Q, XUE G R, et al. Boosting for transfer learning[C]//Proceedings of the 24th international conference on Machine learning. 2007: 193-200.

[254] YOSINSKI J, CLUNE J, BENGIO Y, et al. How transferable are features in deep neural networks?[J]. Advances in neural information processing systems, 2014, 27.

[255] ZHU J Y, PARK T, ISOLA P, et al. Unpaired image-to-image translation using cycle-consistent adversarial networks[C]//Proceedings of the IEEE international conference on computer vision. 2017: 2223-2232.

[256] YANG Q, LIU Y, CHEN T, et al. Federated machine learning: Concept and applications [J]. 2019, 10(2): 1-19.

[257] YAO A C. Protocols for secure computations; proceedings of the 23rd annual symposium on foundations of computer science (sfcs 1982), F, 1982 [C]. IEEE.

[258] BONAWITZ K, IVANOV V, KREUTER B, et al. Practical secure aggregation for privacy-preserving machine learning; proceedings of the proceedings of the 2017 ACM SIGSAC Conference on Computer and Communications Security, F, 2017 [C].

[259] AONO Y, HAYASHI T, WANG L, et al. Privacy-preserving deep learning via additively homomorphic encryption [J]. 2017, 13(5): 1333-45.

[260] LIU Y, KANG Y, XING C, et al. A secure federated transfer learning framework [J]. 2020, 35(4): 70-82.

[261] MOTORS G J G M, DETROIT. Self-driving safety report [J]. 2018.

[262] WAYMO L J W S R. On the road to fully self-driving [J]. 2017: 1-43.

[263] DANG H T, KELLY D, LIN J. Overview of the TREC 2007 question answering track; proceedings of the Trec, F, 2007 [C].

[264] MOLDOVAN D, RUS V. Logic form transformation of wordnet and its applicability to question answering; proceedings of the Proceedings of the 39th Annual Meeting of the Association for Computational Linguistics, F, 2001 [C].

[265] SOUBBOTIN M M, SOUBBOTIN S M. Patterns of Potential Answer Expressions as Clues to the Right Answers; proceedings of the TREC, F, 2001 [C].

[266] YANG H, CHUA T-S. The integration of lexical knowledge and external resources for question answering; proceedings of the In the Proceedings of the Eleventh Text REtrieval Conference (TREC??? 2002, F, 2002 [C].

[267] KWOK C C, ETZIONI O, WELD D S. Scaling question answering to the web; proceedings of the Proceedings of the 10th international conference on World Wide Web, F, 2001 [C].

[268] YATES A, BANKO M, BROADHEAD M, et al. Textrunner: open information extraction on the web; proceedings of the Proceedings of Human Language Technologies: The Annual Conference of the North

American Chapter of the Association for Computational Linguistics (NAACL-HLT), F, 2007 [C].
[269] FADER A, SODERLAND S, ETZIONI O. Identifying relations for open information extraction; proceedings of the Proceedings of the 2011 conference on empirical methods in natural language processing, F, 2011 [C].
[270] ETZIONI O, FADER A, CHRISTENSEN J, et al. Open information extraction: The second generation; proceedings of the Twenty-Second International Joint Conference on Artificial Intelligence, F, 2011 [C]. Citeseer.
[271] WU F, WELD D S. Open information extraction using wikipedia; proceedings of the Proceedings of the 48th annual meeting of the association for computational linguistics, F, 2010 [C].
[272] SCHMITZ M, SODERLAND S, BART R, et al. Open language learning for information extraction; proceedings of the Proceedings of the 2012 joint conference on empirical methods in natural language processing and computational natural language learning, F, 2012 [C].
[273] AKBIK A, BROß J. Wanderlust: Extracting semantic relations from natural language text using dependency grammar patterns; proceedings of the www workshop, F, 2009 [C].
[274] ALAN AKBIK and ALEXANDER LASER. 2012. Kraken:Nary facts in open information extraction. In Proceedings of the Joint Workshop on Automatic Knowledge Base Construction and Web-scale Knowledge Extraction,AKBC-WEKEX '12,pages 52–56,Stroudsburg,PA,USA. Association for Computational Linguistics.
[275] KWIATKOWSKI T, ZETTLEMOYER L, GOLDWATER S, et al. Lexical generalization in CCG grammar induction for semantic parsing; proceedings of the Proceedings of the 2011 Conference on Empirical Methods in Natural Language Processing, F, 2011 [C].
[276] LIANG P, JORDAN M I, KLEIN D J C L. Learning dependency-based compositional semantics [J]. 2013, 39(2): 389-446.
[277] ZELLE J M, MOONEY R J. Learning to parse database queries using inductive logic programming; proceedings of the Proceedings of the national conference on artificial intelligence, F, 1996 [C].
[278] WONG Y W, MOONEY R. Learning for semantic parsing with statistical machine translation; proceedings of the Proceedings of the Human Language Technology Conference of the NAACL, Main Conference, F, 2006 [C].
[279] ZETTLEMOYER L S, COLLINS M J A P A. Learning to map sentences to logical form:Structured classification with probabilistic categorial grammars，in Proceedings of the 21st Uncertainty in Artificial Intelligence,2005,pp. 658–666.
[280] KWIATKOWKSI T, ZETTLEMOYER L, GOLDWATER S, et al. Inducing probabilistic CCG grammars from logical form with higher-order unification; proceedings of the Proceedings of the 2010 conference on empirical methods in natural language processing, F, 2010 [C].
[281] FRUSTACI M, PACE P, ALOI G, et al. Evaluating critical security issues of the IoT world: Present and future challenges [J]. 2017, 5(4): 2483-95.
[282] ABOMHARA M, KøIEN G M. Security and privacy in the Internet of Things: Current status and open issues; proceedings of the 2014 international conference on privacy and security in mobile systems

(PRISMS), F, 2014 [C]. IEEE.

[283] MOSENIA A, JHA N K J I T O E T I C. A comprehensive study of security of internet-of-things [J]. 2016, 5(4): 586-602.

[284] WEI D, QIU X. Status-based detection of malicious code in Internet of Things (IoT) devices; proceedings of the 2018 IEEE Conference on Communications and Network Security (CNS), F, 2018 [C]. IEEE.

[285] LI L, XU G, JIAO L, et al. A secure random key distribution scheme against node replication attacks in industrial wireless sensor systems [J]. 2019, 16(3): 2091-101.

[286] BIGGIO B, NELSON B, LASKOV P J A P A. Poisoning attacks against support vector machines [J]. 2012.

[287] ANU P, VIMALA S. A survey on sniffing attacks on computer networks; proceedings of the 2017 International Conference on Intelligent Computing and Control (I2C2), F, 2017 [C]. IEEE.

[288] BHUNIA S, HSIAO M S, BANGA M, et al. Hardware Trojan attacks: Threat analysis and countermeasures [J]. 2014, 102(8): 1229-47.

[289] KOLIAS C, KAMBOURAKIS G, STAVROU A, et al. DDoS in the IoT: Mirai and other botnets [J]. 2017, 50(7): 80-4.

[290] ROBERT L, ANTON C. Blackenergy Trojan Strikes Again: Ukrainian Electric Power Industry [Z]. 2016

[291] 杨松，刘洪善，程艳. 云计算安全体系设计与实现综述 %J 重庆邮电大学学报(自然科学版) [J]. 2020, 32(05): 816-24.

[292] 江雪，何晓霞. 云计算中的服务器虚拟化安全. 2012 年互联网技术与应用国际学术会议.

[293] 宫月，李超，吴薇. 虚拟化安全技术研究. 信息网络安全，2016（9）：73-78.

[294] SHOAIB Y, DAS O J A P A. Pouring cloud virtualization security inside out [J]. 2014.

[295] COMPASTIé M, BADONNEL R, FESTOR O, et al. From virtualization security issues to cloud protection opportunities: An in-depth analysis of system virtualization models [J]. 2020, 97: 101905.

[296] STEINBERG U, KAUER B. NOVA: A microhypervisor-based secure virtualization architecture; proceedings of the Proceedings of the 5th European conference on Computer systems, F, 2010 [C].

[297] SAILER R, VALDEZ E, JAEGER T, et al. sHype: Secure hypervisor approach to trusted virtualized systems [J]. 2005, 5.

[298] 项国富，金海，邹德清, et al. 基于虚拟化的安全监控 [J]. 2012, 23(8): 2173-87.

[299] 冯朝胜，秦志光，袁丁. 云数据安全存储技术[J]. 计算机学报, 2015, 38(1): 150-163.

[300] 沈晴霓，杨雅辉，禹熹，等. 一种面向多租户云存储平台的访问控制策略[J]. 小型微型计算机系统, 2011, 32(11): 2223-2229.

[301] RICO A, NOGUERA M, GARRIDO J L, et al. Extending multi-tenant architectures: a database model for a multi-target support in SaaS applications[J]. Enterprise Information Systems, 2016, 10(4): 400-421.

[302] 陈驰，于晶，马红霞. 云计算安全. 网络空间安全系列丛书. 电子工业出版社. 2020. 06.

[303] 李昊，张敏，冯登国，等. 大数据访问控制研究[J]. 计算机学报, 2017, 40(1): 72-91.

[304] 陈兰香. 云存储安全——大数据分析与计算的基石[M]. 清华大学出版社 (崧博), 2019.
[305] 张晓丰, 樊启华, 程红斌. 密码算法研究[J]. 计算机技术与发展, 2006, 16(2): 179-180.
[306] 沈志荣, 薛巍, 舒继武. 可搜索加密机制研究与进展[J]. 软件学报, 2014, 25(4): 880-895.
[307] 徐光伟, 史春红, 王文涛, 等. 基于语义扩展的多关键词可搜索加密算法[J]. 计算机研究与发展, 2019, 56(10): 2193-2206.
[308] HSIEN W F, YANG C C, HWANG M S. A Survey of Public Auditing for Secure Data Storage in Cloud Computing[J]. Int. J. Netw. Secur., 2016, 18(1): 133-142.
[309] YUAN J, YU S. Efficient public integrity checking for cloud data sharing with multi-user modification[C]//IEEE INFOCOM 2014-IEEE Conference on Computer Communications. IEEE, 2014: 2121-2129.
[310] PENG S, ZHOU F, LI J, et al. Efficient, dynamic and identity-based remote data integrity checking for multiple replicas[J]. Journal of network and computer applications, 2019, 134: 72-88.
[311] ZHANG J, DONG Q. Efficient ID-based public auditing for the outsourced data in cloud storage[J]. Information Sciences, 2016, 343: 1-14.
[312] BARSOUM A F, HASAN M A. Provable multicopy dynamic data possession in cloud computing systems[J]. IEEE Transactions on Information Forensics and Security, 2014, 10(3): 485-497.
[313] JIN H, JIANG H, ZHOU K. Dynamic and public auditing with fair arbitration for cloud data[J]. IEEE Transactions on cloud computing, 2016, 6(3): 680-693.
[314] 邵必林，李肖俊，边根庆，等. 云存储数据完整性审计技术研究综述[J]. 信息网络安全, 2019 (6): 28-36.
[315] 林莉, 檀文婷, 储振兴. 外包数据完整性审计综述[J]. 网络空间安全, 2020, 11(11): 12.
[316] TAMIMI A A, DAWOOD R, SADAQA L. Disaster recovery techniques in cloud computing[C]//2019 IEEE Jordan International Joint Conference on Electrical Engineering and Information Technology (JEEIT). IEEE, 2019: 845-850.
[317] ZUO C, LIN Z, ZHANG Y. Why does your data leak? uncovering the data leakage in cloud from mobile apps[C]//2019 IEEE Symposium on Security and Privacy (SP). IEEE, 2019: 1296-1310.
[318] 徐涛，孟祥和，何向真. 云计算安全技术[M]. 电子科技大学出版社，2019. 6.
[319] 全国信息安全标准化技术委员会. 信息系统安全等级保护基本要求: GB/T 22239-2008
[320] 全国信息安全标准化技术委员会. 信息安全技术网络安全等级保护测评要求: GB/T 28448-2019
[321] 工业和信息化部电子第五研究所组. 云计算信息安全管理：CSA C-STAR 实施指南. 电子工业出版社, 2015.
[322] 杨丽蕴, 王志鹏, 刘娜. 云计算标准化工作综述[J]. 信息技术与标准化, 2016 (12): 4-11.
[323] 王惠莅, 杨建军, 姚相振. 云计算安全国家标准及云计算服务安全审查进展[J]. 信息技术与标准化, 2018, 3.
[324] 张晓娟, 郭娟. 国外政府云计算安全标准建设及启示[J]. 电子政务, 2016 (4): 83-90.
[325] NAKAMOTO S. Bitcoin: A peer-to-peer electronic cash system[J]. Decentralized business review, 2008.
[326] SZABO N. Smart contracts. Unpublished manuscript, 1994.

[327] OKSIIUK O, DMYRIEVA I. Security and privacy issues of blockchain technology[C]//2020 IEEE 15th International Conference on Advanced Trends in Radioelectronics, Telecommunications and Computer Engineering (TCSET). IEEE, 2020: 1-5.

[328] HOLBROOK J. Architecting enterprise blockchain solutions[M]. John Wiley & Sons, 2020.

[329] PERWEJ Y, AKHTAR N, PARWEJ F. A technological perspective of blockchain security[J]. International Journal of Recent Scientific Research, 2018, 9(11).

[330] STEPHEN R, ALEX A. A review on blockchain security[C]//IOP conference series: materials science and engineering. IOP Publishing, 2018, 396(1): 012030.

[331] EYAL I. The miner's dilemma[C]//2015 IEEE symposium on security and privacy. IEEE, 2015: 89-103.

[332] YVES-CHRISTIAN A E, HAMMI B, SERHROUCHNI A, et al. Total eclipse: How to completely isolate a bitcoin peer[C]//2018 Third International Conference on Security of Smart Cities, Industrial Control System and Communications (SSIC). IEEE, 2018: 1-7.

[333] WALCK M, WANG K, KIM H S. TendrilStaller: Block delay attack in Bitcoin[C]//2019 IEEE international conference on Blockchain (Blockchain). IEEE, 2019: 1-9.

[334] WANG H, WANG Y, CAO Z, et al. An overview of blockchain security analysis[C]//Cyber Security: 15th International Annual Conference, CNCERT 2018, Bei**g, China, August 14–16, 2018, Revised Selected Papers 15. Springer Singapore, 2019: 55-72.

[335] KHALIFA A M, BAHAA-ELDIN A M, SOBH M A. Quantum attacks and defenses for proof-of-stake[C]//2019 14th international conference on computer engineering and systems (ICCES). IEEE, 2019: 112-117.

[336] DASGUPTA D, SHREIN J M, GUPTA K D. A survey of blockchain from security perspective[J]. Journal of Banking and Financial Technology, 2019, 3: 1-17.

[337] LUU L, VELNER Y, TEUTSCH J, et al. SmartPool: Practical Decentralized Pooled Mining[C]//26th USENIX security symposium (USENIX security 17). 2017: 1409-1426.

[338] GERVAIS A, KARAME G O, WÜST K, et al. On the security and performance of proof of work blockchains[C]//Proceedings of the 2016 ACM SIGSAC conference on computer and communications security. 2016: 3-16.